oekom

ClimatePartner°
klimaneutral
Verlag | ID: 128-50040-1010-1082

Selbstverpflichtung zum nachhaltigen Publizieren

Nicht nur publizistisch, sondern auch als Unternehmen setzt sich der oekom verlag konsequent für Nachhaltigkeit ein. Bei Ausstattung und Produktion der Publikationen orientieren wir uns an höchsten ökologischen Kriterien.
Inhalt und Umschlag dieses Buches wurden auf 100 Prozent Recyclingpapier, das mit dem FSC®-Siegel ausgezeichnet ist, gedruckt. Alle durch diese Publikation verursachten CO_2-Emissionen werden durch Investitionen in ein Gold-Standard-Projekt kompensiert. Die Mehrkosten hierfür trägt der Verlag.
Mehr Informationen finden Sie unter:
http://www.oekom.de/allgemeine-verlagsinformationen/nachhaltiger-verlag.html

Bibliografische Information der Deutschen Nationalbibliothek:
Die Deutsche Nationalbibliothek verzeichnet diese Publikation in der Deutschen Nationalbibliografie; detaillierte bibliografische Daten sind im Internet über http://dnb.d-nb.de abrufbar.

Deutsche Erstausgabe 2017

Französische Originalausgabe mit dem Titel »Atlas des Migrations Environnementales«
Englische Originalausgabe mit dem Titel »The Atlas of Environmental Migration«

Gesellschaft für ökologische Kommunikation mbH, Waltherstraße 29, 80337 München

Lektorat: Laura Kohlrausch, oekom verlag
Korrektorat: Maike Specht
Umschlaggestaltung: www.buero-jorge-schmidt.de
Umschlagfoto: © Robert Szymanski, shutterstock (o.);
© Emmanuelle Combaud, fotolia (u.)
Innenlayout + Satz: Ines Swoboda, oekom verlag

Druck: Bosch-Druck GmbH, Ergolding

FSC www.fsc.org
RECYCLED
Papier aus Recyclingmaterial
FSC® C011862

ISBN 978-3-86581-837-9

DINA IONESCO
DARIA MOKHNACHEVA
FRANÇOIS GEMENNE

Atlas
DER UMWELTMIGRATION

Aus dem Englischen übertragen von
Barbara Steckhan, Sonja Schuhmacher und
Gabriele Gockel, Kollektiv Druck-Reif

Brot für die Welt
MISEREOR IHR HILFSWERK
IOM • OIM

Entwicklung von Temperatur, CO_2-Gehalt, Weltbevölkerung und Migration

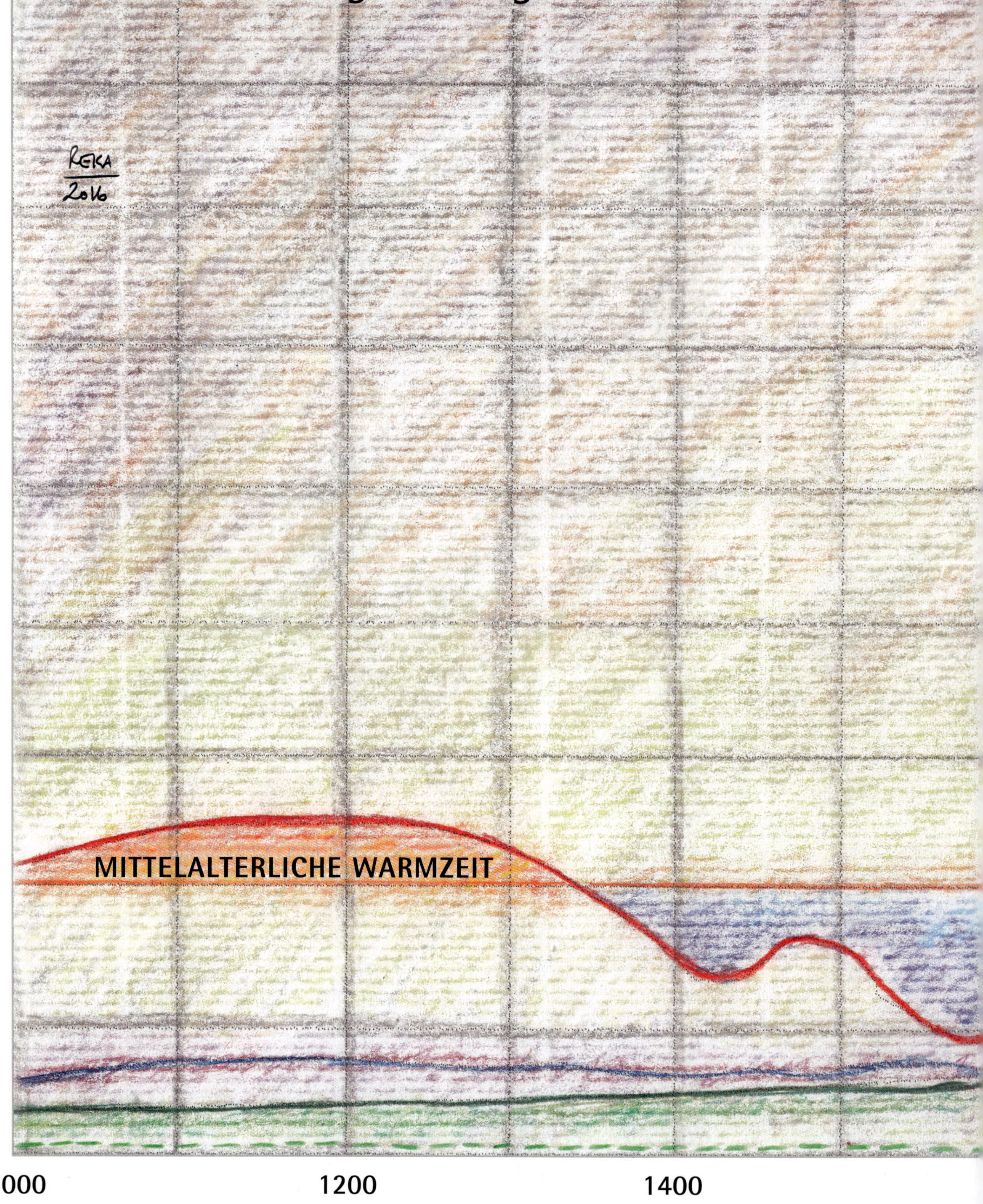

Durchschnittstemperatur in °C

CO_2-Konzentration in ppm

Weltbevölkerung in Milliarden

Wandernde Bevölkerung in Milliarden

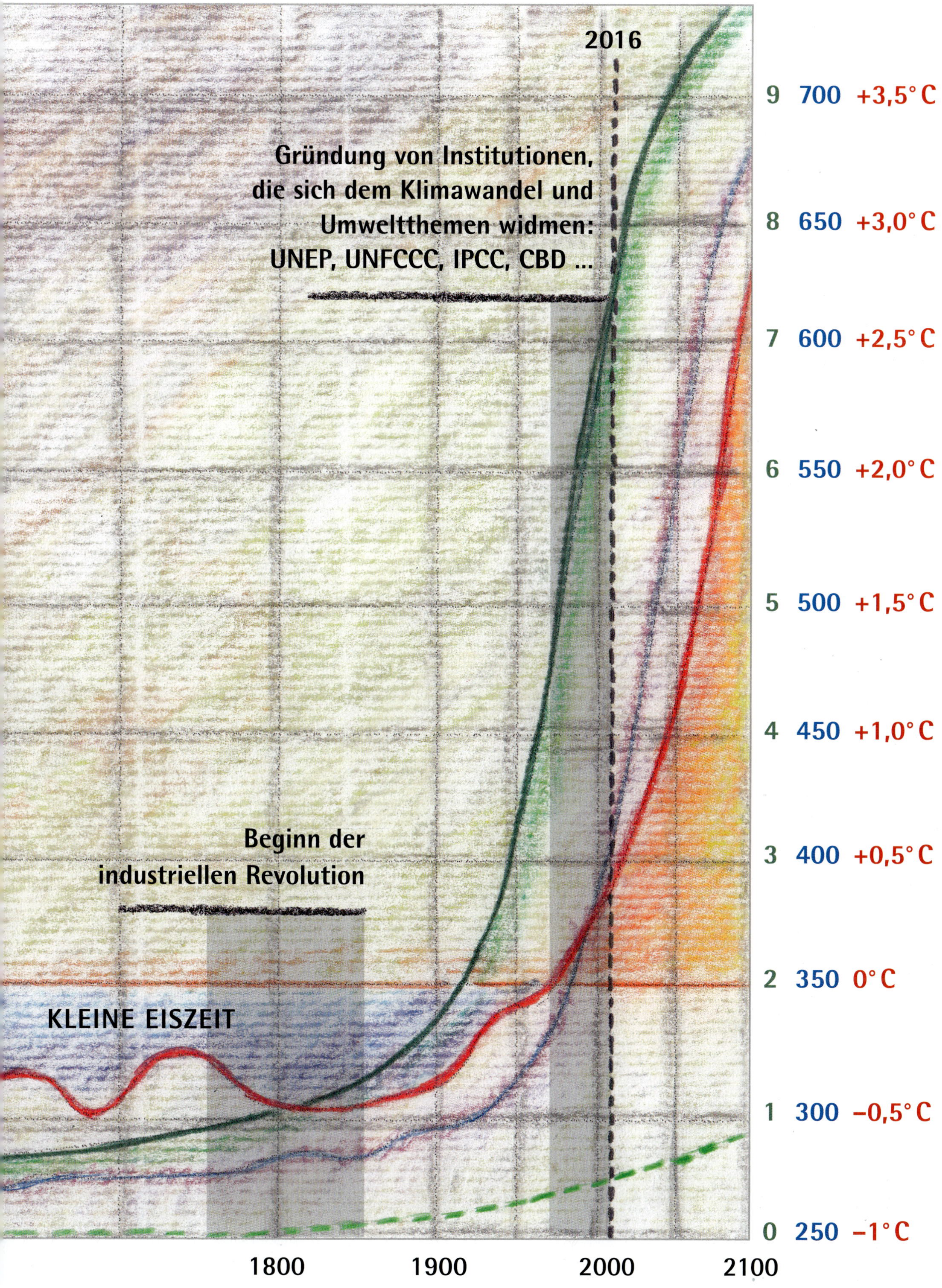

Quelle: Grafik basiert auf Zeichnung von Philippe Rekacewicz, veröffentlicht in »The Atlas of Environmental Migration« und »Atlas des migrations environnementales«, beide 2016.

Inhalt

Vor dem Klima auf der Flucht

Der Klimawandel verändert die Welt. Längst sind seine Folgen keine abstrakten Herausforderungen mehr. Dieser Atlas führt dies eindrucksvoll vor Augen. Er hilft zu verstehen und einzuordnen. Lange schon richten die kirchlichen Hilfswerke Brot für die Welt und Misereor ihr Augenmerk auf diejenigen, die von den Veränderungen am stärksten betroffen sind. Das sind meist die Menschen, die in den Ländern des Südens ohnehin in Armut, Not und Ausgrenzung leben. Immer mehr Menschen sind von der zunehmenden Wüstenbildung, dem Anstieg der Meeresspiegel, von Überschwemmungen oder Dürre betroffen. Auch die Zahl extremer Wetterereignisse nimmt zu. Insbesondere in den Ländern des südlichen Afrika, in Asien oder Mittel- und Südamerika ereignen sich Naturkatastrophen häufiger und mit zunehmender Heftigkeit. Sie treffen hier oft auf besonders arme und verwundbare Regionen, wo es an Möglichkeiten und Mitteln fehlt, sich vor den Gefahren angemessen zu schützen oder sich an sie anzupassen.

Besonders Leidtragende sind oft die ohnehin Armen und Marginalisierten in den sogenannten Entwicklungsländern, deren Widerstands- und Anpassungsfähigkeiten begrenzt sind.

Nach Angaben des Norwegischen Flüchtlingsrats und des International Displacement Monitoring Center wurden seit 2008 im Durchschnitt 26,4 Millionen Menschen jährlich in der Folge von Umwelt- und Klimaveränderungen aus ihrer Heimat vertrieben, die meisten innerhalb der armen Länder des Globalen Südens. Allein aufgrund extremer Wetterereignisse mussten im Jahr 2015 mehr als 14,7 Millionen Menschen in 113 Staaten ihr Zuhause verlassen.

Brot für die Welt und Misereor unterstützen Betroffene vor Ort gemeinsam mit lokalen Partnerorganisationen durch Katastrophenvorsorge und Anpassungsmaßnahmen. Denn extreme und unvorhersehbare klimatische Bedingungen wirken sich beispielsweise stark auf Fischerei und Landwirtschaft aus, die die Existenzgrundlage vieler besonders verletzlicher Menschen bilden. Gleichzeitig setzen wir uns auch mit Lobby- und Advocacyarbeit für die Rechte der Menschen ein, die von Umweltveränderungen und Naturkatastrophen besonders betroffen sind. Gemeinsam treten wir dafür ein, dass Umwelt- und Klimaveränderungen durch die globale Erderwärmung international als Ursachen von Flucht und Migration mehr Anerkennung erfahren. Es braucht für die Betroffenen effektive, rechtlich verbindliche Schutzmechanismen auf nationaler Ebene und über internationale Grenzen hinweg.

Eine verlässliche Aussage darüber, wie viele Menschen tatsächlich aufgrund der Klimawandelfolgen zu Flucht und Migration gezwungen werden, ist schwer möglich. Denn Klima- und Umweltveränderungen sind selten der einzige Grund, das Lebensumfeld zu verlassen. Ursachen dafür können auch der fehlende Zugang zu Land und zu Bildungs- oder Gesundheitsdienstleistungen oder mangelnde Einkommensmöglichkeiten sein. Der Klimawandel verstärkt all diese Gründe und macht auch gewaltsame Konflikte wahrscheinlicher.

Menschen, die aufgrund von Klimawandelfolgen gezwungen sind wegzuziehen, werden nach der Genfer Flüchtlingskonvention nicht als Flüchtlinge anerkannt. Sie haben keinen internationalen Anspruch auf Flüchtlingsschutz oder Unterstützung.

Doch Schutzrechte für die Betroffenen von klima- und umweltbedingter Flucht sind dringend notwendig – für Verbesserungen der Rechtssituation und der Lebensbedingungen der Geflüchteten. Diskussionen über eine mögliche Erweiterung der Klimarahmenkonvention (UNFCCC) oder eine neue Konvention für Klimaflüchtlinge versprechen momentan jedoch nur wenig Ergebnisse; nicht zuletzt, weil es an politischem Willen der Staaten mangelt.

Dennoch gibt es einige positive Entwicklungen. So ist ein Lichtblick die im Oktober 2015 verabschiedete Nansen-Schutzagenda, die von 109 Staaten unterstützt wird. Sie ist das Ergebnis einer mehrjährigen Konsultation zwischen Ländern, um vom Klimawandel Vertriebene international besser zu schützen. Die Nansen-Schutzagenda bietet praktische Handlungsempfehlungen für den konkreten Umgang mit Entwurzelten und verknüpft humanitäre Hilfe, Menschenrechte, Flüchtlingsschutz, Migration und Anpassung, Risikominderung und Entwicklung. Fortgesetzt wird die Arbeit zur Verwirklichung der Schutzagenda in der neuen »Platform on Disaster Displacement«, die im Mai 2016 ins Leben gerufen wurde.

Auch in der Präambel des Klimavertrags von Paris wird darauf verwiesen, dass Staaten ihren Verpflichtungen gegenüber Migrantinnen und Migranten und anderen besonders verletzlichen Gruppen in der Folge des Klimawandels dringend nachkommen müssen. Im Rahmen der Klimaverhandlungen wird mittlerweile über den Umgang mit unvermeidbaren Schäden und Verlusten gerungen. Dafür wurde ein eigener Mechanismus geschaffen. Das Executive Committee dieses »Warschau-Mechanismus« befasst sich auch mit klimabedingter Vertreibung.

Hohe Erwartungen wurden im Herbst 2016 auch durch die New Yorker Erklärung geweckt. Mit ihr haben es sich alle Mitgliedsstaaten der Vereinten Nationen zur Aufgabe gemacht, zwei globale Pakte zu erarbeiten: einen »Global Compact für sichere, geordnete und reguläre Migration« und ein »umfassendes Rahmenwerk für Flüchtlinge«. Dafür geben sie sich bis Ende 2018 Zeit. Es geht darum, dass alle Verantwortung für Menschen übernehmen, die fliehen müssen. Umwelt- und Klimaveränderungen werden explizit genannt. Diese betroffenen Menschen gilt es zu schützen und zu unterstützen.

Nicht alle, die unter den veränderten Wetterbedingungen leiden, können es sich leisten, sich selbst und ihr Hab und Gut in Sicherheit zu bringen. Um größere Distanzen zurücklegen zu können, braucht es vor allem Ressourcen, über die viele der Betroffenen aufgrund von Armut und Ausgrenzung gar nicht verfügen. Kinder, Frauen, alte und kranke Menschen sind besonders häufig gezwungen zu bleiben. Außerdem ist Migration vielerorts streng reguliert oder sogar verboten. Um die vom

Klimawandel und Naturkatastrophen Betroffenen zu unterstützen, müssen deswegen zunächst Risikogebiete und besonders gefährdete Haushalte identifiziert werden. Sie müssen in ihrer Widerstandsfähigkeit gegen die Klimawandelfolgen gestärkt werden, indem die Risiken erkannt und Vorsorge und Anpassungsmaßnahmen ergriffen werden – zum Beispiel, indem dürreresistentes Saatgut in der Landwirtschaft verwendet wird oder nachhaltige Deichsysteme zum Umgang mit großen Wassermassen errichtet werden. Wichtig sind Entwicklungsprogramme, die die allgemeine Widerstandsfähigkeit der Betroffenen stärken.

Doch gerade weil es schon heute vielerorts nicht mehr möglich ist, Schäden und Verluste infolge des Klimawandels durch Schutz und Anpassungsvorkehrungen vorzubeugen, brauchen die besonders Verwundbaren Unterstützung. Diese kann die Begleitung notwendiger Umsiedlungen einschließen. Wichtig ist jedoch bei all diesen Maßnahmen, dass die Betroffenen nicht nur informiert, sondern einbezogen und beteiligt werden. Ihre Rechte und Bedürfnisse müssen an erster Stelle stehen. Brot für die Welt und Misereor unterstützen deshalb auch innovative Maßnahmen zur Klimaanpassung für besonders vulnerable Bevölkerungsgruppen, durch die beispielsweise für Kleinbauernfamilien neue Möglichkeiten der Trinkwassererschließung oder zusätzliche Einkommen entwickelt werden.

Um die negativen Folgen des Klimawandels zu bremsen, muss an erster Stelle die globale Erwärmung auf unter zwei Grad Celsius, besser noch unterhalb 1,5 Grad Celsius begrenzt werden. Dazu ist die drastische Minderung der Treibhausgasemissionen unverzichtbar. Humanitäre Hilfe muss als kurz- und mittelfristiges Instrument zum Überleben akuter Krisen und Notlagen gestärkt werden. Für Anpassungsstrategien in besonders betroffenen Ländern oder Regionen ist neben finanzieller auch technische Unterstützung nötig. Selbst wenn sich der Anteil von öffentlichen Mitteln für Anpassungsmaßnahmen bis zum Jahr 2020 verdoppelt, bedeutet dies, dass dann immer noch weniger als 20 Prozent der internationalen Klimafinanzierungsmittel für Anpassung vorgesehen sind. Es gibt bisher auch keine völkerrechtlich bindenden Verpflichtungen für die Bereitstellung von Klimafinanzierung für den Umgang mit klimabedingten Schäden und Verlusten. Diese Gerechtigkeitslücke muss geschlossen werden. Ein Fonds ähnlich dem »Grünen Klimafonds«, der auch Mittel für Klimaschäden verpflichtend bereitstellt, könnte Abhilfe schaffen.

Migration muss als legitime und in vielen Fällen existenzielle Überlebensstrategie akzeptiert und ermöglicht werden. Das ist auch im Sinn der Agenda 2030, in der sich die Staatengemeinschaft verpflichtet, »eine geordnete, sichere, reguläre und verantwortungsvolle Migration und Mobilität von Menschen [zu] erleichtern, unter anderem durch die Anwendung einer planvollen und gut gesteuerten Migrationspolitik«. Internationale Migration muss im Einklang mit den Menschenrechten reguliert werden. Das kann die Staatengemeinschaft gewährleisten, indem Völkerrecht respektiert wird und legale Migrationsmöglichkeiten für vom Klimawandel vertriebene Menschen geschaffen werden. Es ist daher wichtig, dass die Staaten, aus denen die betroffenen Menschen kommen, mit jenen Lösungen erarbeiten, in denen sie Aufnahme suchen.

Die Folgen des Klimawandels und mit ihnen die Umweltmigration sind eine der größten Herausforderungen unserer Zeit. Dieser Atlas verdeutlicht dies eindrücklich. Wir wünschen Ihnen eine informative Lektüre und gute Anregungen für die weitere Auseinandersetzung mit diesem Thema.

Dr. Klaus Seitz
Leiter der Abteilung Politik,
Brot für die Welt

Dr. Bernd Bornhorst
Leiter der Abteilung Politik und
Globale Zukunftsfragen
Misereor

Hilfe für Umweltmigranten: ein neuer Imperativ

Gegenwärtig sind wir Zeugen menschlicher Mobilität in einem nie da gewesenen Ausmaß. Von den 7 Milliarden Menschen auf unserem Planeten befinden sich über 1 Milliarde innerhalb oder außerhalb ihres Landes auf der Wanderung – mit anderen Worten: einer von sieben.

Diese Mobilität hat vielfältige, miteinander zusammenhängende Ursachen: Armut, die Suche nach besseren Lebensmöglichkeiten, die Ungleichheit zwischen Nord und Süd, Konflikte, Mangel an Arbeitsplätzen, die demografischen Entwicklungen und die digitale Revolution – aber auch Umweltfaktoren, vor allem Naturkatastrophen und der Klimawandel, mit anderen Worten die Faktoren, die Gegenstand des *Atlas der Umweltmigration* sind.

Im Jahr 2015 wurden über 19 Millionen Menschen aufgrund von Naturkatastrophen zu Binnenflüchtlingen, eine Zahl, bei der die allmähliche Umweltzerstörung oder Dürren noch nicht berücksichtigt sind.

Menschliche Migration steht seit jeher in Zusammenhang mit der Umwelt, doch das politische Bewusstsein für diesen Zusammenhang ist relativ neu. Wir wissen inzwischen, dass zu den Ursachen der gegenwärtigen Migrationskrise auch Phänomene wie der Klimawandel und seine Folgen gehören, also Bodendegradation, häufigere und extremere unvermittelt auftretende Ereignisse, Wüstenbildung, Wasserknappheit und wiederkehrende Dürren.

Wir wissen auch, dass zukünftig eine erhebliche Anzahl von Menschen vom Anstieg der Meeresspiegel, von Küstenerosion, Versauerung der Meere und Bodenversalzung betroffen sein werden und sie unter Umständen mit Migration darauf reagieren. All diese Widrigkeiten und die damit einhergehende Verzweiflung bewegt Menschen, die oft Opfer krimineller Schleppernetze werden, dazu, unter Lebensgefahr Meere und Wüsten zu überwinden.

Im Jahr 2014 begaben sich etwa 220.000 Migranten mit ungeklärtem Status auf den Weg über das Mittelmeer nach Europa, 2015 waren es bereits 1 Million – eine Rekordzahl im Vergleich zu früheren Jahren. Leider brach das Jahr 2015 noch einen weiteren Rekord: Im Mittelmeer kamen 3772 und weltweit 5393 Menschen bei der Flucht ums Leben. Bei alledem darf man nicht vergessen, dass Flüchtlingsströme ein globales Phänomen sind: Es gibt sie im Golf von Aden, in der Karibik zwischen Haiti und dem Süden Floridas, an der Grenze zwischen den USA und Mexiko sowie in Südasien, um nur einige Beispiele zu nennen.

Angesichts dieser Situation ist keine Zeit mehr nur für Trauer und Bedauern. Es ist Zeit zu handeln. Dazu aber müssen wir zunächst mehr über die komplexen Zusammenhänge zwischen menschlicher Mobilität, Umwelt und Klimawandel wissen. Anschließend gilt es, eine Reihe von falschen Annahmen zu revidieren.

Allzu oft ist von erzwungener Flucht lediglich im Zusammenhang mit Naturkatastrophen die Rede. Der menschliche Preis, den sie fordern, bleibt natürlich weiterhin erschreckend und viel zu hoch, doch unter ihrem Eindruck vergessen wir leicht die Mobilität als Folge einer allmählichen Umweltzerstörung und die vielen Betroffenen, die nicht über die Mittel für eine Migration als Überlebensstrategie verfügen.

Allzu oft vernachlässigen wir auch die tatsächliche Situation im Herkunftsland oder in dessen einzelnen Regionen sowie die Süd-Süd-Dimension der Umweltmigration und entwerfen alarmierende Szenarien, die der Realitätsprüfung kaum standhalten. Oder aber wir ignorieren den Umweltaspekt, der sich aufgrund der engen Verknüpfung mit anderen – beispielsweise wirtschaftlichen – Ursachen nur äußerst schwer isoliert betrachten lässt.

Und immer noch vergessen wir oft, dass viele individuelle Faktoren die persönliche Entscheidung beeinflussen und die Migration alles andere als eine mechanische Reaktion ist.

Und schließlich ignorieren wir allzu oft den positiven Beitrag, den Migranten zur Wirtschaft ihrer Herkunfts- oder Zielregionen und -länder leisten. Gleiches gilt für die Vorteile, die Migration mit sich bringt, und die Rolle der Migranten bei den Bemühungen um Anpassung an den Klimawandel.

Was mir vorschwebt, ist eine Welt, in der das Potenzial der Migration erkannt und geschätzt wird, in der Menschen, die nicht ab- oder auswandern wollen, aber auch die Möglichkeit offensteht, in ihrer Region oder in ihrem Land zu bleiben. Migration kann auf effektive und respektvolle Art gesteuert, geplant, erleichtert und organisiert werden. Maßnahmen zum Schutz betroffener Bevölkerungen dienen der Prävention, sind aber auch ein Aspekt des effektiven Managements der durch Umweltveränderungen ausgelösten Migration. Wir können beispielsweise mehr legale Migrationswege eröffnen, die Mobilität durch Programme zur Rückkehr- und Saisonmigration verbessern und befristete Schutzmaßnahmen ergreifen. Die Internationale Organisation für Migration (IOM) ist davon überzeugt, dass Migration in Anbetracht der demografischen, sozialen, wirtschaftlichen und politischen Realität unausweichlich, für die Prosperität der Länder zugleich aber auch notwendig und sogar wünschenswert ist, vorausgesetzt, sie wird mit Bedacht gesteuert und findet unter Respektierung der Menschenrechte statt.

Doch Umweltmigration ist nicht nur ein Thema für die Migrationspolitik. Sie hat auch Folgen für eine Vielzahl anderer Politikfelder, insbesondere für Entwicklung, humanitäre Hilfe, Katastrophenrisikominderung, urbanes und Landmanagement und natürlich für den Klimaschutz, dem dieser Atlas eine besondere Bedeutung zumisst. Die »Agenda 2030 für nachhaltige Entwicklung« und das »UN-Sendai-Rahmenwerk zur Katastrophenvorsorge«, beide 2015 verabschiedet, erkennen Migranten offiziell als wichtige Gruppe an und betonen nicht nur ihre Vulnerabilität, sondern auch ihre besonderen Stärken.

Seit 2010 würdigen die Nationen die Bedeutung der menschlichen Mobilität, wie sich in mehreren Entscheidungen bei Klimaverhandlungen zeigt. Die Erwähnung der Migrantenrechte im bei der COP21 (2015) ausgehandelten Pariser Abkommen stellt in dieser Hinsicht einen historischen Schritt nach vorn dar. Nun gilt es, Mobilitätsfragen auch in die weiteren kollektiven

Klimaschutzmaßnahmen und deren Finanzierung einzubeziehen, wollen wir die Hauptursachen angehen und es Migranten ermöglichen, sich als verantwortliche, pflichtbewusste und engagierte Beteiligte am Kampf gegen den Klimawandel Geltung zu verschaffen. Die IOM hat in dieser Hinsicht ebenfalls Fortschritte erzielt, seit ihre Mitgliedsstaaten die Schaffung einer Abteilung gebilligt haben, die sich dem Thema Migration, Umwelt und Klimawandel widmet und die Anfang 2015 ihre Arbeit aufgenommen hat. All dies sind klare Hinweise darauf, dass der Zusammenhang zwischen Umwelt- und Migrationsfragen inzwischen erkannt wird. Wir können es uns nicht mehr leisten, die – für unsere Zeit konstitutive – menschliche Mobilität als Bestandteil der kollektiven Anstrengungen zum Schutz unseres Planeten zu ignorieren.

Die Veröffentlichung des *Atlas der Umweltmigration* ist Bestandteil unseres Bemühens um die Verbreitung fundierter und ausgewogener Informationen über die Migration in unserer Zeit. Er ist Ergebnis der mehr als 20-jährigen konzentrierten Arbeit der IOM unter Beteiligung von Forschern und Professoren zu Fragen der Umweltmigration und spiegelt den gegenwärtigen Kenntnisstand wider. Zugleich ist er Ausdruck einer Sichtweise, die Migranten und ihre Gemeinschaften in den Mittelpunkt der gegenwärtigen Betrachtungen rückt. Wir müssen notleidende und von plötzlichen oder sich allmählich entwickelnden Katastrophen getroffene Migranten, die ihr Heim und ihre Angehörigen verlassen haben, schützen und unterstützen. Und wenn sie sich als verantwortliche Akteure an der Entwicklung ihrer Herkunfts- oder Zielregion und an Anpassungsmaßnahmen beteiligen, müssen wir ihnen zur Seite stehen.

Um die Lücken aufzuzeigen, die es zu füllen gilt, vermitteln uns die Autoren des *Atlas* mit vorbildlicher Redlichkeit nicht nur die vorhandenen Kenntnisse über Umweltmigration, sondern benennen auch das, was wir noch nicht wissen. Indem sie die klimatischen und ökologischen Wirklichkeiten zugleich in den Blick nehmen, tragen die Autoren dazu bei, mehr Licht auf die vielfältigen Zusammenhänge zwischen diesen Feldern zu werfen.

All diese Themen in einem Atlas zusammenzufassen – eine Arbeit, die Präzision und Kreativität erfordert – ist eine mutige Entscheidung, denn es bedarf der Fähigkeit, hochkomplexe Sachverhalte zu vereinfachen und grafisch darzustellen. Ich schätze mich glücklich, dass ich dieses Unterfangen unterstützen konnte, und möchte meine Anerkennung für die gemeinsame Arbeit der drei Autoren zum Ausdruck bringen, die ihre wissenschaftliche und internationale Erfahrung hier eingebracht haben.

Der *Atlas der Umweltmigration* ist daher meiner Meinung nach mehr als ein Buch. Er ist auch das Resultat unserer Bemühungen, auf die Bedeutung der Auswirkungen des Klimawandels auf die menschliche Mobilität hinzuweisen und planvolle und effektive Antworten auf die durch diese Art der Migration entstehenden Herausforderungen auf politischer Ebene wie auch in der breiten Öffentlichkeit zu fördern.

Und schließlich ist der Atlas auch Ausdruck unserer Zusammenarbeit mit Partnern. Zum einen mit der akademischen Welt: Förscher, Kartografen und Studenten haben einen großen Anteil an seiner Entstehung. Zum anderen mit einem breiten Spektrum von Akteuren, die an der Konzeption und Realisierung beteiligt waren, entweder indem sie ihre Kenntnisse und Expertise zur Verfügung gestellt haben oder durch finanzielle Unterstützung: Stiftungen, Nichtregierungsorganisationen, der öffentliche wie der private Sektor und vor allem das Verlagswesen. Ihnen allen bin ich ausgesprochen dankbar, dass sie bereit waren, sich in dieses Abenteuer zu stürzen.

Ich hoffe sehr, dass dieser Atlas zur Verbreitung des gegenwärtigen Wissens über Umweltmigration beiträgt und sich für alle als nützlich erweisen wird.

William Lacy Swing
Generaldirektor der Internationalen Organisation für Migration

Das Potenzial ausschöpfen

Lange Zeit ignoriert, gelangen die Themen Migration und Umweltzerstörung unter dem Druck der Ereignisse mehr und mehr auf die politische Tagesordnung. Dass dies für die beiden Themen gleichzeitig gilt, ist nicht weiter überraschend.

Klimawandel und Umweltzerstörung treffen die ländliche arme Bevölkerung der Erde zuerst und zugleich am härtesten. Drei Viertel der Landbewohner sind arm, und 86 Prozent können ohne Land nicht überleben. Weltweit sind mindestens 1,5 Milliarden Menschen auf die Bewirtschaftung degradierter, scheinbar von unbeherrschbaren Kräften gestresster Böden angewiesen. In einer Zeit des drastischen Klimawandels, in der die Erde austrocknet und die Meeresspiegel steigen, wird sich der Kampf um lebensnotwendige Ressourcen verschärfen, und Gemeinschaften werden sich auflösen. Die saisonale Migration, die sich schon heute als Reaktion auf dürftige Ernten beobachten lässt, wird sich womöglich zur dauerhaften Migration ausweiten, wenn Ernten ganz ausbleiben oder eine Dürre zuschlägt.

Lösungen für diese Probleme, die lediglich auf dem Gedanken der Eindämmung beruhen, führen zu beispielloser Armut, Verletzung der Menschenrechte und noch mehr erzwungener Migration. Die Folgen solcher nicht ganzheitlich angelegter Maßnahmen sind die dramatisch angestiegene Zahl an Todesopfern unter den Migranten und das zunehmende Leid auf dem Meer, in den Wüsten und entlang der Ländergrenzen. Wenn nicht beides ausreichend berücksichtigt und rechtzeitig angegangen wird, sind soziale Unruhen und ein Anstieg der Gewalt die unweigerliche Folge.

Doch durch entschlossene Maßnahmen, bei denen die Abhängigkeit der Menschen von ihrem Land im Mittelpunkt steht, können wir alle schützen. Wir können gefährdete Gemeinschaften dabei unterstützen, ihre Böden zu sanieren, bevor ihre Lage ausweglos wird; wir können Regierungen dabei helfen, Landrechte zu sichern, neue Arbeitsplätze für saisonale Migranten zu schaffen und die Möglichkeiten für landgebundene Investitionen zu erweitern. Indem wir die Degradationstendenz umkehren, schaffen wir Alternativen, fördern den sozialen Zusammenhalt und beseitigen zumindest einige Auslöser für Radikalisierung und Konflikte.

Gerade langsam einsetzende Ereignisse wie Wüstenbildung, Bodendegradation und Dürren ermöglichen es uns, zu planen und einzugreifen. Für eine Vermeidung umweltbedingter Flucht und Massenmigration sind die Schaffung resilienter Gemeinschaften und die Sicherung der natürlichen Ressourcen, von denen sie abhängig sind, unabdingbar. Es kann einfach sein und muss nicht viel kosten, das Land vor den Folgen des Klimawandels zu schützen. Zu einem rechtzeitigen Eingreifen gehört aber auch, die Stärken der Migranten selbst zu nutzen. Migranten besitzen eine Reihe äußerst wertvoller Fähigkeiten. Mit den richtigen Anreizen kann man sie dazu bewegen, zu investieren und damit geschädigte Ökosysteme wie auch ganze Gemeinschaften zu stabilisieren. Die Heimatüberweisungen der Migranten in das subsaharische Afrika belaufen sich auf etwa 40 Milliarden Dollar jährlich. Es könnte viel erreicht werden, wenn diese Gelder nachhaltig investiert würden. Nehmen wir beispielsweise Äthiopien: Das Land hat sich zum Ziel gesetzt, bis 2025 15 Millionen Hektar degradierte und entwaldete Böden wieder produktiv zu machen – das ist ein Sechstel der gesamten Landfläche. Heimatüberweisungen an die Familien in Höhe von durchschnittlich 500 Dollar pro Jahr wurden gewöhnlich für kurzfristige Konsumbedürfnisse wie Nahrungsmittel verwendet. In ländlichen Gebieten fließt dieses Geld jedoch inzwischen zunehmend in die Rückzahlung von Schulden oder wird investiert, um die Resilienz der Böden gegen den Klimawandel zu stärken. Zurückkehrende Migranten führen neue, klimaresiliente Methoden der Landwirtschaft ein. Auf diese Weise werden Arbeitsplätze für die ländliche Jugend geschaffen, die sonst vielleicht selbst abwandern würde.

Auch Senegal fördert Maßnahmen und Programme, mit denen Investitionen aus der Dispora in Landentwicklungsprojekte gelenkt werden, ist man sich der Zusammenhänge zwischen Bodendegradation und Migration sowie des Potenzials dieser Zahlungen für die Entwicklung nur allzu bewusst. Die Regierung und die zuständigen Behörden sorgen für das geeignete Umfeld, um Unternehmer aus dem Kreis der Migranten anzulocken, etwa durch günstige Kredite und Landnutzungskonzessionen. Bislang ist die Nachfrage der Diaspora nach Investitionen im Land beeindruckend.

Wenn wir an solche Erfolge anknüpfen und uns unvoreingenommen dem Zusammenhang zwischen Migrations- und Umweltfragen stellen, können wir das enorme Potenzial der Migranten nutzen, um die Resilienz der Gemeinschaften in ihrem Herkunftsland zu festigen. Der *Atlas der Umweltmigration* schärft unser Bewusstsein für den Zusammenhang zwischen Migration und ökologischen Entwicklungen. Die entsprechenden Dynamiken zu erkennen und Lösungen dafür zu finden, bevor noch mehr Menschenleben und Ressourcen unwiederbringlich verloren gehen, ist entscheidend für uns alle und für unsere gemeinsame Zukunft.

Monique Barbut
Geschäftsführerin der Konvention
der Vereinten Nationen
zur Bekämpfung der Desertifikation

Abkürzungen und Akronyme

ACHR American Convention on Human Rights (Amerikanische Menschenrechtskonvention)

ADB Asian Development Bank (Asiatische Entwicklungsbank)

ALBA Alianza Bolivariana para los Pueblos de Nuestra América (Bolivarianische Allianz für die Völker unseres Amerika)

AOSIS Alliance of the Small Island States (Allianz der Kleinen Inselstaaten)

ASEAN Association of Southeast Asian Nations (Verband Südostasiatischer Nationen)

AU African Union (Afrikanische Union)

AUC African Union Commission

BBC British Broadcasting Corporation

BCEAO Banque centrale des Etats de l'Afrique de l'Ouest (Zentralbank Westafrikanischer Staaten)

BIMSTEC Bay of Bengal Initiative for Multi-Sectoral Technical and Economic Cooperation

BIP Bruttoinlandsprodukt

BMU Stiftung für Bevölkerung, Migration und Umwelt (BMU)

CAT Convention against Torture and Other Cruel, Inhuman or Degrading Treatment or Punishment (UN-Antifolterkonvention)

CEDAW Convention on the Elimination of All Forms of Discrimination against Women (Übereinkommen zur Beseitigung jeder Form von Diskriminierung der Frau; auch kurz: Frauenkonvention)

CEDEM Centre d'Etudes de l'Ethnicité et des Migrations, Universität Lüttich

CEGIS Center for Environmental and Geographic Information Services, Bangladesch

CERPOD Centre d'Etudes et de Recherche en Population pour le Développement in Bamako

CHRR Center for Hazards and Risk Research, Columbia University

CIAT Centro Internacional de Agricultura Tropical (Internationales Zentrum für tropische Landwirtschaft)

CIESIN Center for International Earth Science Information Network, Columbia University

CIFOR Center for International Forestry Research (Internationales Forschungszentrum für Forstwirtschaft)

CO_2 Kohlenstoffdioxid

COHRE Centre on Housing Rights and Evictions

COIN Climate Outreach Information Network

COP Conference of the Parties to the United Nations Framework Convention on Climate Change (UN-Klimakonferenzen)

COST European Cooperation in Science and Technology (Initiative für Europäische Zusammenarbeit in Wissenschaft und Technik)

CPI Climate Policy Initiative

CRC Convention on the Rights of the Child (Übereinkommen über die Rechte des Kindes)

CRED Centre for Research on the Epidemiology of Disasters

CRS Convention on the Reduction of Statelessness (UN-Übereinkommen zur Verminderung der Staatenlosigkeit)

CSSP Convention relating to the Status of Stateless Persons

CVF Climate Vulnerable Forum

CVM Climate Vulnerability Monitor

DCCED Department of Commerce, Community and Economic Development, Alaska

DECCMA »Deltas, Vulnerability and Climate Change: Migration and Adaptation« (Projekt)

DFID UK Government's Department for International Development (Ministerium für Internationale Entwicklung, GB)

DRC Democratic Republic of the Congo (Demokratische Republik Kongo)

DRM Disaster risk management (Katastrophenrisikomanagement)

DRR Disaster Risk Reduction (Katastrophenrisikoverminderung)

DTM Displacement Tracking Matrix (Informationssystem der IOM zur Beobachtung von Vertreibungen)

EAC East African Community (Ostafrikanische Gemeinschaft)

EACH-FOR Environmental Change and Forced Migration Scenarios (Szenarien des Umweltwandels und von Zwangsmigrationen)

EC European Commission (Europäische Kommission)

ECLAC United Nations Economic Commission for Latin America and the Caribbean (UN-Wirtschaftskommission für Lateinamerika und die Karibik)

ECOWAS Economic Community of West African States (Westeuropäische Wirtschaftsgemeinschaft)

EJ Atlas Atlas of Environmental Justice

ELI Environmental Law Institute

EM-DAT Emergency Events Database (Internationale Katastrophendatenbank)

EPA Ghana Ghana Environmental Protection Agency (Umweltschutzbehörde Ghana)

EU Europäische Union

FAO Food and Agriculture Organization of the United Nations (Ernährungs- und Landwirtschaftsorganisation der Vereinten Nationen)

FEMA Federal Emergency Management Agency

Foresight Foresight Project of the United Kingdom Government Office for Sciences

GCF Green Climate Fund

GEF Global Environment Facility

GFMD Global Forum on Migration and Development (Globales Forum für Migration und Entwicklung)

GIS Geographic Information System (Geografisches Informationssystem)

GMG Global Migration Group

HBS Heinrich-Böll-Stiftung

HFA Hyogo Framework for Action (Internationaler Aktionsplan zur Katastrophenvorsorge)

IAI Inter-American Institute for Global Change Research

IASC Inter-Agency Standing Committee (Ständiger interinstitutioneller Ausschuss)

IASS Institute for Advanced Sustainability Studies, Potsdam

ICCPR International Covenant on Civil and Political Rights (Internationaler Pakt über bürgerliche und politische Rechte)

ICERD International Convention on the Elimination of All Forms of Racial Discrimination (Internationales Übereinkommen zur Beseitigung jeder Form von Rassendiskriminierung)

ICESCR International Covenant on Economic, Social and Cultural Rights (Internationaler Pakt über wirtschaftliche, soziale und kulturelle Rechte)

ICMPD International Centre for Migration Policy Development

ICRMW International Convention on the Protection of the Rights of All Migrant Workers and Members of Their Families (Internationale Konvention zum Schutz der Rechte aller Wanderarbeitnehmer und ihrer Familienangehörigen)

ICRPD International Convention on the Rights of Persons with Disabilities (Übereinkommen über die Rechte von Menschen mit Behinderungen, UN-Behindertenrechtskonvention)

IDDRI Institut du développement durable et des relations internationales (Institut für nachhaltige Entwicklung und internationale Beziehungen)

IDM International Dialogue on Migration

IDMC Internal Displacement Monitoring Centre

IDP Internally Displaced Person (Binnenflüchtling)

IFAD International Fund for Agricultural Development (Internationaler Fonds für landwirtschaftliche Entwicklung)

IFPRI International Food Policy Research Institute

IFRC International Federation of Red Cross and Red Crescent Societies (Internationale Rotkreuz- und Rothalbmond-Bewegung)

IGAD Intergovernmental Authority on Development (Internationale Entwicklungsbehörde)

IKRK Internationales Komitee vom Roten Kreuz

ILC International Law Commission (Völkerrechtskommission)

ILO International Labour Organization (Internationale Arbeitsorganisation)

IO International Organization (Internationale Organisation)

IOM International Organization for Migration (Internationale Organisation für Migration)

IPCC Intergovernmental Panel on Climate Change (Weltklimarat)

ISSA International Social Security Association (Internationale Vereinigung für Soziale Sicherheit, IVSS)

ISSP Institut Supérieur des Sciences de la Population, University of Ouagadougou

IT Informationstechnologie

IUCN International Union for Conservation of Nature (Internationale Union zur Bewahrung der Natur und natürlicher Ressourcen)

kBq Kilobecquerel

KNMI Koninklijk Nederlands Meteorologisch Instituut (Königlich Niederländisches Meteorologisches Institut)

LIENSs Laboratoire Littoral Environnement et Sociétés, Université de La Rochelle

MCII Munich Climate Insurance Initiative

MDG Millennium Development Goals (Milleniumsentwicklungsziele)

MECC Migration, Environment and Climate Change

MECLEP Migration, Environment and Climate Change: Evidence for Policy

MICIC Migrants in Countries in Crisis Initiative

MRS Migration Research Series

NAP National Adaptation Plan (Nationaler Anpassungsplan)

NAPA National Adaptation Programme of Action (Nationaler Aktionsplan zur Anpassung)

NASA-SEDAC National Aeronautics and Space Administration's Socioeconomic Data and Applications Center

NGI Norwegian Geotechnical Institute

NGO Non-Governmental Organization (Nichtregierungsorganisation)

NI Nansen-Initiative

NRC Norwegian Refugee Council (Norwegischer Flüchtlingsrat)

NWRD National Water Resources Database, Bangladesch

OAS Organization of American States (Organisation Amerikanischer Staaten)

OAU Organization of African Unity (Organisation für Afrikanische Einheit)

OCHA Office for the Coordination of Humanitarian Affairs (Amt für die Koordination humanitärer Angelegenheiten)

ODA Official Development Aid (Öffentliche Entwicklungszusammenarbeit)

ODI Overseas Development Institute

OECD Organization for Economic Co-operation and Development (Organisation für wirtschaftliche Zusammenarbeit und Entwicklung)

OECD DAC OECDs Development Assistance Committee (OECD-Ausschuss für Entwicklungshilfe)

OSZE Organisation für Sicherheit und Zusammenarbeit in Europa

PIK Potsdam-Institut für Klimafolgenforschung

PPGG Programa de Pós-Graduação em Geografa (Postgraduiertenprogramm Geografie an der PUC Minas)

PRONASOL Programa Nacional de Solidaridad (Nationales Sozialprogramm, Mexiko)

PUC Minas Pontifícia Universidade Católica de Minas Gerais (Päpstliche Universität von Minas Gerais, Brasilien)

RCP Regional Consultative Process on Migration

RESAMA Rede Sul Americana para as Migrações Ambientais (Südamerikanisches Netzwerk für Umweltmigration)

RSE Recognized Seasonal Employers Programme (Offizielles Saisonarbeitsprogramm Neuseeland)

SAARC South Asian Association for Regional Cooperation (Südasiatische Vereinigung für regionale Kooperation)

SADC Southern African Development Community (Entwicklungsgemeinschaft des südlichen Afrika)

SDGs Sustainable Development Goals (Ziele nachhaltiger Entwicklung)

SIDS Small Island Developing States (Kleine Inselentwicklungsländer)

SLM Sustainable Land Management (Nachhaltige Landbewirtschaftung)

SOAS School of Oriental and African Studies, University of London

SRES Special Report on Emissions Scenarios (Sonderbericht über Emissionsszenarien)

TCLM Temporary and Circular Labour Migration Programme, Kolumbien

TPMA Thematic Programme on Migration and Asylum

TPS Temporary Protection Status (Temporärer Schutzstatus)

UDHR Universal Declaration of Human Rights (Allgemeine Erklärung der Menschenrechte)

UN United Nations (Vereinte Nationen)

UNCBD United Nations Convention on Biological Diversity (Übereinkommen der Vereinten Nationen über die biologische Vielfalt)

UNCCD United Nations Convention to Combat Desertification (Übereinkommen der Vereinten Nationen zur Bekämpfung der Wüstenbildung, UN-Wüstenkonvention)

UNDESA United Nations Department of Economic and Social Affairs (Sozial- und Wirtschaftsprogramm der Vereinten Nationen)

UNDP United Nations Development Programme (Entwicklungsprogramm der Vereinten Nationen)

UNECE United Nations Economic Commission for Europe (Wirtschaftskommission der Vereinten Nationen für Europa)

UNEP United Nations Environment Programme (Umweltprogramm der Vereinten Nationen)

UNEP/GRID-Geneva United Nations Environment Programme Global Resource Information Database, Genf

UNESCAP Economic and Social Commission for Asia and the Pacific (Wirtschafts- und Sozialkommission für Asien und den Pazifik der Vereinten Nationen)

UNESCO United Nations Educational, Scientific and Cultural Organization (Organisation der Vereinten Nationen für Erziehung, Wissenschaft und Kultur)

UNFCCC United Nations Framework Convention on Climate Change (Rahmenkonvention der Vereinten Nationen über Klimaänderungen)

UNGA United Nations General Assembly (UN-Generalversammlung)

UNHCR United Nations High Commissioner for Refugees (Hoher Flüchtlingskommissar der Vereinten Nationen)

UNICEF United Nations Children's Fund (Kinderhilfswerk der Vereinten Nationen)

UNISDR United Nations International Strategy for Disaster Reduction (Internationale Strategie der Vereinten Nationen zur Katastrophenvorsorge)

UNU-EHS United Nations University Institute for Environment and Human Security (Universität der Vereinten Nationen, Institut für Umwelt und menschliche Sicherheit)

UP Unió de Pagesos de Catalunya (Katalanischer Bauernverband)

USAID United States Agency for International Development (Behörde der Vereinigten Staaten für Internationale Entwicklung)

UdSSR Union der Sozialistischen Sowjetrepubliken

V20 Vulnerable Twenty Group of Ministers of Finance (Finanzminister der 20 am stärksten vom Klimawandel bedrohten Staaten)

WB World Bank (Weltbank)

WCDRR World Conference on Disaster Risk Reduction (UN-Weltkonferenz zur Minderung von Naturkatastrophen)

WFP World Food Programme (Welternährungsprogramm der Vereinten Nationen)

WHO World Health Organization (Weltgesundheitsorganisation der Vereinten Nationen)

WMO World Meteorological Organization (Weltorganisation für Meteorologie)

WWF World Wildlife Fund

Kapitel 1

Migration und Umweltmigration heute

In den ersten Theorien zur Migration, die Ende des 19. Jahrhunderts entstanden, wurden Umweltbedingungen mitbedacht. Aber dieser Faktor geriet schnell in Vergessenheit – ein Zustand, an dem sich bis Anfang der 1990er-Jahre nichts änderte.

In der Migrationspolitik von heute hat dieses Versäumnis Narben hinterlassen. Sie gründet immer noch in einem binären Verständnis von Migration, das noch aus der Nachkriegszeit stammt: Entweder sehen sich Migranten aus politischen Gründen zur Flucht gezwungen, suchen also Schutz im Ausland, oder sie machen sich aus wirtschaftlichen Gründen freiwillig auf den Weg, und ihre Aufnahme liegt allein in der Verantwortung der Staaten. Dieser Binarismus trat im Sommer 2015 mit dem Zustrom von Flüchtlingen – insbesondere aus Syrien – nach Europa und der daraus resultierenden Asylkrise deutlich zutage. Regierungen und Medien beeilten sich, den Unterschied zwischen Flüchtlingen (politisch) und Migranten (wirtschaftlich) zu unterstreichen, als müsste man Menschen kategorisieren, um einen Teil aufzunehmen und den anderen Teil, deren Migrationsprojekt und Anwesenheit unrechtmäßig sei, abzuschieben. Es ist jedoch eine anerkannte Tatsache, dass eine solche Unterscheidung der Realität der Migrationsdynamik, in der politische, wirtschaftliche und Umweltfaktoren verwoben sind, nicht standhält.

Seit die Umweltmigration Mitte der 2000er-Jahre in den Vordergrund gerückt ist, ist diese Dichotomie hinfällig. Es stellte sich dabei nicht nur heraus, dass der Umweltfaktor einfach nicht berücksichtigt worden war, als nach dem Zweiten Weltkrieg Einwanderungs- und Flüchtlingsgesetze geschaffen wurden, ungeachtet der Tatsache, dass dieses Phänomen uralt ist, sondern auch, dass Migration eine Lösung für die Anpassung an den Klimawandel darstellen könnte – ein Aspekt, der die traditionelle Trennlinie zwischen erzwungener und freiwilliger Migration infrage stellt.

Ein polymorphes Konzept

Der Klimawandel brachte die »Wiederentdeckung« der Umwelt als bestimmenden Faktor der Migration, und zwar von dem Augenblick an, in dem man darin – zu Recht – eine große Bedrohung für menschliche Bevölkerungen sah, die sich zuallererst in Form massiver Wanderungsbewegungen manifestieren werde. Obwohl dieses Phänomen bereits 1948 und in den 1970er-Jahren wissenschaftlich untersucht wurde, begann eine ernsthafte Beschäftigung mit dem Thema erst in den 1990er-Jahren nach dem Erscheinen eines vom Umweltprogramm der Vereinten Nationen 1985 in Auftrag gegebenen Berichts. Ab Mitte der 2000er-Jahre wurden die Auswirkungen des Klimawandels Realität, und die Welt wurde von mehreren großen Naturkatastrophen erschüttert. Umweltmigration steht seither auf der Agenda aller Migrationsstudien.

Hinter dem Oberbegriff »Umweltmigration« verbergen sich jedoch unzählige verschiedene Dynamiken. Zu den Umweltmigranten gehören Dorfbewohner in Bangladesch, die ihr Land wegen wiederholter Überschwemmungen aufgeben müssen, ebenso wie amerikanische Rentner, die nach Florida ziehen, um die Sonne zu genießen. Und die Bewohner kleiner pazifischer Inseln, die ihr Land verlassen, ehe der Anstieg der Meeresspiegel ihre Heimat unbewohnbar macht, zählen ebenso dazu wie Haitianer, die in einem Lager leben, weil ihre Häuser durch ein Erdbeben zerstört wurden. Man kann argumentieren, das Einzige, was diese Migrationsbeispiele gemeinsam hätten, sei der Bezug zur Umwelt. Umweltmigration kann erzwungen oder freiwillig, vorübergehend oder dauerhaft sein und innerhalb eines Landes stattfinden oder nationale Grenzen überschreiten. Dabei darf aber die Kehrseite nicht vergessen werden: die erzwungene Immobilität vieler Bevölkerungsgruppen, die den Folgen von Umweltveränderungen nicht entkommen können. Der Begriff »Umweltmigration« deckt eine solche Bandbreite unterschiedlicher Situationen ab, dass er zuweilen unzureichend erscheint und durch den Begriff »Mobilität« ersetzt wird. Der Begriff »Mobilität« ist weniger umstritten, denn er umfasst verschiedene Formen der Wanderung und verweist auf die Migrationsfähigkeit. Damit lässt sich auch die äußerst unscharfe Unterscheidung zwischen erzwungener und freiwilliger Migration umgehen.

Unabhängig von der empirischen Wirklichkeit sind diese Begriffe auch politische Konstrukte, die hilfreich dabei sind, die wachsende Tragweite von Umweltschäden als Migrationsfaktor zu beleuchten. Es geht weniger darum, eine bestimmte Kategorie von Migration zu etablieren, als darum – wie es dieser *Atlas* tut –, die Aufmerksamkeit auf einen vernachlässigten Faktor zu lenken, dessen Bedeutung in Zukunft zunehmen wird.

Verschiedene Migrationsformen

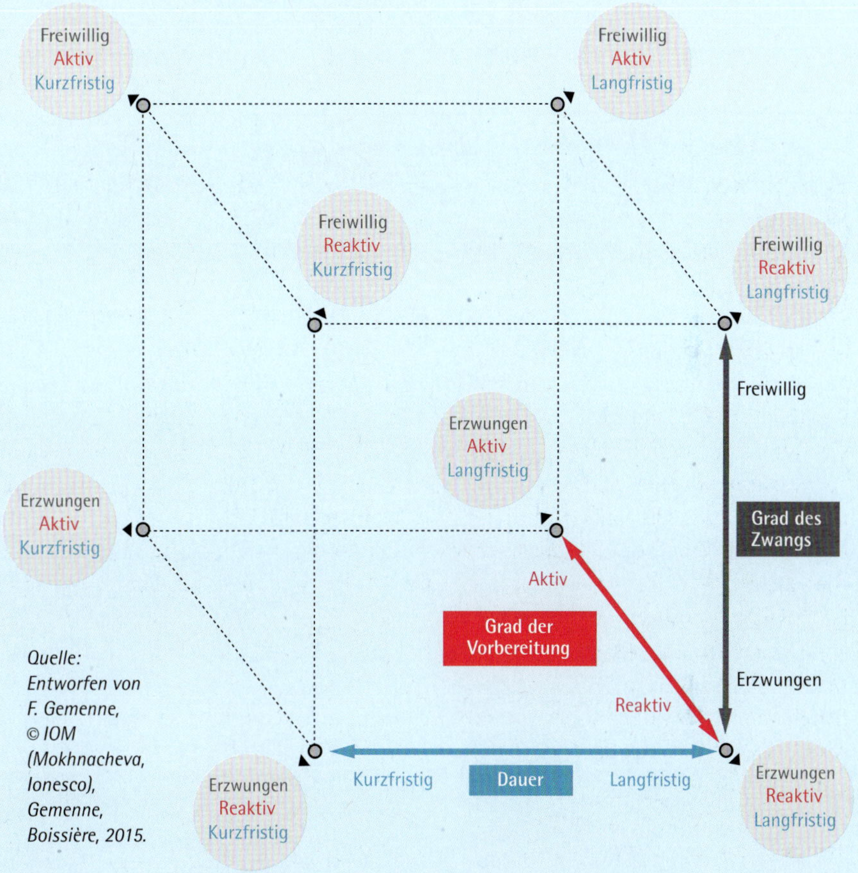

Quelle: Entworfen von F. Gemenne, © IOM (Mokhnacheva, Ionesco), Gemenne, Boissière, 2015.

Eine heikle Definition

Wie können Umweltmigranten also definiert werden? Da eine juristische Definition fehlt oder jedenfalls eine international anerkannte, wird häufig auf die IOM-Definition zurückgegriffen: Umweltmigranten sind »Personen oder Personengruppen, die aufgrund plötzlicher oder fortschreitender deutlicher Veränderungen der ihr Leben beeinflussenden Umwelt- und Lebensbedingungen gezwungen sind oder sich veranlasst sehen, ihr Zuhause zu verlassen, sei es zeitweise oder permanent, und die sich innerhalb ihres Heimatlandes oder über dessen Grenzen hinaus bewegen«.

Über diese bewusst weit gefasste Formulierung, die alle Typen von Bevölkerungsbewegungen umfassen soll, wird in der Wissenschaft diskutiert, weil sie per definitionem sehr viele Menschen einschließt, eine Tatsache, die bestimmte Regierungen beunruhigen und veranlassen könnte, künftig weniger Geld bereitzustellen.

Geht man davon aus, dass jede Migration multikausal ist, sollte dann die Definition *alle* umfassen, die aus Umweltgründen wandern – auch jene, deren Entscheidung zur Migration nur am Rande durch Umweltgründe beeinflusst wurde? Oder nur jene, für die Umweltschäden der ausschlaggebende Faktor sind? Sollte sie nur Fälle der erzwungenen Migration abdecken oder alle Formen der Mobilität? Und wie steht es mit der erzwungenen Immobilität? All diese Fragen sind nicht rein methodologischer, sondern auch politischer Natur, denn Charakter und Wortwahl der Definition haben Einfluss auf die Lösungen. Derzeit geht niemand das Wagnis ein, eine Entscheidung in eine bestimmte Richtung zu treffen, und jeder gibt sich mit der Mehrdeutigkeit einer Definition zufrieden, die absichtlich breit und flexibel formuliert ist.

Zahlen und Worte

Der erste Teil des *Atlas der Umweltmigration* widmet sich zunächst den Schätzungen zur derzeitigen Zahl der Umweltmigranten und den verschiedenen Prognosen, die aufgestellt wurden. Auf welchen Methoden und Modellen beruhen diese Schätzungen und Prognosen? Welche Migrationsformen werden berücksichtigt, und wie genau wird hier gemessen? Nach welchen Kriterien werden sie unterschieden? Dabei wird deutlich, dass sich die Forschung zu diesen Fragen in den vergangenen Jahren zwar erheblich weiterentwickelt hat, aber auch, wie komplex die Gleichung wird, wenn Migrations-, Umwelt- und Klimavariablen miteinander verbunden werden. Unterstrichen wird damit auch, wie schwierig es ist, klare Migrationskategorien aufzustellen und sie in der Praxis zu unterscheiden.

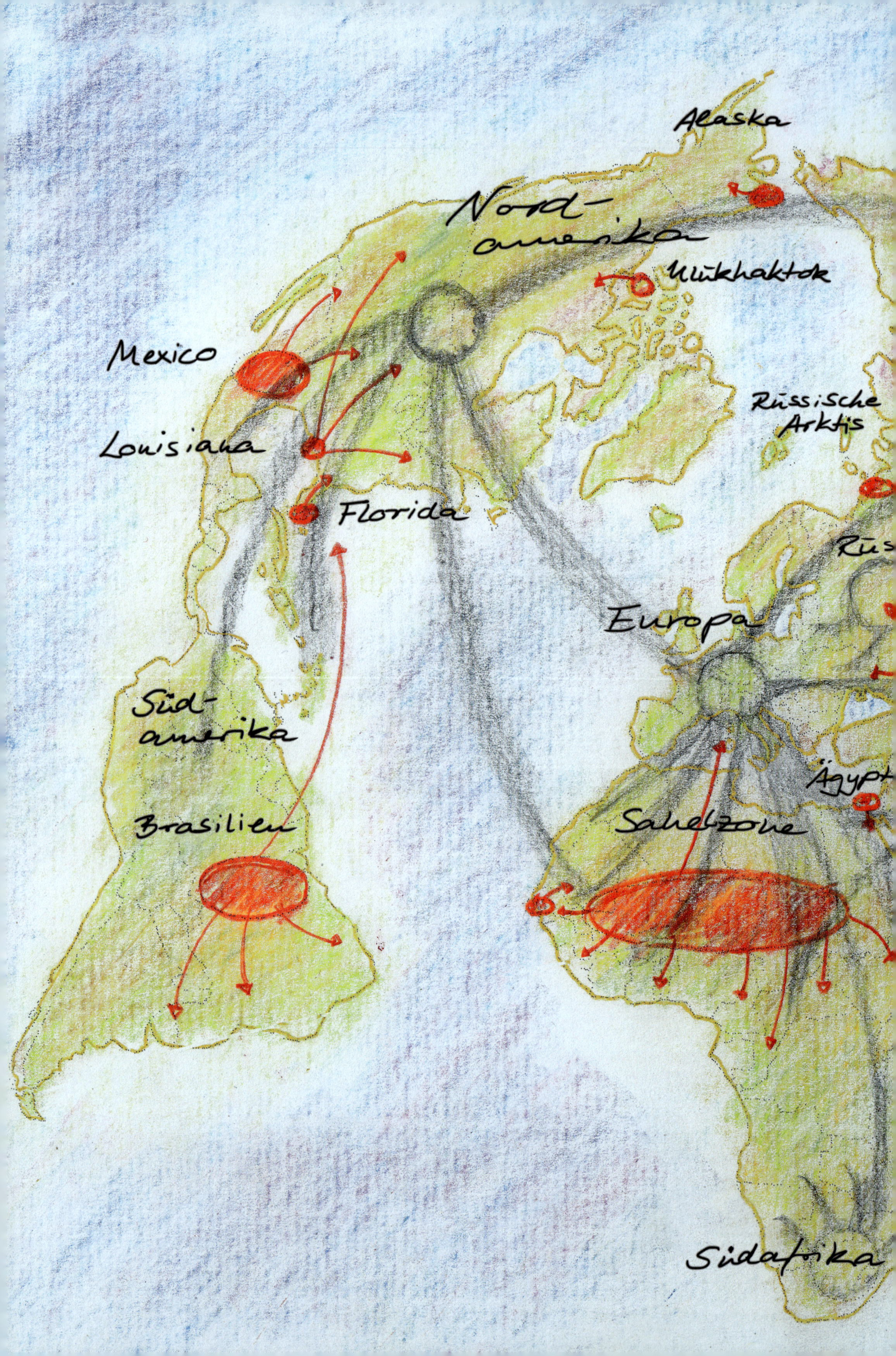

Alaska
Nord-
amerika
Ulukhaktok
Mexico
Russische
Arktis
Louisiana
Florida
Europa
Süd-
amerika
Ägypt
Brasilien
Sahelzone
Südafrika

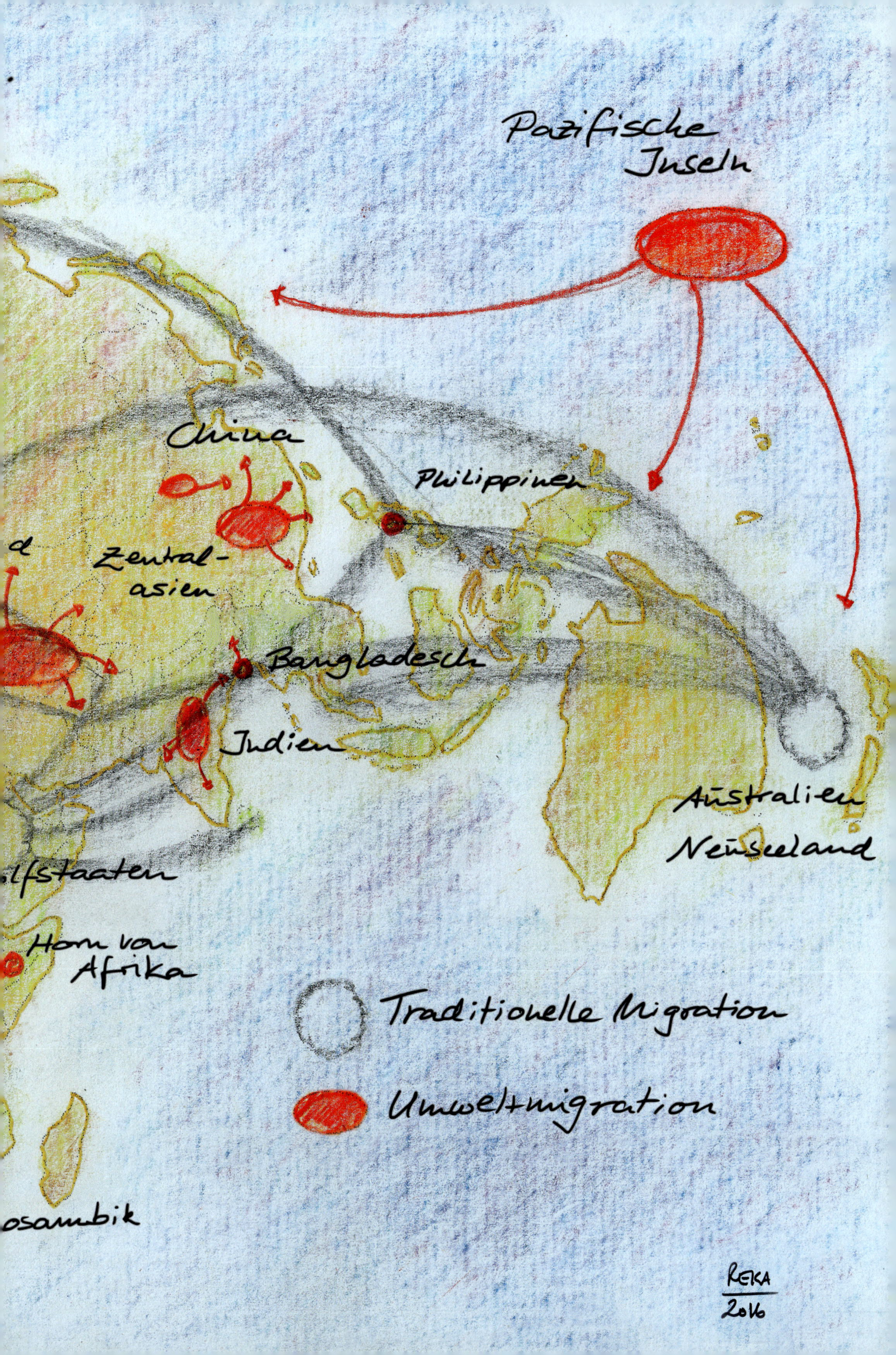

Pazifische Inseln
China
Philippinen
d
Zentral-asien
Bangladesch
Indien
Australien
Neuseeland
lfstaaten
Horn von Afrika
Traditionelle Migration
Umweltmigration
osambik
REKA 2016

Eine lange Geschichte

In der gesamten Menschheitsgeschichte gibt es zahlreiche Beispiele für Wanderungen, die mit Umweltveränderungen und -katastrophen zusammenhingen.

1755 zerstörte das Erdbeben von Lissabon einen Großteil der Stadt und löste Massenwanderungen in andere Teile Portugals aus, wobei einige der Geflüchteten später nach Lissabon zurückkehrten. Die Dust-Bowl-Migration in den USA ist ein weiteres klassisches Beispiel für eine Massenwanderung im Zusammenhang mit Umweltereignissen, obwohl solche Ereignisse nicht, wie es häufig geschieht, vom breiteren sozioökonomischen Kontext losgelöst betrachtet werden können. Die damaligen Staubstürme als Folge von Dürren und ungeeigneten Anbaumethoden förderten die Bodenerosion und dezimierten die Anbauflächen, sodass Tausenden Farmern aus Oklahoma, Texas und Arkansas nichts anderes übrig blieb, als ihre Farm zu verkaufen und nach Westen zu ziehen. Die ökologischen »Schub«-Faktoren für die Migrationsentscheidung lagen auf der Hand, aber sie standen im weiteren Kontext der Weltwirtschaftskrise und unzureichender Anbaumethoden. Die Aussichten auf ein besseres Leben in Kalifornien spielten zudem eine große Rolle als »Sog«-Faktor.

Mit 2,5 Millionen Migranten, von denen 200.000 nach Kalifornien zogen, war die Dust-Bowl-Migration die bedeutendste Wanderungsbewegung in den Vereinigten Staaten. Trotz der historischen Tragweite des Ereignisses wurde die Rolle von Umweltveränderungen als Schubfaktor für Migration weitgehend übersehen, bis die Folgen des Klimawandels sichtbar wurden.

»Lissabon in Ruinen«, Kupferstich von J. A. Steißlinger, 18. Jahrhundert, mit freundlicher Genehmigung des Nationalmuseums Lissabon.

Nicht nur der Klimawandel

Dennoch darf man nicht vergessen, dass für die Umweltmigration nicht nur der Klimawandel ausschlaggebend ist. Im Gegenteil, Umweltbedingungen waren stets für die Verteilung der Bevölkerung auf dem Planeten maßgebend. Vor rund 45.000 Jahren wurde Europa dank seines günstigen Klimas und seiner reichen Ressourcen durch den modernen Menschen besiedelt. Dieser bevorzugte dabei die Küsten- und Deltaregionen, weil hier der Boden fruchtbarer war. Wahrscheinlich wird also der Klimawandel als gewaltige globale Umweltzerstörung die Verteilung der Erdbevölkerung ebenfalls beeinflussen. Wenn Umweltbedingungen wesentliche Erklä-

Migration und Umwelt in der Menschheitsgeschichte

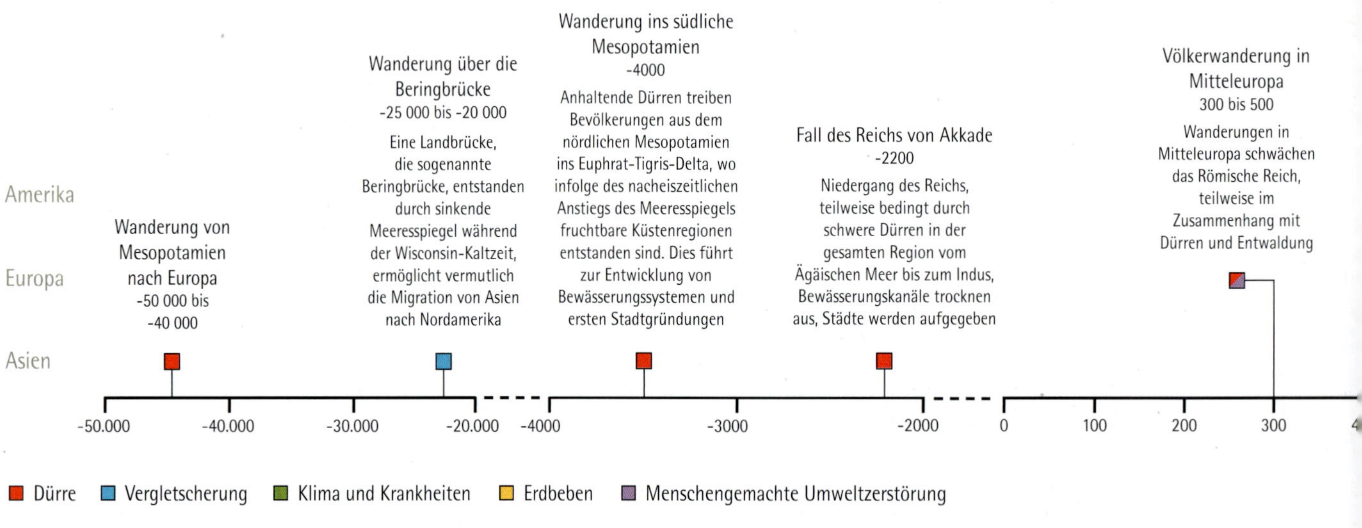

Atmosphärische bodennahe Lufttemperatur und globaler Meeresspiegelanstieg seit 50.000 v. Chr.

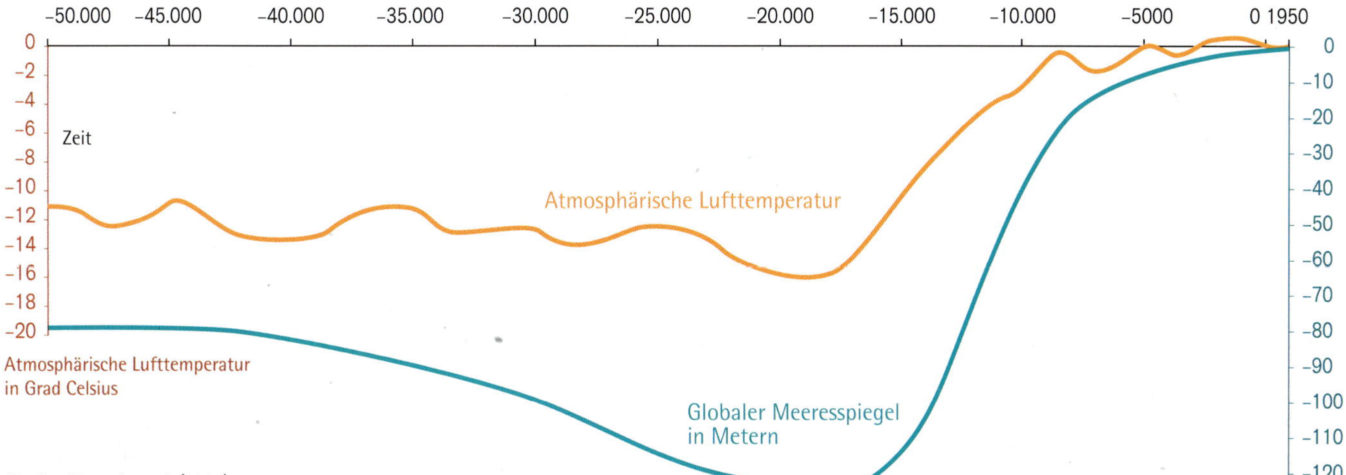

Quelle: Bintanja et al. (2005),
© IOM (Mokhnacheva, Ionesco), Gemenne, Stienne, 2015.

rungsfaktoren für historisches Siedlungsverhalten sind, ist davon auszugehen, dass Bodendegradation, Störung von Ökosystemen und Ressourcenverknappung aufgrund des Klimawandels diese Siedlungsmuster verändern werden.

Große demografische Veränderungen

Schwere Katastrophen und die durch sie ausgelösten Fluchtbewegungen haben auch das demografische Muster bestimmter Städte und Regionen dramatisch verändert. Manche Regionen wurden nahezu menschenleer: Der Untergang des Reiches von Akkade (im heutigen Irak) um 2200 v. Chr. stand mit schweren Dürren im Gebiet vom Ägäischen Meer bis zum Indus in Zusammenhang. Dürren waren auch für den Niedergang der Anasazi-Kultur in Nordamerika im 13. Jahrhundert verantwortlich: Ganze Dörfer und Regionen wurden damals aufgegeben. In Grönland verschwanden die im 15. Jahrhundert entstandenen Nordmännersiedlungen, weil sie der Kleinen Eiszeit nicht standhielten.

Andere Regionen erlebten wegen Umweltschäden erhebliche demografische Verschiebungen: Die Bevölkerung Irlands wurde wegen der Großen Hungersnot von 1845 bis 1852 um ein Viertel reduziert; über zwei Millionen Menschen flohen, viele siedelten sich in den Vereinigten Staaten an.

Trotz ihrer historischen Bedeutung sind solche Beispiele für Wanderungsbewegungen kaum bekannt und dokumentiert, was den Glauben geweckt haben mag, es handle sich bei der durch den Klimawandel ausgelösten Migration um eine neue Migrationsform. Die Geschichte beweist das Gegenteil.

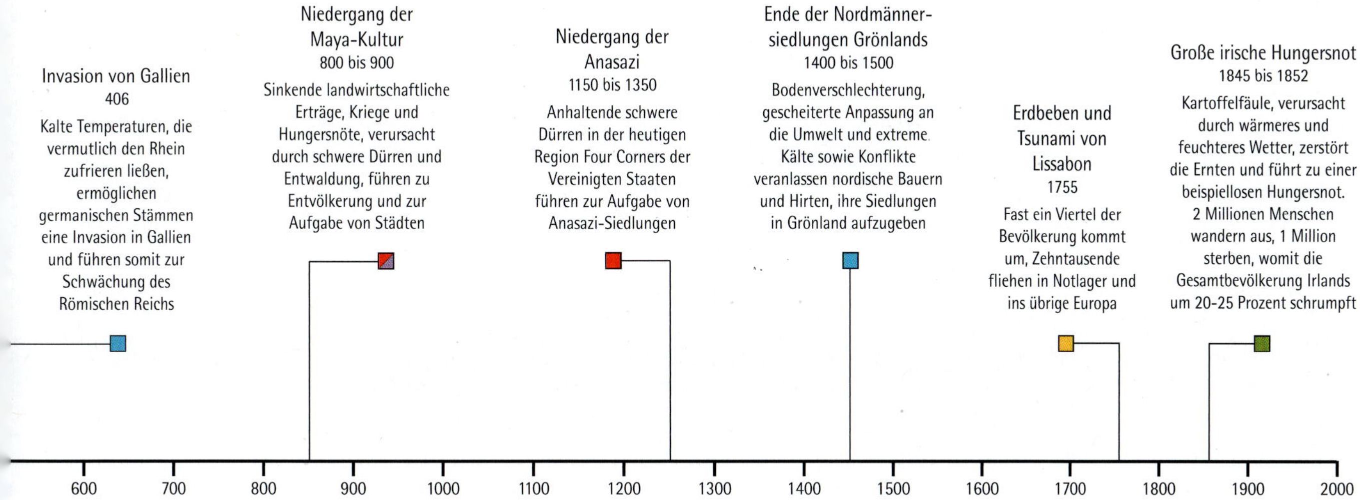

Quelle: Bintanja et al. (2005), © OIM (Mokhnacheva, Ionesco), Gemenne, Stienne, 2015.

Eine politische Frage

Obwohl die Umweltmigration als Forschungsgegenstand relativ neu ist, wird die Debatte von zahlreichen gegensätzlichen Standpunkten und Perspektiven bestimmt, die unterschiedliche politische Vorstellungen widerspiegeln. Der Begriff »Umweltmigration« ist somit auch ein politisches Konstrukt, das nicht immer mit der empirischen Realität übereinstimmt.

Erste Studien zu dem Thema wurden durch die Kluft zwischen einer alarmistischen (oder maximalistischen) und einer skeptischen (oder minimalistischen) Perspektive bestimmt. Die alarmistische Perspektive, die hauptsächlich von Umweltexperten und NGOs vertreten wird, sah in der Migration als unvermeidliches Nebenprodukt des Klimawandels eine sich anbahnende humanitäre Katastrophe. Inzwischen nehmen Migrationsforscher eine skeptischere Haltung ein und erklären, Migration sei immer multikausal und eine neue Kategorie der »Umweltmigration« sei überflüssig. Bei dieser Auseinandersetzung handelte es sich nicht nur um einen akademischen Streit, beide Seiten vertraten unterschiedliche politische Programme: Die »Alarmisten« wollten die Politiker auf die Bedrohungen durch den Klimawandel aufmerksam machen, während die Skeptiker besorgt waren, eine neue Migrationskategorie könne Regierungen aufschrecken und sie zu einer noch restriktiveren Einwanderungspolitik veranlassen. Die alarmistische Perspektive setzte sich jedoch durch; bald wurden Umweltmigranten das menschliche Gesicht des Klimawandels, und Migration galt als seine unvermeidliche Folge. Insbesondere Bewohner von kleinen Inselstaaten, die durch den Anstieg der Meeresspiegel bedroht sind, waren maßgeblich daran beteiligt, dass die Politik Maßnahmen gegen den Klimawandel ergriff.

Eine kopernikanische Wende

Um das Jahr 2010 herum entstand jedoch eine neue Begrifflichkeit, da Migration nun nicht mehr als Signal einer gescheiterten

Migration, Umwelt und Klimawandel – Begriffe bei der Google-Suche

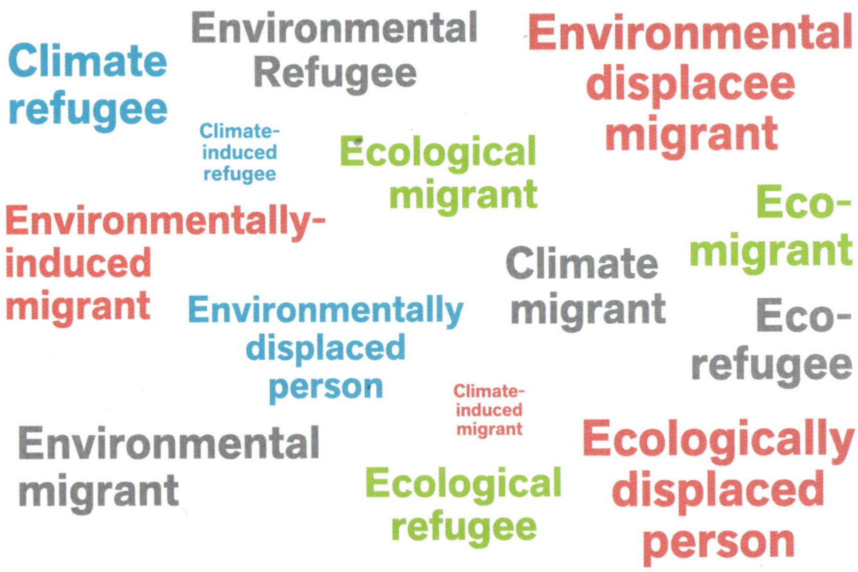

Die Größe der Wörter ist proportional zur Zahl der Seiten, die unter Google.com bei der Suche gemeldet wurden (2012). *Quelle: Venturini et al. (2012), © IOM (Mokhnacheva, Ionesco), Gemenne, Boissière, 2015.*

Anpassung an Umweltveränderungen gesehen wurde, sondern vielmehr als wirksame Anpassungsstrategie. Dieses radikale Umdenken wurde anfänglich durch vermehrte empirische Forschung ausgelöst, die zeigte, dass Migration angesichts von Umweltveränderungen nicht unbedingt ein letzter Ausweg sein muss. Dies passte in die Agenda vieler internationaler Organisationen, die Migration in einem positiveren Licht darstellen wollten. Migration wurde im Cancún Adaptation Framework, verabschiedet im Dezember 2010, »offiziell« als Anpassungsstrategie anerkannt. Seither gelten internationale Klimaverhandlungen als das bestgeeignete politische Forum, um über Fragen der Umweltmigration zu sprechen.

Konkurrierende Deutungen

2011 erschien der von der britischen Regierung in Auftrag gegebene und von namhaften Wissenschaftlern erstellte »Foresight Report on Migration and Global Environmental Change«; er brachte einen gewissen wissenschaftlichen Konsens hinsichtlich der Muster und Hauptcharakteristika des Nexus Umwelt–Migration zum Ausdruck. Dessen ungeachtet existieren in der öffentlichen Wahrnehmung und der politischen Debatte nach wie vor verschiedene Deutungsrahmen, was eine gewisse Diskrepanz zwischen der empirischen Wirklichkeit der Umweltmigration und ihrer politischen Konstruktion aufzeigt. Die einen sehen die Frage der Umweltmigration weiterhin als Ablenkung von den politischen und wirtschaftlichen Grundursachen der Migration, während sich andere auf die humanitäre Katastrophe konzentrieren, die sie darstellt. Zunehmend stellen kritische Perspektiven (u.a. aus den postkolonialen Studien) den Begriff der Umweltmigration überhaupt infrage. Im politischen Bereich fordern auf der einen Seite viele, Migration als Anpassungsstrategie zu fördern, auf der anderen Seite wird sie häufig als Bedrohung für die innere Sicherheit und Stabilität dargestellt, und es wird behauptet, Massenmigration könne zur Konkurrenz um natürliche Ressourcen, zu sozialen Unruhen und Konflikten führen.

Demonstration für den Vorschlag Tuvalus, bei der COP15 ein neues verbindliches Protokoll zu verabschieden. Bella Center, Kopenhagen, Dänemark, 2009, © *Greenpeace Finnland 2009.*

Entwicklung der Debatten über Umweltmigration

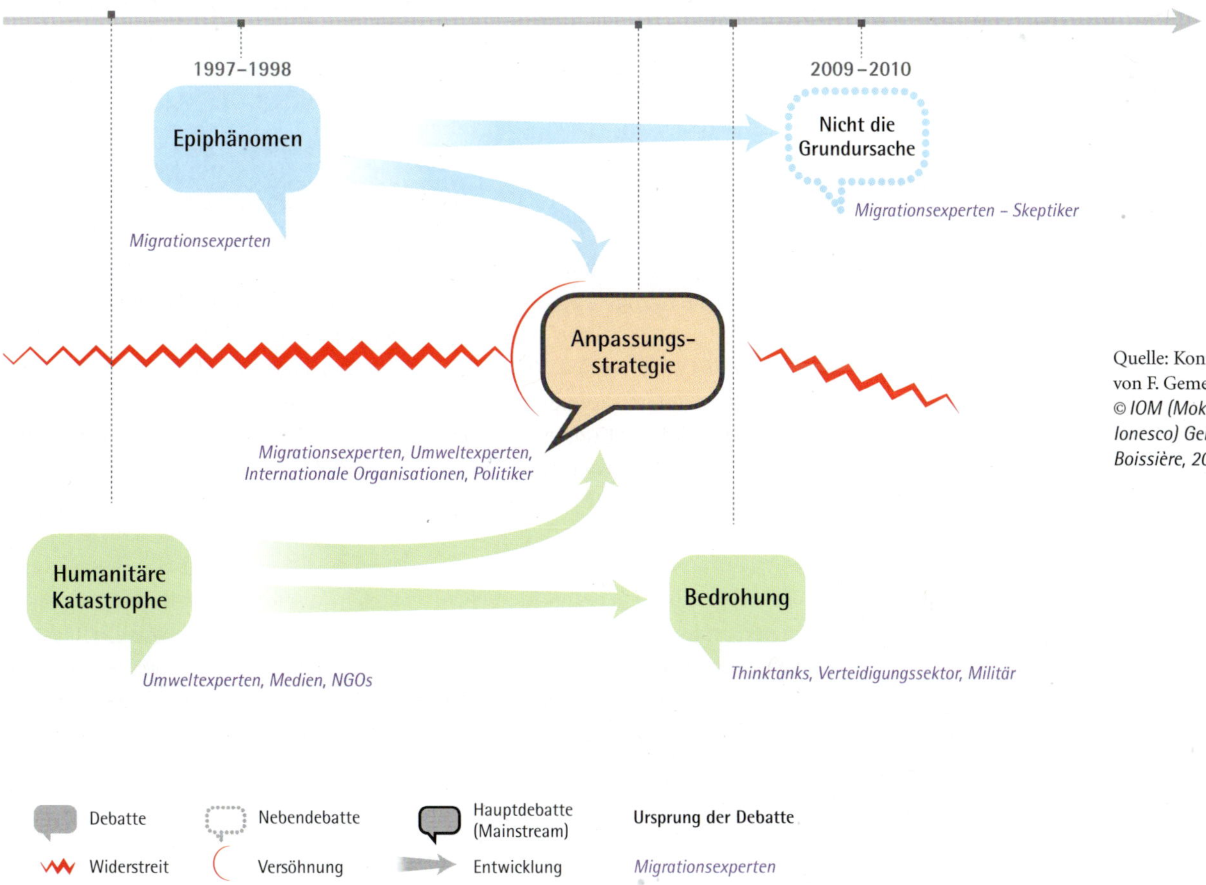

Quelle: Konzipiert von F. Gemenne, © *IOM (Mokhnacheva, Ionesco) Gemenne, Boissière, 2015.*

Eine Welt in Bewegung

Hauptmigrationspfade, Stand 2013

Die Karte stellt nicht die Migrantenströme im Jahr 2013 dar, vielmehr zeigen die Pfeile Herkunft und Ziel von Migranten im Lauf der Zeit. Ungeregelte Migration ist hier nicht berücksichtigt. Die geografischen Regionen entsprechen der UN-DESA-Klassifikation.

Anmerkung
Der Begriff »Migranten« bezieht sich auf Personen, die nicht in ihrem Herkunftsland (Geburt oder Staatsbürgerschaft) leben. Die UN-DESA-Zahlen geben den Bestand an Migranten je nach Land, Stand 2013, an und beruhen meist auf Daten der jüngsten nationalen Volkszählungen.

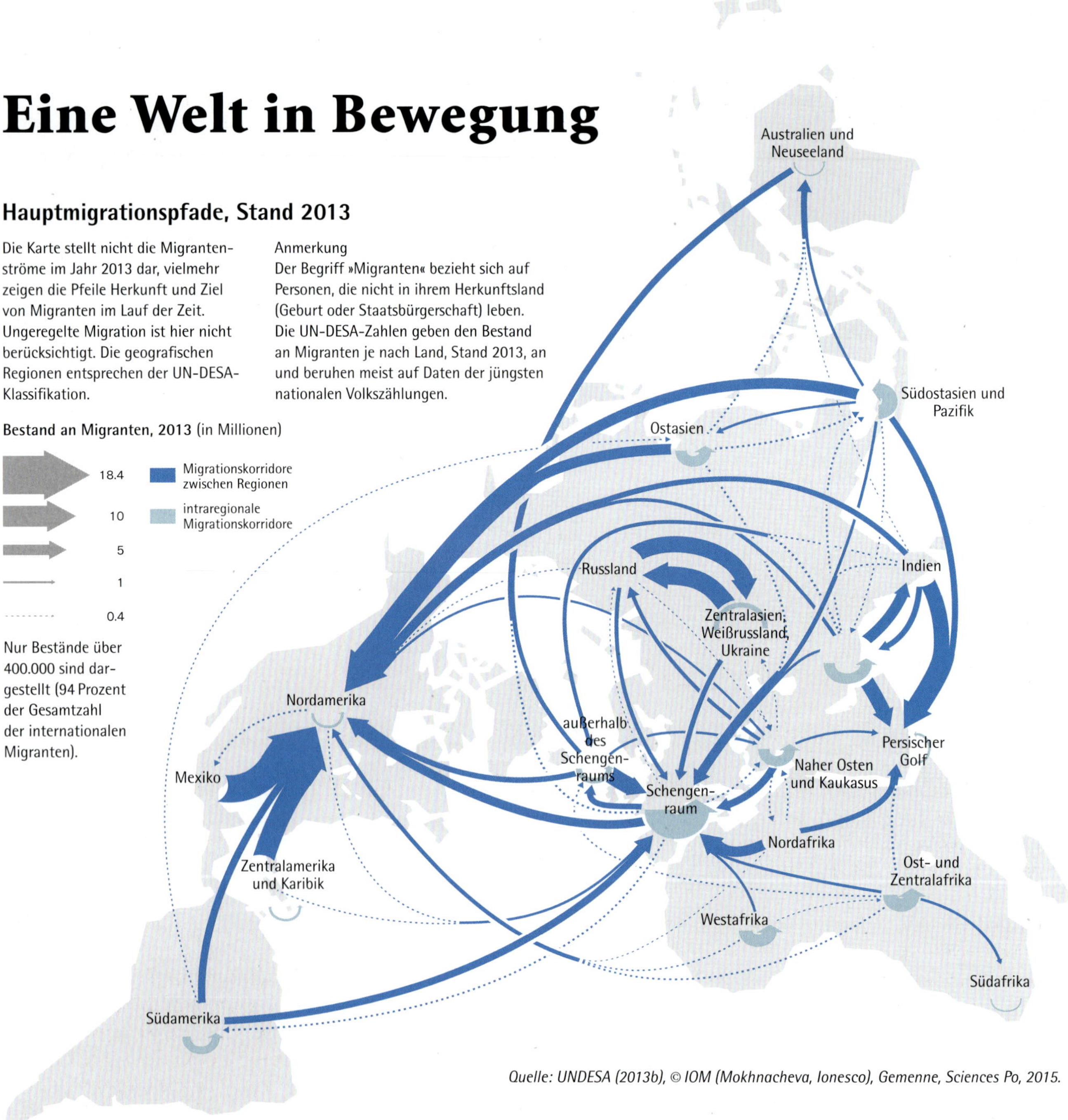

Quelle: UNDESA (2013b), © IOM (Mokhnacheva, Ionesco), Gemenne, Sciences Po, 2015.

Internationale Migrationstrends, 1965–2013

in Prozent der Bevölkerung

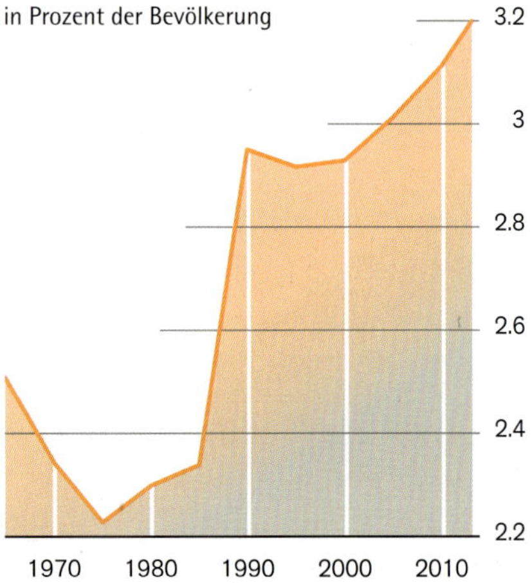

Quelle: UNDESA (2013b), © IOM (Mokhnacheva, Ionesco), Gemenne, Sciences Po, 2015.

Migration ist ein bestimmendes Merkmal der modernen Weltordnung.

Zuweilen werden die letzten Jahrzehnte des 20. Jahrhunderts als »Ära der Migration« bezeichnet, in der zunehmende und beschleunigte Wanderungsbewegungen für die nationale und internationale Politik, die globalisierte Wirtschaft, den sozialen Fortschritt und das individuelle Wohlbefinden zentral geworden sind. Menschen sind schon immer auf der Suche nach besseren Chancen gewandert und vor Armut, Gewalt und Umweltveränderungen geflohen; allerdings wurde die Mobilität in den letzten Jahrzehnten durch postkoloniale Migration, politische Turbulenzen, den raschen technologischen Fortschritt sowie durch wirtschaftliche und demografische Veränderungen geprägt und hat damit weltweit ganz andere Dimensionen angenommen. Verglichen mit früheren Migrationsmustern, sind heutige Wanderungsbewegungen vielfältiger, was ihre Form, ihre Richtung und ihre Beweggründe betrifft.

Nach Norden oder nach Süden?

Während sich der politische Diskurs meist auf die Auswirkungen der Migration aus Entwicklungsländern in entwickelte Regionen konzentriert, zeigen neuere Studien, dass Süd-Süd-Wanderungen (von einem Entwicklungsland in ein anderes) ebenso umfangreich sind wie Wanderungen aus dem Süden in den Norden (von einem Entwicklungsland in ein Industrieland) und ein Drittel der gesamten internationalen Mig-

Einige Schätzungen zu Vertreibung und Flucht

Quellen: Cernea (2006), IDCM (2015a, 2015b), ILO (2005), IOM (2013,2014), UNDESA (2013c, 2013d), UNHCR (2015), © IOM (Mokhnacheva, Ionesco), Gemenne, Sciences Po, 2015.

ration ausmachen. Auf Wanderungen zwischen Industrieländern entfällt ein Fünftel der globalen Bewegungen, und eine wachsende Zahl von Migranten zieht vom Norden in den Süden. In absoluten Zahlen kommen mehr Migranten aus Entwicklungsländern, wo die Bevölkerungszahlen höher sind; relativ gesehen, ist es jedoch wahrscheinlicher, dass sich Menschen aus Industrieländern auf den Weg machen.

Schätzungen zur globalen Migration

Die Zahl der grenzüberschreitenden Migranten hat sich im Laufe der letzten 30 Jahre mehr als verdoppelt, und trotz einer Abschwächung der Wanderungsbewegungen nach der Weltwirtschaftskrise von 2008 betrug sie im Jahr 2013 232 Millionen und somit 3,3 Prozent der Weltbevölkerung. Diese globale Zahl, die den »Bestand« an Migranten in verschiedenen Ländern zu einem bestimmten Zeitpunkt misst, wie er sich in staatlichen Statistiken und Volkszählungen spiegelt, zeigt jedoch nur eine Facette eines komplexen Weltmigrationsmusters und liefert keinen Hinweis auf die Gründe und die Natur der Wanderungen. Hinter der Zahl verbergen sich verschiedene Formen der grenzüberschreitenden Migration, darunter Arbeitsmigration, Bildungsmigration, Flucht, Familienzusammenführung, Heimkehrmigration oder Pensions- und Wohlstandsmigration, die teilweise auch mit Umweltfaktoren zusammenhängen können. Genaue Statistiken nach Migrationsform sind selten, es sei denn, Migranten fallen unter bestimmte rechtliche Kategorien oder erhalten besondere Hilfe, wie etwa Flüchtlinge oder Nutznießer von Programmen zur Familienzusammenführung, die von den zuständigen nationalen und internationalen Behörden registriert werden. In den meisten Fällen sind Migrationssituationen komplex, lassen sich keiner einzelnen Kategorie zuordnen und können sich im Laufe der Zeit unterschiedlich entwickeln. Überdies lässt die globale Zahl jene Migrationssituationen unberücksichtigt, für die es kaum Statistiken gibt – also vor allem die vielen erzwungenen Formen der grenzüberschreitenden Migration, darunter Opfer von Schleusern und Menschenhändlern sowie die wachsende Zahl illegaler Migranten. Zahlen zu diesen verborgenen Migrationsformen zu ermitteln ist schwierig, bisher liegen nur grobe Schätzungen dazu vor. Überdies spiegelt die globale Zahl weder saisonale Migration noch Pendelmigration und andere temporäre Wanderungen, etwa eine zeitweise grenzüberschreitende Flucht vor Naturkatastrophen.

Eine Ära der Binnenmigration

Die Konzentration der politischen Debatte auf internationale Migration lenkt von einem wichtigen Phänomen ab: Die Binnenmigration innerhalb von Landesgrenzen, angetrieben durch Urbanisierung sowie wirtschaftliche und demografische Dynamik, spielt Schätzungen zufolge eine weit größere Rolle als die internationale Migration. Diese Migrationsform ist schwer zu quantifizieren, weil Datenverfügbarkeit und Erhebungsmethoden von Land zu Land abweichen. Die Vereinten Nationen schätzen jedoch, dass weltweit 763 Millionen Menschen zwar in ihrem Land, aber außerhalb ihrer Heimatregion leben. Auch zur Binnenvertreibung durch Konflikte und Gewalt, die vom UNHCR und IDMC beobachtet werden, liegen Schätzungen vor.

Aus vorhandenen Mustern lernen

Die Komplexität und Vielfalt der Methoden, die zur Feststellung der Migrantenzahlen dienen, sei es innerhalb oder außerhalb von Landesgrenzen, erschweren den Vergleich zwischen den verschiedenen Migrationsformen; die entsprechenden Zahlen sind dann oft wenig aussagekräftig. Überdies gibt es viele unbekannte Größen; zum Beispiel ist schwer zu ermitteln, inwieweit vorhandene Migrationsmuster durch allmähliche Umweltveränderungen beeinflusst werden.

Die Untersuchung globaler Migrationsmuster wirft Licht auf diese Komplexität: In den meisten Fällen wird Umweltmigration durch bereits existierende Kanäle auf regionaler, nationaler und internationaler Ebene geprägt. Daher ist es wichtig, bestehende Migrationssysteme und die Schwierigkeiten bei der Schätzung, Beurteilung und Kategorisierung zu verstehen, die auch bei Untersuchungen zur umweltbezogenen Mobilität eine Rolle spielen.

Vier Migrationspfade 2013

in Millionen

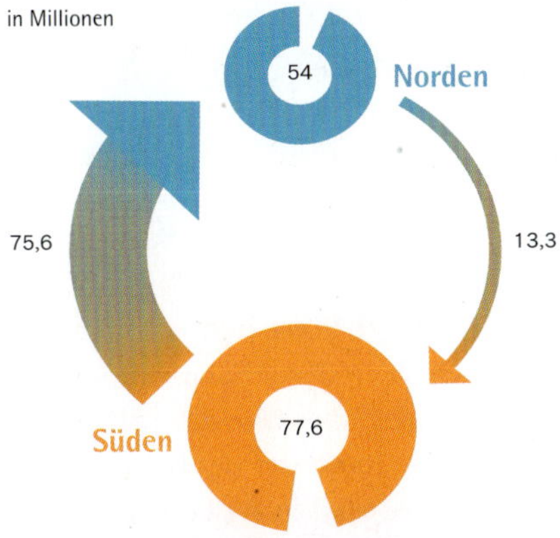

Berechnungen anhand der UN-DESA-Klassifikation von Ländern in Entwicklungsregionen und entwickelten Regionen (siehe http://unstats.un.org/unsd/methods/m49/m49.htm). Zu einer ausführlichen Diskussion der »Nord«-»Süd«-Klassifikation siehe IOM World Migration Report 2013.

Quelle: IOM (2013), © IOM (Mokhnacheva, Ionesco), Gemenne, Sciences Po, 2015.

Forschungsgeografie

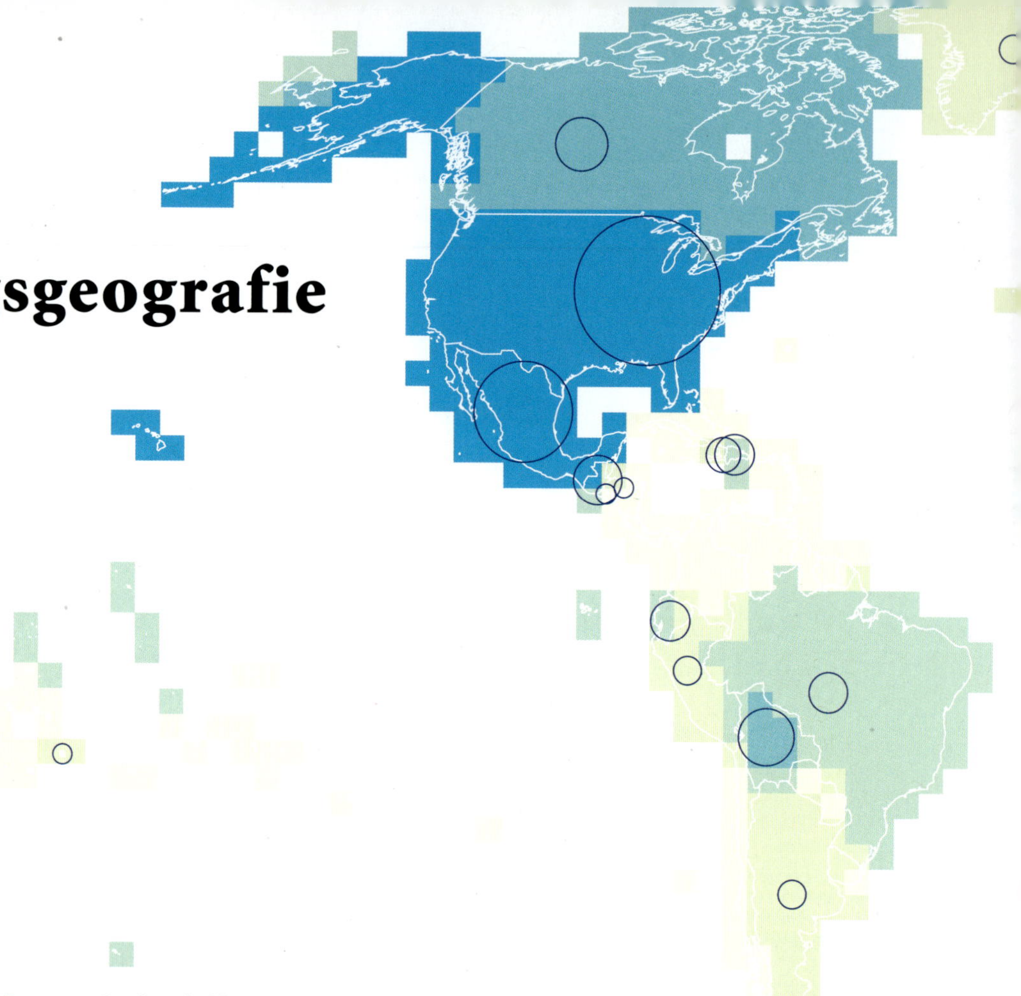

Die Erforschung der Zusammenhänge zwischen Migration, Umwelt und Klimawandel hat erheblich an Bedeutung gewonnen.

Migration als Reaktion auf Umweltveränderungen ist zwar kein neues Forschungsgebiet (die ersten Publikationen erschienen bereits in den 1980er-Jahren), aber erneutes Interesse und der Ruf nach wissenschaftlichen Belegen führte Anfang der 2000er zu vermehrten Anstrengungen: Gab es in den 1990ern noch etwa 10 Veröffentlichungen pro Jahr zu diesem Thema, so hat sich diese Zahl in den vergangenen Jahren verzehnfacht: Seit 2008 erschienen pro Jahr im Durchschnitt knapp 100 Arbeiten zu Migration und Umwelt.

Forschung und politisches Bewusstsein

Der Wissensstand zum Nexus Migration-Umwelt hat sich in den letzten zehn Jahren erheblich verbessert; Flaggschiffstudien und -publikationen wie das EACH-FOR-Projekt von 2009 oder der Foresight-Bericht von 2011 haben zur Entwicklung eines solideren theoretischen Rahmens beigetragen und die Kenntnisse über Migration im Kontext globaler Umweltveränderungen verbessert. Das mag wiederum ein wachsendes politisches Bewusstsein in aller Welt gefördert und die weitere Forschung zu dem Thema angeregt haben.

Regionale Verteilung

Dennoch sind die Erkenntnisse zu lokalen Auswirkungen und Problemen und insbesondere empirische Daten nach wie vor begrenzt und unausgewogen. Die Universität Neuenburg hat 447 empirische Studien zu Migration und Umwelt erfasst, die weltweit zwischen 1980 und 2014 erschienen sind. Die meisten dieser Studien konzentrierten sich auf Afrika (164), die Region Asien-Pazifik (137) und den amerikanischen Kontinent (124). Im Gegensatz dazu beschäftigten sich nur 11 Studien mit Europa und 8 mit Ländern des Nahen Ostens.

Gefahrenherde und blinde Flecken

Einige Gebiete und Regionen der Welt erhalten sehr viel mehr Aufmerksamkeit als andere. Länder wie Bangladesch oder die sogenannten Kleinen Inselentwicklungsländer sind zu Symbolen für Klimawandel und Migration geworden. Die Not der Hurrikanopfer von New Orleans oder die Probleme, vor denen Gemeinschaften in Shishmaref oder Tuvalu stehen, haben das

Anzahl der Publikationen und Fallstudien zu den Themen Migration, Umwelt und Klimawandel, 1980–2013

Quelle: Piguet u. a. (2015)
© IOM (Mokhnacheva, Ionesco), Gemenne, Sciences Po, 2015

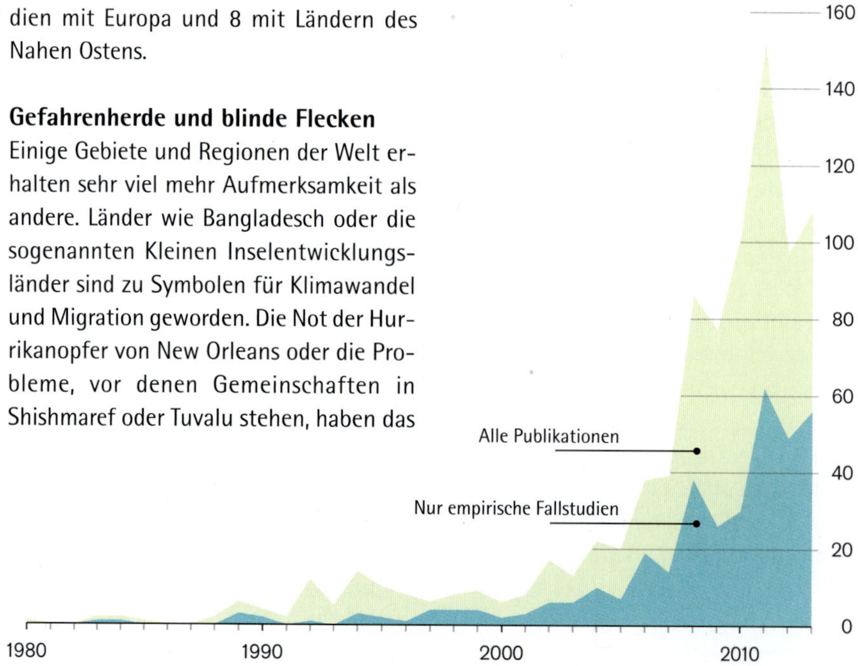

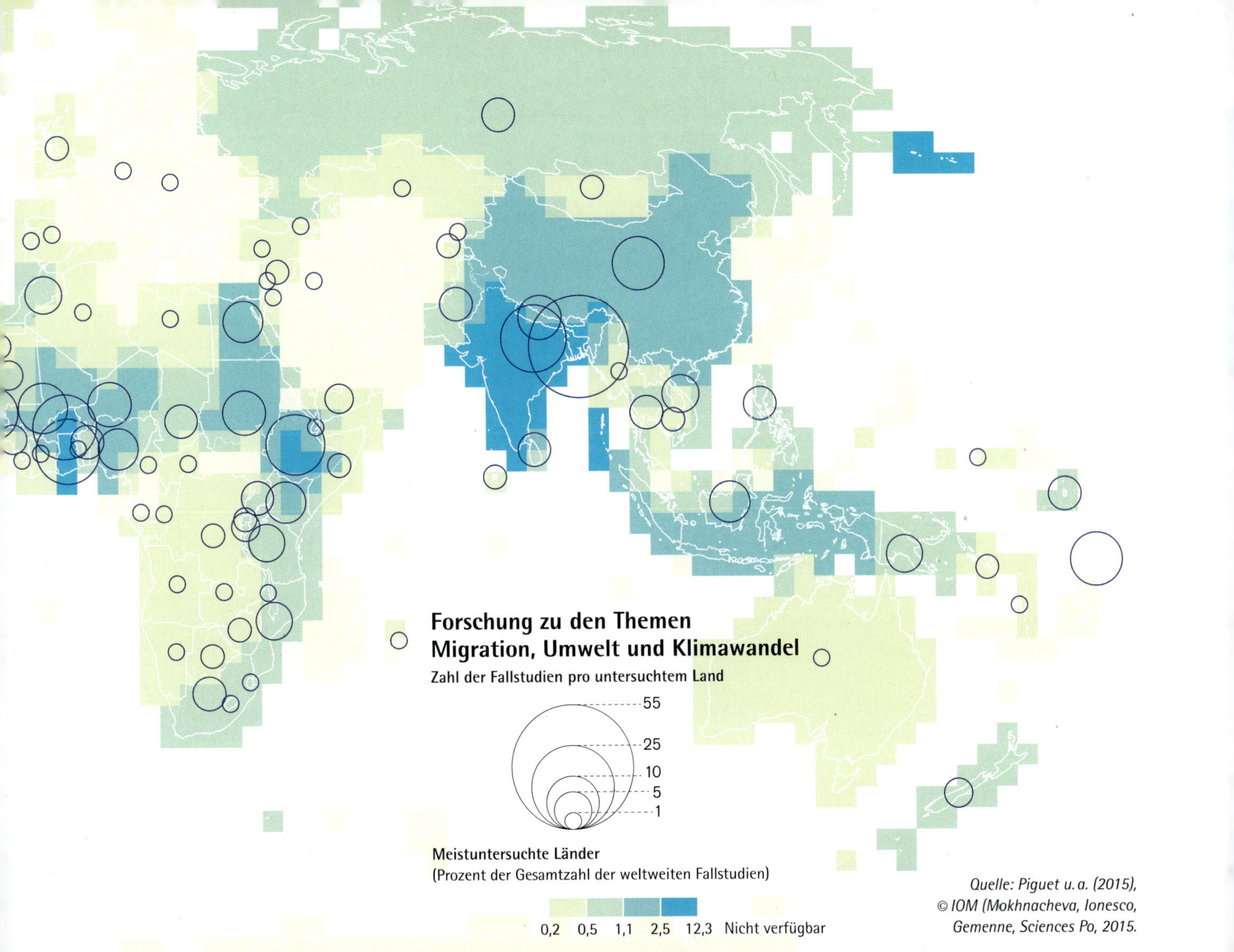

Quelle: Piguet u. a. (2015), © IOM (Mokhnacheva, Ionesco, Gemenne, Sciences Po, 2015.

Interesse von Wissenschaftlern und Medien geweckt. Ebenso gelten den Ländern in Westafrika und am Horn von Afrika, wo Hirten mit Wüstenausbreitung zu kämpfen haben, große Forschungsanstrengungen.

Regionale Verteilung von Fallstudien zu den Themen Migration und Umwelt, 1980–2014

in Prozent

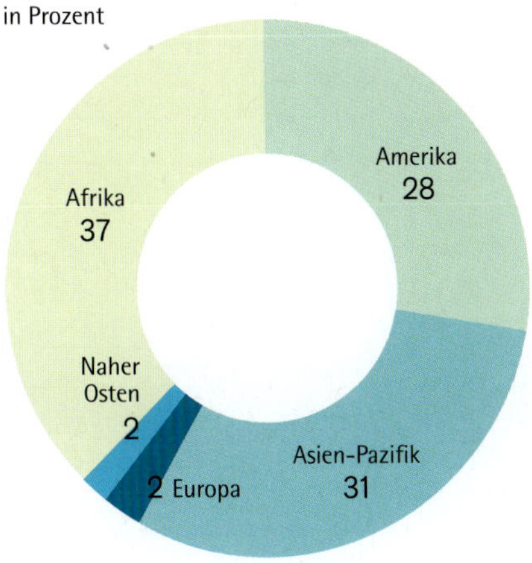

Quelle: Piguet u. a. (2015), © IOM (Mokhnacheva, Ionesco), Gemenne, Sciences Po, 2015.

Gleichzeitig erhalten viele andere höchst gefährdete Regionen und Länder wenig Aufmerksamkeit: In Zentral- und Südamerika, Zentralasien sowie im Süden und in der Mitte Afrikas gibt es zahlreiche blinde Flecken. Die Datenlage in Europa ist sehr mager, obwohl hier alljährlich eine wachsende Zahl von Gemeinden von kleineren Katastrophen betroffen ist, ebenso im Nahen Osten, obwohl die Bauern dort unter häufigen Extremwetterereignissen leiden.

Nord-Süd-Forschungsgefälle

Ein geografisches Ungleichgewicht besteht auch bei der Verteilung von Forschungskapazitäten in Entwicklungs- und Industrieländern: Während sich die Forschung auf Länder des Südens konzentriert, wird sie meist von im Norden angesiedelten Forschern durchgeführt. Der Ausbau von Forschungskapazitäten in Entwicklungsländern ist aber maßgeblich für die bessere Datenerhebung in Gebieten, die weniger im Blickfeld stehen, aber keineswegs weniger unter den Folgen von Umweltveränderungen zu leiden haben.

Über die Datenbank CliMig

Die bibliografische Datenbank CliMig ist ein Projekt des Geographie-Instituts an der Universität Neuenburg (Schweiz), das den Zugang zum Wissens- und Forschungsstand hinsichtlich Umweltmigration erleichtern soll. Die Datenbank ist das erste umfassende Suchwerkzeug für Forscher und Laien, das internationale Publikationen und Fallstudien eigens zum Thema Umweltmigration erfasst. Die Arbeiten werden in der Datenbank nach Gebiet, Art der Umweltrisiken, Methodologie und Themenschwerpunkt kategorisiert; damit liefert sie detaillierte Informationen über die gesamte Forschung zu diesem Thema.

Zahlen und Prognosen

In der Debatte zur Umweltmigration wird eine der nächstliegenden Fragen auch am kontroversesten diskutiert: Wie viele Menschen sind heute wegen Umweltzerstörung heimatlos? Und wie viele werden es morgen sein?

In Berichten und Erklärungen zirkulieren fantasievolle Schätzungen zur Zahl der Menschen, die wegen Umweltzerstörung auf der Flucht sind. Die erste Schätzung stammt aus dem Jahr 1988, als Jodi Jacobson vom World Watch Institute die Zahl bei 10 Millionen ansiedelte. 1993 sprach Norman Myers, Professor für Ökologie an der Universität Oxford, von 25 Millionen.

Ein Schlüsselfaktor der Migration

Die Wahrheit ist, dass – selbst wenn davon auszugehen ist, dass die Umwelt einer der wichtigsten Faktoren der Migration in aller Welt ist – eine genaue Zahl nicht ermittelt werden kann. Dafür wäre erstens eine strenge Definition für diese Migranten erforderlich; und zweitens müsste die Umwelt als ein entscheidender Faktor für Migration isoliert werden können – und das ist nicht immer der Fall. Die Zahl der Menschen, die alljährlich durch Naturkatastrophen ihr Zuhause verlieren, liegt durchschnittlich bei 25,4 Millionen oder einer Person pro Sekunde. Hinzuzurechnen wären die Menschen, die wegen schleichender Umweltzerstörung weichen müssen, etwa wegen des Anstiegs der Meeresspiegel oder Entwaldung, aber ihre Zahl ist nicht bekannt. Überdies ist die Zahl der Umweltmigranten umso schwerer zu schätzen, weil sie sowohl freiwillige wie unfreiwillige Migranten sowie kurz- und langfristige Umsiedlung umfasst.

Unzureichende Daten

Das Fehlen elementarer Daten stellt eine entscheidende Schwierigkeit dar. Umweltmigranten legen oft nur kurze Strecken zurück und bleiben in den Grenzen eines Landes, aber in vielen Ländern fehlt es an den erforderlichen statistischen Werkzeugen, um Binnenwanderungen zu erfassen. Und wenn Statistiken vorliegen, sind sie selten kompatibel: Umwelt- und Klimaphänomene werden generell pro Quadratkilometer erfasst, während demografische Daten in der Regel auf der Basis von Verwaltungseinheiten erhoben werden.

Neue Forschungsmethoden

Dennoch wurden unlängst erhebliche Fortschritte bei den statistischen Methoden erzielt. Obwohl die derzeitigen Studien zu dem Thema meist qualitativ arbeiten, gibt es eine Fülle von empirischen Methoden, die in bestimmten Fällen eingesetzt werden können, um quantitative Angaben zu machen, z. B. die historische Forschung, Vergleiche zwischen Regionen oder Ländern, genaue Analysen der regionalen und individuellen Daten, Feldstudien usw. Mithilfe von Längsschnittstudien konnten langfristige Trends ermittelt werden, auch wenn sie sich meist nur mit begrenzten geografischen Gebieten befassen.

In den meisten Fällen beziehen sich derzeitige Schätzungen jedoch nur auf Flüchtlingsbewegungen, insbesondere im Kontext von Katastrophen, während kaum Aussagen über den »Bestand« an Migranten getroffen werden. Abgesehen von neueren Flüchtlingszählungen, die vor Ort für operative Zwecke durchgeführt werden, ist derzeit nicht bekannt, wie viele Menschen ein Jahr nach ihrer ursprünglichen Umsiedlung noch nicht in ihre Heimat zurückkehren konnten.

Die Frage, wie man Zahlen und Prognosen zur Umweltmigration liefern kann, reicht weit über die Sphäre der Forschung hinaus; ohne präzise Schätzungen ist es schwierig, die geeigneten politischen Entscheidungen zu treffen, um Menschen auf der Flucht heute und in Zukunft zu schützen.

Komplizierte Vorhersagen

Die Zukunft vorherzusagen ist eine noch heiklere Angelegenheit. Schätzungen zu künftigen Wanderungen im Zusammenhang mit Umweltveränderungen stehen immer noch auf schwachen Beinen. Oft beruhen sie auf einer deterministischen Perspektive, als wäre die Zahl der künftigen Umweltmigranten ausschließlich von künftiger Umweltzerstörung abhängig und nicht auch vom politischen, wirtschaftlichen oder demografischen Kontext. Viele

Zahl der empirischen Fallstudien nach angewandter Methode, 1980–2013

Die CliMig-Datenbank der Universität Neuenburg bietet die umfassendste Übersicht über Fallstudien zur Umweltmigration. Als Fallstudie gilt für CliMig eine auf empirischer Forschung beruhende Untersuchung zu einem Gebiet oder einem Land. Fallstudien werden mit verschiedenen Methoden durchgeführt, von der räumlichen Analyse und Stichprobenerhebungen bis hin zur qualitativen Feldforschung – Letztere bedient sich ethnografischer Methoden und ist die häufigste Form der empirischen Forschung. Die Tiefe der Analyse kann erheblich variieren: Manche Studien beschränken sich auf ein Land, andere liefern ein Gesamtbild globaler oder regionaler Trends.

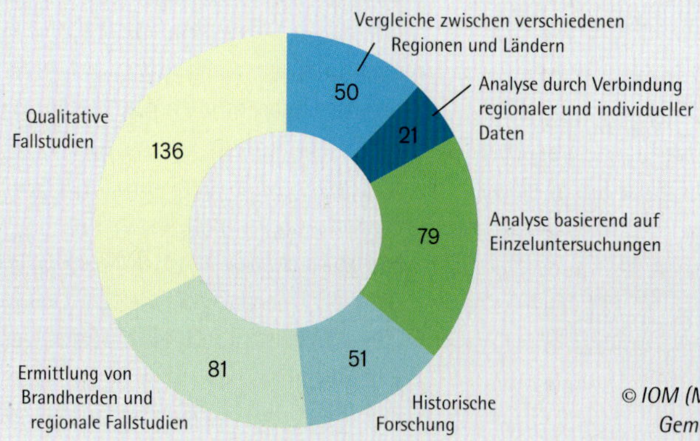

Quelle: Piguet (2015), © IOM (Mokhnacheva, Ionesco), Gemenne, Science Po, 2015.

abstruse Vorhersagen haben für Verwirrung gesorgt und die Entwicklung geeigneter politischer Maßnahmen verhindert. In einigen Fällen wurden die Zahlen unbekümmert aufgebläht und manipuliert, um Aufmerksamkeit auf das Thema zu lenken, um bestimmte Maßnahmen zur verstärkten Grenzkontrolle zu rechtfertigen oder um die Finanzierung von Anpassungsmaßnahmen zu sichern. Die meisten Vorhersagen haben zwei Dinge gemeinsam: eine schwache oder inexistente Methodik und eine Tendenz zur Aufblähung von Zahlen.

Die magische Zahl von 200 Millionen Migranten

Das Umweltprogramm der Vereinten Nationen (UNEP) wagte sich bereits 1989 an die heikle Aufgabe der Schätzung heran, und zwar basierend auf einem Bericht des ägyptischen Forschers Hassam El-Hinnawi. Mostafa K. Tolba, damals UNEP-Exekutivdirektor, nannte die Zahl 50 Millionen bis 2010. Klaus Töpfer, sein Nachfolger in diesem Amt (1998–2006), berief sich in zahlreichen Reden und Interviews auf diese Schätzung. Aber vor allem die Vorhersage von 150 Millionen Migranten bis 2050, die Norman Myers auf Grundlage von El-Hinnawis ursprünglicher Schätzung machte, hat die Aufmerksamkeit von Öffentlichkeit und Medien auf sich gezogen. Myers zufolge werden künftige Migrationsbewegungen auf drei Hauptursachen beruhen: Umweltschäden, wachsender Armut und Bevölkerungswachstum – drei Faktoren, die unauflöslich miteinander verknüpft seien. Diese Zahl verwendete auch der britische Wirtschaftswissenschaftler Nicholas Stern in seinem berühmten Bericht zu den wirtschaftlichen Folgen des Klimawandels. Gleichzeitig korrigierte Myers seine Vorhersage nach oben und sprach nun von 200 Millionen. Seither wird diese Zahl immer wieder von den Medien, in offiziellen Berichten, von NGOs und Interessengruppen zitiert. Sie ist zu einer magischen Zahl in der öffentlichen Debatte geworden und wird manchmal sogar als Vorhersage der Vereinten Nationen hingestellt. Lediglich die NGO Christian Aid hat seither eine weitere Zahl in den Raum gestellt: 300 Millionen Menschen werden künftig durch Umweltzerstörung ihr Zuhause verlieren. Diese Zahl stammt aus einem Interview mit ... Norman Myers.

IOM-Fluchtbeobachtung nach Naturkatastrophen, 2005–2014

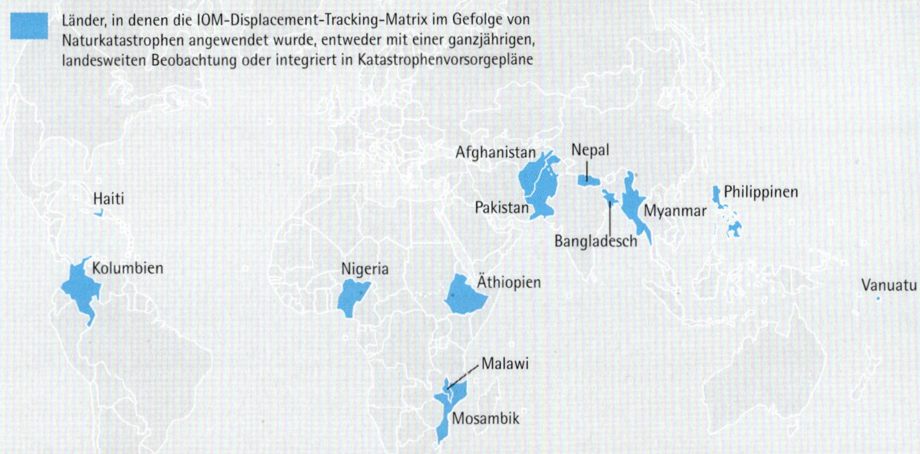

Quelle: IOM (2015), © IOM (Mokhnacheva, Ionesco), Gemenne, Boissière, 2015.

Im Fall einer Naturkatastrophe brauchen Behörden und humanitäre Helfer präzise und aktuelle Informationen über die betroffenen Gruppen und ihre Bedürfnisse, um effizient Hilfe zu leisten. Deshalb hat die IOM eine Displacement-Tracking-Matrix (DTM) entwickelt, um Fluchtbewegungen im Krisenfall zu beobachten und Standorte und Lager zu überwachen, in denen Binnenflüchtlinge Zuflucht finden. Die DTM hilft, demografische und räumliche Daten zu Fluchtmustern und -pfaden und Informationen über spezifische Bedürfnisse und Gefährdungen bereitzustellen. Fluchtdaten werden durch Feldbeobachtungen und Schätzungen, Befragungen, physische Zählungen, Stichprobenerhebungen und andere statistische Methoden gesammelt. Die Informationen werden dann an wichtige Akteure weitergeleitet, die den Geflüchteten Nothilfe leisten. Die DTM wurde, sowohl bei Naturkatastrophen als auch bei Kriegen, in vielen Ländern eingesetzt und bietet eine reiche Quelle an quantitativen und qualitativen Informationen zu Flucht und Vertreibung; die Daten sind in die Forschung eingeflossen, auch um das Fluchtgeschehen nach Naturkatastrophen weltweit abzuschätzen.

Niederschlagsmengen und Mobilität: der Fall Burkina Faso

Erhebungen auf staatlicher und kommunaler Ebene sind eine verbreitete Methode zur Gewinnung von Daten über die Migration einzelner Haushalte und ihren möglichen Zusammenhang mit Umweltfaktoren. Mithilfe der Daten können statistische Risikomodelle erstellt werden, um die Beziehung zwischen verschiedenen Faktoren und Migration zu beleuchten. Bei der Untersuchung der Auswirkungen von Niederschlagsmengen auf die Mobilität in Burkina Faso verwendeten Wissenschaftler der Universitäten Namur, Louvain und Montréal Daten aus zwei Umfragen. Die erste Umfrage war eine national repräsentative Erhebung zur Migration, durchgeführt vom ISSP an der Universität Ouagadougou, dem Demography Department der Universität Montréal und CERPOD in Bamako im Jahr 2000 (Migration Dynamics, Urban Integration and Environment Survey of Burkina Faso). Die Umfrage, die Daten zur individuellen Lebensgeschichte von 8644 Männern und Frauen zwischen 15 und 64 sammelte, fragte nach individuellen Gründen für Migration, aber auch nach Gemeinschafts- und Umweltfaktoren (Bildung, Beschäftigung, Verfügbarkeit von Land und Wasser, Niederschlagsschwankungen). Die zweite Erhebung wurde 2002 in 600 Siedlungen durchgeführt, um weitere Dorfcharakteristika wie Landverfügbarkeit, Transport, Landwirtschaft und Wahrnehmung von Umweltproblemen zu erfassen. Die Daten aus den beiden Umfragen, kombiniert mit den monatlichen Niederschlagsmessungen, dienten zur Entwicklung eines Modells für die Analyse der Auswirkungen von Niederschlagsbedingungen auf Migration und bewiesen, dass Dürren Auswirkungen auf bestimmte Migrationsmuster haben. *Quelle: Henry u. a. (2004)*

Bisherige Schätzungen zur Zahl der Umweltmigranten

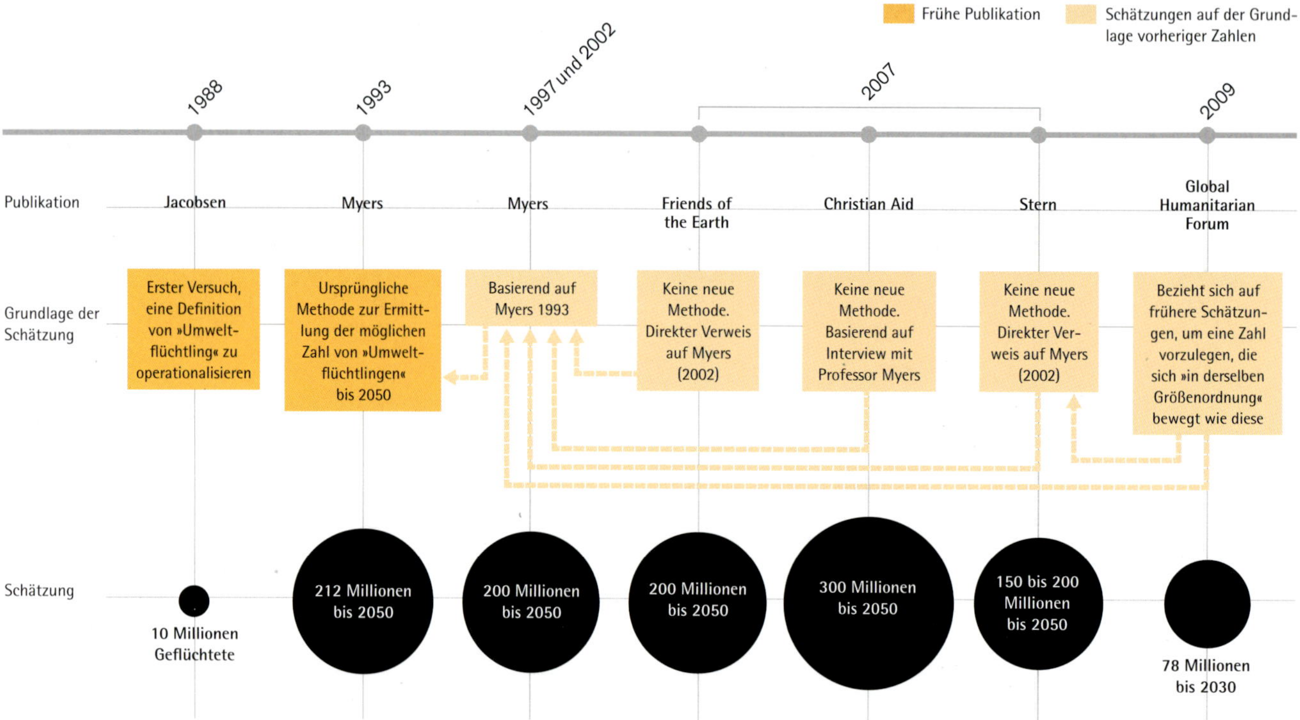

Quelle: Foresight (2011), basierend auf Gemenne (2011), © IOM (Mokhnacheva, Ionesco), Gemenne, Boissière, 2015 Foresight.

Methodische Probleme

All diese Vorhersagen werden für bare Münze genommen, ungeachtet der Tatsache, dass sie keineswegs durch belastbare wissenschaftliche Methoden gewonnen wurden, und sie haben einen bleibenden Einfluss auf die öffentliche Debatte zur Umweltmigration, während viele Fragen unbeantwortet bleiben. Erstens: Sagen die Prognosen etwas über die Zahl der innerhalb eines bestimmten Jahres flüchtenden Menschen aus (also z. B. 2050)? Oder handelt es sich um die Zahl derer, die zwischen dem Zeitpunkt der Vorhersage und dem genannten Jahr ihr Zuhause verlieren werden? Diese absolut entscheidende Frage bleibt ungeklärt. Zweitens: Welche Definition für Migranten sollte verwendet wer-

Haushaltsumfrage, durchgeführt in Mali, um die Auswirkungen des Klimawandels auf die Existenzgrundlagen einzuschätzen. Bamako, Mali, 2015, © *IOM 2015.*

Katastrophenbedingtes Fluchtrisiko in vier Regionen

Das IDMC hat seinen Disaster Displacement Risk Index in 50 Ländern aus vier Schwerpunktregionen erprobt: Südasien, Südostasien, südlicher Pazifik sowie Südamerika und Karibik

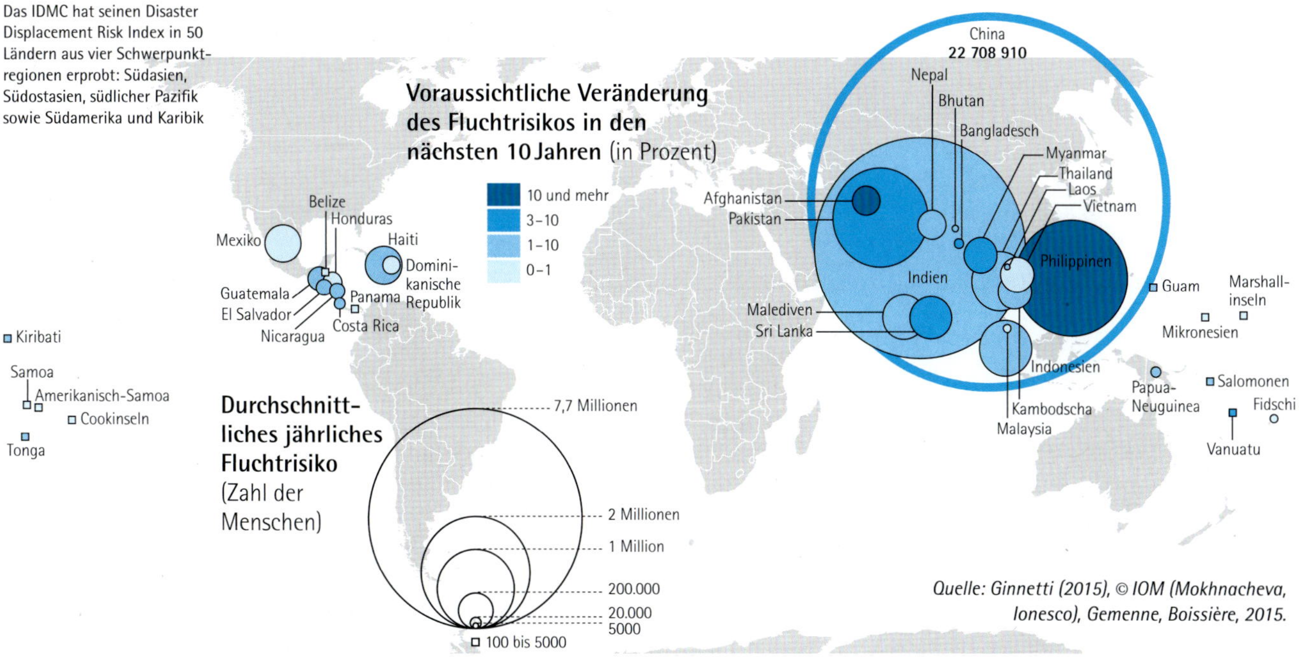

Quelle: Ginnetti (2015), © IOM (Mokhnacheva, Ionesco), Gemenne, Boissière, 2015.

den, und welcher Zeitrahmen und welche Entfernung sollten berücksichtigt werden? Vorhersagen lassen normalerweise die Multikausalität der Migration außer Acht, und wie Schätzungen zu derzeitigen Migrationspopulationen basieren sie auf der Zahl der Menschen, die in gefährdeten Regionen leben. Darin liegt ihr grundlegender Determinismus begründet, während in Wirklichkeit Wanderungen zwischen heute und 2050 durch eine Vielzahl anderer Faktoren beeinflusst werden wie etwa die Entwicklung der Weltbevölkerung und die Maßnahmen zur Anpassung an den Klimawandel. Zudem sind die Trends bei Umweltveränderungen und demografischem Wandel selbst keineswegs klar; je nachdem, welche politischen Maßnahmen ergriffen werden, können Bevölkerungswachstum und Treibhausgasemissionen extrem unterschiedlich ausfallen.

Innovative Methoden

Neue experimentelle Methoden geben Anlass zu der Hoffnung, dass es demnächst genauere Vorhersagen für künftige Flüchtlingszahlen geben wird. Innovativ und vielversprechend ist etwa die Analyse von Multi-Agenten-Simulationsmodellen. Diese Modelle liefern Computersimulationen des menschlichen Verhaltens in Reaktion auf verschiedene Reize, berechnet anhand von vorcodierten Parametern. Auch wenn die Vorstellung eines Computermodells, das menschliches Verhalten vorhersagt, vielleicht wenig überzeugend wirkt, wurde diese Methode bei verschiedenen Migrationsformen bereits erfolgreich angewandt. Andere Methoden basieren auf der Ausarbeitung verschiedener Szenarien, zum Beispiel von großen Gravitationsmodellen, die versuchen, den relativen Einfluss verschiedener Migrationsfaktoren zu messen, um als Resultat der Entwicklung dieser Faktoren mehrere mögliche Trends zu erkennen. Das IDMC hat damit einen »Disaster Deplacement Risk Index« (Katastrophe-Flucht-Risiko-Index) erstellt, der die Vorhersage einer Durchschnittszahl der Menschen ermöglicht, die pro Jahr und Land sowie pro Katastrophenform ihr Zuhause verlieren. Er basiert auf historischen und gegenwärtigen Trends bei Bevölkerungswachstum und Naturkatastrophen. Ohne Zweifel ist die Mehrebenen-Längsschnittanalyse der beste Weg zur Ermittlung von langfristigen Trends. Da sie jedoch auf dem Vergleich großer Datenbestände zu Demografie und Umwelt über einen Zeitraum von mehreren Jahren beruht, ist diese Methode leider sehr kostspielig. Zudem sind die benötigten Datenbestände häufig nicht vorhanden, unvollständig oder schwer miteinander zu vergleichen.

Quelle Grafik rechts: UNDESA (2013), © IOM (Mokhnacheva, Ionesco), Gemenne, Boissière, 2015.

Szenarien für THG-Emissionen von 2000 bis 2100 bei Ausbleiben zusätzlicher Klimaschutzmaßnahmen

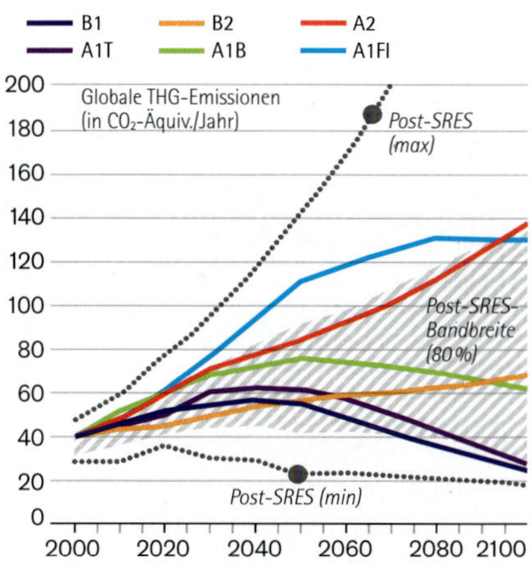

Quelle: IPCC (2007), © IOM (Mokhnacheva, Ionesco), Gemenne, Boissière, 2015.

Weltbevölkerung, 1950–2100, nach verschiedenen Prognosen und Varianten

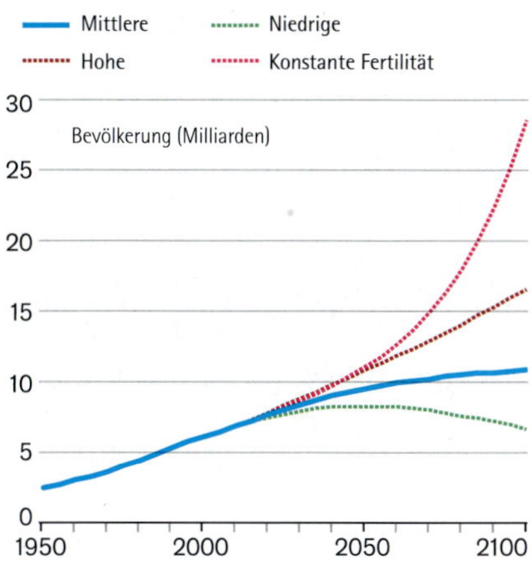

Katastrophen und Flucht

Jedes Jahr verlieren Millionen Menschen aufgrund von Katastrophen ihr Zuhause. Zuverlässige Statistiken sind für Regierungen und andere Akteure unverzichtbar, um evidenzbasierte Maßnahmen und praktikable Entscheidungen treffen zu können. Dies ist umso dringlicher, als weltweit das Risiko katastrophenbedingter Flucht steigt.

Naturgefahren sind nur ein Aspekt im Zusammenhang zwischen Katastrophen und Flucht. Forschungsergebnisse des IDMC zeigen, dass Bevölkerungswachstum, Umweltbelastungen und Schutzlosigkeit die wichtigsten Ursachen für Flucht sind, und zwar insbesondere in dicht besiedelten, prekären städtischen Siedlungen. In den kommenden Jahrzehnten werden gefährliche Wetterveränderungen infolge der Klimaerwärmung das Risiko voraussichtlich erhöhen. Und für eine Planung, die Flucht verhindern, darauf vorbereiten oder sie eindämmen kann, werden dringend bessere Daten benötigt. Deshalb wurden in den letzten Jahren erhebliche Anstrengungen unternommen, um die Wissenslücken zu füllen.

Katastrophenbedingte Flucht weltweit, 2008–2014

Zahl der neu hinzugekommenen Personen (in Millionen), die wegen einer Katastrophe geflohen sind, auf 100.000 gerundet – IDMC-Schätzungen für 2015

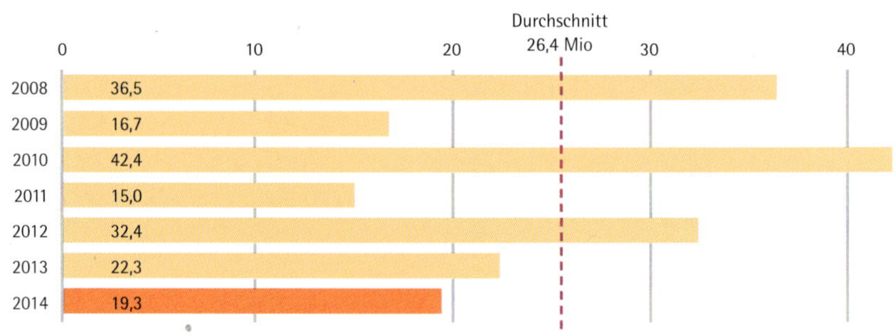

Quelle: IDMC (2015), © IOM (Mokhnacheva, Ionesco), Gemenne, Science Po, 2015.

Länder mit den höchsten Flüchtlingsraten über 6 Jahre, 2008–2013

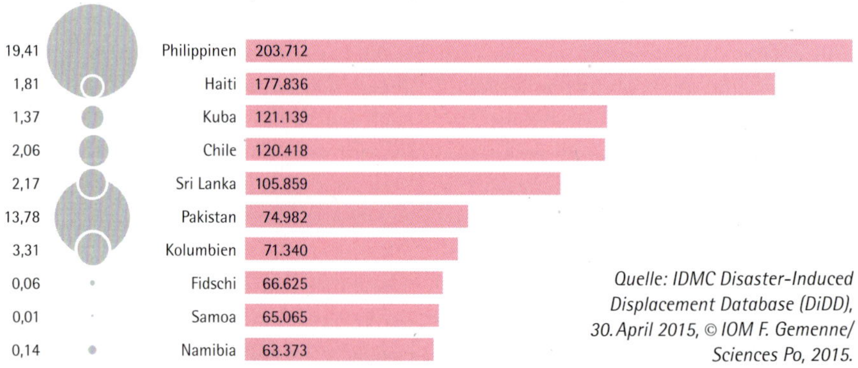

Quelle: IDMC Disaster-Induced Displacement Database (DiDD), 30. April 2015, © IOM F. Gemenne/ Sciences Po, 2015.

Globale Schätzungen

Seit 2008 entwickelt das IDMC Methoden und Datensätze, die gemeldete Fälle von katastrophenbezogener Flucht zusammenführen und Aufschluss über das globale Ausmaß, die Schauplätze und Muster geben. Die Informationen stammen aus verschiedensten Quellen: meist von Regierungen oder lokalen Behörden sowie der IFRC und von nationalen Rotkreuz- und Rothalbmondgesellschaften, UN-Behörden, der IOM, NGOs, öffentlichen Medien und dem Privatsektor.

Die IDMC-Daten zeigen, dass im Zeitraum von 2008 bis 2014 rund 185 Millionen Menschen in 173 Ländern ihr Zuhause verloren, im Durchschnitt also 26,4 Millionen pro Jahr. Gleichzeitig variieren globale Schätzungen hinsichtlich der Häufigkeit und Größenordnung von Extremereignissen erheblich – und implizieren dabei Zahlen von 15 bis 42 Millionen jährlich Vertriebenen. Insgesamt hat sich das Fluchtrisiko infolge von Katastrophen seit den 1970er-Jahren verdoppelt. Bei diesen Ergebnissen ist auch die Flucht berücksichtigt, die aufgrund der Bedrohung durch oder des plötzliches Aufkommens von Wetterereignissen und geophysikalischen Gefahren erfolgte.

Unterschiede in den regionalen Fluchtmustern

Die IDMC-Daten legen auch Muster der regionalen Fluchtverteilung weltweit offen: Sie zeigen, dass die größten Fluchtbewegungen in Asien zu verzeichnen sind (82 Prozent aller Geflüchteten von 2008 bis 2014): Elf der zwanzig Länder mit den meisten Geflüchteten im Zeitraum von 2008 bis 2014 gehören zu Asien, wobei der größte Anteil auf China, Indien, die Philippinen, Pakistan und Bangladesch entfällt. Auf dem amerikanischen Kontinent leben 10 Prozent der weltweit Geflüchteten, in Europa und Ozeanien zusammengenommen hingegen nur 0,5 Prozent. Der Anteil der Geflüchteten in Afrika war jedes Jahr gleich hoch, mit Ausnahme eines Höhepunkts 2012 aufgrund von Flutkatastrophen während der Regenzeit in West- und Zentralafrika (25 Prozent der weltweiten Gesamtzahl im Jahr 2012, im Vergleich zu 8 bis 9 Prozent in der Zeit von 2008 bis 2011 und im Jahr 2013 beziehungsweise 4 Prozent im Jahr 2014). Diese Daten geben keinen Aufschluss darüber, wo die Menschen Zuflucht fanden oder wo sie sich letztlich niederließen – am Ort ihrer Herkunft oder anderswo. Es besteht jedoch weitgehend Einigkeit, dass die meisten Flüchtlinge ihr Land nicht verlassen. Oftmals bleiben die Menschen in der Nähe ihres ursprünglichen Wohnorts; zu jenen, die Landesgrenzen überschreiten, fehlen ebenfalls globale Daten.

Katastrophenbedingte Flucht weltweit, 2008–2013

Globale zusammengefasste Zahlen über mehrere Jahre sind keine kumulierten Angaben zur Zahl der Geflüchteten: Sie geben neue Fluchtereignisse wieder, von denen auch Menschen betroffen sein können, die bereits im selben Jahr oder den Vorjahren fliehen mussten.

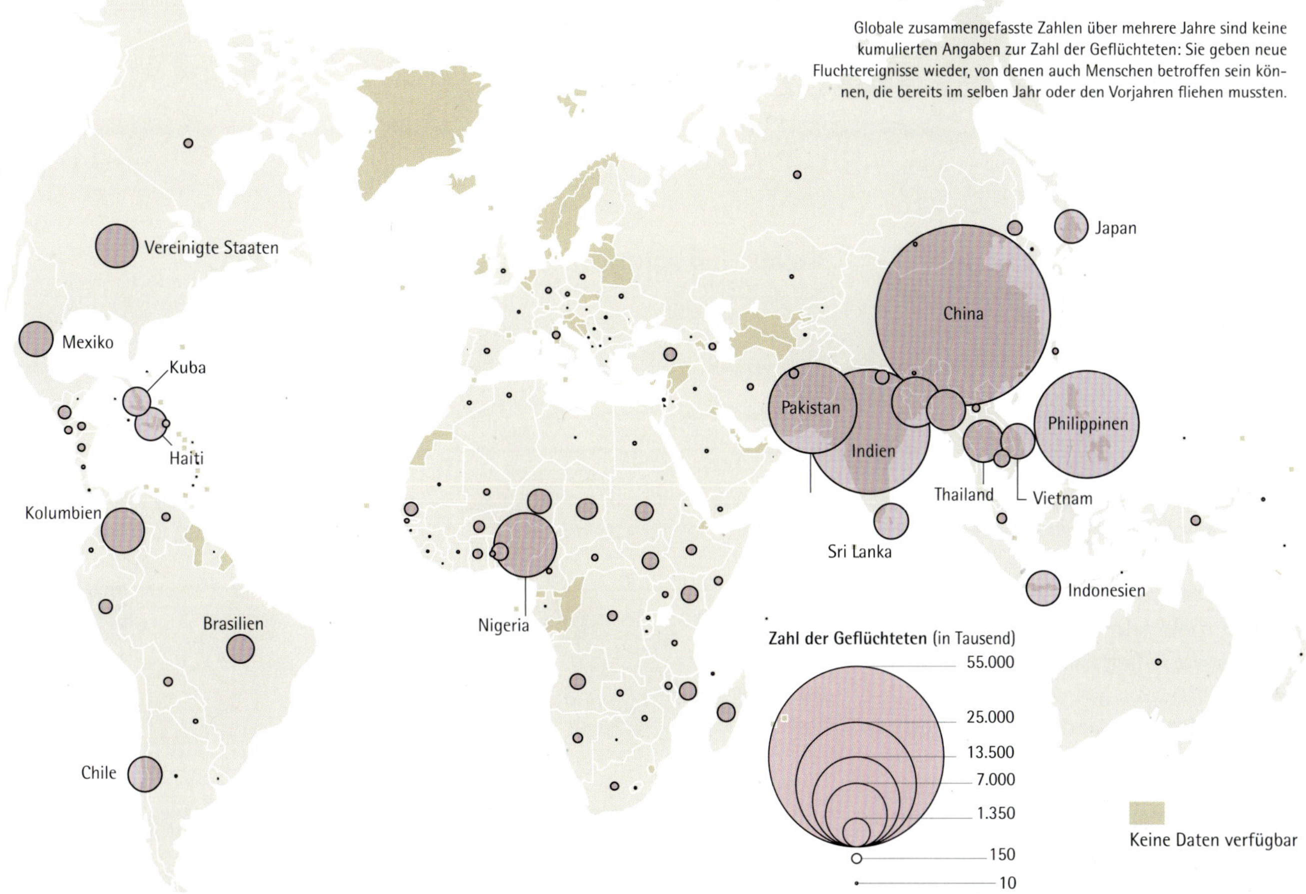

Quelle: IDMC (2015), © IOM (Mokhnacheva, Ionesco), Gemenne, Sciences Po, 2015.

Fluchtauslösende Gefahren

Es liegt auf der Hand, dass wetterbedingte Katastrophen die Hauptfluchtursache sind (86 Prozent der Geflüchteten insgesamt), wozu insbesondere Überschwemmungen (55 Prozent von 2008 bis 2014) und Stürme (rund 29 Prozent) zählen. Erdbeben und andere geophysikalische Gefahren sind zwar seltener als wetterbezogene Bedrohungen, lösen aber ebenso große Fluchtbewegungen aus: Von 2008 bis 2014 gingen die Fluchtbewegungen weltweit zu 14 Prozent auf Erdbeben zurück.

Jenseits der Zahlen

Diese Schätzungen verschaffen einen breiten Überblick, doch will man verstehen, was mit Menschen geschieht, sobald sie auf der Flucht sind, bedarf es genauer Beobachtung und tiefer greifender Analysen: wie lange sie heimatlos sind, ob sie in Städte ziehen, sich zur Rückkehr entschließen oder anderswo niederlassen; ob sie noch Hilfe brauchen oder dem Risiko erneuter Flucht ausgesetzt sind. Auch geben die globalen Zahlen keinen Einblick in die unterschiedlichen Bedürfnisse und Erfahrungen von Geflüchteten je nach Alter, Geschlecht, ethnischer Zugehörigkeit oder Herkunft. Sie zeigen jedoch, dass die gefährdetsten Länder und Menschen unverhältnismäßig stark von häufigen, kleineren Ereignissen, aber auch von großen Katastrophen betroffen sind, die Schlagzeilen machen. Eine bessere Datenlage zur Flucht aufgrund von Katastrophen würde dazu beitragen, dass alle wahrgenommen werden und niemand durch das Raster fällt.

Geflüchtete nach Art der Gefahr, 2008–2013 *(in Tausend)*

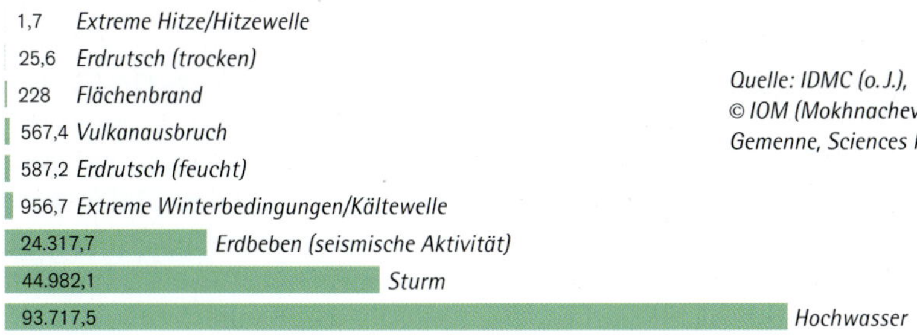

Quelle: IDMC (o. J.), © IOM (Mokhnacheva, Ionesco), Gemenne, Sciences Po, 2015.

Die Daten von IDMS

Das IDMC veröffentlicht jährlich globale Schätzungen zu Umfang und Schauplatz von Flucht bei Katastrophen infolge geophysikalischer, klimatischer und wetterbezogener Ereignisse. Flucht in Zusammenhang mit Dürren und langsam einsetzender Umweltzerstörung werden dabei nicht erfasst. Die Schätzungen basieren auf gemeldeter Flucht, sie sagen nichts über Ziele und Pfade der Geflüchteten und die Dauer ihrer Flucht aus. Die IDMC-Zahlen erfassen Fälle von Flucht bei jeder neuen Katastrophe: Es können auch Menschen darunter sein, die bereits ihr Zuhause verloren haben (z. B. Binnenflüchtlinge, die in katastrophengefährdeten Gebieten in Notlagern leben), oder wiederholt Betroffene, die nach wie vor in stark exponierten Gebieten leben. Häufige kleinere Katastrophen und ihre Auswirkungen werden nicht immer gemeldet, und wahrscheinlich wird die Zahl der davon Betroffenen in den globalen Erhebungen unterschätzt.

Quelle: IDMC (2015).

Erzwungen oder freiwillig?

In der Praxis ist es schwierig, zwischen erzwungener und freiwilliger Migration zu unterscheiden, was die Umsetzung geeigneter politischer Maßnahmen erschwert.

Bestimmte Formen der Mobilität sind frei gewählt, während im Fall von Katastrophen, Gewalt, Unsicherheit oder Raub der Existenzgrundlage, wenn also das Überleben bedroht ist und nur die Flucht bleibt, Zwang vorliegt. Umweltmigranten können unter beide Kategorien fallen.

Ein Kontinuum: von der freiwilligen zur erzwungenen Migration

Eine klare Unterscheidung zwischen erzwungener und freiwilliger Migration zu treffen ist jedoch nicht leicht. In der Mehrzahl der Fälle haben Migranten eine gewisse Wahlfreiheit. Die Vielfalt der Faktoren sollte berücksichtigt werden, um beurteilen zu können, in welchem Maße Mobilität erzwungen ist – wie etwa das Vorhandensein von sozialem Kapital, Zugang zu Informationen und das Risikobewusstsein. Auch wird so besser verständlich, warum bestimmte Menschen angesichts von Naturgefahren in der Migration keinen Ausweg finden, warum diese Lösung also nicht jedem offensteht. Häufig haben die Schutzbedürftigsten, sei es, weil sie den größten Gefahren ausgesetzt oder weil sie bettelarm sind, nicht die Mittel, um zu flüchten, obwohl sie es wollen. Immobilität ist daher auch mehr oder weniger freiwillig oder erzwungen. Und für jene, die sich anderswo niederlassen können und sich dafür entscheiden, ist der Abschied nicht weniger schmerzlich.

Das Projekt »Where the Rain Falls« vergleicht Migrationsstrategien von Familien in acht Ländern mit Niederschlagsschwankungen und zeigt exakt die Bandbreite möglicher Strategien auf: wann sich Menschen für die Migration entscheiden, um ihre Erwerbsquellen zu diversifizieren; wann sie eine Überlebensstrategie, also die letzte Rettung, darstellt; und wann die Durchführung unmöglich ist oder die Entscheidung erzwungen wurde und folglich als Scheitern erlebt wird.

Faktoren und Folgen von Mobilität und Immobilität

*(*siehe Glossar)*

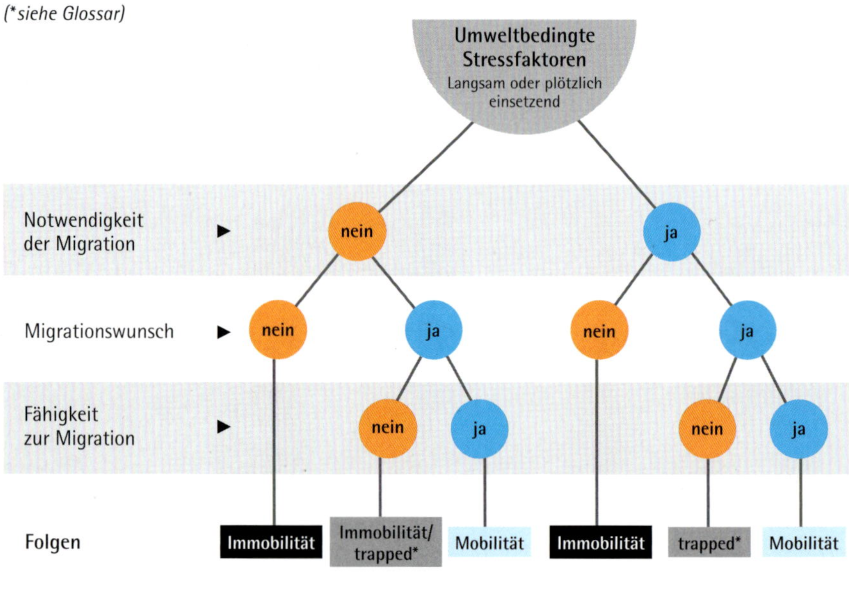

Quelle: Konzipiert von C. Zickgraf und N. Perrin, © IOM (Mokhnacheva, Ionesco), Gemenne, Boissière, 2015.

Der Begriff der »geplanten Umsiedlung« unterstreicht ebenfalls den Graubereich, der zwischen freiwilliger und erzwungener Migration besteht. Die Umsiedlung von Bevölkerungsgruppen aus Regionen, die durch den Klimawandel, wiederkehrende Katastrophen oder Infrastrukturprojekte unbewohnbar gemacht wurden, kann nur durch einen gewaltfreien Ansatz und gemeinsam mit den betroffenen Gemeinschaften gelingen. Aber kann man von freiwilliger Migration sprechen, wenn Gruppen auf ihrem Land bleiben wollen, es aber verlassen müssen, weil es unbewohnbar geworden ist? Und was ist mit jenen, die sich auf den Weg machen, um zu vermeiden, dass sie in letzter Minute vertrieben werden? Welche Wahlfreiheit bleibt, wenn im Vorfeld einer Naturkatastrophe eine Evakuierung angeordnet wird? Dürfen Evakuierungen erzwungen werden? Diese Frage stellte sich beispielsweise, als 2005 in den Vereinigten Staaten Hurrikan Katrina tobte und Hunderte Menschen das Leben kostete.

Begriffliche Feinheiten spiegeln politische Antworten

Diese Debatte ist keine bloß semantische; die Terminologie ist von zentraler Bedeutung bei der Suche nach politischen Lösungen für die Migrationssteuerung unter Wahrung der Menschenrechte. Die begrifflichen Unklarheiten, die sich um erzwungene und freiwillige Migration ranken, behindern die Schaffung eines international anerkannten Rechtsbegriffs zur Bezeichnung von Umweltmigranten. Weil Umweltmigranten in keine der Kategorien des bestehenden internationalen Rechtsrahmens passen, gibt es auch keine speziellen Mechanismen, die ihren Schutz garantieren oder sie bei der Migration unterstützen. So gilt Pendelmigration infolge von Bodenzerstörung als »freiwillig«, und aus diesem Grund gibt es praktisch kein rechtliches oder politisches Instrumentarium, um den Schutzbedürftigsten bei ihrer Migrationsentscheidung zu helfen.

Flucht oder Vertreibung, naturgemäß unfreiwillig, sind völker- und staatsrechtlich besser geregelt. Der Passus »Intern Vertriebene aufgrund von Naturkatastrophen« etwa bezeichnet geflüchtete Bevölkerungsgruppen, für die besondere Regelungen gelten: die »Guiding Principles on Internal Displacement« (Leitlinien betreffend Binnenvertreibungen) der UNHCR. Diese Leitlinien sind jedoch kein rechtsverbindliches Instrument. Wer durch Katastrophen außerhalb seines Landes vertrieben wird,

Somalische Flüchtlinge mit selbst errichteten Hütten am Rande des Daagahaley-Lagers bereiten sich auf die Umsiedlung in ein neues Zeltlager mit besseren Einrichtungen und Dienstleistungen vor. Kenia, 2011, © *IOM/BRENDON BANNON 2011.*

genießt derzeit keinen Schutz durch einen verbindlichen Rechtsakt. Der Begriff »Flüchtling« entspricht einem internationalen Rechtsstatus und gilt für jene, die im Ausland Asyl erhalten haben, nachdem sie wegen Konflikten, Bedrohungen, Gewalt oder Menschenrechtsverletzungen aus ihrer Heimat geflohen sind und die Bedingungen der Genfer Flüchtlingskonvention von 1951 erfüllen. Aber dieser Status steht nicht jedem zu: Umweltmigranten, die etwa nach einer Katastrophe Grenzen überschreiten, werden nicht einmal in eklatanten Fällen erzwungener Migration durch die Genfer Flüchtlingskonvention anerkannt, denn sie ist nur bei nachweislicher Verfolgung anzuwenden. Naturkatastrophen, Umweltzerstörung und Klimawandel gelten völkerrechtlich demnach nicht als Verfolgung.

Foresight-Rahmenbedingungen für menschliche Mobilität

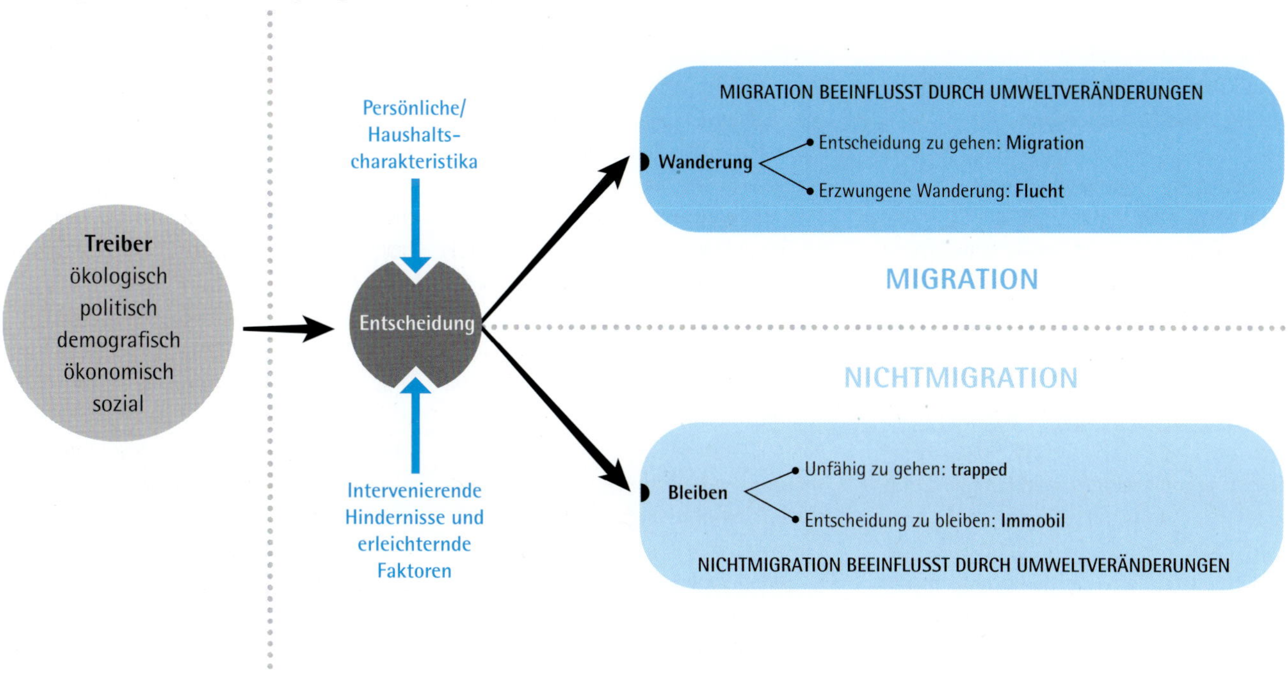

Quelle: Foresight (2011), © IOM (Mokhnacheva, Ionesco), Gemenne, Boissière, 2015.

Migrationspfade

Studien zeigen, dass sich durch Umweltfaktoren bedingte Migrationsströme meist innerhalb eines Landes oder einer Region bewegen – und während ein möglicher Massenzustrom von Umweltmigranten einigen Industrieländern Sorge bereitet, ist die grenzüberschreitende Migration selten die erste Reaktion oder auch nur eine Option.

Katastrophen lösen in der Regel Binnenwanderungen aus: Zunächst verlassen Menschen vorübergehend ihre Häuser, haben vor zurückzukehren und reisen meist nicht weit. Die zurückgelegte Distanz kann wenige Meter betragen, wenn sie unmittelbar neben ihren zerstörten Häusern Behelfsunterkünfte errichten, oder einige Kilometer bis zu einem Evakuierungslager oder in Nachbardörfer, wo man ihnen helfen kann. Wer über ein weiter reichendes soziales Netz verfügt, findet oft bei Verwandten und Freunden in anderen Städten, Regionen oder im Ausland Unterstützung. Die Migration in Städte oder ins Ausland kann auch zur Risikominderung oder zur Erschließung anderer Einkommensquellen und damit zur schnelleren Erholung von einer Katastrophe beitragen. In den meisten Fällen geben die Menschen jedoch ihre Häuser, ihr Land, ihr Gemeinwesen und den gewohnten Lebensstil nur ungern auf und bleiben lieber – auch angesichts von Umweltrisiken.

Allmähliche Bodenzerstörung und Migration

Sobald langsam einsetzende Umweltveränderungen den Lebensunterhalt gefährden, insbesondere dort, wo Gemeinschaften von lokalen Naturressourcen und Ökosystemen abhängig sind, erfolgt meist eine Binnenwanderung in andere Regionen oder vom Land in die Stadt. Wenn Böden zerstört werden oder Fischbestände schwinden, entschließen sich von Landwirtschaft oder Fischerei abhängige Gemeinschaften oft zur Umsiedlung in andere ländliche Gebiete mit günstigeren Umweltbedingungen und reicheren Ressourcen; oder aber sie ändern ihre Lebensweise gänzlich und suchen Arbeit in der Stadt. Die Migration in Städte ist dabei zuweilen auch der erste Schritt zur Migration ins Ausland.

Bedingungen und Barrieren

Ob Migranten kurze oder lange Distanzen zurücklegen oder die Migration unterbleibt, hängt von den Umgebungsbedingungen ab, also von Art und Ausmaß der Umweltprobleme und anderen Sog- und Schubfaktoren, z. B. den Charakteristika des Haushalts, der Attraktivität des Herkunfts- und Zielorts, den Alternativen, die dem Haushalt offenstehen, der Entfernung und Vernetzung sowie den politischen Rahmenbedingungen.

Migration ist kostspielig, und das gilt umso mehr für die Abwanderung ins Ausland. Diese Option steht nicht jedem offen und erfordert häufig erhebliches wirtschaftliches, soziales und politisches Kapital, um die Reise vorzubereiten und die Kosten für die Fahrt und damit zusammenhängende Bedürfnisse zu decken. Das Vorhandensein bewährter Migrationskanäle und -netze sowie die Anwesenheit von Mitgliedern der eigenen Gemeinschaft im Zielland oder einer Diaspora ermutigt Menschen, die nationalen Grenzen zu überschreiten; das Fehlen dieser Faktoren und die Angst vor dem Unbekannten wirken hingegen oft entmutigend. Die grenzüberschreitende Wanderung innerhalb derselben geografischen Region, in der kulturelle und sprachliche Verbindungen bestehen, kann daher attraktiver sein als die Migration auf ferne Kontinente.

Freizügigkeit, bestehende Arbeitsmigration oder temporäre Schutzregelungen erleichtern die Binnenwanderung ebenso wie die internationale Migration, und umgekehrt beeinflussen Migrationsbeschränkungen in den Herkunfts- und Zielländern die Wanderungsmuster.

Haitianische Migration nach Brasilien, 2010–2013

Nach dem Erdbeben in Haiti im Jahr 2010 verliefen Flucht und Migration in sehr komplexen Mustern und Pfaden, abhängig von den Bedürfnissen und verfügbaren Mitteln, Routen, Informationen und Migrationswegen auf dem Land-, See- oder Luftweg.

Zunächst zogen Familien von Port-au-Prince in andere haitianische Städte; einige Haushaltsmitglieder kehrten dann zurück, um beim Wiederaufbau zu helfen und Arbeit zu suchen. Viele gingen in Länder mit einer starken Diaspora und guten Aussichten auf einen Arbeitsplatz, wie beispielsweise in die Vereinigten Staaten, die von der Katastrophe betroffenen Haitianern vorübergehend Schutz anboten, oder nach Frankreich. Mehr als 10.000 Haitianer zogen zwischen 2010 und 2013 nach Brasilien und reisten über die Dominikanische Republik, Panama, Kolumbien, Ecuador und Peru ein, Länder, für die Haitianer kein Visum benötigten. Die meisten suchten in Brasilien Arbeit und neue Chancen: Die Mehrzahl der Migranten aus Haiti hatte Arbeitsvisa beantragt, und zwar vor allem im Bau- (Männer) und Dienstleistungssektor (Frauen). Andere schlossen sich ihren bereits in Brasilien lebenden Familien an. Zugang zu Bildung, medizinischer Versorgung und sozialem Schutz gehörten zu den Faktoren, die Brasilien für Haitianer attraktiv machten.

Einige Migranten erklärten, sie seien durch Hilfsprogramme motiviert gewesen, die Brasilien nach dem Erdbeben auflegte; andere hatten einfach gehört, die Migration nach Brasilien sei einfach, und machten sich auf den Weg. Die Migranten berichteten jedoch von zahlreichen Schwierigkeiten, die ihnen unterwegs begegnet seien: hohen Reisekosten (darunter Zahlungen an Schlepper), Kriminalität, Menschenhandel, Diskriminierung und Integrationsproblemen in eine neue Kultur.

Quelle: IOM und PUC Minas (2014).

Migrationspfade von Haiti nach Südamerika nach dem Erdbeben von 2010

- auf dem Luftweg
- auf dem Landweg
- Ziel- oder Transitstadt
- andere Städte (mit mehr als 500.000 Einwohner)
- Quito Hauptstadt

Quelle: Karte und Daten zur Verfügung gestellt von D. Fernandes and A. M. A. Diniz (PPGG PUC Minas), © IOM (Mokhnacheva, Ionesco), Gemenne, Sciences Po, 2015.

Zeiträume

Umweltmigration kann in vielerlei Formen stattfinden, vom täglichen Pendeln bis hin zu längerer oder permanenter Migration, von der vorübergehenden Evakuierung bis zur langwierigen Flucht.

Menschen bedienen sich je nach ihren Bedürfnissen und Mitteln verschiedener Migrationsformen über unterschiedliche Zeiträume. Manche pendeln täglich, z. B. Bauern, die in Stadtnähe leben und dort einer Beschäftigung nachgehen, solange keine landwirtschaftliche Arbeit ansteht. Andere sind Saisonmigranten, die während einer bestimmten Jahreszeit – meist für weniger als sechs Monate – in einer anderen Region oder einem urbanen Zentrum vorübergehend Arbeit suchen. Die temporäre Migration, definiert als Umsiedlung für mindestens sechs Monate pro Jahr und oft über weite Entfernungen, ist eine Option, wenn am Zielort stabilere wirtschaftliche Chancen oder bessere Bildungsmöglichkeiten bestehen oder Familienmitglieder aufgesucht werden. In der Regel kehren diese Migranten in ihre Heimat zurück. Persönliche oder wirtschaftliche Umstände können aber aus dem befristeten Aufenthalt auch einen Dauerzustand machen. Wenn die Zielregion bessere und stabilere Erwerbsmöglichkeiten bietet oder eine Rückkehr nicht wünschenswert oder unmöglich ist, lassen sich viele Migranten auf Dauer anderswo nieder – dies kann auch für Menschen gelten, deren Heimatregion durch irreversible Umweltzerstörung oder -gefahren bedroht ist.

Dem Klima folgen

Temporäre Migration und Pendelmigration sind bei vielen Gemeinschaften weltweit traditionell üblich, um sich dem Wechsel der Jahreszeiten anzupassen: Hirten in der Arktis, Zentralasien, Europa, Afrika und Südamerika pflegen seit jeher den Wechsel zwischen Sommer- und Winterweiden. Diese Strukturen werden zunehmend durch den Klimawandel und die damit einhergehenden Niederschlagsschwankungen beeinflusst. Aufgrund von Dürren müssen Hirten oft neue Routen finden und weiter und über längere Zeiträume wandern; manchmal siedeln sie sich auch permanent anderswo an, wo Wasser und Weiden verfügbar sind.

Temporäre und saisonale Migration wird aber auch überall dort, wo sich die Niederschlagsmuster verändern, zunehmend zu einer wichtigen Strategie der Anpassung. In Bangladesch, Thailand oder Vietnam bietet die saisonale Migration während des Monsuns die Möglichkeit, sich in der Stadt oder in anderen ländlichen Regionen etwas hinzuzuverdienen. In anderen Teilen der Welt pilgert, wer es sich leisten kann, im Winterhalbjahr in den sonnigen Süden.

Katastrophen und Flucht

Im Katastrophenfall werden Menschen meist vorübergehend in Evakuierungszentren oder anderen Notunterkünften untergebracht, wo ihnen geholfen wird, bis sie nach Hause zurückkehren können oder eine andere langfristige Lösung gefunden wird. Muster und Dauer der Flucht sind je nach Art des auslösenden Ereignisses und des entstandenen Schadens sehr unterschiedlich. Hunderte Menschen mussten etwa im August 2011 niedrig gelegene Gegenden in New York City verlassen, als der Hurrikan Irene angekündigt wurde. Da Irene weit harmloser ausfiel als erwartet, konnten die Menschen nach wenigen Stunden in ihre Häuser zurückkehren. Die Flucht infolge einer Katastrophe dauert in der Regel so lange, bis die gefahrlose Rückkehr möglich ist und kein Risiko für Bevölkerung und Gebäude mehr besteht.

Vorübergehende Evakuierung vor dem Tropensturm Isaac. Haiti, 2012, © *IOM 2012.*

Migration im Zusammenhang mit Niederschlagsschwankungen in Peru

Karte und Daten zur Verfügung gestellt von D. Fernandes und A. M. A. Diniz (PPGG PUC Minas), © IOM (Mokhnacheva, Ionesco), Gemenne, Sciences Po, 2015 (Mokhnacheva, Ionesco), Gemenne, Stienne, 2015.

Anhaltendes Exil

Weltweit gibt es jedoch auch zahlreiche Fälle, in denen Bevölkerungsgruppen nicht heimkehren können und für Monate oder sogar Jahre in Notunterkünften ausharren. Das IDMC hat festgestellt, dass weltweit mehr als 715.000 Menschen von anhaltendem Exil betroffen sind, von denen einige bereits in den 1980er-Jahren ihr Zuhause verloren haben, andere vor 2 bis 5 Jahren. Wahrscheinlich befinden sich noch viel mehr Menschen, die nicht statistisch erfasst sind, in einer derart ausweglosen Lage; anhaltendes Exil ist im Hinblick auf Daten und Forschung nach wie vor ein blinder Fleck. Die Betroffenen werden im Lauf der Zeit zunehmend schutzlos, weil nach der kurzfristigen Katastrophenhilfe Unterstützung und Mittel versiegen. Regierungen sind nicht immer in der Lage, dauerhafte Lösungen für Rückkehr oder Umsiedlung zu finden; auch sind Hindernisse wie unklare Landrechte, gefährliche Umweltbedingungen im Herkunftsgebiet, besondere Schutzbedürfnisse oder geringe Finanzmittel oft schwer zu überwinden. Dadurch leben Tausende Menschen unter prekären Bedingungen in verfallenden Notunterkünften oder in einsturzgefährdeten Häusern in ländlichen Gebieten und Slums. Anhaltendes Exil stellt in Ländern mit mittleren und niedrigen Einkommen nicht nur ein humanitäres Problem und Entwicklungshindernis dar (z. B. in Papua-Neuguinea, Indonesien, Bangladesch, Nigeria, Kolumbien, Haiti oder Armenien), es kann auch marginalisierte Gruppen in reichen Ländern wie den Vereinigten Staaten, Japan oder Italien betreffen.

Befristete und saisonale Migration im Zusammenhang mit Niederschlagsschwankungen in Peru

Zunehmend unvorhersehbare Niederschlagsmuster, Frost und Hitzewellen beeinträchtigen die landwirtschaftliche Erzeugung in den Gebirgsregionen Perus und die Ernährungssicherheit lokaler Familien, von denen viele von Armut und chronischer Unterernährung betroffen sind. In diesen Regionen dient Migration als Risikomanagementstrategie, die hilft, andere Einkommensquellen außer Ackerbau und Viehzucht zu erschließen. Mobilitätsmuster und Dauer variieren je nach Höhenlage und Nähe zur Stadt: In größeren Höhen, z. B. in Acopalca, wo man sich den Lebensunterhalt fast nur durch Herdenhaltung sichern kann, wandern Haushalte für lange Zeiträume ab. Männer arbeiten zuweilen mit Dreijahresverträgen als Schäfer in den Vereinigten Staaten; andere Migranten ziehen nach Lima oder Argentinien (hauptsächlich Frauen). Auch kommt es vor, dass das Familienoberhaupt im Hochland bleibt und sich um das Vieh kümmert, während andere Haushaltsmitglieder als Saisonarbeiter oder langfristig Beschäftigte oder zur Ausbildung in die nächstgelegene Stadt Huancayo ziehen. Viele junge Menschen aus dem Hochland streben an, sich künftig in einer großen Stadt niederzulassen. In geringeren Höhen, z. B. in Paccha oder Chiseria, die näher an Huancayo liegen, pendeln Menschen täglich zwischen Stadt und Wohnort hin und her, um auf dem Bau oder im Handel zu arbeiten, während sich die Familie um die Landwirtschaft kümmert. Saisonmigration ist auch bei diesen Haushalten verbreitet; viele verdienen etwa bei der Kaffeeernte im peruanischen Dschungel über mehrere Monate im Jahr etwas dazu. Junge Leute aus dem Tiefland gehen befristet nach Lima oder ins Ausland (USA, Chile, Argentinien, Uruguay und Italien), die meisten haben aber vor, langfristig in ihre Heimat zurückzukehren.

Quelle: Warner u. a. (2012).

Rückkehrmigration

Nach einer Katastrophe, einer Krise oder Entwurzelung erscheint die Rückkehr sowohl für die Geflüchteten als auch für Entscheidungsträger und Entwicklungshelfer meist als die beste Option. Aber der Weg zurück ist oft langwierig und kompliziert und manchmal sogar ungangbar.

Auf die befristete Evakuierung nach einer plötzlich eintretenden Katastrophe folgt immer eine Phase des Wiederaufbaus. Behörden und Hilfsorganisationen sorgen deshalb vorrangig dafür, dass die Betroffenen wieder ein normales Leben aufnehmen können – gemäß den Leitlinien betreffend Binnenvertreibungen besitzt jeder das Recht auf eine dauerhafte Lösung. Wenn dies nicht realisiert werden kann, soll die Integration in die aufnehmende Gemeinschaft außerhalb der Gefahrenzone erleichtert werden. Denn in Wirklichkeit ist die Rückkehr keineswegs ein automatischer Prozess; sie kann verzögert werden oder sich als unmöglich erweisen, weil keine Finanzmittel für die Opfer vorhanden sind oder Besitzrechte unklar oder kaum geregelt sind. Die Rückkehr kann mittelfristig gefährdet werden, weil es nicht gelingt, die Infrastruktur wiederaufzubauen, und langfristig, weil es an wirtschaftlichen Chancen fehlt, die die Wiedereingliederung der Geflüchteten ermöglichen würden. Und schließlich kann die Rückkehr ganz einfach deshalb undurchführbar sein, weil die Umweltzerstörung unumkehrbar oder das Risiko weiterer Katastrophen zu hoch bzw. unbeherrschbar ist.

Die Wahl der Mittel

Zudem sind nicht alle Evakuierten unbedingt Kandidaten für die Rückkehr; aus Angst vor weiteren Katastrophen oder wegen scheinbar besserer Aussichten beschließen manche, sich anderswo niederzulassen. Jene aber, die auf ihr Land, in ihr Heim und in ihre Umgebung zurückkehren wollen, sind zuweilen mit zahlreichen Hindernissen konfrontiert. Diese Hindernisse betreffen nicht nur Katastrophenopfer, sondern auch Menschen, die ihr Zuhause wegen der Zerstörung der natürlichen Ressourcen verlassen haben. Für sie spielen neben den Lebensbedingungen im Rückkehrgebiet – worunter nicht nur die Umweltbedingungen zu verstehen sind – Arbeitsplätze und Erwerbsquellen eine entscheidende Rolle. Im Irak zum Beispiel tragen Dürre, Wasserknappheit und feh-

Umstrukturierung der Evakuierungszone nach dem Atomunfall von Fukushima, 2011–2014

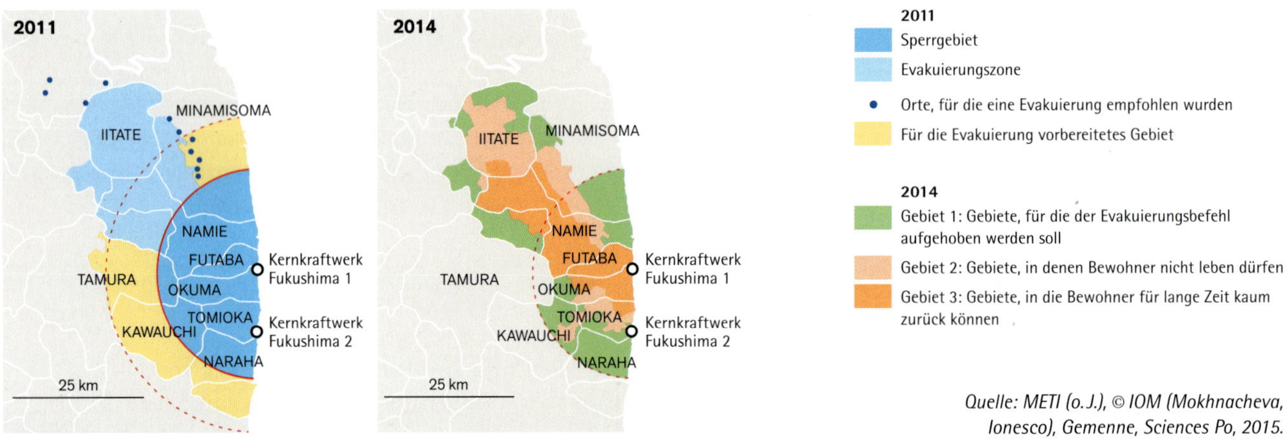

Quelle: METI (o. J.), © IOM (Mokhnacheva, Ionesco), Gemenne, Sciences Po, 2015.

Meinungsumfrage unter Naraha-Evakuierten, Januar 2014

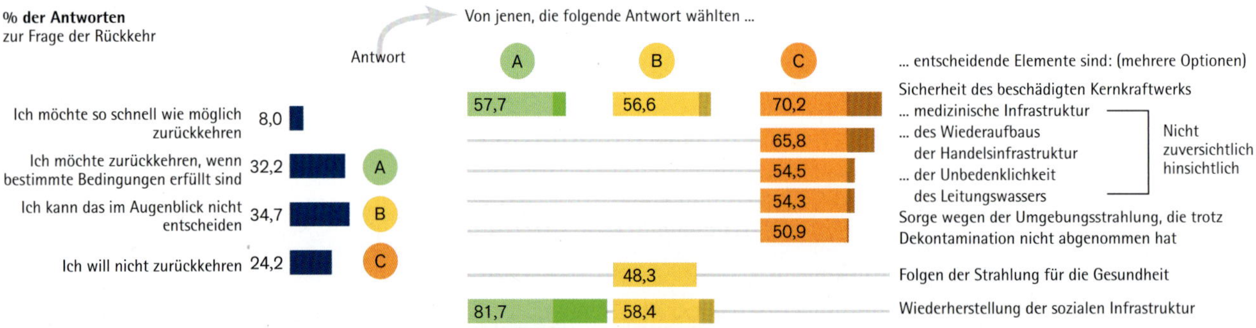

Quelle: Hasegawa (2015), basierend auf Daten der Stadt Naraha, Präfektur Fukushima und Wiederaufbaubehörde (2014), © IOM (Mokhnacheva, Ionesco), Gemenne, Sciences Po, 2015.

lende Möglichkeiten für die Landwirtschaft neben den Kriegsschäden dazu bei, dass sich die Rückkehr der seit Kriegsbeginn Geflohenen sehr schwierig gestaltet.

Die Entvölkerung und Wiederbesiedlung von New Orleans

Nach dem Hurrikan Katrina im Jahr 2005 verlor New Orleans fast ein Viertel seiner Einwohner, und sehr viele Evakuierte sind bis heute nicht zurückgekehrt. Der demografische Rückgang war am ausgeprägtesten bei der schwarzen Bevölkerung (-30,5 Prozent zwischen 2005 und 2014) und in den ärmsten Stadtvierteln (2010 lebten hier nur noch 66 Prozent der ursprünglichen Bevölkerung). Ungeachtet der Appelle des Bürgermeisters ist es unwahrscheinlich, dass alle ehemaligen Bewohner zurückkehren werden. Unwillig sind vor allem Eltern mit kleinen Kindern und ältere Menschen, die das Fehlen wirtschaftlicher Chancen und öffentlicher Dienstleistungen als Problem erkennen oder einfach Angst vor einem erneuten Hurrikan haben. Dass sich die Stadt allmählich von der verheerenden Zerstörung erholt und ihre frühere demografische Wachstumsrate wieder erreicht, verdankt sie dem Eintreffen einer völlig neuen Bevölkerungsgruppe, vor allem Einwanderern aus Zentralamerika, die durch Beschäftigungschancen beim Wiederaufbau angelockt werden.

Erzwungene Rückkehr nach Fukushima

Die Katastrophe von Fukushima im März 2011 führte zur Verstrahlung weiträumiger Gebiete rund um das Atomkraftwerk. Ein Teil der Flächen wird auf Jahrzehnte unbewohnbar bleiben, hier ist die Rückkehr der Bewohner ausgeschlossen. Die japanische Regierung hat jedoch beschlossen, dass andere ebenfalls verstrahlte Gebiete saniert werden sollen. Dekontaminierungsarbeiten, die zum Teil nur rudimentär sind, wurden aufgenommen, Sicherheitsnormen wurden angepasst und manipuliert. Die Bewohner wurden zur Rückkehr gedrängt, obwohl eine Reihe von ihnen wegen der hohen Strahlenbelastung, der Unsicherheit der Atomanlagen und nicht funktionierender Sozial- und Gesundheitsdienste Bedenken hat. In die Stadt Nahara zum Beispiel wollten im Februar 2014 nur acht Prozent der befragten ehemaligen Bewohner so schnell wie möglich zurückkehren.

Quelle: Hasegawa (2015).

Wiederbesiedlung von New Orleans 5 Jahre nach Hurrikan Katrina

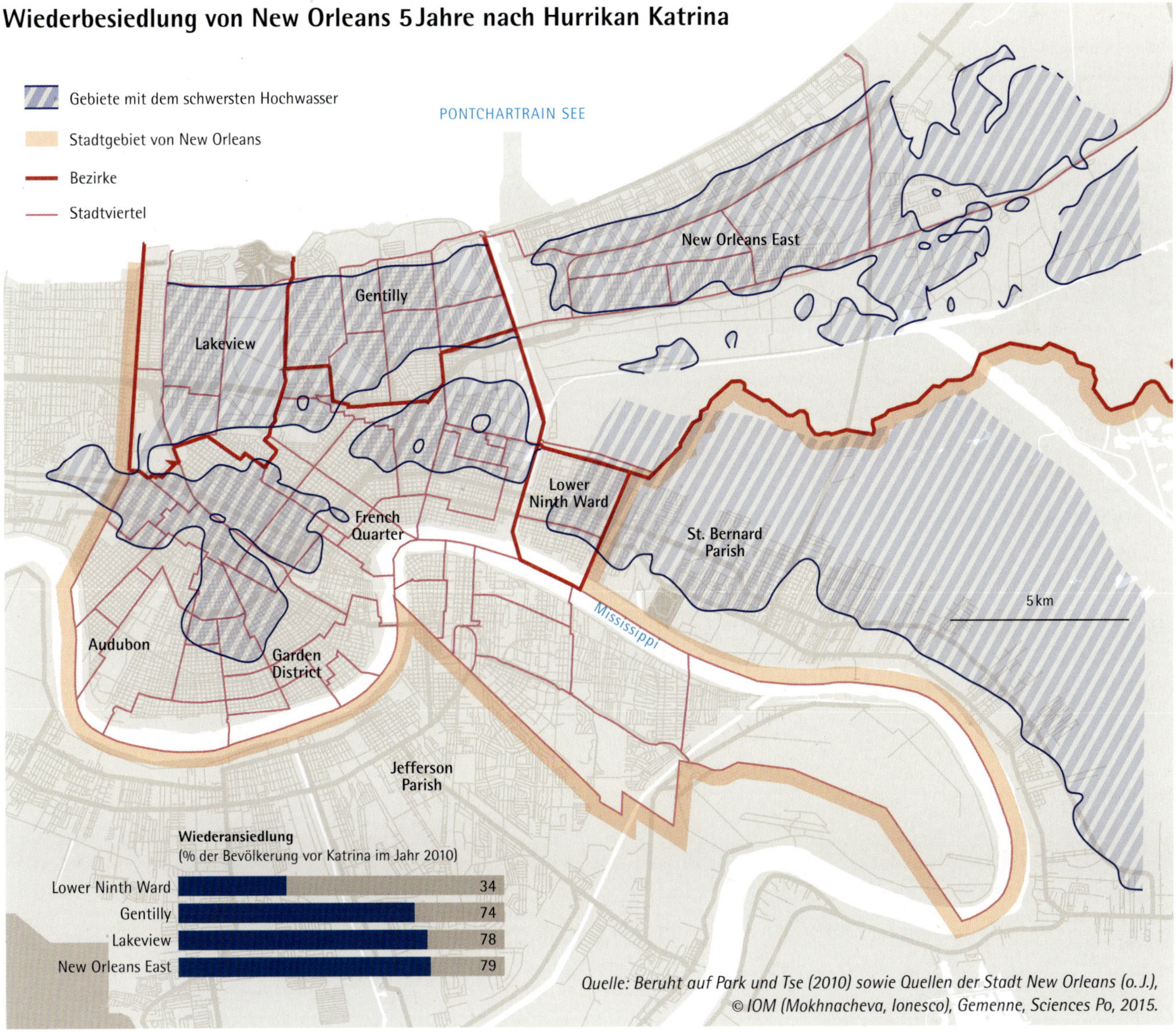

Quelle: Beruht auf Park und Tse (2010) sowie Quellen der Stadt New Orleans (o. J.), © IOM (Mokhnacheva, Ionesco), Gemenne, Sciences Po, 2015.

Umsiedlung

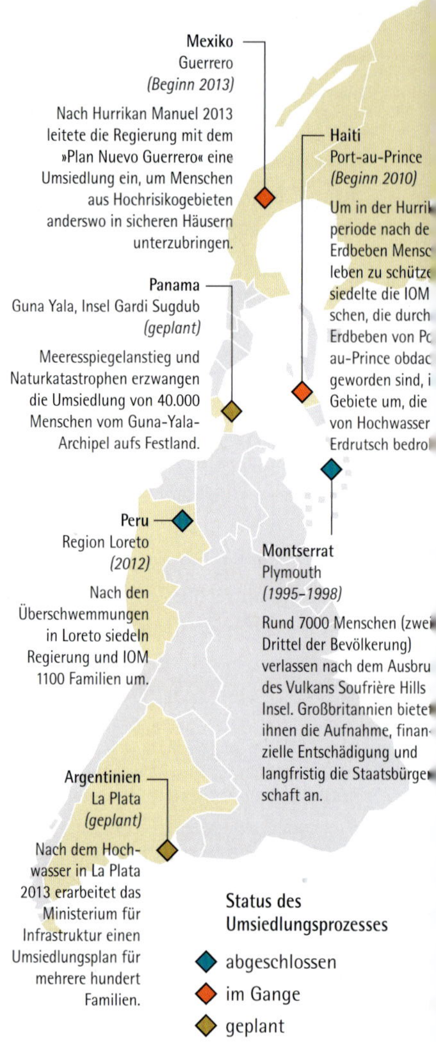

Sollten Menschen, die in gefährdeten Gebieten leben, als Vorsorgemaßnahme gegen künftige Auswirkungen des Klimawandels umgesiedelt werden? Mehrere Regierungen haben bereits Verfahren zur geplanten Umsiedlung eingeleitet – mit gemischten Ergebnissen und vielen offenen Fragen.

Ob sie nun in Flussdeltas liegen oder an den Hängen eines Vulkans, die durch den Klimawandel gefährdeten Gebiete bieten meist günstige Bedingungen für Landwirtschaft und Verkehr und sind daher wirtschaftlich sehr attraktiv; oft entstehen hier urbane Zentren, und der Wohnungsbau floriert. Manchmal sind sie aber auch letzte Zufluchtsstätte für arme und marginalisierte Gruppen. In beiden Fällen wächst ihre Bevölkerung.

Vorbeugende Umsiedlung

Aber die erwarteten Auswirkungen des Klimawandels veranlassen Regierungen, ganze Bevölkerungsgruppen vorsorglich umzusiedeln, um in Zukunft eine erzwungene Migration oder humanitäre Krisen zu vermeiden. In Vietnam zum Beispiel legten die Behörden 1996 das ambitionierte Programm »Living with the Flood« (Leben mit dem Hochwasser) auf, das die Umsiedlung von 200.000 Haushalten im Mekongdelta vorsieht, eines der gefährdetsten Gebiete der Welt. Ähnliche Initiativen gibt es überall auf der Welt. An den Ufern des Limpopo in Mosambik siedelt die Regierung Menschen, die vom steigenden Wasserpegel des Flusses bedroht sind, ins Bergland um. In Alaska sahen sich Inuit-Gemeinschaften wegen des tauenden Permafrostbodens gezwungen, ihre Umsiedlung selbst in die Hand zu nehmen. In Benin hat die Regierung den Abriss von Stadtvierteln angeordnet, die von Küstenerosion bedroht sind.

Gemischte Ergebnisse

Die geplante Umsiedlung von Menschen aus höchst gefährdeten in sichere Gebiete mag einleuchtend erscheinen. Die Vereinbarungen von Cancún regen die Finanzierung solcher Anpassungsprogramme an.

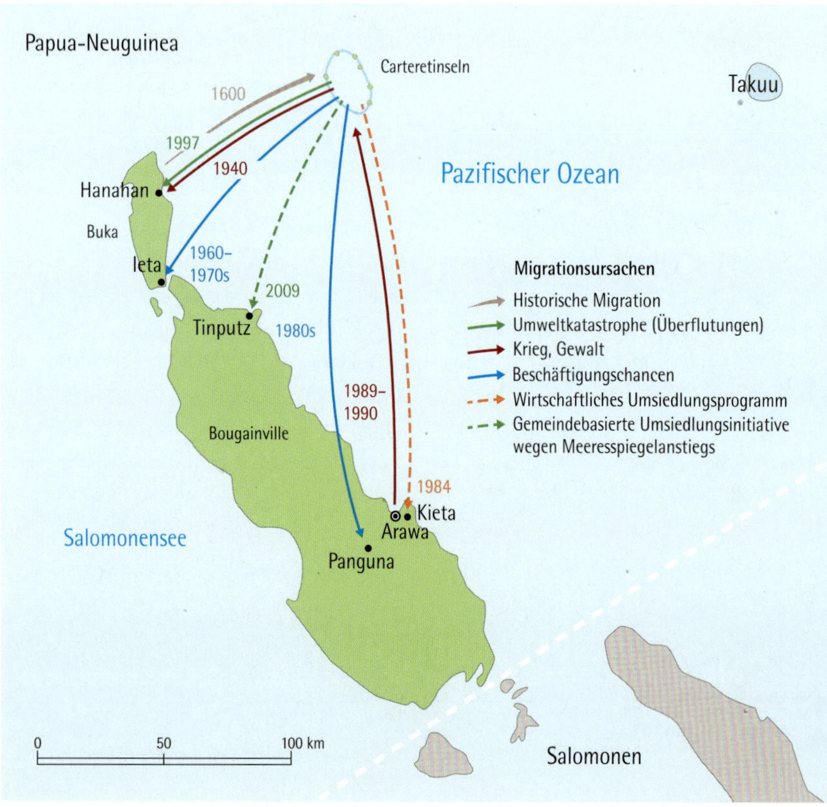

Carteretinseln: Migration und Umsiedlung 1600–2009

Die geplante Umsiedlung der Bevölkerung der Carteretinseln in Papua-Neuguinea ist ein symbolträchtiges Fallbeispiel. Die auf Meereshöhe gelegenen Inseln sind durch den Anstieg der Meeresspiegel, Überschwemmungen und Bodenversalzung extrem gefährdet. Im Jahr 2007 entschied die Regierung von Papua-Neuguinea, 6000 Bewohner auf die größere Bougainvilleinsel umzusiedeln, die durch eine autonome Regierung verwaltet wird. Da geeignetes Land, der politische Wille und die Motivation seitens der Bewohner fehlen, liegt die Umsiedlung derzeit auf Eis.

Quelle: IOM (2015), © IOM (Mokhnacheva, Ionesco), Gemenne, Stienne, 2015.

Beispiele für geplante Umsiedlung aufgrund von Umweltveränderungen

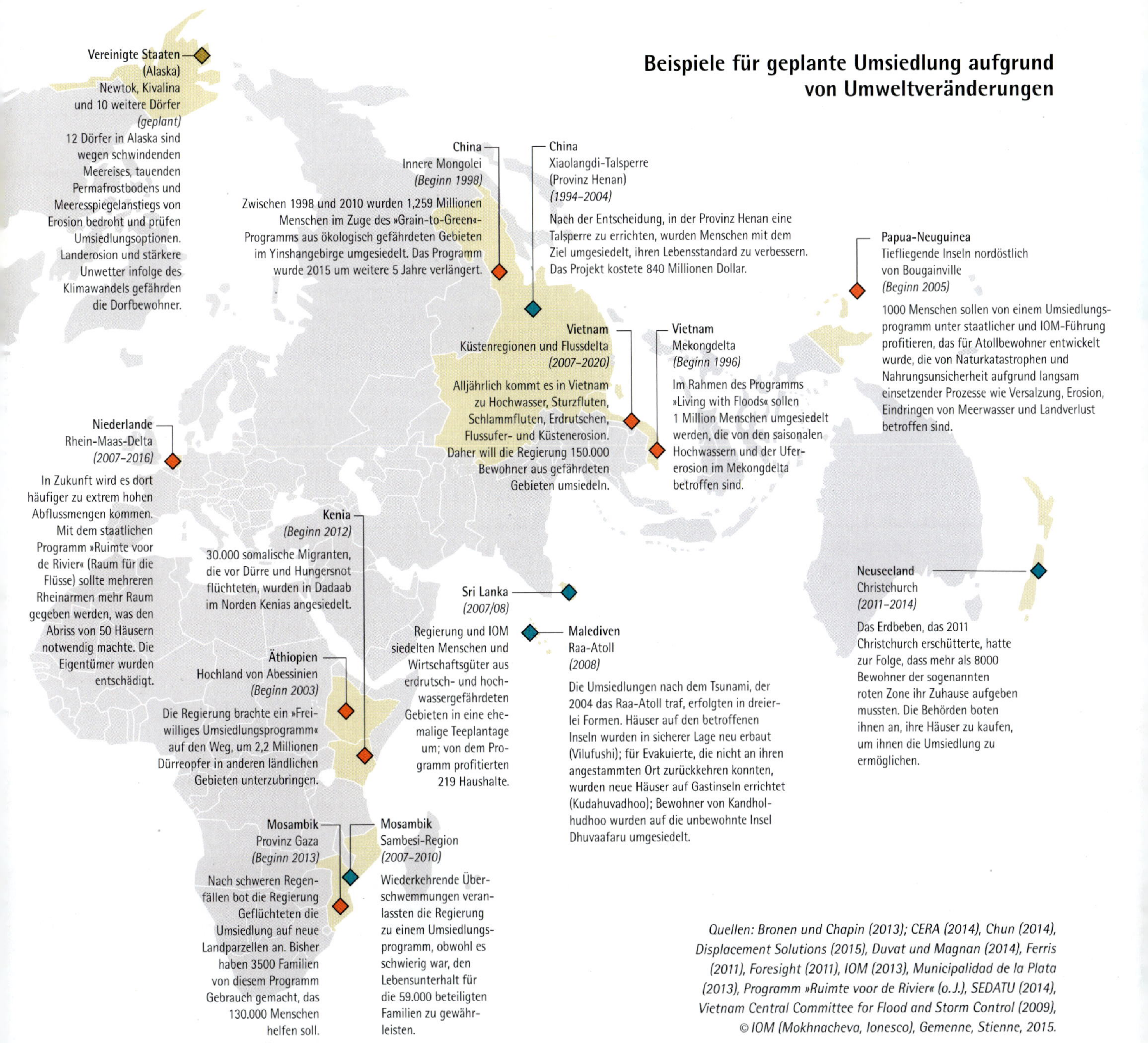

Quellen: Bronen und Chapin (2013); CERA (2014), Chun (2014), Displacement Solutions (2015), Duvat und Magnan (2014), Ferris (2011), Foresight (2011), IOM (2013), Municipalidad de la Plata (2013), Programm »Ruimte voor de Rivier« (o.J.), SEDATU (2014), Vietnam Central Committee for Flood and Storm Control (2009), © IOM (Mokhnacheva, Ionesco), Gemenne, Stienne, 2015.

Mehr als ein Dutzend Länder haben bereits Anpassungspläne vorgelegt, zu denen auch geplante Umsiedlungsmaßnahmen zählen. Dennoch stellen sich zahlreiche praktische und ethische Fragen: Darf man Bevölkerungsgruppen gegen ihren Willen umsiedeln? Welche Form der Kompensation ist vorzusehen? Welches Land kann den Umgesiedelten zugeteilt werden? Wie ist der Umsiedlungsort auszuwählen? Wann sollte die Umsiedlung stattfinden? Die Antworten sehen von Fall zu Fall unterschiedlich aus, und die Ergebnisse der bisher durchgeführten Programme sind nicht immer nur positiv: Einerseits wurde tatsächlich die Zahl der Menschen reduziert, die Umweltrisiken ausgesetzt sind, aber durch den Verlust sozialer Netze und wirtschaftlicher Ressourcen entstehen andererseits auch Probleme, einmal abgesehen davon, dass manche Regierungen in Versuchung geraten könnten, durch Umsiedlungsmaßnahmen, die angeblich zu ihrer Sicherheit beitragen, Gruppen politischer Gegner oder ethnischer Minderheiten auseinanderzureißen.

Leitlinien und eine uneinige Wissenschaft

Obwohl man sich einig ist, dass die geplante Umsiedlung als letzter Ausweg anzusehen ist, sorgt das Thema bei internationalen Organisationen und in der Forschung für Konflikte. Einige üben Zurückhaltung, weil sie fürchten, Regierungen könnten dieses Instrument missbrauchen. Andere zeigen eine eher pragmatische Haltung, erklären, Umsiedlungen fänden bereits statt, und bemühen sich im Gegenteil, die Maßnahme genauer zu definieren, um die Betroffenen vor Menschenrechtsverletzungen zu schützen. 2014 übernahmen in San Remo die Brooking Institution, der UNHCR und die Georgetown University nach ausführlichen Konsultationen die Initiative und entwarfen Leitlinien für Staaten, die eine geregelte Umsiedlungspolitik anstreben. Es existieren bereits zahlreiche Rahmenwerke, die Orientierung bieten: die Menschenrechte, Leitlinien betreffend Binnenvertreibungen und grenzüberschreitende Vertreibungen, Katastrophenrisikominderung, Eigentums- und Landrechte, Konfliktlösung und die Rechte indigener Gruppen.

Immobilität

Durch Umweltveränderungen Vertriebene sind oft sehr schutzbedürftig; aber noch besorgniserregender scheint die Lage jener, die angesichts von Umweltzerstörung nicht flüchten können.

Ob Menschen abwandern oder nicht, hängt von drei Faktoren ab: der Notwendigkeit, dem Wunsch und der Fähigkeit zur Migration. Immobilität führt nicht unbedingt zu negativen Ergebnissen – zum Beispiel, wenn die Menschen es nicht zwingend nötig finden, ihr Zuhause zu verlassen, oder wenn sie genügend Ressourcen haben, um auszuharren.

Die Weigerung zu gehen

Wenn andererseits die Notwendigkeit besteht zu gehen, die Menschen aber nicht wollen – sei es aus kulturellen oder sozialen Gründen oder weil sie das Risiko nicht erkennen –, dann kann Immobilität die Vulnerabilität erhöhen.

Viele Gemeinschaften in Kleinen Inselstaaten, zum Beispiel auf Kiribati, leben bereits mit den Folgen des Klimawandels, also mit einem Anstieg der Meeresspiegel, Bodenzerstörung und der Bedrohung von Nahrungsmittelsicherheit, Wasser- und Gesundheitsversorgung. Diese Gemeinschaften wissen, dass ihnen eines Tages nichts anderes übrig bleiben wird, als angesichts des drohenden Untergangs ihrer Heimat umzusiedeln, und die Regierung bereitet diesen Schritt bereits vor. Aber wegen ihrer starken Bindung an das von den Vorfahren ererbte Land, das oft als Erweiterung des Ichs und als Basis von Identität, Sitten und Bräuchen, Mythen und Wissen gesehen wird, sind viele nicht bereit zu gehen. Sie fürchten das Ende ihrer Traditionen und sehen mit Bangen den Problemen der Umsiedlung und den neuen Lebensbedingungen entgegen. Diese Gemeinschaften harren in Gebieten aus, die regelmäßig überschwemmt werden, sodass das Trinkwasser knapp wird, die landwirtschaftlichen Erträge sinken und das Armutsrisiko steigt.

Erzwungene Immobilität

Wenn Menschen abwandern müssen und wollen, es aber nicht können, dann sitzen sie in der Falle. In diese ausweglose Lage geraten oft Personen mit niedrigem sozioökonomischen Status, geringen materiellen und finanziellen Mitteln oder einem begrenzten sozialen Unterstützernetz, die auch bisher schon verwundbar waren.

In diesen Fällen kommen Umweltzerstörungen zu bereits vorhandenen systemischen wirtschaftlichen, demografischen und politischen Faktoren erschwerend hinzu, Faktoren, die den Lebensunterhalt, den Zugang zu Ressourcen und das Armutsrisiko bestimmen und damit auch entscheidend dafür sind, ob Migration unabwendbar ist oder gewünscht wird. Wenn eine

Dürren, Krieg und erzwungene Immobilität in Machaze

Seit Beginn des 20. Jahrhunderts spielt Migration im Distrikt Machaze in Mosambik eine wichtige Rolle als Strategie zur Bewältigung existenzgefährdender Dürren. Jahrzehntelang bestand eine klare soziale Aufgabenteilung zwischen den Frauen, die sich um die Landwirtschaft kümmerten, und den Männern, die als Pendelmigranten in Südafrika etwas Geld verdienten. Die Überweisungen der Männer stellten in Zeiten der Dürre das einzige Einkommen dar, waren also für die Familien überlebenswichtig, weil sie bei einem Ernteausfall den Zukauf von Nahrungsmitteln ermöglichten.

Der Bürgerkrieg, der 1977 ausbrach und 15 Jahre dauerte, traf Machaze schwer, weil Dörfer von bewaffneten Gruppen besetzt wurden, die jede Bewegung inner- und außerhalb des Distrikts verboten. Die Folge war, dass die Männer nicht auf Wanderung gehen und die im Ausland Arbeitenden nicht in ihre Dörfer zurückkehren konnten; zurück blieben vor allem Frauen, die jedoch das Dorf nicht verlassen durften, um die Felder zu bewirtschaften. Als kein Geld mehr geschickt wurde, verloren die im Dorf gefangenen Familien ihre wichtigste Einkommensquelle. Die Zerstörung der migrationsbasierten Subsistenzstrategien und die erzwungene Immobilität gefährdeten die Lebensgrundlagen der Dörfer im Distrikt Machaze massiv und kosteten während der schweren Dürren von 1981–1984 viele Menschen das Leben. *Quelle: Lubkemann (2008).*

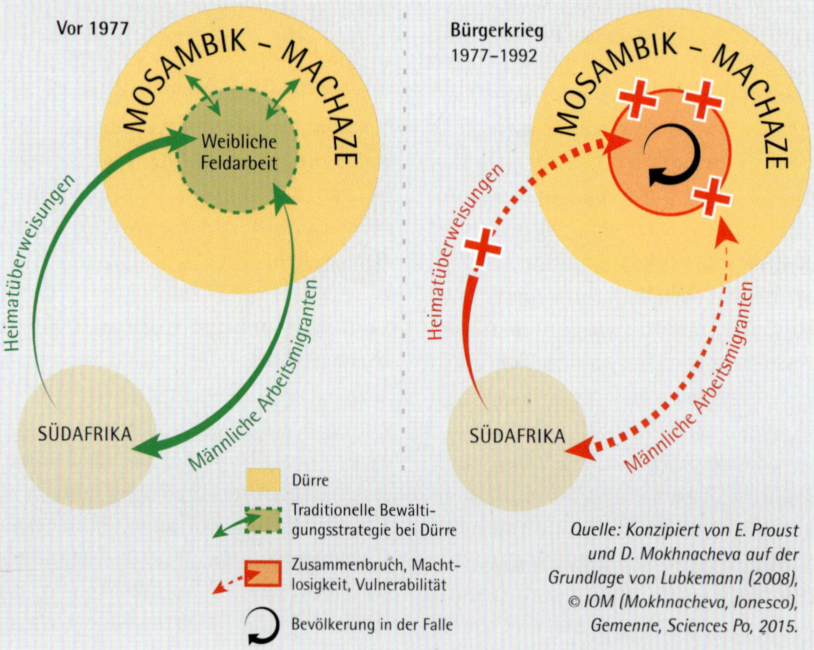

Quelle: Konzipiert von E. Proust und D. Mokhnacheva auf der Grundlage von Lubkemann (2008), © IOM (Mokhnacheva, Ionesco), Gemenne, Sciences Po, 2015.

vorhandene Vulnerabilität durch wirtschaftliche, soziale, geografische oder kulturelle Faktoren noch verschärft wird, befinden sich Menschen in einer prekären Situation, aus der sie sich oft nicht befreien können. Gesundheitsprobleme, begrenzter Zugang zu Informationen, Zugehörigkeit zu einer Randgruppe und Isolation sind Faktoren, die den Aufbruch aus gefährdeten und von schleichender Umweltzerstörung bedrohten Gebieten erschweren. Wenn ihnen diese Anpassungsstrategie verschlossen bleibt, können sich die Betroffenen keine alternativen Einkommensquellen erschließen, folglich wächst ihre Armut, sie sind Gefahren schutzlos ausgeliefert, und ihr Leben steht auf dem Spiel. Wenn es dann zu einer Katastrophe kommt, sind sie häufig nicht in der Lage, sich Hilfe zu verschaffen und entscheidende Dienstleistungen in Anspruch zu nehmen.

Als Hurrikan Katrina im August 2005 die Golfküste der Vereinigten Staaten traf, saßen 15 Prozent der Bevölkerung von New Orleans (60.000 Menschen) in der überfluteten Stadt fest, weil sie vor dem Unglück nicht evakuiert worden waren. Viele von ihnen lebten in armen, marginalisierten Stadtteilen.

In anderen Ländern, etwa in Bangladesch, haben arme Gemeinschaften alljährlich schwer unter Hochwasser und Zyklonen zu leiden, die Besitz und Erwerbsmöglichkeiten vernichten. In den meisten Fällen können diese Bevölkerungsgruppen nicht in andere Gebiete umsiedeln, weil es an Mitteln und Unterstützung fehlt, also arrangieren sie sich über Monate hinweg, so gut es geht, mit dem Leben in überschwemmten Häusern. Anderswo ist die traditionelle Lebensweise nomadischer Hirtenvölker durch Umweltveränderungen oder Konflikte um Ressourcen bedroht.

Höchste Priorität

Der Foresight-Bericht von 2011 lenkte erstmals die Aufmerksamkeit von Wissenschaft und Politik auf das Problem solcher »in der Falle sitzender« Bevölkerungsgruppen, bezeichnete sie als eine der größten vor uns liegenden Herausforderungen und forderte Hilfen für jene, die aus gefährdeten Gebieten nicht abwandern können, sei es in Gestalt von Schutzmaßnahmen vor Ort oder durch Unterstützung von Migration als Anpassungsstrategie.

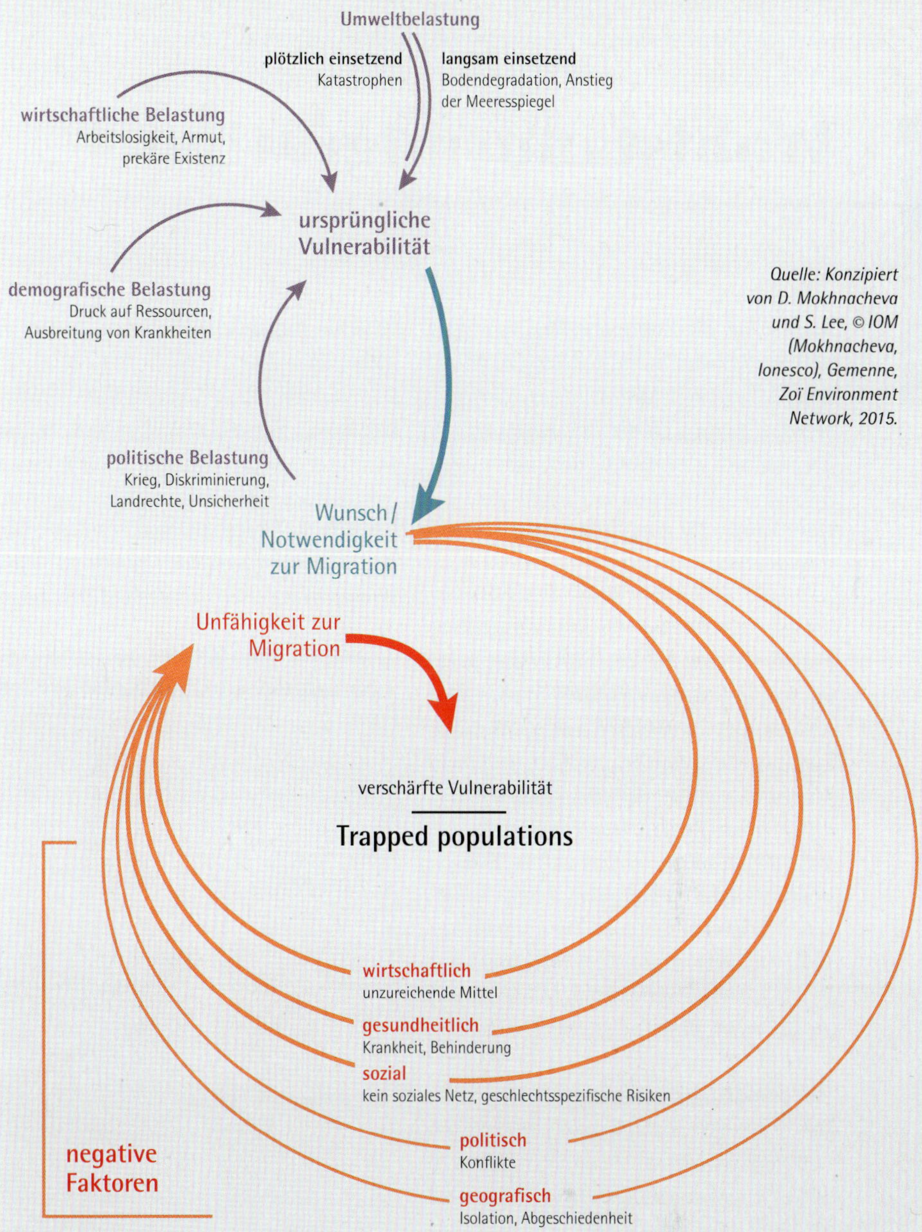

Quelle: Konzipiert von D. Mokhnacheva und S. Lee, © IOM (Mokhnacheva, Ionesco), Gemenne, Zoï Environment Network, 2015.

Überflutetes Haus im Distrikt Satkhira, Bangladesch, 2012, © *Alessandro Grassani 2012.*

Wohlstandsmigration

Anders, als die Bilder von Unglück und Zerstörung vermuten lassen, die in der Regel mit Migration assoziiert werden, kann sich die Umwelt auch als Sogfaktor erweisen. Bestimmte Regionen haben sich aufgrund günstiger Umweltbedingungen stark entwickelt.

Im Lauf der langen Migrationsgeschichte der Menschheit hat sich die Umwelt weitaus häufiger als Anreiz oder Sogfaktor statt als Schubfaktor erwiesen. Die Bevölkerung Europas zum Beispiel profitiert in hohem Maße von dem gemäßigten Klima und den natürlichen Ressourcen des Kontinents. Dass die Küsten und Flussdeltas so dicht besiedelt sind, ist vor allem ihrem fruchtbaren Boden geschuldet. Die globale Bevölkerungsverteilung ist weitgehend das Ergebnis dieser historischen Migration hin zu günstigen klimatischen Gegebenheiten.

Heliotropismus

Das Phänomen des Heliotropismus ist auch heute noch wirksam. Sonnige Regionen mit einem angenehmen Klima sind höchst attraktiv. Das gilt vor allem für die Staaten des Sun Belt im Süden der Vereinigten Staaten, die seit dem Ende des 20. Jahrhunderts mit dem Zuzug zahlreicher Rentner, insbesondere nach Florida, eine starke Entwicklung erlebt haben. Dank zahlreicher neuer Regionalflughäfen und Billig-Airlines zeigt der Heliotropismus in Europa seine Wirkung etwa in Spanien, Griechenland, Italien und Südfrankreich, wo manche Dörfer in den Regionen Poitou-Charentes, Aquitaine und Langue-doc-Roussillon mittlerweile mehr britische als französische Einwohner haben.

Aber diese sogenannte Wohlstandsmigration, die in der Regel in Industrieländern auftritt, ist nicht nur durch die Sonne motiviert. In vielen Industrieländern ziehen Einwohner aus den Städten und Ballungszentren aufs Land, was zu einem teils deutlichen Anstieg der Immobilienpreise geführt hat. Die Schönheit der Landschaft erklärt teilweise den jüngsten Bevölkerungsanstieg in Regionen wie den italienischen Alpen und den chilenischen Anden.

Positive Auswirkungen des Klimawandels?

Das Muster dieser Wohlstandsmigration könnte sich wiederholen, wenn in bestimmten Regionen wie Sibirien oder Nordkanada gemäßigtere Bedingungen herrschen werden als heute. Lokalbehörden in Sibirien verweisen bereits auf künftige positive Auswirkungen des Klimawandels, die es ermöglichen könnten, dort großflächig Getreide anzubauen. Klimamodelle schließen diese Entwicklung nicht aus. Man könnte sich also vorstellen, dass heute weitgehend menschenleere Gebiete zu Aufnahmeregionen auch für Gruppen werden, die ihren angestammten Lebensraum wegen des Klimawandels verlassen mussten. Aber das ist rein hypothetisch.

Snowbirds und Sunbirds: Wettermigranten in Nordamerika

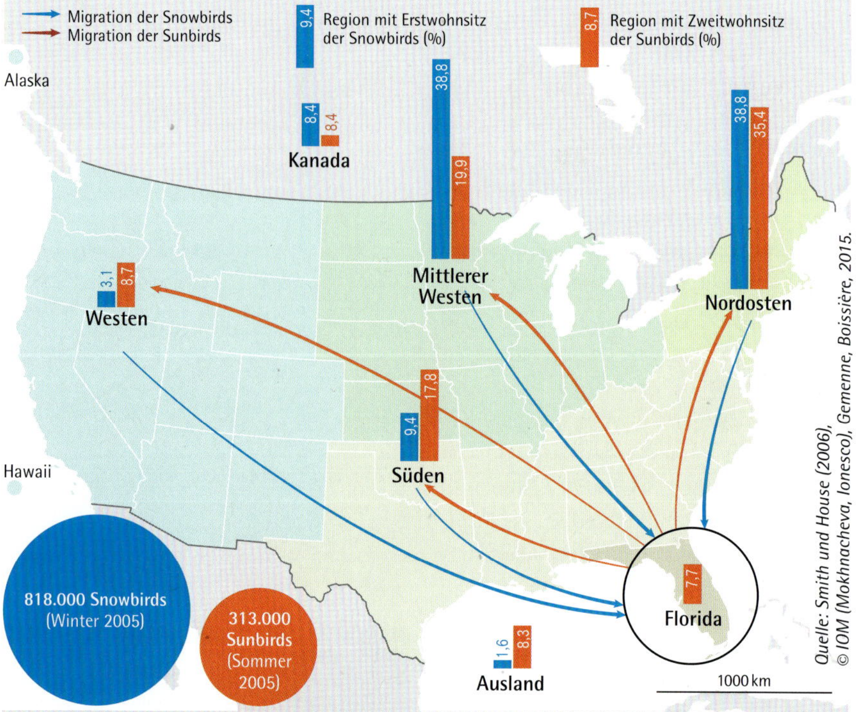

Snowbirds und Sunbirds: Saisonale Wettermigranten in Nordamerika

Das sonnige Florida mit seinen schönen Stränden lockt rund ums Jahr Tausende Touristen an. Unter diesen zeitweiligen Besuchern sind sehr viele Nordamerikaner über 55, die alljährlich der winterlichen Kälte in den nördlichen US-Staaten und Kanada entfliehen; sie bilden also eine spezielle Kategorie der Saisonmigranten. Die sogenannten Snowbirds haben in der Regel einen Zweitwohnsitz in Florida oder mieten sich dort ein, um einen Monat oder länger der Kälte zu entkommen. Im Winter 2005 betrug ihre Zahl 818.000. Eine weitaus geringere Zahl der Migranten aus dem Norden reist auch im Sommer, 2005 waren es 116.000. In der Gegenrichtung sind ältere Bewohner Floridas unterwegs, die der sommerlichen Hitze ausweichen; diese sogenannten Sunbirds, die ihren Hauptwohnsitz in Florida haben, verbringen alljährlich mindestens einen Sommermonat an ihrem Zweitwohnsitz in kühleren, weniger überlaufenen Regionen des Landes. Diese Strömung ist weniger umfangreich – rund 313.000 Floridianer brachen im Sommer 2005 in den Norden auf. Interessanterweise sind nicht wenige Sunbirds ursprünglich Snowbirds gewesen, die sich permanent in Florida niedergelassen haben.

Quelle: Smith und House (2006).

Russische Klimamigranten: Vom Norden in den Süden

Die Landschaft im Norden Russlands ist von zahlreichen Industriestädten durchsetzt – ein Erbe des Sowjetprogramms zur Besiedelung Sibiriens und zur Ausbeutung der dortigen Rohstoffe. Inzwischen altert die Bevölkerung, und die Beschäftigungschancen schwinden; hinzu kommen harte klimatische Bedingungen. In der Region Krasnojarsk, die sich vom nördlichen Polarkreis bis zur russisch-chinesischen Grenze erstreckt, unterstützt die Regierung Familien, die von Norilsk, einer Bergbaustadt im Norden, wo Nickel abgebaut wird, in Gebiete im Süden der Region mit günstigeren Umwelt- und Klimabedingungen und besseren Beschäftigungschancen umsiedeln wollen. Das russische Ministerium für Regionalentwicklung, die Regierung der Region Krasnojarsk und die Stadtverwaltung von Norilsk haben in Partnerschaft mit der Bergbaugesellschaft Norilsk Nickel ein entsprechendes Programm aufgelegt. Die Regierung wird zwischen 2011 und 2020 voraussichtlich 11.256 Familien entweder Finanzhilfen zukommen lassen oder Wohnraum im Zielgebiet für sie bereitstellen. Im Jahr 2012 waren bereits 2700 Familien von Norilsk und Dudinka in südlichere Rajons umgezogen.

Quelle: Mashegova (2011), Stadtverwaltung Norilsk (o.J.).

Touristen bevölkern rund ums Jahr die Strände Floridas. Fort Lauderdale, 2013, © *Donnamper Wikicommons, 2013.*

Ergaki-Nationalpark im Sommer. Region Krasnojarsk, Russland, 2012, © *Larisa-K, Pixabay, 2012.*

Staatliches Umsiedlungsprogramm »Vom Norden in den Süden«, Russische Föderation, 2011–2020

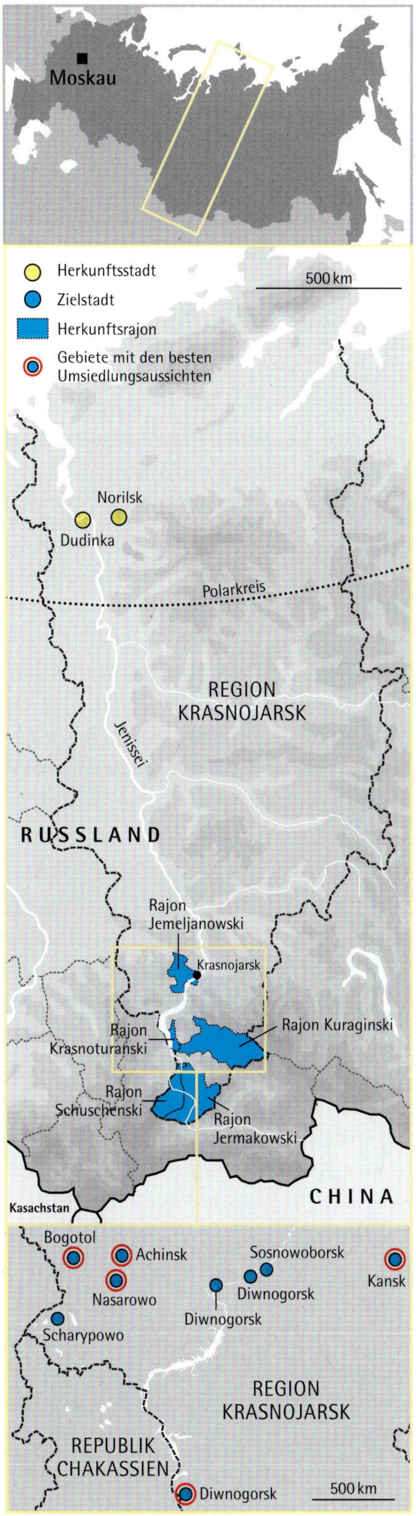

Quelle: Mashegova (2011), Stadtverwaltung Norilsk (o.J.), © IOM (Mokhnacheva, Ionesco), Gemenne, Boissière, 2015.

Kapitel 2

Faktoren der Umweltmigration

Die Umwelt und die Ressourcen der Natur waren für die Menschheit schon immer lebenswichtig, und entsprechend haben sich die menschlichen Gesellschaften seit der Vorzeit herausgebildet: Bei drohenden Naturkatastrophen oder auf der Suche nach einem milderen Klima gaben unsere Vorfahren Gebiete auf, ganze Zivilisationen gediehen und vergingen im Einklang mit den zyklischen Veränderungen des Klimas. Frühe Religionen verehrten oder fürchteten die Natur und machten für Katastrophen eine Strafe oder die Launen der Götter verantwortlich.

Im Lauf der Zeit lernte die Menschheit, die Umwelt zu beherrschen und zu gestalten. Wissenschaftlicher und technischer Fortschritt halfen bei der Anpassung an die Launen der Natur, bei der Vorhersage von Gefahren und bei Beseitigung von Umweltrisiken, bei Verhinderung oder Reduktion ihrer Auswirkungen. Beispiele sind die Entwicklung eines Bewässerungssystems in Mesopotamien, die umfassende Technisierung der Landwirtschaft im Zuge der industriellen Revolution und der Ausbau von Geoinformationssystemen und computergestütztem Risikomanagement.

In den jetzigen hyperurbanisierten Gesellschaften vergessen wir gerne, wie machtvoll die Natur sein kann und wie sehr sie zur Entwicklung unseres heutigen Lebensstils mit all seinen Vorzügen und Nachteilen beigetragen hat. Doch immer wieder erinnert sie uns daran, wie schwach und verletzlich wir Menschen sind: Erdbeben, Wirbelstürme, Überschwemmungen und Dürren treffen weltweit Familien auf dem Land und in den Städten und setzen unsere Vorstellung, wir würden den Planeten kontrollieren, in Perspektive.

Paradoxerweise haben die seit der industriellen Revolution erreichten Fortschritte in der Kontrolle der Natur letztlich nur dazu beigetragen, ihre Launen zu verstärken. Der Klimawandel ist eine der größten Gefahren, mit denen wir uns auseinandersetzen müssen, denn er stellt unsere Lebensweise und die Struktur unserer Gesellschaft infrage – und er bedroht letztlich sogar unser Überleben als Menschheit. Wir haben keine andere Wahl, als unsere Eingriffe in die Umwelt zu reduzieren und uns an einige der von uns verursachten unaufhaltsamen Veränderungen anzupassen, wenn wir nicht vor gewaltigen wirtschaftlichen und gesellschaftlichen Umbrüchen stehen wollen. Die Migration wird eine zwangsläufige Begleiterscheinung dieser Entwicklung sein, entweder als sozialer und menschlicher Preis von Untätigkeit und restriktiver Politik oder – aufgrund von politischen und wirtschaftlichen Entscheidungen – als eine positive Strategie der Gefahrenvermeidung, die dem Schutz der Menschen dient. Deshalb brauchen wir neben einer geeigneten Umweltpolitik und der Förderung der Nachhaltigkeit auch eine gute Migrationspolitik.

Der zweite Teil dieses Buchs handelt von den komplexen Zusammenhängen zwischen Umweltereignissen, menschlichen Gesellschaften und Migrationen und analysiert eine Reihe von plötzlich auftretenden oder langsam fortschreitenden, natürlichen oder von Menschen erzeugten Phänomenen, die die Erdbevölkerung beeinflussen und die Mobilitätsmechanismen auslösen. Dabei richtet sich unsere Aufmerksamkeit insbesondere auf den Klimawandel, dessen Auswirkungen sich von anderen Umweltereignissen oft kaum unterscheiden lassen. Anschließend wird die Umweltmigration in dem breiteren Kontext traditioneller Auslöser von Migration untersucht.

Umweltgefährdungen verstehen

Unsere Erde wird von einem ausgesprochen komplexen System einander bedingender geophysikalischer, meterologischer und klimatischer Prozesse reguliert, an denen sowohl plötzlich auftretende Naturereignisse als auch sich allmählich entfaltende Umweltveränderungen beteiligt sind. Sie befindet sich in einem stetigen Wandel: Die anhaltende Verschiebung der tektonischen Platten verändert die Kontinente, erzeugt Berge und Vulkane und zeichnet Verwerfungslinien, die sogenannten Gräben. Diese geologischen Abläufe im Erdinnern haben unvermittelt auftretende Ereignisse wie Erdbeben, Vulkanausbrüche, Tsunamis, Erdrutsche oder Lawinen zur Folge, die von gewaltigen Schäden in Städten und an Infrastruktur begleitet werden und oft eine hohe Zahl an Menschenleben fordern.

Parallel dazu erzeugen ozeanische sowie atmosphärische Vorgänge, also Strömungen, Winde und Temperaturen, das lokale und globale Wetter und Klima und damit eine Vielzahl von meteorologischen, hydrologischen und klimatischen Ereignissen. Zu den meteorologischen gehören Stürme wie in den Tropen Zyklon, Hurrikan und Taifun, in anderen Teilen der Welt Schnee- und Sandstürme sowie Tornados. Weitere meteorologische Prozesse sind Niederschlagsveränderungen wie beim Monsunregen oder die sich progressiv entwickelnden langfristigen Niederschlagsschwankungen (Verstärkung oder Abnahme). Hydrologische Ereignisse treten gewöhnlich unerwartet auf, wie die von schweren Regenfällen oder Schneeschmelze verursachten Überschwemmungen mit möglichen Springfluten, die sich oft bilden, wenn auf eine anhaltende Dürre schwere Niederschläge folgen; Sturmfluten der Meere; von Niederschlägen ausgelöste Erdrutsche oder Murenabgänge. Dazu zählen aber auch die sich langsam entwickelnden Phänomene wie die Gletscherschmelze oder das Ansteigen der Meeresspiegel.

Klimatische Ereignisse umfassen plötzlich hereinbrechende extreme Kälte oder Hitze (Hitzewellen, Blitzeis oder extreme Wintertemperaturen), Dürreperioden und die oft von Menschen verursachten, durch Trockenheit oder Hitze aber verstärkten Wald- und Steppenbrände.

Für die Gesellschaft können diese Naturphänomene und Ereignisse eine konkrete körperliche Bedrohung darstellen. Aus diesem Grund werden sie im Sinne der UNISDR, des Sekretariats der Vereinten Nationen zur Risikominderung, als Gefährdung eingestuft – als »natürliche Prozesse oder Erscheinungen, die den Verlust des Lebens, Verletzungen oder andere gesundheitliche Auswirkungen, Schäden an Eigentum, den Verlust der Existenzgrundlage oder der Dienstleistungen, gesellschaftliche und wirtschaftliche Umbrüche oder Umweltschäden herbeiführen können«. Wenn diese Gefährdungen menschliche, wirtschaftliche oder materielle Verluste erzeugen, werden sie zu Katastrophen.

Zusätzlich zu den natürlichen gibt es die von Menschen gemachten und aus dem Handeln der Menschen herrührenden Gefährdungen. Dazu gehört der schleichende Prozess der Schädigung von Umwelt und Ökosystemen wie Bodendegradation durch Kunstdünger, unnachhaltige Verfahren in der Landwirtschaft, Bohrungen und Bergbau, aber auch die Verschmutzung von Luft, Wasser und Böden und die Zerstörung von Ökosystemen durch Verkehr, Infrastruktur und andere Erschließungsprojekte. Hinzu kommt, dass menschliches Handeln unvorhergesehene Katastrophen auslösen kann, wie Unfälle in Atomkraftwerken oder Industrieanlagen, Springfluten durch plötzliche Wasserentlastung von Dämmen oder Erdrutsche aufgrund von Bauprojekten, die allesamt schreckliche Auswirkungen auf Gemeinschaften haben können.

Wegen des drastischen Anstiegs der Weltbevölkerung leben immer mehr Menschen in Gebieten, die als Risikozonen für plötzliche, langsam fortschreitende Gefährdungen gelten. Es gibt keine Region, keinen Ort auf der Erde, die nicht auf die eine oder andere Art Umweltveränderungen erlebt haben oder unter Belastungen leiden. Doch einige Regionen sind besonders benachteiligt, sei es, weil die Bevölkerung, die wichtigste Infrastruktur und Wirtschaftsbetriebe großen Gefährdungen ausgesetzt sind oder weil die Mittel fehlen, um aus eigener Kraft Risiken zu begegnen und Katastrophen zu bewältigen, wie es oft in einkommensschwachen Ländern der Fall ist.

Klimawandel

Von Menschen erzeugte Treibhausgasemissionen haben sich seit dem 19. Jahrhundert ganz erheblich auf Klima und Wettersysteme ausgewirkt. Die Entwicklung des Transportwesens, der Industrie und neuer Technologien mithilfe fossiler Brennstoffe, die intensive Ausbeutung natürlicher Ressourcen, die groß angelegten Entwaldungsprojekte und die Erhöhung der landwirtschaftlichen Erzeugung, um die wachsende Erdbevölkerung zu ernähren, tragen allesamt zu einem erhöhten Ausstoß von Kohlendioxid, Methan und anderen Gasen in die Atmosphäre bei und führen zu einer beispiellosen Erwärmung. Der Klimawandel wird von Wissenschaftlern nicht mehr angezweifelt. Mit ihm einher gehen weltweit erhöhte Temperaturen von Luft und Weltmeeren, veränderte Niederschlagsmuster, das Schmelzen von Gletschern und das Tauen von Permafrost, die Versauerung der Ozeane, das Ansteigen der Meeresspiegel und wachsende Häufigkeit und steigende Intensität von meteorologischen, hydrologischen und klimatischen Gefährdungen. Diese Entwicklungen führen zwangsläufig zu Umbrüchen in Öko-, Wirtschafts- und Gesellschaftssystemen, verschärfen bereits bestehende Schwächen und bedrohen Existenzgrundlage, Sicherheit und Menschenrechte der Betroffenen. Die zunehmende Verknappung von Arbeitsplätzen, Ressourcen, Nahrungsmitteln und Wasser, die Bedrohung der Gesundheit oder der körperlichen Unversehrtheit führen immer häufiger zu Abwanderung und Vertreibung oder aber auch zur erzwungenen Immobilität für jene, denen ausreichende Mittel zur Migration fehlen. Zwar betreffen die aus dem Klimawandel erwachsenden Gefahren ungeachtet bestehender Grenzen und Einkommensunterschiede alle Länder und Kontinente, sind angesichts der besonders schweren Auswirkungen auf die am meisten benachteiligten Völker und Gemeinschaften der Erde letztlich aber doch ungerecht verteilt.

Weltweit sind die Temperaturen im Verlauf des letzten Jahrhunderts bereits um etwa 0,89 Grad Celsius angestiegen. Daraus ergeben sich alarmierende Folgen wie das Schmelzen der Eisdecke auf dem Arktischen Meer, was unumkehrbare Konsequenzen für die ganze Erde nach sich ziehen kann, sollten die Temperaturen weiterhin steigen. Die internationale Gemeinschaft hat beschlossen, den Temperaturanstieg in diesem Jahrhundert auf 1,5 Grad Celsius über dem Stand der vorindustriellen Zeit zu begrenzen. Um dies zu erreichen, müssten Regierungen strenge Deckelungsmaßnahmen durchführen. Doch die gegenwärtigen Zusagen zur Verringerung der Treibhausgasemissionen würden den weltweiten Temperaturanstieg nicht einmal auf drei Grad begrenzen, wenn sie denn überhaupt umgesetzt werden. Viele Experten glauben, dass wir auf vier Grad (oder mehr) zusteuern, was einen unwiederbringlichen und lebensbedrohlichen Verlust an Ökosystemen und Biodiversität, den Anstieg der Meeresspiegel, Extremtemperaturen, Extremwetterereignisse und, angesichts einer wachsenden Weltbevölkerung, Verknappung der Nahrungsmittel mit sich bringen würde. Im Zuge des Temperaturanstiegs könnten wir mehrere Schwellen überschreiten, jenseits deren es kein Zurück mehr gibt und die eine Kettenreaktion mit unumkehrbaren Veränderungen auf unserem Planeten anstoßen. In einer um vier Grad wärmeren Welt wäre eine Anpassung höchst schwierig und teilweise unmöglich. Ganze Megastädte und Nationen könnten im Meer versinken, und sobald die Grundbedürfnisse der Bevölkerung unbefriedigt bleiben, können bislang erreichte Errungenschaften der menschlichen Gesellschaft unterminiert werden, was auf der ganzen Welt lebensbedrohliche Instabilität auslösen würde. Um derart dramatische Entwicklungen zu verhindern, müssten von allen Akteuren auf internationaler Ebene, von allen Gemeinschaften und Individuen drastische Begrenzungs- und Anpassungsmaßnahmen eingeleitet werden. Zum gegenwärtigen Zeitpunkt könnte uns die Kehrtwende noch gelingen.

Umwelt und Antriebskräfte der Migration

Zwischen Umweltveränderung und Klimaereignissen einerseits und diversen freiwilligen oder erzwungenen, lang- oder kurzfristigen, nach jeweiligem Kontext und Umgebung, Nation, Standort oder Haushalt unterschiedlichen Mobilitätsbewegungen andererseits besteht ein Zusammenhang. Gewiss können die Einflüsse der Umwelt auf Mobilität niemals direkt herauskristallisiert werden, es sei denn, es erfolgt eine unmittelbare Vertreibung durch eine Katastrophe. Migration wird aber meist durch eine Vielzahl von Faktoren ausgelöst, bei denen die Umwelt gewöhnlich nur eine sekundäre Rolle spielt. Umweltbelastungen sind ergänzende Faktoren bei den Erwägungen, die eine Migration motivieren, wie wirtschaftliche (die Suche nach besserem Einkommen und sicherem Arbeitsplatz), politische (Konflikte, Verletzung der Menschenrechte, Diskrimination), demografische (Bevölkerungswachstum, Verknappung der Nahrungsmittelproduktion) und gesellschaftliche oder persönliche Faktoren (Eheschließung, Familienzusammenführung). Katastrophen oder fortschreitende Veränderungen lebenswichtiger Ressourcen können bestehende Unsicherheiten und erschwerte Lebenssituationen verschärfen. Massive Zerstörungen nach Katastrophen oder der fortschreitende Verlust von Ökosystemleistungen wie Trinkwasser, Agrarpotenzial und natürlicher Schutz vor Gefährdungen können beispielsweise in eine wirtschaftlich, politisch und persönlich unsichere Lage führen und auf diese Weise indirekt zu Migration oder Abwanderung von Bevölkerungen beitragen. Was als wirtschaftliche oder politische Migration erscheint, kann also gelegentlich auf eine verdeckte, auf den ersten Blick nicht erkennbare, von der Umwelt beeinflusste Motivation zurückgeführt werden. Menschen entscheiden sich zum Fortgehen, um anderswo bessere Lebensbedingungen und wirtschaftliche Möglichkeiten zu finden, wenn ihre Existenzgrundlage aufgrund wiederholter ökologischer Erschütterungen wie Dürren oder Überschwemmungen gefährdet wird oder wenn sie für die Zukunft unumkehrbare Veränderungen wie den Anstieg der Meerespiegel fürchten müssen.

Auch beim Risiko von Vertreibungen aufgrund von Katastrophen wirken im Hintergrund vielfältige Faktoren mit. Beteiligt sind verschiedene Elemente: das Vorhandensein einer Gefährdung, die sich real auf Bevölkerungsgruppen, ihre Existenzgrundlagen und Wirtschaftsbetriebe auswirkt; die Vulnerabilität der Menschen,

Schematische Darstellung der an Migration beteiligten Faktoren gemäß dem Foresight-Bericht

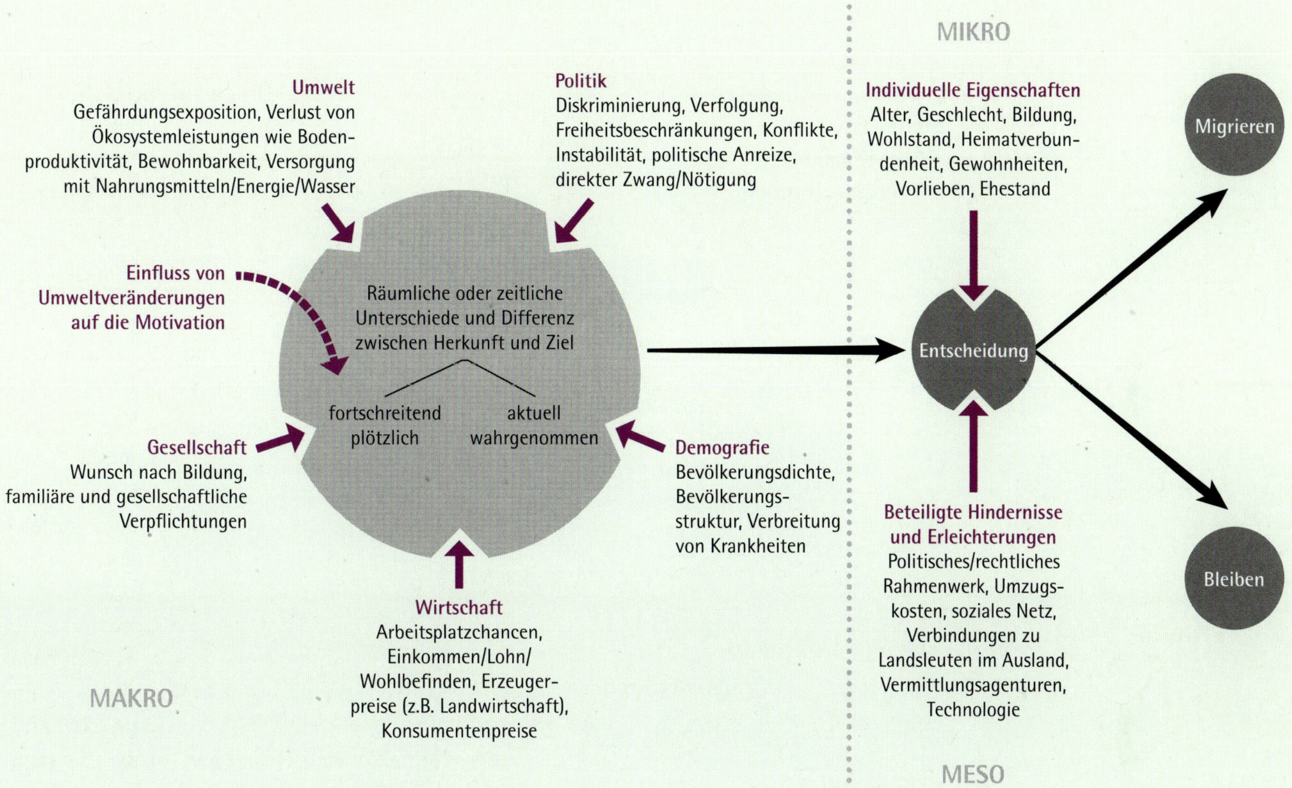

Quelle: Foresight (2011), © (Mokhnacheva, Ionesco), Gemenne, Boissière, 2015.

die entscheidenden Einfluss auf die Reaktion eines jeden Einzelnen hat; und letztlich die Vorbereitung und Reaktionsfähigkeit der Bevölkerung. Der Grad der Gefährdung hängt auch mit dem demografischen Wandel zusammen: Durch das Bevölkerungswachstum in gefährdeten Regionen sind immer mehr Menschen und ihr Besitz von Gefährdungen bedroht. Tatsächlich ist der Anstieg der urbanen Bevölkerung einer der wichtigsten Faktoren im Zusammenhang mit Katastrophenrisiko und Vertreibung. Hinzu kommen wirtschaftliche, soziale, politische und materielle Faktoren wie ungerechte Wohlstandsverteilung, soziale Ungleichheit oder Diskrimierung, Lebensalter, Gesundheit oder Behinderungen. Eine weitere Rolle spielen Umweltfaktoren: Wiederkehrende Gefährdungen oder eine langsam fortschreitende Umweltschädigung können die Existenzgrundlage der Menschen zerstören und auf lange Sicht ihre Vulnerabilität erhöhen. Oft sind es jene bereits bis aufs Äußerste Geschwächten, die am wenigsten auf eine Katastrophe vorbereitet sind und sie am schlechtesten bewältigen können, die am meisten unter ihren Auswirkungen zu leiden haben und am ehesten vertrieben werden.

Ein Ausblick in die Zukunft

Wegen der größeren Häufigkeit und Intensität von Extremwetterereignissen und der graduellen Umweltveränderungen wird es vermehrt zu Vertreibungen kommen und die grenzüberschreitende und die Binnenmigration werden zunehmen. In vielen Teilen der Welt findet Umweltmigration bereits statt. Doch Umweltveränderungen können Migration auch behindern: Eines der größten Probleme wird sich daraus ergeben, dass den schwächsten Mitgliedern der Gesellschaft eine Abwanderung nicht möglich ist. Zugleich sind die negativen Auswirkungen von Gefährdungen und Umweltveränderungen auf die Gesellschaft und die Vertreibungen keineswegs unausweichlich: Durch richtige Maßnahmen und Strategien zur Minderung des Katastrophenrisikos, durch Entwicklungsförderung, durch Stärkung der Resilienz von Gemeinschaften und durch die Erleichterung der Migration auf Freiwilligenbasis gepaart mit wirksamen Schritten zur Eindämmung des Klimawandels können wir der Herausforderung begegnen und Schreckensszenarien vermeiden.

Ursachen-Wirkungs-Gefüge Umweltmigration

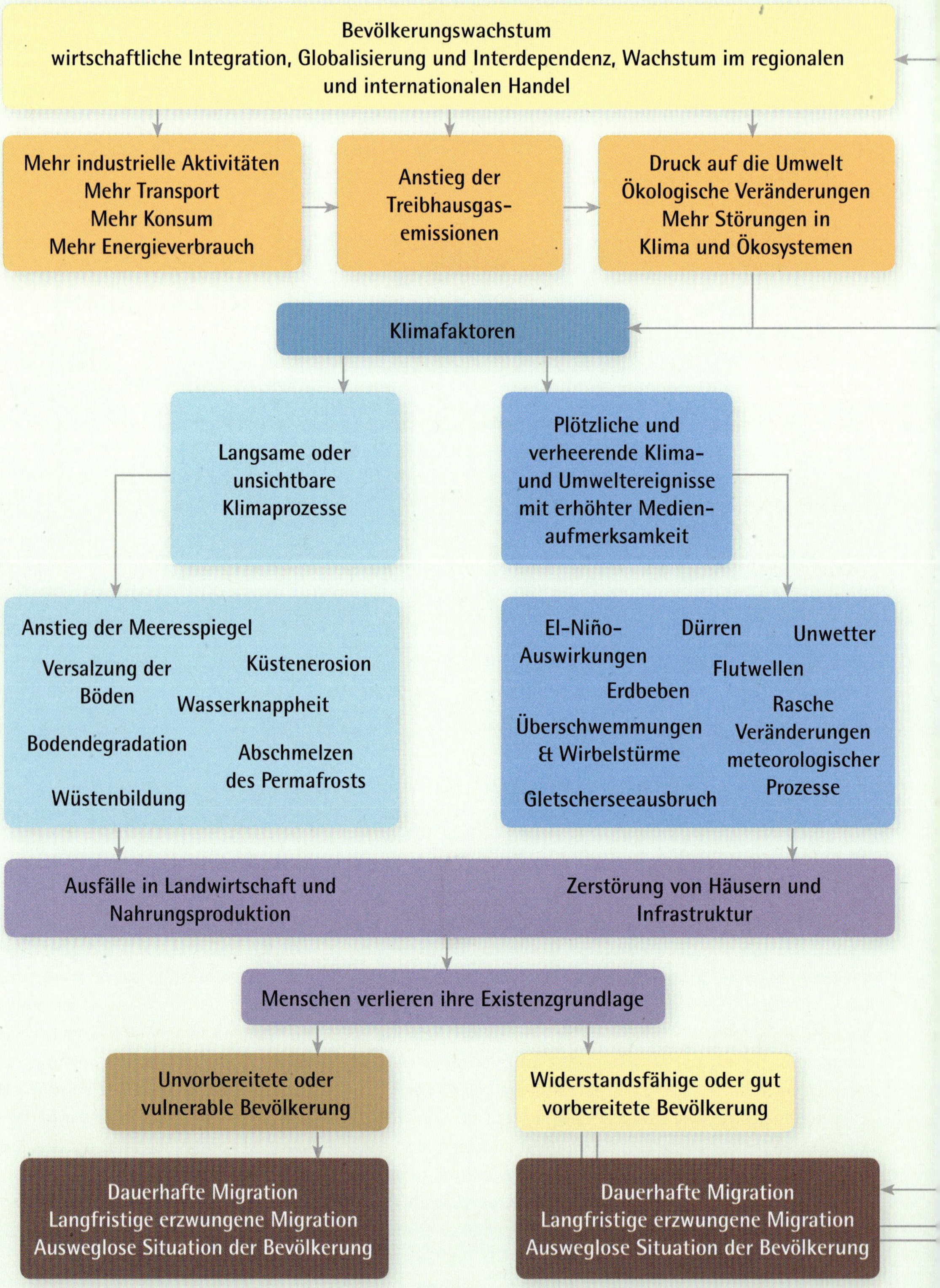

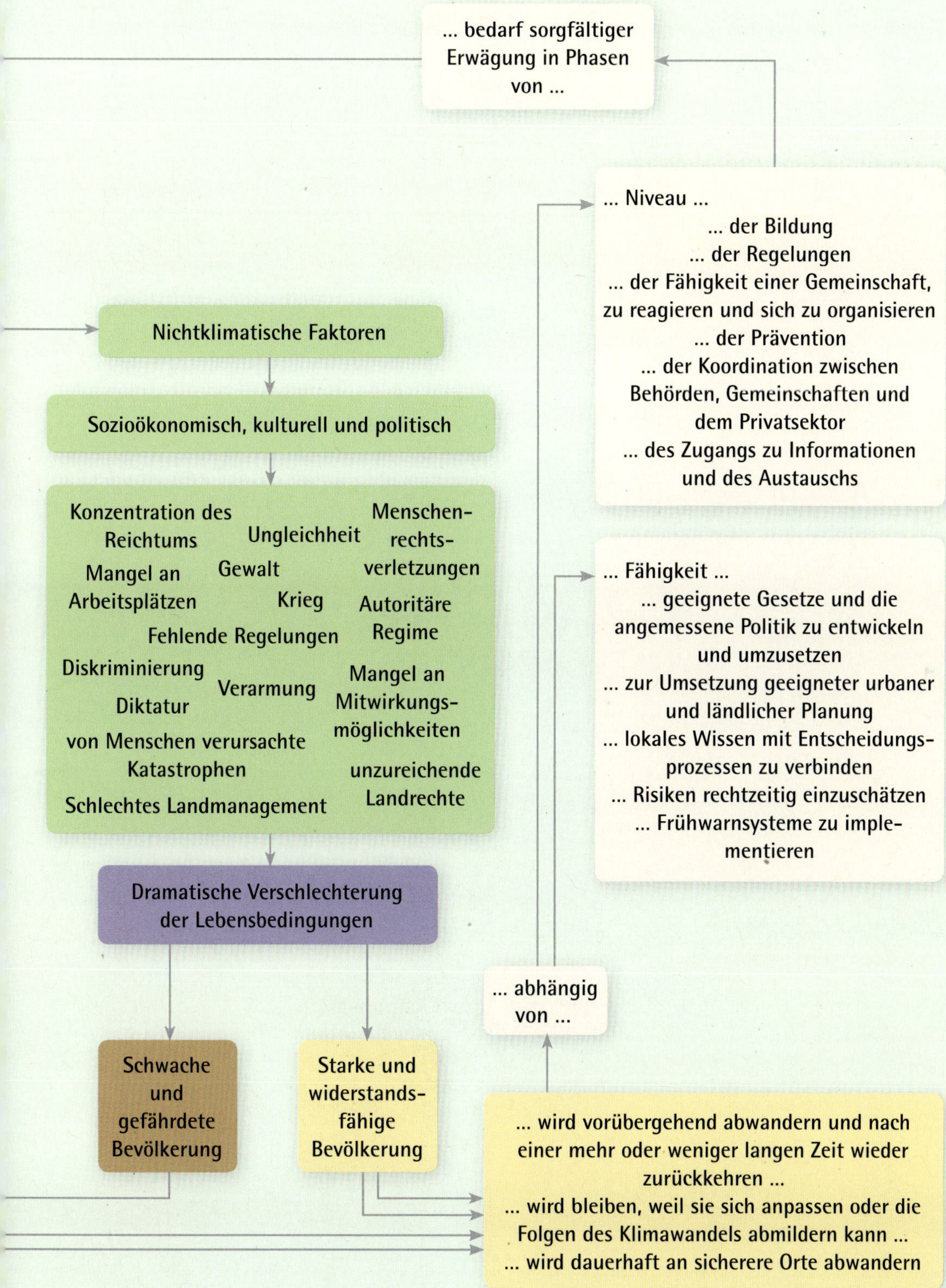

Quelle: Grafik basiert auf Zeichnung von Philippe Rekacewicz, veröffentlicht in »The Atlas of Environmental Migration« und »Atlas des migrations environnementales«, beide 2016.

PAZIFISCHER OZEAN
KANADA
VEREINIGTE STAATEN
ARKTISCHER OZEAN
Mississippi-delta
Nord-Ost-küste
MEXIKO
Florida
EUROPA
Po-Eb
ATLANTISCHER OZEAN
Amazonas
Nil-delta
ÄGYPTEN
Gambia
BRASILIEN
NIGERIA
ARGENTINIEN
Elfenbein-küste
Niger-delta
SÜD AFRI
REKA 2016

PAZIFISCHER OZEAN
JAPAN
Pazifische Inseln
Huang He
Yangzi
CHINA
Pearl River Delta
Philippinen
ZENTRAL-ASIEN
Mekong Delta
PAKISTAN
INDIEN
Singapur
AUSTRALIEN
Indus River Delta
INDISCHER OZEAN
Seychellen
Mauritius
Mosambikanische Südküste
Mangroven
Gebiete mit Wüstenbildung
Gebiete mit Hurrikanbildung
Von Eis- und Permafrostschmelzen betroffene Gebiete
Küsten mit Meeresspiegelanstieg

Geophysikalische Katastrophen

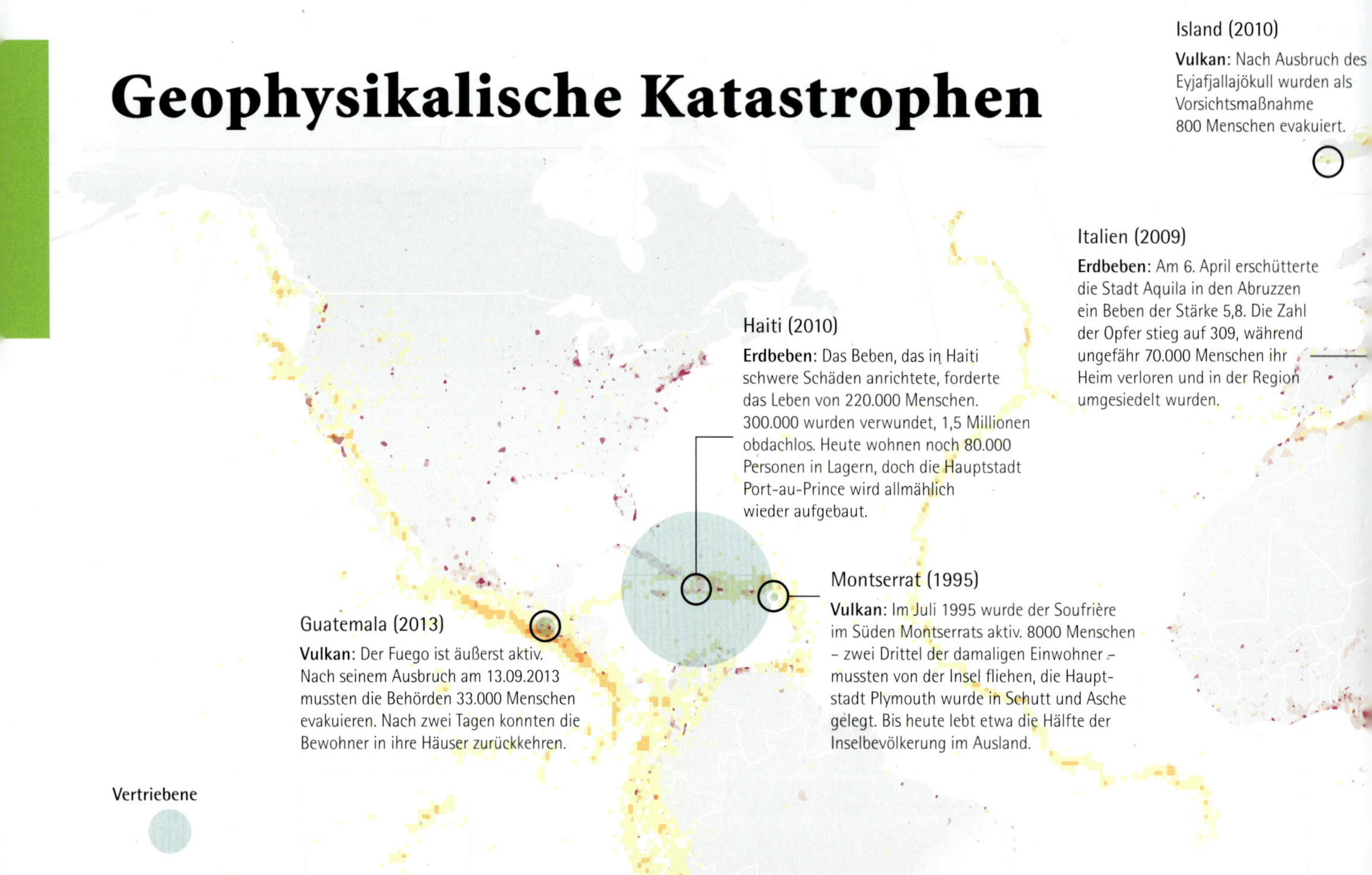

Vertriebene

Erdbebenhäufigkeit 1976–2000
(Beben von mehr als 4,5 Ausschlägen auf der Richterskala im angegebenen Zeitraum)*

1 10 50 100

Bevölkerungsdichte im Jahr 2000
(Menschen pro Quadratkilometer, angepasst an die Gesamtzahlen der UNO)

0 120.000

* Dieses Endergebnis entsteht, indem die Häufigkeit von Erdbeben für die einzelnen Gitterzellen berechnet wird und man die Zellen dann in Dezile unterteilt (also in 10 Gruppen mit jeweils ungefähr gleich großer Zahl an Gitterzellen). Je höher der Wert in der Zelle, desto höher die relative Häufigkeit von Erdbeben.

Quellen: BBC World (2015), Britisches Rotes Kreuz (2005), CHRR und CIESIN (2005), CIESIN und CIAT (2005), Foresight (2011), Gunnarsson (2010), Haseeb u. a. (2011), IDMC (2015), IOM (2014), Le Monde (2012, 2014a, 2014b), UNEP (2012) USAID (2010), © (Mokhnacheva, Ionesco), Gemenne, Sciences Po, 2015.

Vertreibungen durch geophysikalische Katastrophen, 2008–2014

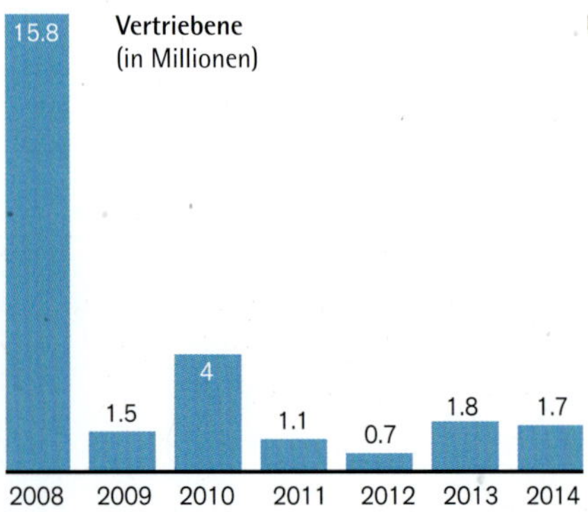

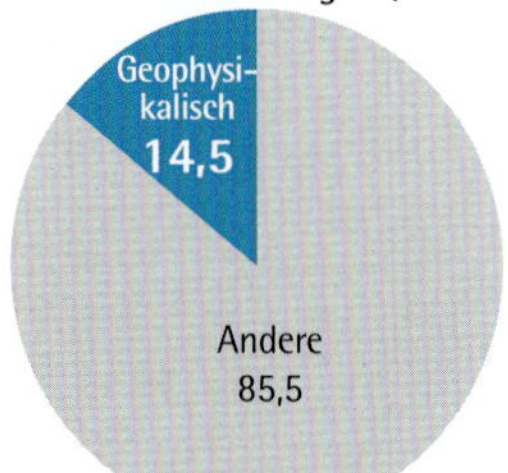

Quelle: IDMC (2015), © (Mokhnacheva, Ionesco), Gemenne, Sciences Po, 2015.

Ist von Naturkatastrophen die Rede, denkt man oft zuerst an geophysikalische Ereignisse. Erdbeben, Landrutsche, Tsunamis und Vulkanausbrüche führen Jahr für Jahr zu gewaltigen Umweltschäden.

Viele geophysikalische Ereignisse sind für uns heute historische Meilensteine: Die Zerstörung Pompejis im Jahr 79 v. Chr. oder das Erdbeben in Lissabon von 1755 sind der Menschheit im Gedächtnis geblieben. Als geophysikalische Ereignisse gelten die vielen Katastrophen, die durch Veränderungen in den physikalischen Gegebenheiten der Erde verursacht werden und von Klima- oder Wetterereignissen unterschieden werden müssen. Anders als in der öffentlichen Diskussion oft dargestellt, stehen geophysikalische Katastrophen in keinem direkten Zusammenhang mit dem Klima.

Ein Phänomen mit hohen Kosten

Laut EM-DAT, der Internationalen Datenbank der Umweltkatastrophen, hat es seit 1900 über 1500 geophysikalische Ereignisse gegeben – also knapp 15 pro Jahr, wobei sich die einzelnen Jahre beträchtlich voneinander unterscheiden. Verglichen mit anderen Naturkatastrophen, treten geo-

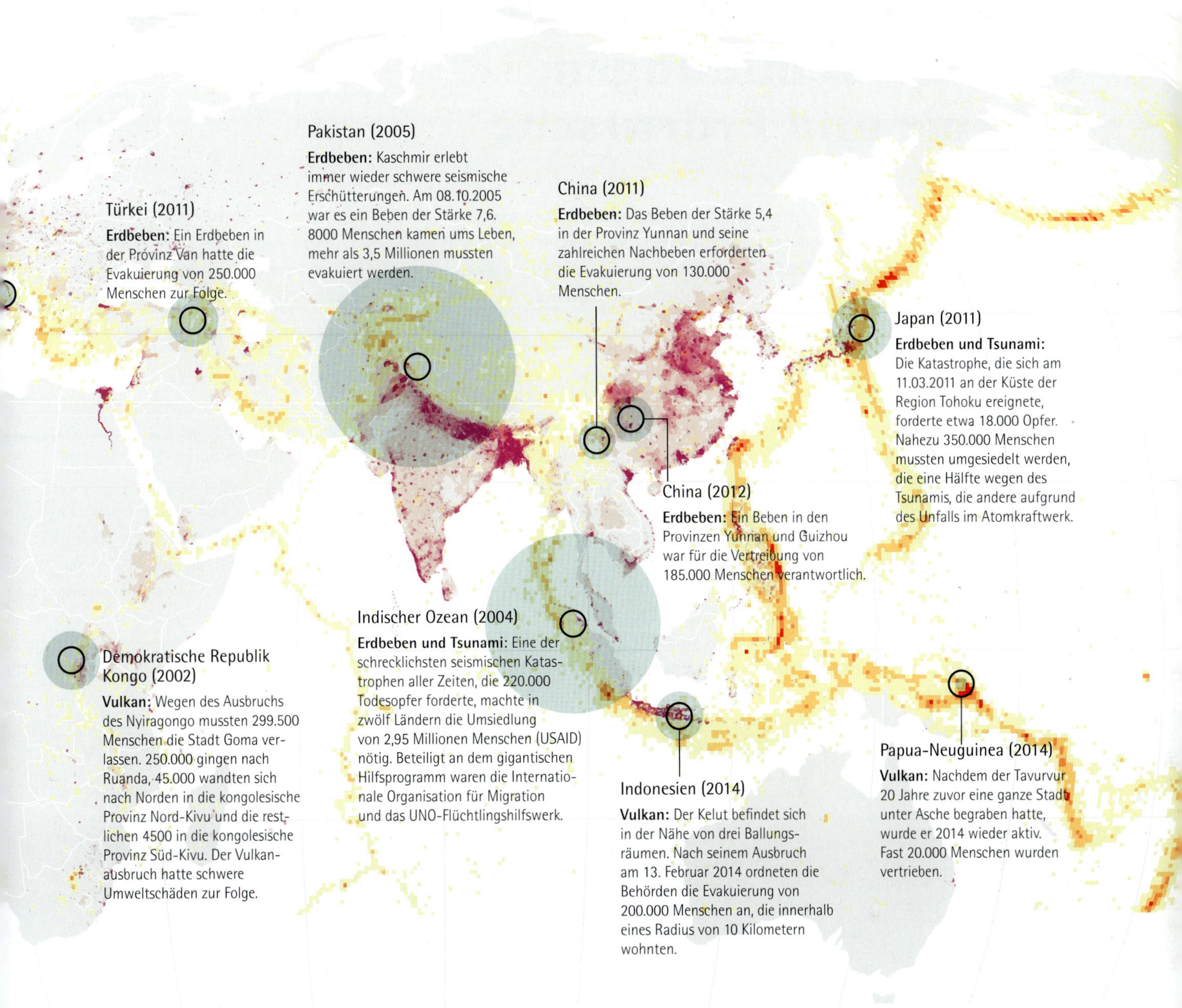

physikalische Ereignisse seltener auf, verursachen meist aber höhere Kosten, weil viele von ihnen auch in Industrieländern stattfinden. Außerdem fallen die durch sie ausgelösten Vertreibungen oft geringer aus als bei anderen, insbesondere meteorologischen Katastrophen. Zwischen 2008 und 2014 waren geophysikalische Ereignisse nach Schätzungen des »Internal Displacement Monitoring Center« (IDMC) für lediglich 14 Prozent aller Vertreibungen verantwortlich, meteorologische hingegen für 86 Prozent.

Verbessertes Katastrophenrisikomanagement

Obwohl – oder vielleicht auch weil – sie seltener auftreten, ziehen geophysikalische Ereignisse oft ein höheres Medieninteresse auf sich, und gelegentlich verändert sich durch sie unser Verhältnis zu Naturkatastrophen. So führte das Erdbeben in Lissabon im Jahr 1755 zu der Erkenntnis, dass Katastrophen weniger eine Strafe Gottes sind, sondern eher auf die Verletzlichkeit der Menschen verweisen. Und in der Gegenwart beschleunigte das Erdbeben des Jahres 1995 in der japanischen Stadt Kobe die Koordination der Bemühungen zur Katastrophenprävention. Zehn Jahre später konnte in Kobe mit dem »Hyogo Framework for Action« (Hyogo-Aktionsrahmen) ein internationaler Rahmenaktionsplan zur Risikoverminderung verabschiedet werden. Der Tsunami in Südostasien 2004 führte zum ersten bedeutenden Einsatz des Hohen Flüchtlingskommissariats der Vereinten Nationen (UNHCR) mit dem Ziel, den Opfern einer Naturkatastrophe Hilfe zukommen zu lassen – ein Einsatz, der seitdem immer häufiger gefragt war.

Vertreibungsmuster

Weil sich geophysikalische Ereignisse in der Regel nicht vorhersagen lassen, muss eine Evakuierung der Bevölkerung rasch und effizient durchgeführt werden. Nicht immer verlassen die Menschen ihre Heimat nur vorübergehend: Wenn ein Wiederaufbau unmöglich ist, zu viel Zeit in Anspruch nehmen würde oder zu aufwendig wäre, folgen daraus oft längerfristige oder dauerhafte Umsiedlungen.

Während sich kaum voraussagen lässt, *wann* ein geophysikalisches Ereignis eintreffen wird, wissen wir sehr wohl, *wo* es der Fall sein könnte. Und diese Gefahrenzonen sind oft dicht bevölkert: Metropolen wie Tokio, Istanbul oder San Franzisko liegen allesamt auf wichtigen seismischen Falten. Auch an den Hängen des Ätna in Sizilien leben viele Menschen, obwohl er zu den aktivsten Vulkanen der Welt zählt.

Überschwemmungen, Stürme und Erdrutsche

Klima- und wetterbedingte Katastrophen – insbesondere Überschwemmungen, Stürme und Erdrutsche – gehören weltweit zu den Hauptursachen für die Vertreibung von Menschen aus ihrem Lebensraum.

Seit 2009 haben durchschnittlich 22,5 Millionen Menschen aufgrund von klima- oder wetterbedingten Katastrophen ihr Zuhause verlassen. Das bedeutet, über 80 Prozent aller Vertreibungen werden durch Klimakatastrophen ausgelöst. Dies betrifft im Durchschnitt 62.000 Menschen pro Tag. Von den 30 Katastrophen, die im Jahr 2014 die bedeutendsten Umsiedlungen nötig machten, wurden 28 durch Überschwemmungen und Stürme verursacht. Mit dem Klimawandel, so steht zu befürchten, werden sich Häufigkeit und Schwere extremer Wetterereignisse noch verschärfen. In vielen Regionen der Erde verzeichnete man im Laufe des 20. Jahrhunderts eine Zunahme der Niederschläge. Zwar schwankt die Zahl der Wirbelstürme und Überschwemmungen von Jahr zu Jahr, doch auch sie haben seit 1970 insgesamt zugenommen. Weil in den von diesen Katastrophen bedrohten Gebieten, insbesondere den Metropolen, die Bevölkerungszahl gestiegen ist, wachsen auch die Risiken der dadurch ausgelösten Migration.

Überschwemmungen und Erdrutsche

Zwischen 2008 und 2012 waren vier der fünf größten Katastrophen, die zur Massenflucht führten, hydrologische Ereignisse: Überschwemmungen während des Monsuns im Jahr 2010 vertrieben 15,2 Millionen Menschen in China und 11 Millionen in Pakistan aus ihrem Zuhause; 2012 wurden in Nordostindien und in Nigeria Gebiete überschwemmt, die 6,9 Millionen bzw. 6,1 Millionen Menschen beherbergt hatten. Auch Europa, vor allem der Osten des Kontinents, leidet regelmäßig unter Hochwasser: Allein 2014 hatten 140.000 Menschen in Bosnien-Herzegowina, Serbien und Kroatien unter schweren Überflutungen zu leiden. Im gleichen Jahr vertrieben Überschwemmungen 3700 Menschen an der Atlantikküste Frankreichs, und Winterfluten beschädigten im Süden Englands 7800 Häuser. Hunderte Familien mussten vorübergehend ihr Zuhause verlassen. Überschwemmungen sind oft mit Erdrutschen verbunden, die weitere Zerstörung

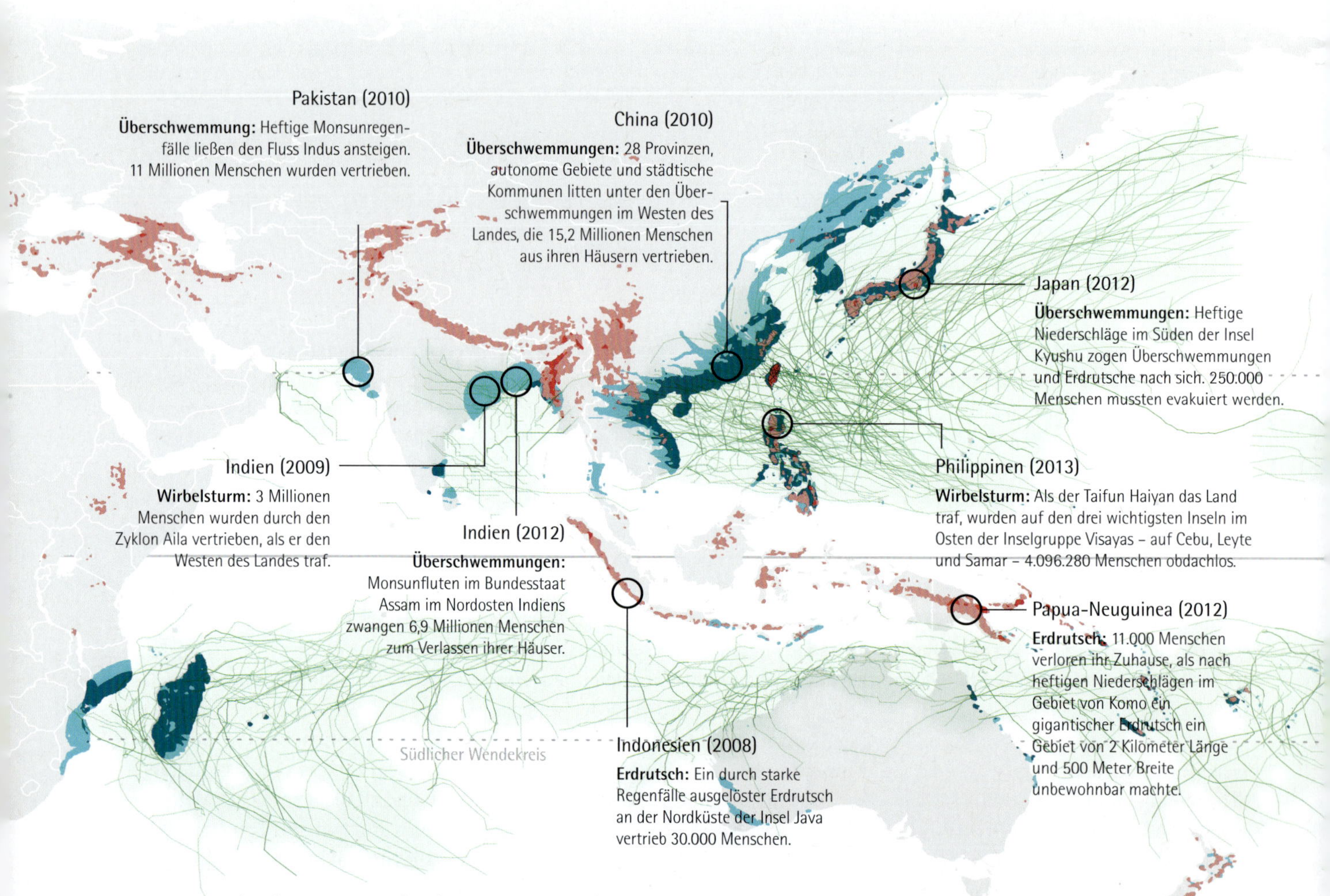

Quellen: Al Jazeera (2010), CHRR und CIESIN (2005), CHRR, CIESIN und NGI (2005), CHRR, CIESIN, Weltbank und UNEP/GRID-Geneva (2005), Dhar (2009), IDMC (2013, 2014, 2015), IOM und OCHA (2014, IRIN (2012, Kuo (2010), Mardiyati (20108), Rotes Kreuz Singapur (2010), UNEO/GRID-Geneva (o. D.), © (Mokhnacheva, Ionesco), Gemenne, Sciences Po, 2015.

nach sich ziehen. So verursachten heftige Regenfälle in den nördlichen Provinzen Afghanistans im Lauf des Jahres 2014 Springfluten und Erdrutsche. Zum Jahresende hatten 180.000 Menschen darunter gelitten und mehr als 8000 das Leben verloren; neben den Agrarflächen waren über 20.000 Häuser zerstört, darunter viele, die zum Kulturerbe des Landes gehört hatten.

Stürme

Die meisten Menschen wurden in den Jahren 2013 und 2014 durch meteorologische Katastrophen vertrieben, besonders häufig und schwer in Ostasien und im Pazifikraum, wo Staaten wie die Philippinen, Indien, China und Bangladesch immer wieder von Taifunen und tropischen Zyklonen getroffen werden. Ebenso leiden Lateinamerika und die Karibik unter häufigen und schweren Stürmen, obwohl die atlantische Hurrikansaison in jenen beiden Jahren relativ mild verlief. Auch einkommensstarke OECD-Staaten wie die USA, Australien und Japan liegen in sturmgefährdeten Zonen; immer wieder kommt es auch dort zu sturmbedingten Evakuierungen.

Megakatastrophen

Einige Naturereignisse mit extremer Zerstörungkraft haben sich für immer in unser Gedächtnis eingebrannt. Stürme wie Hurrikan Mitch, Hurrikan Katrina und der Taifun Haiyan haben bei Milliarden von Menschen schwer in das Leben eingegriffen, ihre Häuser zerstört, sie zum Abwandern gezwungen und demonstriert, dass die Natur keine Nation ausklammert, egal, ob arm oder reich. Megakatastrophen ziehen gewöhnlich das Interesse der internationalen Öffentlichkeit auf sich, worauf den Menschen mit groß angelegten Aktionen geholfen wird. In den meisten Fällen werden die internationalen Hilfsmaßnahmen jedoch bald wieder eingestellt, und die Schlagzeilen befassen sich mit anderen Themen, obwohl weiterhin akuter Mangel besteht und die Probleme noch lange ungelöst bleiben.

Mildere wiederkehrende Katastrophen

Geringfügige und mittelschwere Wetter- oder Klimaereignisse machen Jahr für Jahr Millionen von Menschen zu Migranten, und für viele, die dies wiederholt erleben, wird aus einer Folge von unvermittelt hereinbrechendem Unheil eine anhaltende, nicht enden wollende soziale Katastrophe. Nur wenige sind in der Lage, sich anzupassen, wenn jeder neue Sturm, jede Überschwemmung und jeder Bergrutsch wertvolle Betriebsgüter fortreißt und Ernten und die Existenzgrundlage zerstört. Nur wenige können abwandern und in sicherere Gebiete übersiedeln: Katastrophen treffen zumeist die ärmsten, in gefährdeten Regionen lebenden Gemeinschaften, die es sich oft nicht leisten können, Land zu kaufen und in weniger stark bedrohten Gebieten ansässig zu werden. Familien auf dem Land können zuweilen die saisonalen Überschwemmungen verkraften, indem sie während der Regenzeit ein Mitglied zum Arbeiten in Ballungsräume schicken.

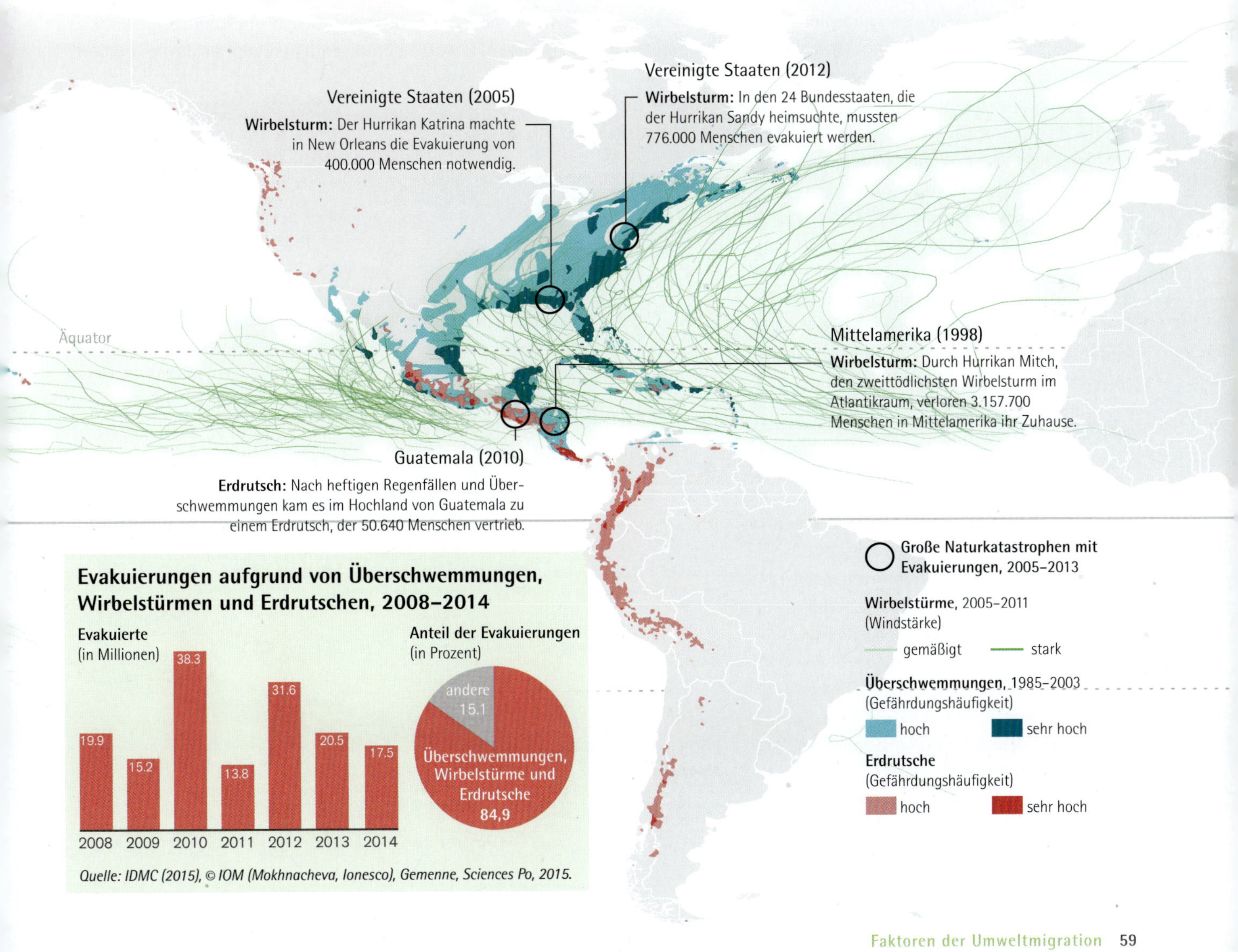

Dürren, Extremtemperaturen und Flächenbrände

Durch den Klimawandel wird es vermehrt zu Dürren, Flächenbränden und Phasen mit Extremtemperaturen kommen, die ländliche und städtische Regionen in einer ganz neuen Dimension in Mitleidenschaft ziehen werden.

Obwohl Dürreperionen in der Regel unerwartet einsetzen, wirken sie sich, ähnlich wie langsam fortschreitende Ereignisse, nur indirekt auf Migrationsbewegungen aus. Gewöhnlich bleibt den Familien Zeit, geeignete Maßnahmen zu ergreifen. Dürren führen daher nur selten zu Evakuierungen großer Bevölkerungsgruppen. Eine berühmte Ausnahme ist die Massenabwanderung aus dem Mittleren Westen der USA infolge von anhaltender Trockenheit und Staubstürmen in den 1930er-Jahren.
Ein starker, im August 2015 einsetzender El Niño verursachte in Papua-Neuguinea die schwerste Dürre seit den 1990er-Jahren. Diese Dürre, kombiniert mit Frost, zerstörte die Feldfrüchte und schnitt viele Dörfer des Hochlands von der Wasserversorgung ab. Menschen verloren ihre Ernten, und Schulen mussten geschlossen werden.
Extremereignisse wie diese, die teilweise über Monate anhalten, ziehen oft spürbare Einkommensminderungen der bäuerlichen Haushalte nach sich; die Menschen sind gezwungen, Vieh und anderes zu verkaufen, und wenn es ihnen durch wiederholte Dürren auf lange Sicht unmöglich wird, ihren Lebensunterhalt zu sichern, ziehen sie fort. Besonders abhängig von derartigen Klimaextremen sind Bauern mit einer von Niederschlägen abhängigen Landwirtschaft ohne die Möglichkeit der Bewässerung oder Wasserreservoirs, aber auch ohne Zugang zu alternativen oder nachhaltigeren Anbaumethoden. Wenn das Land, auf dem sie leben und arbeiten, nicht in ihrem Besitz ist, werden sie womöglich vertrieben, sobald der Boden geringere Erträge abwirft, oder die Besitzer entscheiden sich für die industrialisierte Form der Landwirtschaft.
Hirten haben ebenfalls stark unter Dürreperioden zu leiden, die ihre traditionellen Routen bedrohen und auf Dauer ihre althergebrachte Lebensweise als Nomaden gefährden. Zudem führen Dürren und Wassermangel zu Spannungen, vor allem in Gebieten, wo Wasser ohnehin schon knapp ist, wie am Horn von Afrika, im Nahen Osten und in Zentralasien. In bereits von Konflikten betroffenen Ländern wie Irak, Afghanistan und Somalia erschwerten Dürreperioden die Lebenssituation der vom Krieg vertriebenen Menschen. Jene, die ohnehin schon mit schwierigsten Bedingungen zu kämpfen haben, können, wenn sauberes Trinkwasser fehlt, durch Mangelernährung, schlechte sanitäre Bedingungen und ansteckende Krankheiten noch zusätzlich geschwächt werden.

Flächenbrände und Extremtemperaturen

Da Flächenbrände und Hitzewellen unerwartet auftreten, führen sie oft zu plötzlicher Vertreibung, Evakuierung oder zur Abwanderung aus den betroffenen Gebieten. Wald- und Buschfeuer, oft menschengemacht, können sich insbesondere bei Trockenheit, starker Hitze und extrem niedriger Luftfeuchte rasch ausbreiten. In der Regel vernichten sie den persönlichen Besitz ebenso wie Wirtschaftsgüter und berauben Menschen innerhalb von Stunden oder Minuten ihrer Lebensgrundlage. Die Vertreibung durch Waldbrände ist meist kurz- und mittelfristig, bis die Häuser wiederaufgebaut sind oder alternative Wohnmöglichkeiten zur Verfügung stehen, kann aber auch auf eine dauerhafte Umsiedlung hinauslaufen, wie es in Russland nach den Bränden des Jahres 2010 der Fall war, als Betroffene beschlossen, ihre Dörfer zu verlassen und in die Stadt zu ziehen.
Immer häufiger auftretende Phasen mit Extremtemperaturen oder das Ansteigen der jährlichen Durchschnittstemperaturen können letztlich eine langfristige Auswanderung einleiten, weil sie die Produktions-

Vertreibung aufgrund von Klimagefährdungen, 2008–2014

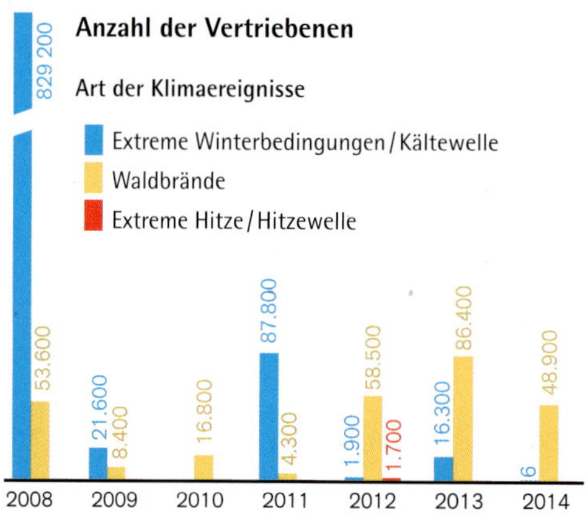

Anteil der Vetreibungen durch Klimagefährdungen, 2008–2014

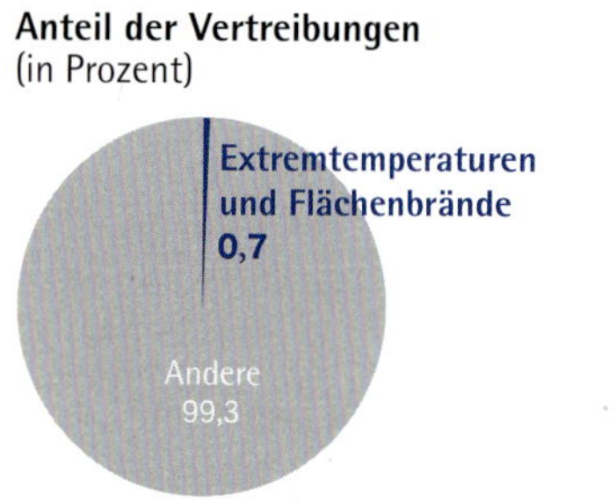

Quelle: IDMC (2015), © (Mokhnacheva, Ionesco), Gemenne, Boissière, 2015.

Geschätzte Anzahl vertriebener Viehhirten in Somalia

Monte-Carlo-Simulation auf der Basis von 1000 Dürreereignissen (1990–2040)

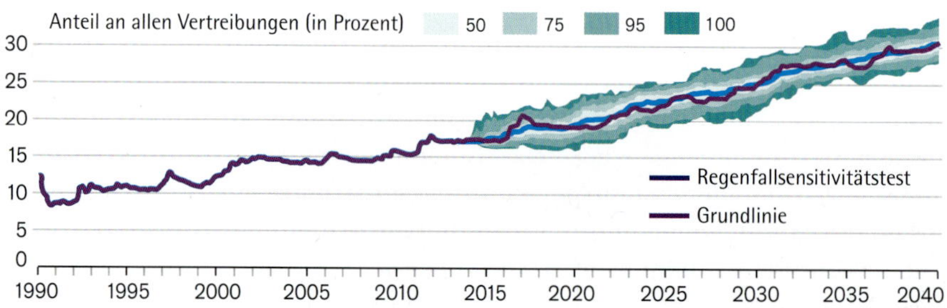

Quelle: Ginetti und Franck (2014), © (Mokhnacheva, Ionesco), Gemenne, Boissière, 2015.

Die 29-jährige Erdene Tuya zieht ein totes Schaf, um es in der Nähe ihrer Jurte zu begraben. In den letzten Jahren haben »Dsuds« (sehr schneereiche Winter, in denen die Tiere kein Futter mehr finden) ihrer Familie die Hälfte ihrer einst 2000 Tiere zählenden Herde genommen. Mongolei, Provinz Archangai, 2011.
©*Alessandro Grassani, 2011.*

fähigkeit der Menschen und Ökosysteme schwächen und zu Ernteausfällen, Wasserknappheit und zu Gesundheitsproblemen führen. Eine Studie in Pakistan stellte fest, dass die Belastungen durch Hitze größere Auswirkungen auf die Migration haben als Überschwemmungen. Die geringeren Einkommen aus der Landwirtschaft führten zu einer Langzeitabwanderung der Männer.

Dürren und adaptive Migration

Wenn die Anpassungsmöglichkeiten vor Ort beschränkt sind, können Dürreperioden zur Migration aus ländlichen Regionen in die Städte führen, wo sich die Menschen Hilfe und Zugang zu Wasser und anderen Basisdienstleistungen erhoffen. In Ländern mit wiederkehrenden Dürren wie Mali, Mexiko, Indien, Bangladesch oder Ghana behelfen sich die Betroffenen mit Abwanderung zu bestimmten Jahreszeiten. Diese Form der Migration verläuft gewöhnlich über kurze Zeiträume und Distanzen, um auf alternative Erwerbsmodelle auszuweichen, wenn Landwirtschaft nicht mehr möglich ist. Einige überqueren als Saisonarbeiter sogar Staatsgrenzen, wie etwa in Westafrika. In vielen Gebieten am Horn von Afrika schicken Haushalte jüngere Familienangehörige zum Arbeiten ins Ausland. Dürren können allerdings auch die zur Migration notwendigen Mittel schmälern und sie für viele unmöglich machen. Andere weichen auf alternative, weniger teure Formen der Migration aus wie in Mali, wo die vorübergehende Abwanderung in andere Landesteile inzwischen eine größere Zahl von Menschen erfasst als die langfristige Migration ins Ausland während der Dürreperioden in den 1980er-Jahren. Eine derartige Mobilität erfordert geringere Investitionen als langfristige Migration, kann aber ebenfalls eine alternative Erwerbsmöglichkeit bieten.

Schwierige Datenlage bei durch Dürren ausgelöster Migration

Migration und Vertreibung wegen Dürren lassen sich nur schwer beziffern, da sich Dürren nicht ohne Weiteres als direkter Auslöser für diese Entwicklungen festmachen lassen. Das liegt an der verstrichenen Zeit zwischen dem Ereignis und der Mobilitätsreaktion sowie der Komplexität der beteiligten Faktoren. Zunehmend verfeinerte agentenbasierte oder systemdynamische Modelle machen mittlerweile jedoch eine Prognose der zukünftigen Migration möglich. Als die Universität der Vereinten Nationen und die Organisation CARE in einer Studie die Ergebnisse einer Modellrechnung auf Tansania übertrugen, stellte sich heraus, dass wahrscheinlich eine größere Anzahl geschwächter Familien wegen Dürre oder extremer Trockenheit emigrieren werden als aufgrund extremer Niederschläge. Um die Vertreibung von Viehhirten in Zusammenhang mit Dürren und von Menschen verursachten Faktoren zu untersuchen, haben die Organisation IDMC (Internal Displacement Monitoring Center) und das Wissenschaftsinstitut Climate International eine »Pastoralist Livelihood and Displacement«-Simulation entwickelt, um kurz- und langfristige Tendenzen in der Migration besser vorhersagen zu können. Das Modell stützt sich auf eine große Zahl in der Vergangenheit erhobener Daten zu Klima, Umwelt und menschlichen Faktoren und ermöglicht die Projektion von Migrationsbewegungen unter klimatischen, umweltbedingten und demografischen Veränderungsszenarien sowie von künftigen humanitären, entwicklungspolitischen und adaptiven Maßnahmen und Interventionen.

Quelle: Ghinetti und Franck (2014), Warner u. a. (2012).

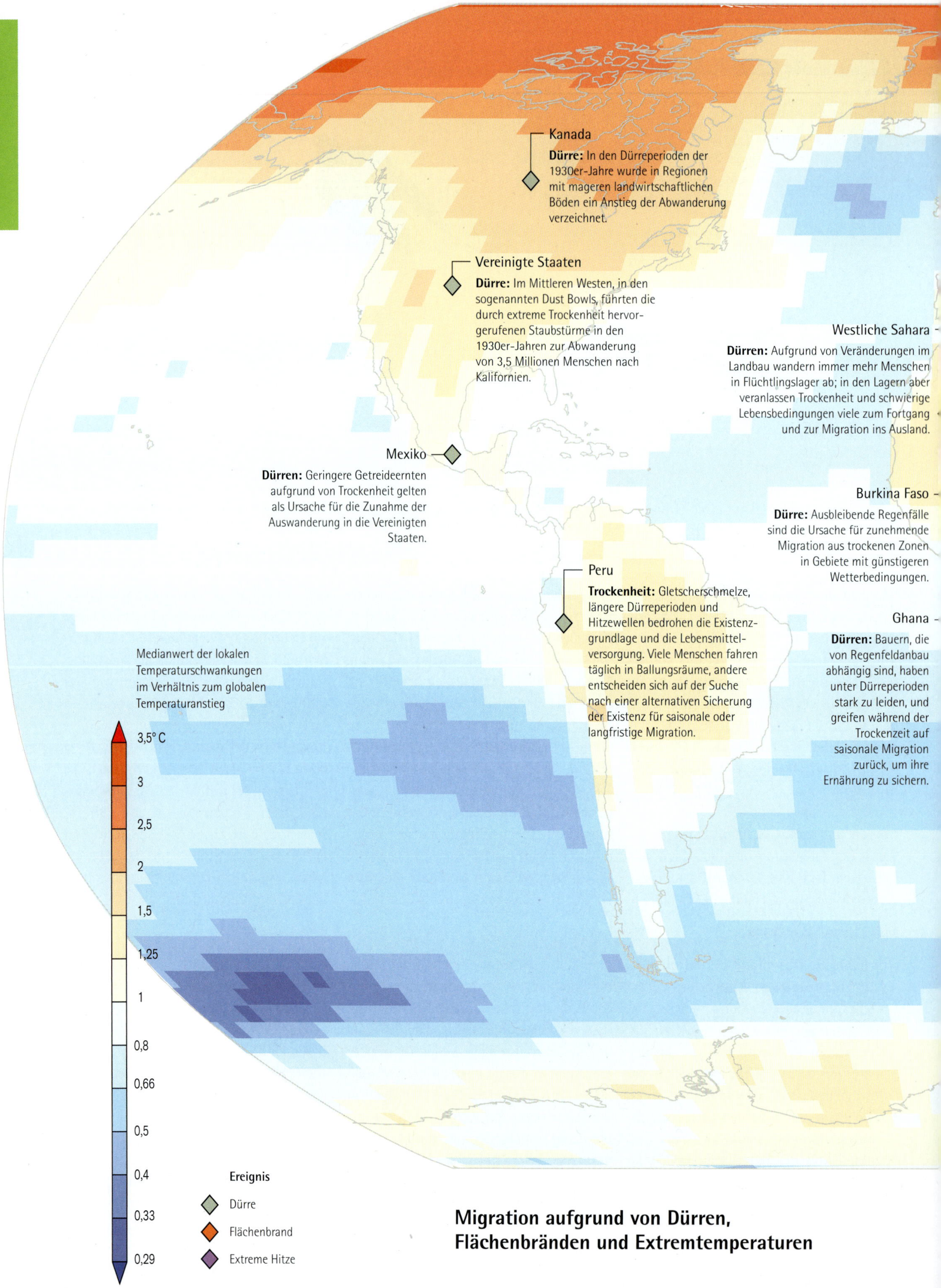

Migration aufgrund von Dürren, Flächenbränden und Extremtemperaturen

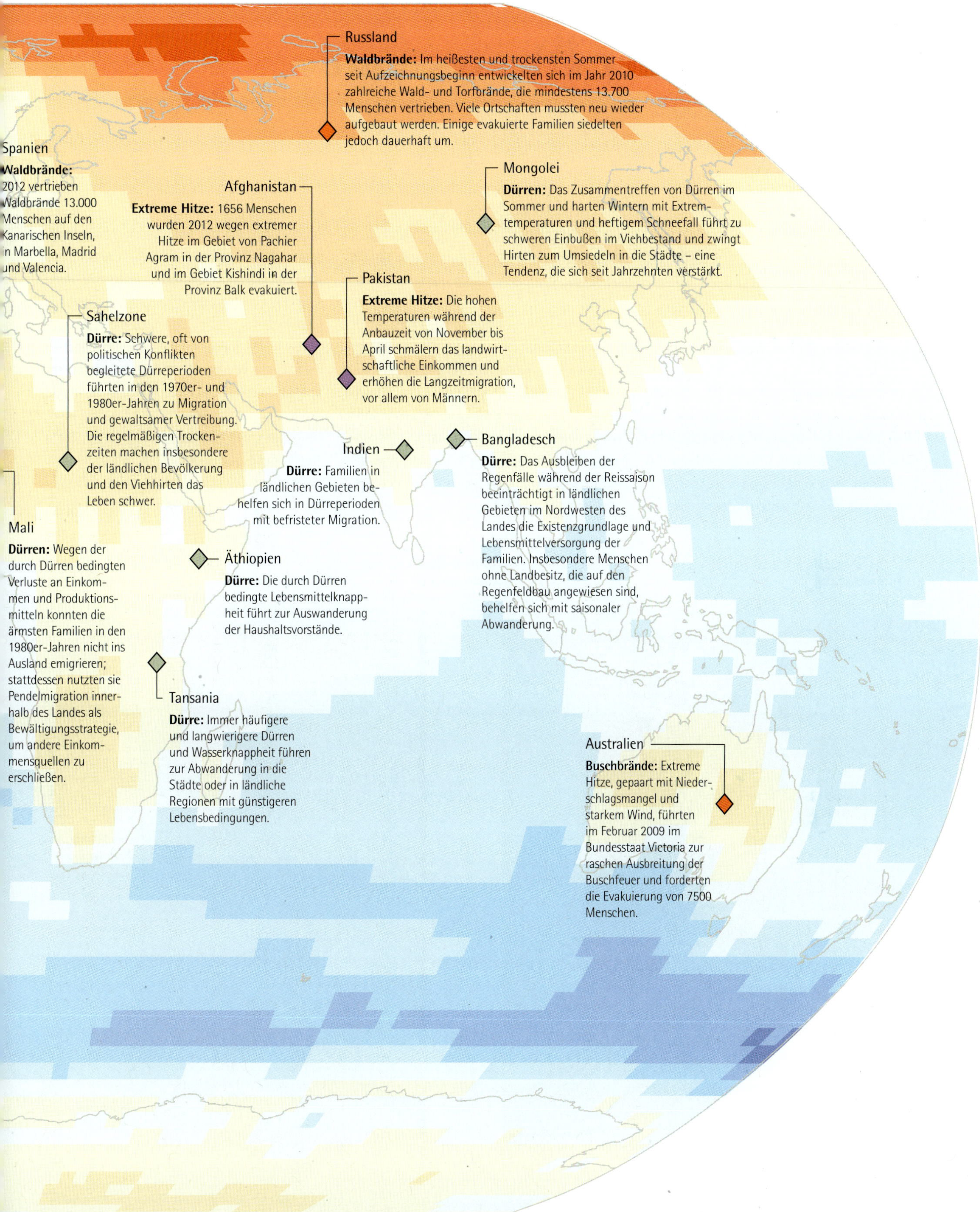

Quellen: Findley (1994), Gregory (1991), IDMC (2015), IPCC (2014), Mokhnacheva (2011), Mokhnacheva u. a. (2013), Mueller u. a. (2014), Storr (2010), Warner u. a. (2012), © IOM (Mokhnacheva, Ionesco), Gemenne, Stienne, 2015.

Zerstörung der Ökosysteme

Ökosysteme, die unseren Planeten und sein Klima regulieren, sind für die Menschheit von entscheidender Bedeutung, versorgen sie uns doch mit den wichtigsten Ressourcen für unser Überleben und unsere Aktivitäten. Ihre Zerstörung ist ein Hauptgrund für Migration und Vertreibung.

Natürliche Ressourcen und Ökosystemleistungen sind entscheidend für das Überleben und Gedeihen menschlicher Gesellschaften. 2005 kam das »Millenium Ecosystem Assessment«, eine von den Vereinten Nationen beauftragte Studie, jedoch zu dem Ergebnis, dass über 60 Prozent der Ökosystemleistungen beschädigt sind oder nicht nachhaltig genutzt werden. Entwaldung, Umwandlung großer Ökosysteme in Ackerland oder Siedlungsgebiete, verschwenderische Nutzung von Boden und Wasser, Ressourcenextraktion, Überfischung, aber auch urbane und industrielle Anlagen fördern den raschen Verlust von Biodiversität und die Schädigung der Ökosysteme. Der Klimawandel wird diese Entwicklung noch beschleunigen, sodass die für die Erde und ihre Bewohner so wichtigen Ökosystemleistungen geschwächt werden.

Allmähliche Veränderung und menschliche Sicherheit

Die Zerstörung der Ökosysteme kann sich direkt auf die menschliche Sicherheit auswirken – indem beispielsweise die Ressourcen für den unmittelbaren Verbrauch schwinden –, aber auch indirekt, weil die Ökosysteme menschliche Gemeinschaften nicht mehr wie bisher vor Gefahren schützen können oder weil Konflikte um knappe Ressourcen entbrennen.

Langsam fortschreitende Formen der Umweltveränderung betreffen am stärksten jene, deren Existenz von fragilen Ökosystemen wie in der Landwirtschaft, Fischerei,

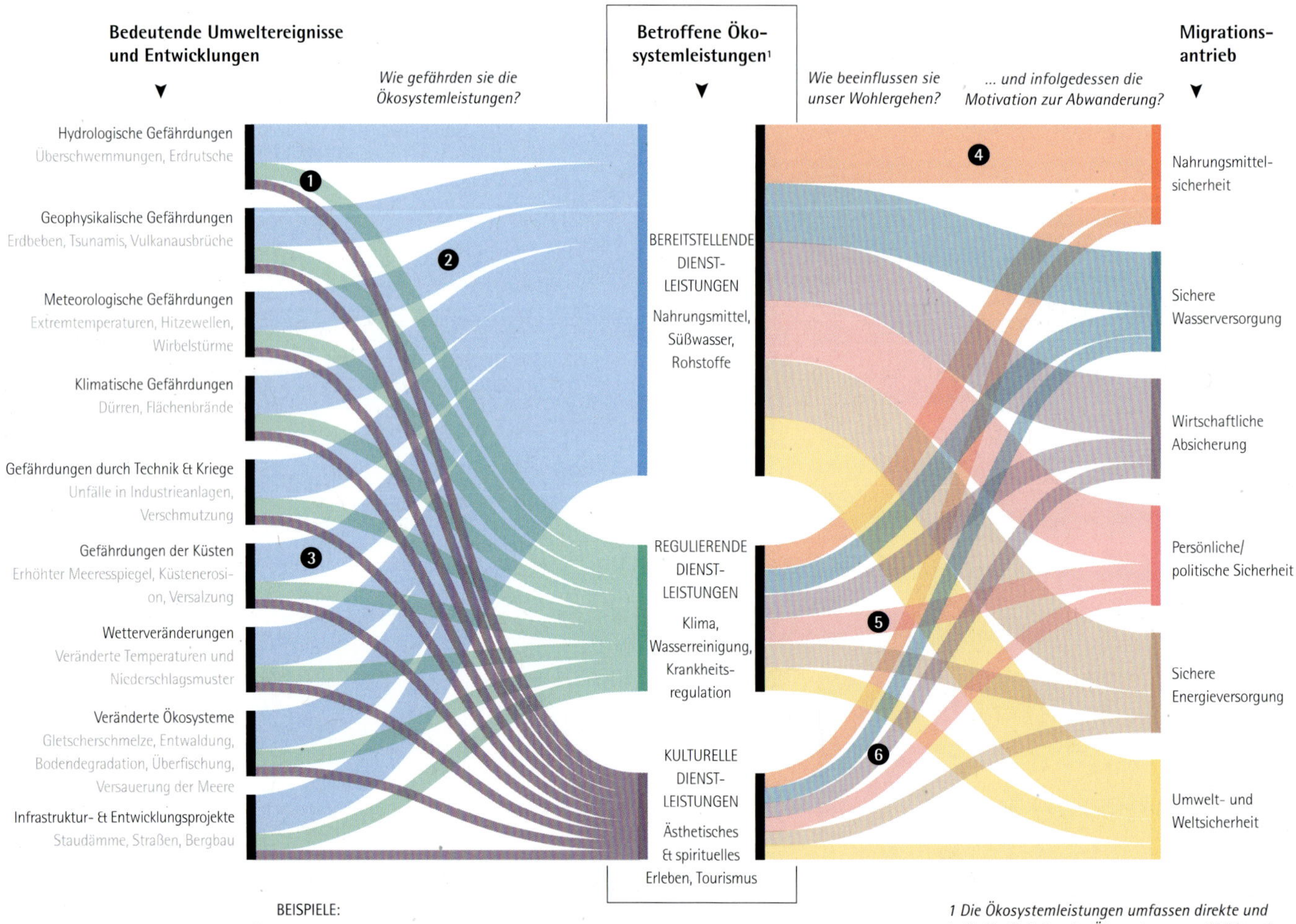

BEISPIELE:

1. Wirbelsturm zerstört Mangroven – gefährdet den Schutz vor weiteren Gefahren
2. Verlust von Agrarflächen – Ernteeinbußen
3. Anstieg der Meeresspiegel, eindringendes Salzwasser – Schädigung der Trinkwasserressourcen
4. Ernteausfälle – Hunger und Mangelernährung
5. Seuchen – Gesundheitsgefährdung der Bevölkerung (und potenziell soziale Konflikte)
6. Rückgang im Tourismus – Verlust von Arbeitsplätzen

1 Die Ökosystemleistungen umfassen direkte und indirekte Beiträge der Ökosysteme zum Wohlergehen der Menschen. Man unterteilt sie in vier Kategorien: unterstützende, bereitstellende, regulierende und kulturelle Dienstleistungen. Unterstützende Dienstleistungen sind von grundlegender Bedeutung und in dieser Darstellung nicht enthalten. Die Breite der Pfeile soll nicht auf konkrete Zahlen verweisen, sondern dient der konzeptuellen Verdeutlichung.

Quelle: Millennium Ecosystem Assessment (2005), © IOM (Mokhnacheva, Ionesco), Gemenne, Zoï Environment Network, 2015.

Viehzucht oder der damit verbundenen Lohnarbeit abhängt. Die Zerstörung oder der Verlust von Habitaten oder Existenzgrundlagen durch Wüstenbildung, Entwaldung, Bodendegradation oder die schrittweise Auszehrung lebenswichtiger Ressourcen wie Wasser bedroht die Nahrungsmittelversorgung, führt in die Armut und kann Gemeinschaften veranlassen, auf der Suche nach alternativen Einkommensquellen in andere ländliche Regionen oder in Ballungsgebiete abzuwandern.

Langsam einsetzende Migration

Vor dem Hintergrund allmählicher Umweltveränderungen verläuft Migration oft als zyklischer oder sich schrittweise entwickelnder Prozess. Einige Familien entscheiden sich vielleicht für befristete Migration und halten Kontakt zur ursprünglichen Gemeinschaft und zu ihrem Land. Ist die Umwelt jedoch besonders schwer und unumkehrbar geschädigt, verlassen sie ihre Heimat oft für immer. Sie bewegen sich meist innerhalb von Landesgrenzen, Menschen ziehen in nahe gelegene Regionen mit günstigeren Ausgangsbedingungen für Landwirtschaft, Viehzucht und Fischfang. Einige gehen auf der Suche nach einer Alternative in die Städte und arbeiten als gering qualifizierte Beschäftigte. Eine von der Universität der Vereinten Nationen und von CARE erstellte Studie zeigt, dass 20 Prozent der Abwanderer aus trockenen Regionen Tansanias den Wunsch hatten, die eigenen Fertigkeiten zu verbessern und sich weiterzubilden. In manchen Fällen ist die Binnenmigration aus ländlichen in städtische Gebiete der erste Schritt zur grenzüberschreitenden Migration.

Beispiele für Landflucht wegen Degradation einstiger Anbaugebiete lassen sich überall auf der Welt finden, vor allem aber in der von starker Wüstenbildung betroffenen und unter wiederholten Dürren leidenden Sahelzone und in Lateinamerika, wo die Wüstenbildung im Nordosten Brasiliens oder der Rückzug der Gletscher im Hochgebirge und die daraus resultierende Wasserknappheit in den Anden bekanntermaßen die Abwanderung ins Ausland befördert haben. In anderen Regionen, besonders in tief liegenden Küstengebieten und auf Inseln, bedrohen die Versalzung von Wasser und Böden die Lebensmittelversorgung und vertreiben die Menschen aus ihren angestammten Gemeinschaften. Weil es zwischen schleichender Umweltveränderung und Migration nur eine indirekte Verbindung gibt, werden diese Migranten oft als »Wirtschaftsflüchtlinge« verunglimpft und können trotz ihrer bedrängten Lage nur selten mit der Unterstützung ihrer Regierung rechnen.

Ansatzpunkte

Zunächst brauchen wir übergreifende politische Maßnahmen, damit sich die Betroffenen erst gar nicht zur Migration genötigt sehen – etwa durch Einführung nachhaltiger Bewirtschaftung der Böden und Methoden der Viehhaltung, durch Sanierung und Schutz der Ökosysteme und durch Förderung der ländlichen Entwicklung. Anschließend müssen wir für jene, die sich zum Abwandern entscheiden, an ihrem Zielort für angemessene Lebensbedingungen und für eine Existenzgrundlage sorgen.

In Haiti führt die Entwaldung zu Bodenerosion und Wüstenbildung und bedroht die Existenzgrundlage der von der Landwirtschaft abhängigen Menschen. Haiti, 2015. *© IOM 2015 (Alessandro Grassani).*

Veränderte Ökosysteme und ihre Auswirkungen auf die Existenzgrundlagen

Alaska

Versauerung der Meere und soziale Probleme in Alaska

Für viele Gemeinschaften im Südosten und Südwesten Alaskas ist Fischfang seit jeher Lebensgrundlage und wichtigste Einnahmequelle. Außerdem stützen sich in Alaska ganze Wirtschaftszweige, darunter auch der kommerzielle Fischfang und der Tourismus, auf Meeresressourcen. Die Versauerung der Weltmeere durch den erhöhten Gehalt an CO_2, unter dem die nördlichen Meere bei Alaska ganz besonders leiden, hat höchst negative Auswirkungen auf einige entscheidende Meeresspezies. So muss man damit rechnen, dass die Existenzgrundlage und Nahrungsmittelversorgung vieler Gemeinschaften stark leiden werden. Dies gilt vor allem, wenn sie kaum Zugang zu alternativen Beschäftigungen und Einkommensquellen haben. In diesen Fällen wird sich die Abwanderung wohl als wirksamste Adaptionsstrategie erweisen. *Quelle: J. T. Mathis u. a. (2015).*

Ph-Wert und gelöstes CO_2, Prognose

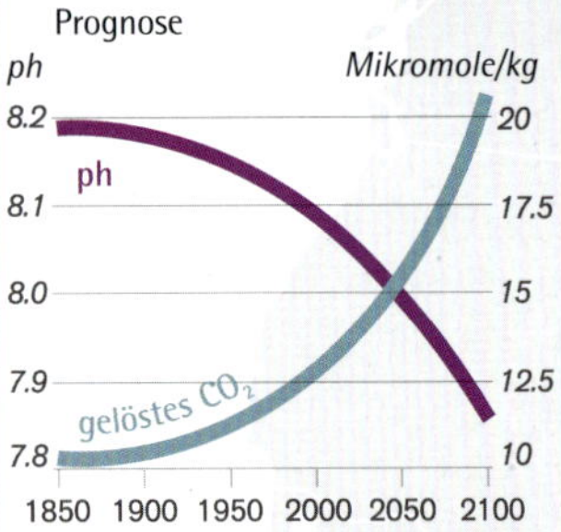

Entwicklung der weltweiten Fischbestä[nde] 1974–2011 (% der Bestände)

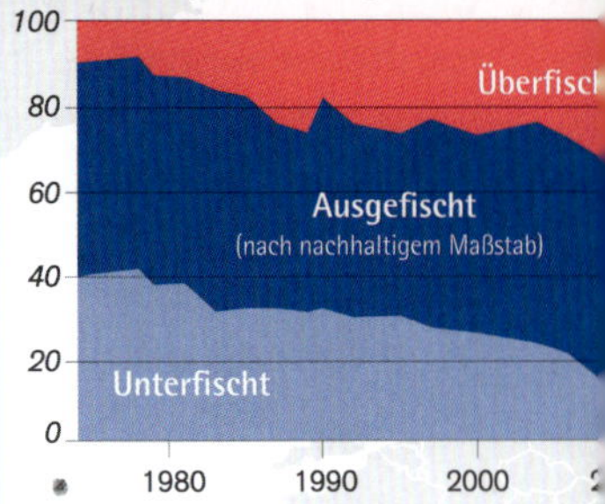

Entwicklung des Artenrückgangs weltweit

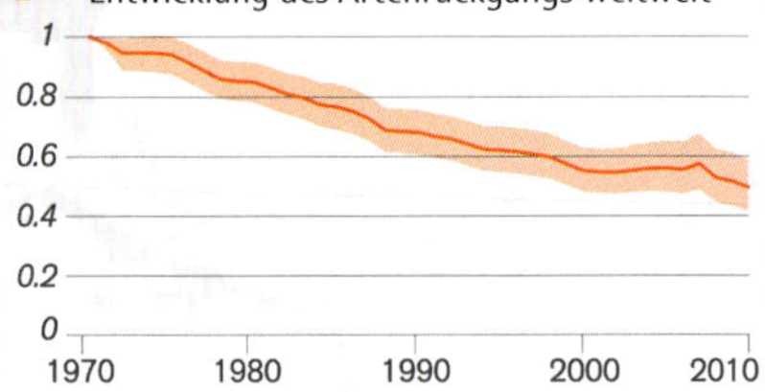

Laut dem Living Planet Index haben sich die Populationen der Wirbeltierarten in den letzten 40 Jahren halbiert.

Zu Land und im Meer hat die biologische Vielfalt seit 1970 um **58 %** abgenommen.

28,8 % der Fischbestände galten 2011 als überfischt.

Tunesien

Erschöpfung der Fischbestände vor Kerkenna

Kerkenna ist der Name einer Inselgruppe vor der Küste Tunesiens. Die einheimische Bevölkerung lebt hauptsächlich von Fischfang. Nichtnachhaltige Fangmethoden haben jedoch zur übermäßigen Ausbeutung und Leerfischung der Bestände geführt. Wegen des Einkommensrückgangs sahen sich Familien gezwungen, auf dem Festland und in Europa nach Verdienstmöglichkeiten zu suchen. 2012 brachen auf einen Schlag 600 Familien per Boot von Kerkenna nach Europa auf. Wegen ihrer Nähe zu Italien spielen die Inseln eine wichtige Rolle als Transit- und Aufbruchspunkt für ungeregelte Migration aus Nordafrika nach Europa. Dürren, Trinkwassermangel sowie eine breite Umweltzerstörung haben die Abwanderung von den Kerkennainseln noch beschleunigt.
Quelle: Association Noisy Projecte (2014).

Ecuador

3,6 Millionen Hektar an Mangrovenwäldern verschwanden 1980–2005.

Mangrovenverlust in Ecuador

Als natürliche Barriere spielen Mangrovenwälder in Küstenregionen beim Schutz der Bevölkerung vor Überschwemmungen, Wirbelstürmen und Erosion eine Schlüsselrolle. Außerdem schützen sie den Boden vor eindringendem Salzwasser, und der reiche Schatz an Wassertieren, den sie bergen, bietet Tausenden Küstengemeinden auf der ganzen Welt Existenzgrundlage und Nahrung. Ecuador verlor in den letzten Jahrzehnten geschätzte 20 % bis 50 % seiner Mangrovenwälder durch das Anwachsen städtischer Siedlungen, durch Infrastruktur, Abholzung und Aquakultur. Heute hat die Fähigkeit der Ökosysteme, die lokalen Gemeinschaften mit Gütern und Leistungen zu versorgen, deutlich abgenommen. Unverhältnismäßig schwer trifft der Mangrovenverlust die ärmsten Gemeinschaften, die mit Engpässen in der Lebensmittelversorgung und wachsender Armut zu kämpfen haben.
Quellen: S. E. Hamilton, S. Collins (2013), Mangrove Action Project (2013).

Von Mangroven bedeckte Flächen, 1990–2000
(in Millionen Hektar)

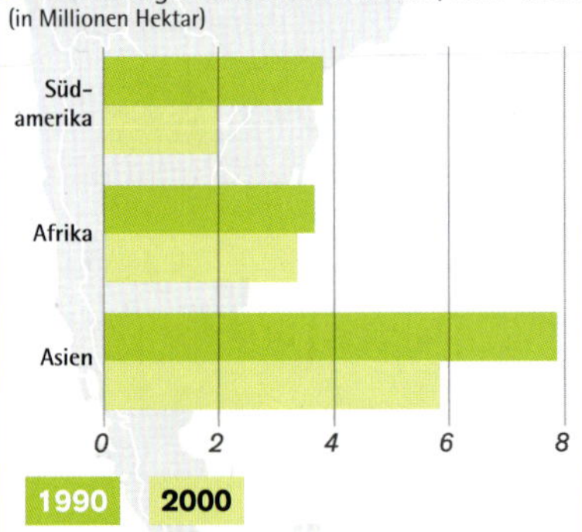

Themen

Wüstenbildung · Waldrodung · Wasser · Biodiversität · Fischfang · Mangroven · Versalzung · Versauerung

Fast **1/3** der weltweiten Anbaufläche ging in den letzten 40 Jahren durch Bodenerosion verloren.
Jedes Jahr verlieren wir **10 Millionen Hektar** Anbaufläche.

Mindestens **1 Milliarde** Menschen in **100 Ländern** sind von der Wüstenbildung betroffen.

Etwa **6 Millionen Hektar** Boden verlieren jährlich ihre Ertragsfähigkeit.

Aralsee

Austrocknung des Aralsees

Die im frühen 20. Jahrhundert von der UdSSR in Zentralasien durchgeführten groß angelegten Landwirtschaftsprojekte stützten sich auf nichtnachhaltige Bewässerungsmethoden und den großflächigen Einsatz von Kunstdünger. Dadurch änderte sich die Ökologie des Aralseebeckens. Konsequenz waren Austrocknung der Flüsse und des Sees, Wüstenbildung und Versalzung von Wasser und Boden. Gewerbsmäßiger Fischfang, die damit zusammenhängenden Branchen, aber auch der Tourismus, der in der Region ein wichtiger Einnahmezweig war, kamen zu Mitte der 1980er-Jahre zum Erliegen. Die Baumwollproduktion brach ein. Die menschengemachte ökologische Katastrophe spitzte sich durch wiederholte Dürreperioden zu, die den Druck auf die Wasserressourcen verschärften – aber auch auf Familien, die sich plötzlich ohne Arbeitplatz, Einnahmen und Nahrungsmittel wiederfanden, da es in der auf Monokultur basierenden Wirtschaft keine Alternative gab. Zwischen Mo'ynok, einst ein lebhafter usbekischer Fischereihafen, und dem Seeufer liegen heute 100 Kilometer, und immer mehr Bewohner, die unter Armut, Trinkwasserknappheit und chronischen Krankheiten leiden, wandern ab. Man behilft sich mit Saisonarbeit, als Tagelöhner und mit informellen Arbeitsverhältnissen. Viele Bewohner der einstigen Fischereiorte ziehen zum Arbeiten in die Städte Kasachstans. *Quelle: Albekov 2008.*

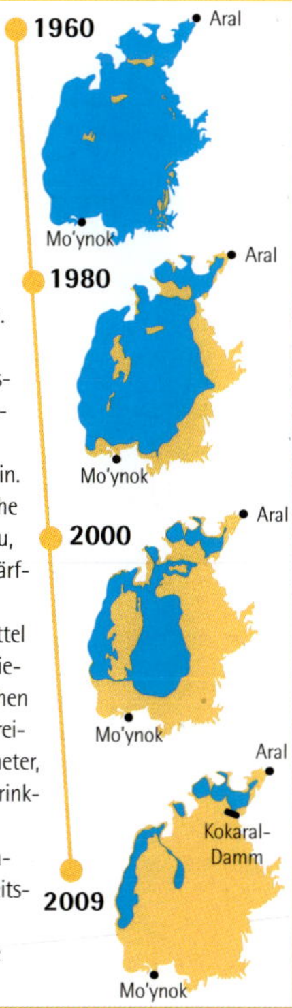

Irak

748 Millionen Menschen auf der Erde haben noch immer keinen Zugang zu sauberem Trinkwasser.

Verlust von tropischem Regenwald und Waldflächen, 1750–2000

(in % der Fläche im Jahr 1700)

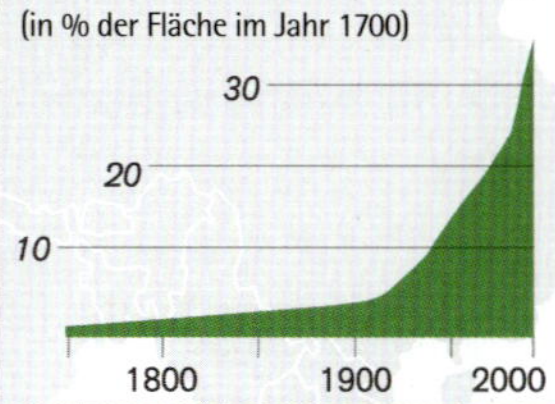

Wasserknappheit und Landflucht im Irak

Wiederholte Dürren und eine ineffiziente Wasserverwaltung haben im Irak in den vergangenen Jahrzehnten zu einer verminderten Bodenertragsfähigkeit, zum Verlust von Viehbestand und zu Trinkwasserknappheit geführt. Wasserverschmutzung und -versalzung können schwere Gesundheitsprobleme auslösen, und lange Entfernungen zur nächsten Wasserstelle sind oft eine weitere Belastung für Familien. Im Streit um knappe Wasserressourcen entwickelten sich Konflikte. Infolge des Wassermangels wurden im Irak Tausende bäuerlicher Haushalte umgesiedelt; Einwohner haben ihre Gemeinden auf der Suche nach Zugang zu Wasser und einem Arbeitsplatz verlassen. Hinzu kommt, dass viele, die in den Konflikten der 1980er-Jahre vertrieben wurden, wegen des Wassermangels nicht in ihre Heimat zurückkehren können. *Quelle: IOM Irak (2012).*

Kambodscha

Ungefähr **80 %** der Walddecke der Erde fielen der Entwaldung zum Opfer.

Entwaldung und Bedrohung der Existenzgrundlage in Kambodscha

Die Zerstörung riesiger Waldflächen in den nordöstlichen Provinzen Kambodschas in den vergangenen Jahrzehnten ist auf Abholzung oder die Umwandlung in landwirtschaftlich nutzbare Flächen, Besiedlung, Bergbau oder Infrastrukturprojekte zurückzuführen. Die Folge ist, dass die regionalen Ökosysteme die Dörfer der Region nicht mehr vor Gefahren schützen können und die Gemeinschaften zunehmend unter Überschwemmungen und Dürren leiden. Außerdem hatte die Entwaldung direkte Auswirkungen auf die Existenzgrundlage der indigenen Gruppen und anderer ethnischer Minderheiten, die die Ressourcen des Waldes für ihre Versorgung nutzen. Das größte Problem der Gemeinschaften dieser Region ist die Beschaffung von Nahrungsmitteln. Überschwemmungen, Dürren, Wassermangel und Lebensmittelverknappung haben die vorübergehende wie auch die dauerhafte Abwanderung befördert. Die Dorfbewohner suchen Saisonarbeit in anderen ländlichen Gebieten oder in den Städten, und gelegentlich machen sich ganze Gemeinschaften auf, um in sichere, nicht von Hochwasser bedrohte Regionen überzusiedeln.
Quelle: IOM Phnom Penh (2009).

34 Millionen Hektar, also 11 % der bewässerten Flächen, sind von Versalzung betroffen.

Ausbeutung erneuerbarer Wasserressourcen, 2007

(Anteil der Süßwasserentnahme pro Staat weltweit in Prozent im Verhältnis zur Gesamtmenge der inländischen erneuerbaren Wasserressourcen)

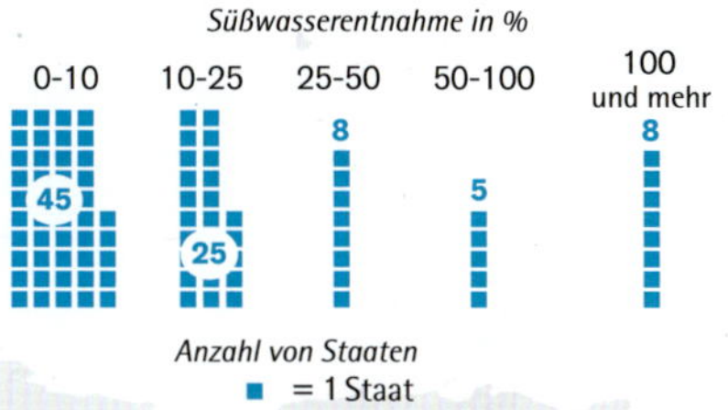

Kiribati

Versalzung von Wasser und Boden auf Kiribati

Der Anstieg des Meeresspiegels zieht auf Kiribati die Versalzung des Süßwassers und der Böden nach sich. Durch den daraus entstehenden Trinkwassermangel und den Produktionsverlust der Agrarflächen sind Wasser- und Nahrungsmittelversorgung sowie die Gesundheit der Gemeinschaften nicht mehr gesichert. Um dem entgegenzuwirken, hat der Präsident des Inselstaats kultivierbares Land auf den Fidschiinseln gekauft. Zukünftig werden wohl ganze Gemeinden Kiribatis vor der Entscheidung stehen, sich in anderen Gebieten anzusiedeln.
Quelle: Guigone Camus (2014).

Quelle: FAO, Globaia.org, The Royal Society of London for Improving Natural Knowledge, UNCCD, UNEP, UNESCO, UNICEF, WHO, WWF, © IOM Airélie Boissière, 2015.

Anstieg der Meeresspiegel und gefährdete Küstenregionen

Der Anstieg der Meeresspiegel gehört zu den größten durch den Klimawandel verursachten Bedrohungen, die die Menschen künftig beschäftigen und Migration auslösen werden.

In seinem neuesten Bericht kommt der Weltklimarat IPCC zu der Einschätzung, dass die Meeresspiegel bis zum Jahr 2100 weltweit zwischen 0,3 und 1 Meter ansteigen werden, in einigen Regionen womöglich sogar um bis zu 2 Meter. Tief liegende Küstengebiete, z. B. Flussdeltas und Inseln, sind von dieser Entwicklung am stärksten betroffen. Zugleich gehören sie oft zu den am dichtesten bevölkerten Zonen der Erde, vor allem in Süd- und Südostasien.

Ein Bericht der OECD ordnet Hafenstädte, deren Bewohner samt Besitz den Klimaextremen am stärksten ausgesetzt sind und unter ihnen am meisten leiden, als besonders gefährdet ein. In den Entwicklungs- und Schwellenländern sind ungefähr 40 Millionen Einwohner von Küstenstädten schon heute von Überschwemmungen bedroht. Angesichts des Bevölkerungswachstums in diesen Städten wird die Zahl bis zu Mitte dieses Jahrhunderts noch beträchtlich ansteigen.

Folgerungen für die Migration

Verantwortlich für die Urbanisierung ist heute vor allem die Zuwanderung, meist in Ballungsräume in überschwemmungsfährdeten Tiefebenen und Flussmündungen. Dadurch vergrößern sich die Gefahren, die

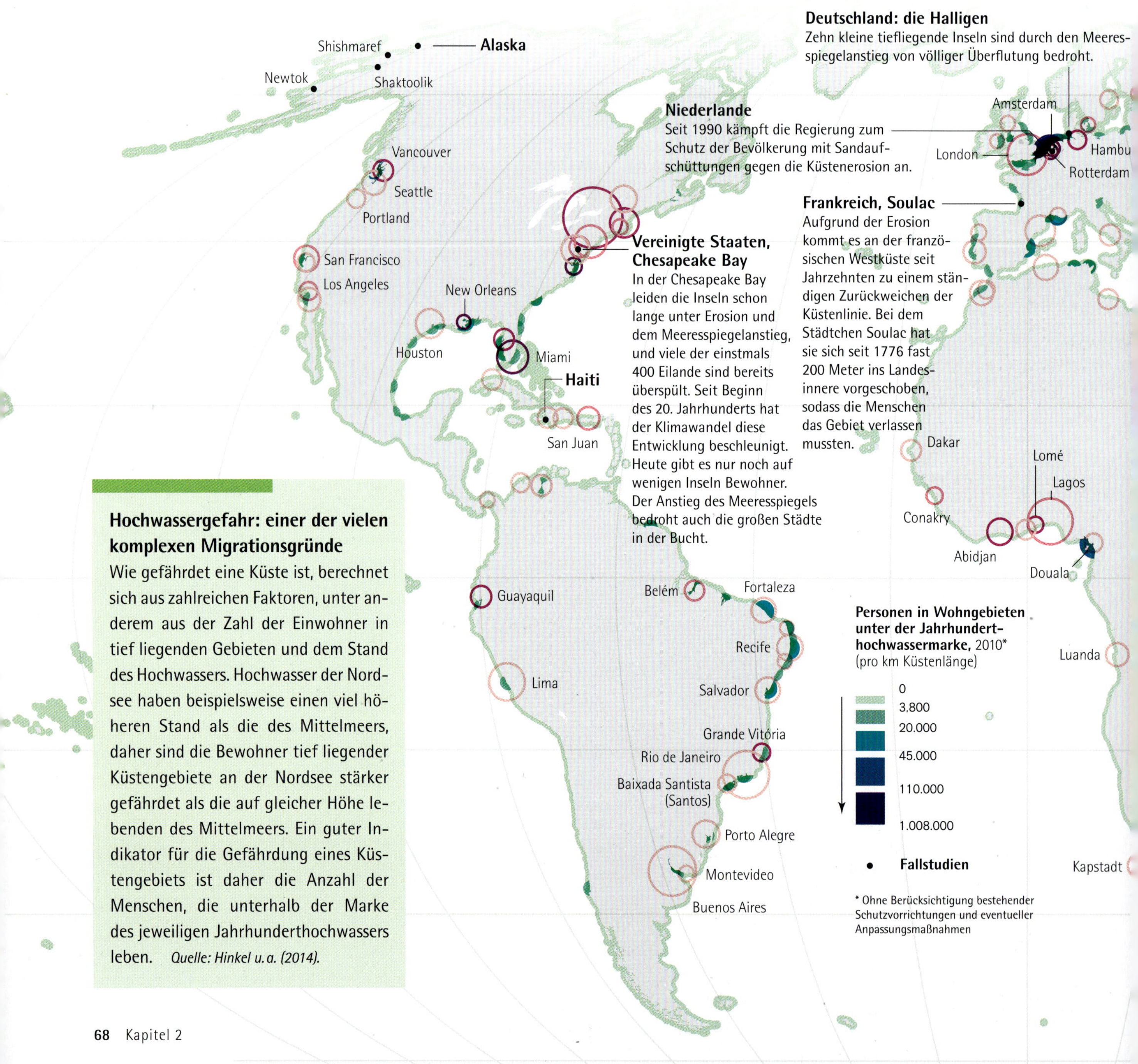

Hochwassergefahr: einer der vielen komplexen Migrationsgründe

Wie gefährdet eine Küste ist, berechnet sich aus zahlreichen Faktoren, unter anderem aus der Zahl der Einwohner in tief liegenden Gebieten und dem Stand des Hochwassers. Hochwasser der Nordsee haben beispielsweise einen viel höheren Stand als die des Mittelmeers, daher sind die Bewohner tief liegender Küstengebiete an der Nordsee stärker gefährdet als die auf gleicher Höhe lebenden des Mittelmeers. Ein guter Indikator für die Gefährdung eines Küstengebiets ist daher die Anzahl der Menschen, die unterhalb der Marke des jeweiligen Jahrhunderthochwassers leben. *Quelle: Hinkel u. a. (2014).*

der Anstieg des Meeresspiegels mit sich bringt (Versalzung der Böden und des Trinkwassers, häufigere Überschwemmungen und heftigere Sturmfluten).

Ohne entsprechende Schutzmaßnahmen können der Anstieg der Weltmeere und die damit verbundene Küstenerosion die Infrastruktur und ganze Ortschaften zerstören und Menschen zum Verlassen dieser Gebiete zwingen. Bereits jetzt gibt es zahllose Beispiele aus Vergangenheit und Gegenwart, in denen sich Betroffene als Reaktion auf diese Ereignisse oder in deren Voraussicht zur Umsiedlung genötigt sahen. Unter den Entwicklungsländern sind die kleinen Inselstaaten durch ihre geringe Meereshöhe, ihren begrenzten Lebensraum und ihre Abhängigkeit von natürlichen Ressourcen und der Landwirtschaft von dieser Entwicklung am stärksten betroffen. Eindringendes Salzwasser bedroht die Wasser- und Lebensmittelversorgung, und wiederkehrende Überschwemmungen und Meeresfluten beschädigen Dörfer und Städte. Ganzen Gemeinden steht die ständige Übersiedlung auf größere Inseln bevor. Die Regierung der Kiribatiinseln hat in Voraussicht einer Überflutung Land auf den Fidschiinseln gekauft; andere Staaten wie Tuvalu fassen bilaterale Abkommen mit Nachbarstaaten ins Auge, um die Emigration ins Ausland zu erleichtern. Ein großes Problem ist die Situation mittelloser Menschen, die womöglich nicht abwandern können und deshalb in von Fluten und Erosion bedrohten Gebieten bleiben müssen.

Adaption an gestiegene Meeresspiegel

Zwar betrifft der Anstieg der Meeresspiegel Regionen auf der ganzen Welt, seine tatsächlichen Auswirkungen aber werden von den Maßnahmen abhängen, die Regierungen, Städte und Gemeinden getroffen haben, um die Bevölkerung und ihren Besitz sowie die wichtigste Infrastruktur zu schützen. So schützen sich die Niederlande, die besonders bedroht sind, durch den Bau von Deichen, Dämmen und Flutschleusen vor eventuellem Hochwasser. Viele andere Küstenregionen, vor allem in den Entwicklungsländern, sind nicht so gut gerüstet, was eine große Gefahr für ihre Bevölkerung darstellt.

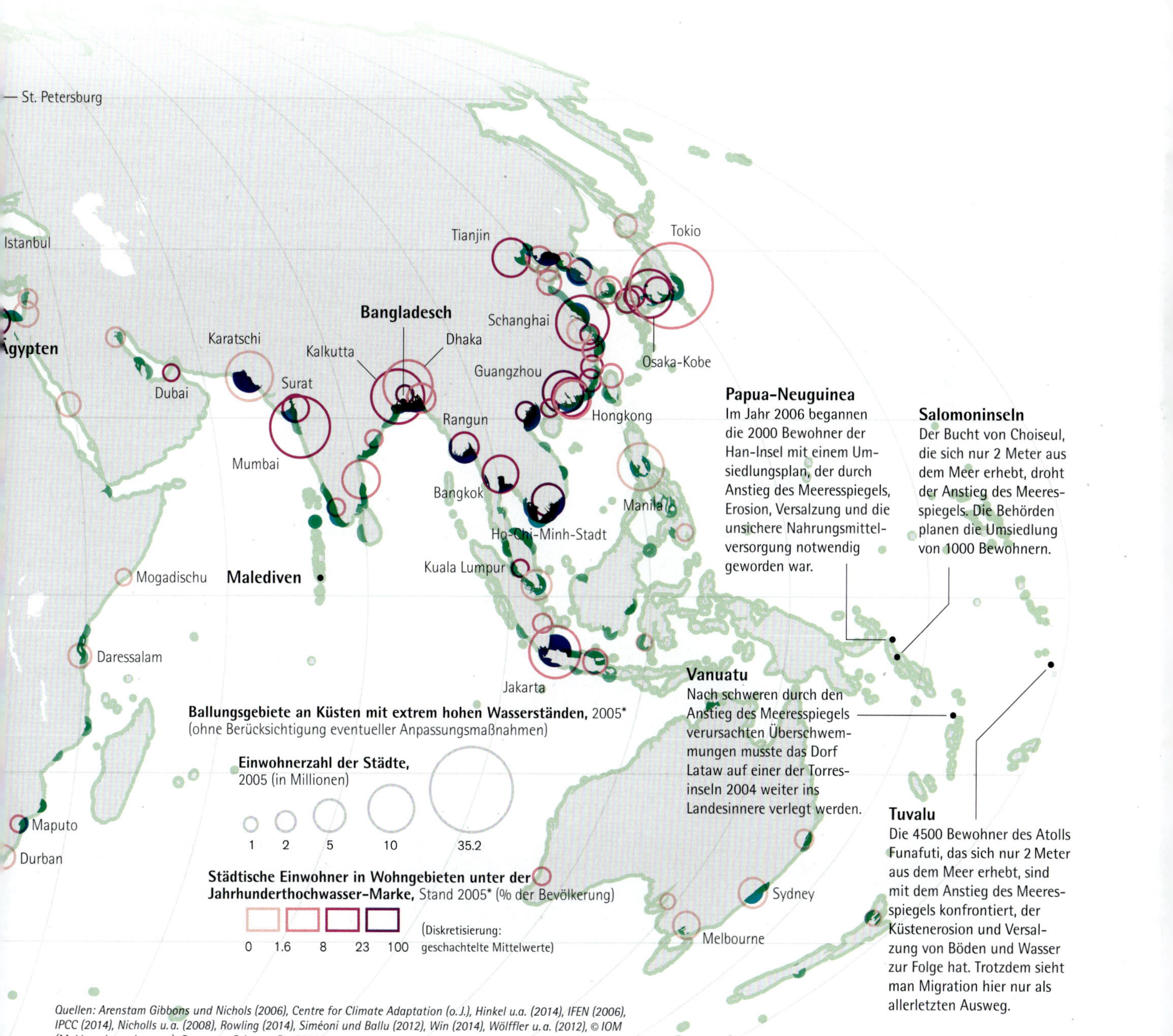

Quellen: Arenstam Gibbons und Nichols (2006), Centre for Climate Adaptation (o.J.), Hinkel u.a. (2014), IFEN (2006), IPCC (2014), Nicholls u.a. (2008), Rowling (2014), Siméoni und Ballu (2012), Win (2014), Wölffler u.a. (2012), © IOM (Mokhnacheva, Ionesco), Gemenne, Sciences Po, 2015.

Steigende Weltmeere und gefährdete Küsten: Fallstudien

Newtok ist ein Dorf der Yupik-Eskimo mit etwa 350 Einwohnern im Yukon-Kuskokwim-Delta. Im Süden zieht sich der Ninglick entlang, ein Meereskanal, dessen Küste mit 10 bis 30 Metern pro Jahr ausgesprochen rasch erodiert. Die Karte zeigt den einstigen Küstenverlauf sowie eine vom »US Army Corps of Engineers« erstellte Prognose der Entwicklung bis zum Jahr 2027. Demnach wird es künftig einige wichtige Gebäude und Straßen nicht mehr geben. *Quellen: Newtok, Alaska, 6. Juni 2005. State of Alaska, Department of Commerce, Community & Development (DCCED), Division of Community and Regional Affairs, mit freundl. Erlaubnis von George Plumley (DCCED). © IOM (Mokhnacheva, Ionesco), Gemenne, Sciences Po, 2015.*

Küstenerosion in Alaska

Das vom Klimawandel verursachte Tauen des Permafrostbodens und die hinzukommenden wiederholten Stürme haben mehreren Gemeinden an der Westküste Alaskas schwer zugesetzt. Die zum Schutz vor Hochwasser und Erosion errichtete Infrastruktur hatte den extremen Wetterbedingungen nicht standhalten und den Landverlust nicht aufhalten können. In Ermanglung ausreichender Adaptionsmaßnahmen vor Ort entschlossen sich die Dorfbewohner von Kivalina, Shishmaref, Shaktoolik und Newtok zur Umsiedlung. In einer von Erosion und schmelzendem Permafrost bedrohten Küstenebene ist die langfristige Bewohnbarkeit der vorgeschlagenen Ansiedlungsorte jedoch zu bezweifeln; zudem konnten die Gemeinden aufgrund finanzieller und behördlicher Hindernisse ihre Pläne bislang nicht durchführen. Unterdessen fügt die Erosion Straßen, Gebäuden, Bahnlinien und anderen lebenswichtigen Einrichtungen beträchtliche Schäden zu und bedroht die Existenzgrundlage schutzloser indigener Gemeinschaften. *Quelle: Bronen und Chapin (2013).*

Gefährdung der Küstenebenen Haitis

Durch seine Lage in einer von klimatischen und meteorologischen Gefährdungen bedrohten Zone, seine geringe Landfläche und die vielen steilen Anhöhen gehört Haiti zu den am stärksten vom Klimawandel betroffenen Staaten der Erde. Menschliche Aktivitäten wie Entwaldung, gepaart mit einer unzureichenden Umweltpolitik, haben Zerstörung und Vulnerabilität des Landes nur noch verstärkt. Seine Küste – es ist die längste der Karibikstaaten – leidet unter dem Anstieg des Meeresspiegels (1,8 mm pro Jahr) und der Erosion. Die städtischen Siedlungen liegen in den schmalen Küstenebenen, besonders im Süden der Insel, und erleben regelmäßig schwere Sturmfluten. Es fehlen adäquate Schutzeinrichtungen, die eine Evakuierung auf dem Wasserweg ermöglichen würden. Die Überschwemmungen treffen die Einwohner der in den Tiefebenen im Einzugsgebiet der Städte liegenden Elendsviertel wie Cité Soleil in Port-au-Prince am härtesten.

Quellen: IOM (2015), Singh und Cohen (2014).

Cité Soleil gilt als ärmster, am dichtesten besiedelter und am meisten von Gewalt beherrschter Bezirk Haitis. Weil die Wirtschaft brachliegt, leben die rund 400.000 Einwohner unterhalb der Armutsgrenze. Durch den Anstieg des Meeresspiegels wird das Land häufig überflutet. Village des Rapatriés, Cité Soleil, Port-au-Prince, Haiti, 2015. *© Alessandro Grassani, 2015.*

Ägypten: Bucht von Abu Qir

Das Küstengebiet von Abu Qir ist ein dicht besiedelter Landstreifen im Nildelta, der teilweise unterhalb des Meeresspiegels liegt. Er beherbergt mindestens eine Million Menschen und wird durch den Mohammed-Ali-Damm vor Überschwemmungen geschützt. Ungeregelte Stadtentwicklung belastet die Küste; Bevölkerung, wirtschaftliche Entwicklung und Infrastruktur leiden unter dem Anstieg des Meeresspiegels, Versalzung und Erosion.

Quelle: IOM (2014a, 2014b).

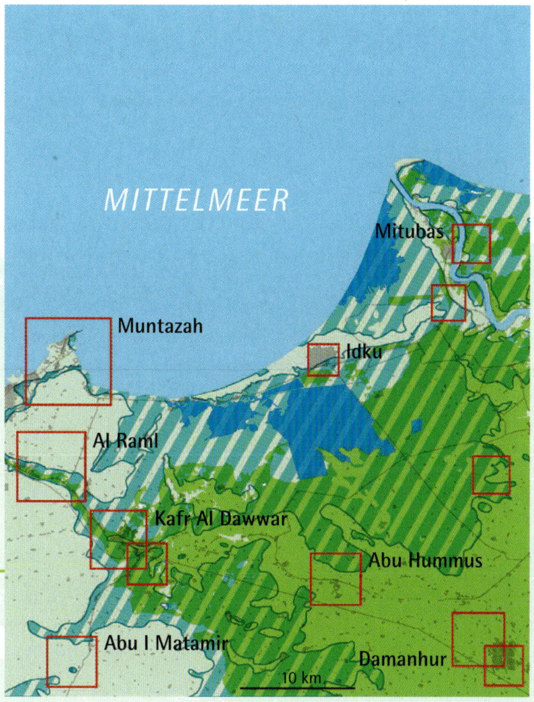

Ägypten, Bucht von Abu Qir, 2012

Gebiete weniger als 1 Meter über dem Meeresspiegel
Landwirtschaftlich genutzte Fläche
Aquakultur
Städtische Siedlungen
Straßen

Bevölkerung (in Tausend)
1.174 440 150

Quellenj:
Auf Grundlage der Daten von Rosetta GeoDatabase, mit Genehmigung von Dr. M. El Raey und IOM (2014a).
© IOM (Mokhnacheva, Ionesco), Gemenne, Sciences Po, 2015.

Suterkhali, Bangladesch, 2015,
© Sabira Coelho 2015.

Die Suche nach einer Dauerlösung: Malediven

Auf den Malediven soll ein umfassendes Regierungsprogramm die Inselbewohner vor den durch den Klimawandel ausgelösten meteorologischen Gefahren an den Küsten schützen. Dabei werden Gemeinden von kleineren Inseln auf größere und sichere Inseln umgesiedelt. Entwickelt wurde das Programm nach dem Tsunami 2004, nach dem auf den Malediven 20.000 Menschen evakuiert werden mussten. Viele zogen auf andere Inseln oder Atolle; während eine Hälfte nach einigen Wochen heimkehren konnte, ließen sich viele anderswo nieder, da ihre Inseln und Häuser schwer beschädigt waren. Um den Betroffenen die Rückkehr in ein normales Leben zu erleichtern, bot der Ansatz der Regierung drei Alternativen: Wiederaufbau der ursprünglichen Häuser und Hilfen zur Wiedereinrichtung; wo möglich, Bau von Häusern weiter im Landesinneren; und, in einigen Fällen, die künstliche Vergrößerung der Landfläche, um den Bau zu erleichtern und den Schutz vor zukünftigen Überschwemmungen und anderen Katastrophen zu sichern. Die zweite Alternative sah die Ansiedlung der Evakuierten in eigens für sie gebauten Häusern am Ort ihrer Evakuierung und Hilfen zur Integration in ihrer neuen Gemeinde vor. Wo beides nicht durchführbar war, ließ die Regierung auf zuvor unbewohnten Inseln neue Dörfer und Infrastruktur errichten. Das seit 2009 umgesetzte Programm »Safer Islands« (Sichere Inseln) hat zum Ziel, die Resilienz der Einheimischen gegenüber den gefährdeten Küsten mit einer dauerhaften Lösung zu unterstützen.

Quelle: Duvat und Magnan (2014).

Gefährdete Küsten im Gangesdelta

Das Gangesdelta in Bangladesch und Indien, eine der am dichtesten bevölkerten Flussmündungen der Welt, ist vom Anstieg des Meeresspiegels und von Küstenerosion schwer in Mitleidenschaft gezogen. Der Weltklimarat schätzte 2007, dass der Meeresspiegelabstieg um einen Meter in Bangladesch 15 Millionen Menschen betrifft und das Land womöglich 20 Prozent seiner Fläche verliert, wenn keine Schutzmaßnahmen getroffen werden. Eine weitere Bedrohung von Land und Ressourcen in den Küstenregionen ist der dramatische Bevölkerungsanstieg. Oft müssen die Menschen ihre traditionelle Existenzgrundlage wie den Fischfang aufgeben und sich in den Städten Arbeit suchen. *Quelle: IPCC (2014).*

Unfälle in Industrieanlagen

Industrieunfälle werden in Studien zur Umweltmigration oft vernachlässigt, doch sie haben die gleichen Auswirkungen wie Naturkatastrophen.

Die größten industriellen Katastrophen, die Menschen in die Vertreibung zwingen, sind Unfälle, bei denen Giftstoffe oder radioaktive Partikel freigesetzt werden.

Unfälle in Chemiefabriken und Atomkraftwerken

Im Juli 1976 kam es in einer Chemiefabrik nahe der lombardischen Stadt Seveso in Norditalien zu einer Explosion, durch die eine Dioxinwolke freigesetzt wurde. Erst nach zwei Wochen waren alle 750 Einwohner, die teilweise bereits unter Chlorakne litten, aus dem belasteten Gebiet evakuiert. Im indischen Bhopal explodierte 1984 eine Fabrik des Konzerns Union Carbide zur Herstellung von Schädlingsbekämpfungsmitteln. Über dem dicht besiedelten Gebiet mit 800.000 Einwohnern breitete sich eine 25 Kilometer breite Giftwolke aus. Der Unfall von Bhopal, der als der schlimmste seiner Art gilt, forderte 25.000 Opfer, 300.000 Menschen erlitten Vergiftungen, und Hunderttausende mussten fliehen.

1979 zerstörte ein Unfall das Kühlsystem in dem Atomkraftwerk Three Mile Island im US-Bundesstaat Pennsylvania. Er forderte zwar keine direkten Opfer, hatte aber immense Auswirkungen auf die öffentliche Meinung. Auch wenn bei diesem Unfall, einem Vorläufer zu jenen in Tschernobyl und Fukushima, keine Zwangsevakuierungen eingeleitet wurden, so beschlossen doch zehntausende im Umfeld des Kraftwerks lebende Menschen aus Sorge um ihre Gesundheit, vorübergehend ihre Häuser zu verlassen.

Sieben Jahre später kam es während eines Testlaufs im Atomkraftwerk Tschernobyl in der Ukraine zu einem Unfall der Stufe 7, der höchsten auf der Skala der Reaktorunfälle. Dennoch begannen die sowjetischen Behörden erst am darauffolgenden Tag mit der Evakuierung der Bevölkerung, insbesondere der 50.000 Einwohner der nahegelegenen Szadt Prypjat. Weitere 100.000 Menschen wurden sukzessive in den folgenden vier Monaten evakuiert. Die ersten Evakuierten gingen noch davon aus, nach einigen Tagen in ihre Wohnungen zurückkehren zu können, doch dazu kam es nie. Man baute für sie in 38 Kilometer Entfernung vom Atomkraftwerk eine neue Stadt, die Slawutytsch genannt wurde. Die Umsiedlung der Evakuierten sollte sich lange hinziehen: Zwischen Ende der 1980er- und Mitte der 1990er-Jahre verließen fast 200.000 Menschen das kontaminierte Gebiet, entweder organisiert und unter behördlicher Betreuung oder auf eigene Faust wegen zu befürchtender Gesundheitsgefahren oder als Reaktion auf die voranschreitende Auflösung des gesellschaftlichen und wirtschaftlichen Lebens in der Region.

Ein weiterer Unfall der Stufe 7 ereignete sich am 11. März 2011 im Atomkraftwerk Fukushima Daiichi (Region Tohoku) an der japanischen Nordküste, nachdem die Reaktoren im Verlauf eines Tsunamis überspült worden waren. Insgesamt wurden mehr als 200.000 Menschen evakuiert, von denen ein Großteil wohl niemals in ihre Häuser zurückkehren können wird – oder will.

Bei solchen Katastrophen lässt sich kaum mit Sicherheit sagen, wie viele Menschen vertrieben wurden, da die Evakuierung schrittweise stattfindet und sich viele Betroffene, zum Teil noch Jahre nach dem Unfall, freiwillig für die Abwanderung entscheiden.

Schwierige Rückkehr

Industrieunfälle verursachen gravierende und oft irreversible Umweltschäden und führen zu einer ähnlich hohen Zahl von Vertreibungen wie Naturkatastrophen. Aufgrund gewisser Unterschiede sollten sie jedoch im Rahmen der Umweltmigration gesondert betrachtet werden. Am wichtigsten ist, dass es bei Industrieunfällen keine Präventivevakuierungen gibt, dass bei Evakuierungsbeginn also bereits eine ganze Reihe von Opfern an Kontaminierungen und Vergiftungen leidet. Auch die Frage der Rückkehr steht unter einem anderen Aspekt. Anders als von den Behörden gewöhnlich versichert, werden die Menschen erst nach längerer Frist wieder in ihre Wohungen zurückkehren können. Dies gilt vor allem für Reaktorkatastrophen: In Tschernobyl und Fukushima wird in den belasteten Gebieten ungeachtet aller Dekontaminierungsbemühungen noch viele Jahrzehnte lang ein Gesundheitsrisiko herrschen, und die Zonen in nächster Nähe zu den havarierten Kernkraftwerken bleiben für unbestimmte Zeiten unzugänglich. Die Evakuierten müssen sich also ein neues Leben aufbauen. Hier kommt die Frage der Ausgleichszahlungen ins Spiel, auf die

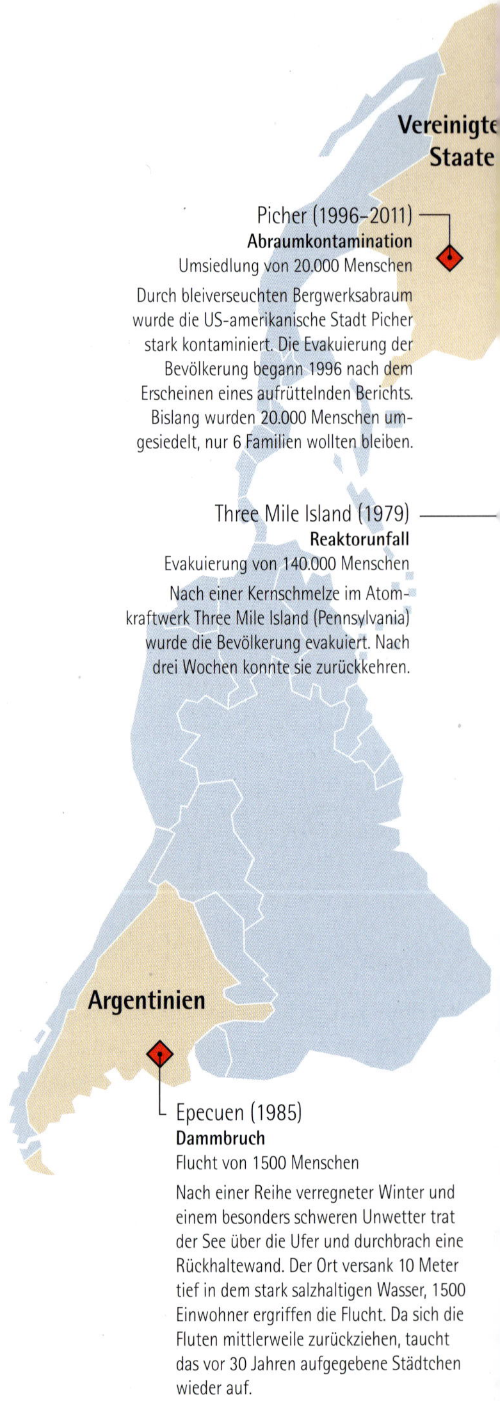

Industrieunfälle, 1962–2001

Quelle: Karte mit freundlicher Genehmigung von Zoï Environment Network, bearbeitet von A. Stienne. © Zoï Environment Network, 2014.

die Mehrheit der Betroffenen für einen Neustart angewiesen ist. Dass sich die Schuldfrage, anders als bei »natürlichen« Katastrophen, leicht lösen lässt, heißt aber nicht, dass die Opfer zwangsläufig auch entschädigt werden.

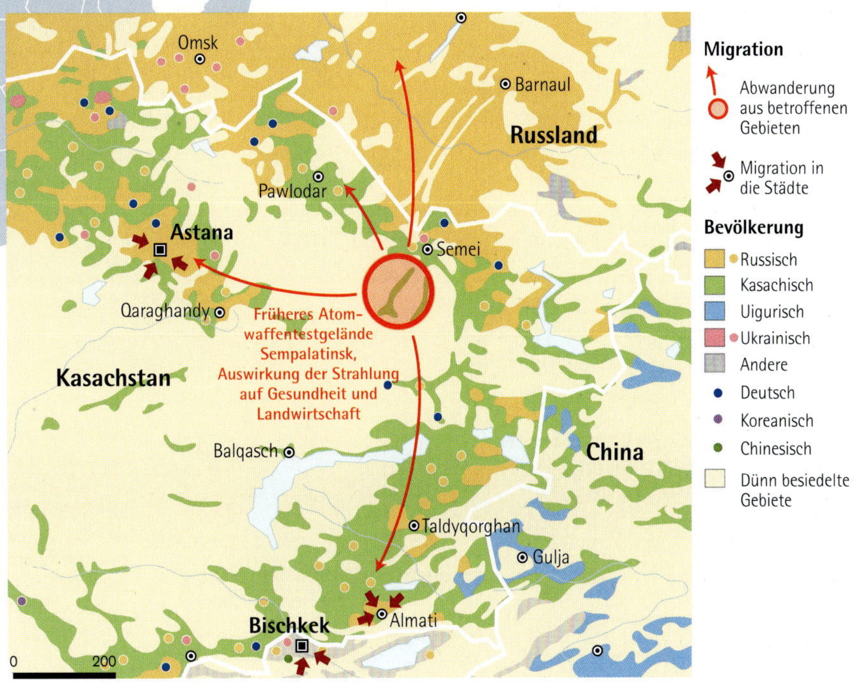

Quellen: Centemeri (2014), Hasegewa (2013, 2015), L'OBS (2004), Rubinkam (2012), Shepherd (2014), Shrivastava (1996), Taylor (2011), UNHCR (1996), USNRC (2014), Viglione und Roger (2015), © IOM (Mokhnacheva, Ionesco), Gemenne, Stienne, 2015.

Infrastruktur und Land Grabbing

Durch Entwicklungs- und Infrastrukturprojekte verursachte Umweltzerstörung wird generell übersehen, wenn man nach den Ursachen für die Vertreibung von Bevölkerungsgruppen sucht.

Entwicklungsprojekte – sei es der Bau von Straßen und Infrastruktur für kulturelle Großveranstaltungen oder für Industrieanlagen, den Berg- und den Staudammbau – schädigen Ökosysteme, führen zur Enteignung eingesessener Gemeinden und zwingen Jahr für Jahr Millionen Menschen in die Migration. Zugleich ziehen diese Bauvorhaben oft Arbeitsmigranten an.

Die Wiederaufnahme des Staudammbaus

Seit den 1990er-Jahren befassten sich Wissenschaftler mit der Tatsache, dass die zahlreichen auf der ganzen Welt gebauten Staudämme die Umsiedlung der Ortsansässigen nötig machten. Mehrere Schätzungen jener Jahre kamen zu dem Ergebnis, dass durch Talsperren jährlich 10 bis 15 Millionen Menschen vertrieben wurden.

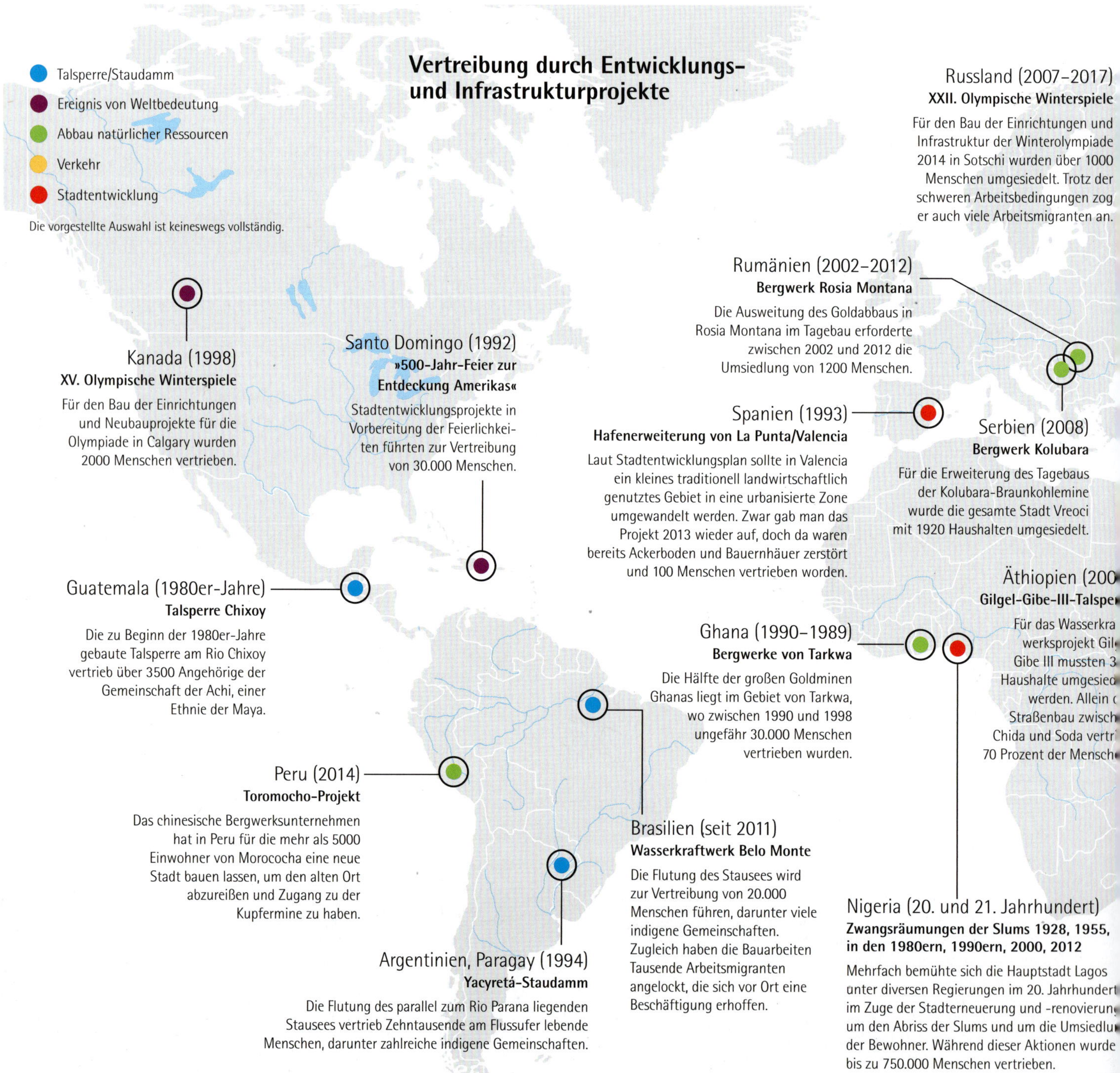

Dies veranlasste die wichtigsten Geldgeber dieser Infrastrukturprojekte, allen voran die Weltbank, zu Maßnahmen mit dem Ziel, die sozialen und ökologischen Auswirkungen zu begrenzen. Insbesondere bemühte man sich um die vorherige Erstellung von Folgenabschätzungen.
Daraufhin nahm die Zahl dieser Projekte vorübergehend ab. Als man sich wegen des Klimawandels bemühte, den Verbrauch fossiler Brennstoffe einzuschränken und die Energieerzeugung durch Wasserkraft zu steigern, kam der Staudammbau jedoch wieder auf den Tisch. Die Belo-Monte-Talsperre am Rio Xingo im brasilianischen Amazonasgebiet, ein Symbol dieser neuen Entwicklung, erzeugte eine Welle internationaler Proteste. Dennoch begann man 2012 mit ihrem Bau, der zur Vertreibung zahlreicher indigener Gemeinschaften führen wird.

Der »Land-Grabbing«-Boom

Paradoxerweise können Projekte, die den Klimawandel begrenzen sollen, also ebenfalls Vertreibungen nach sich ziehen. Ein weiteres Beispiel dafür ist die Steigerung des Nutzpflanzenanbaus zur Erzeugung von Biodiesel, die auf der ganzen Welt immer mehr Land beansprucht. Dieses Phänomen wird als Faktor für Umweltmigration weithin unterschätzt. Eine wachsende Zahl von Nationen verkauft ihre Landflächen an den Meistbietenden (häufig Privatkonzerne, aber teils auch Staaten). Die Flächen werden anschließend für die intensive Landwirtschaft – unter anderem von Feldfrüchten zur Biodieselerzeugung – genutzt und die ursprünglich darauf lebenden Bauern vertrieben. In welchem Ausmaß dies stattfindet, ist nicht bekannt; die NGO »Land Matrix« schätzt, dass bislang mehr als 1000 derartige Verträge über eine Fläche von mehr als 40 Millionen Hektar unterzeichnet wurden, in etwa zweimal die Größe Senegals.

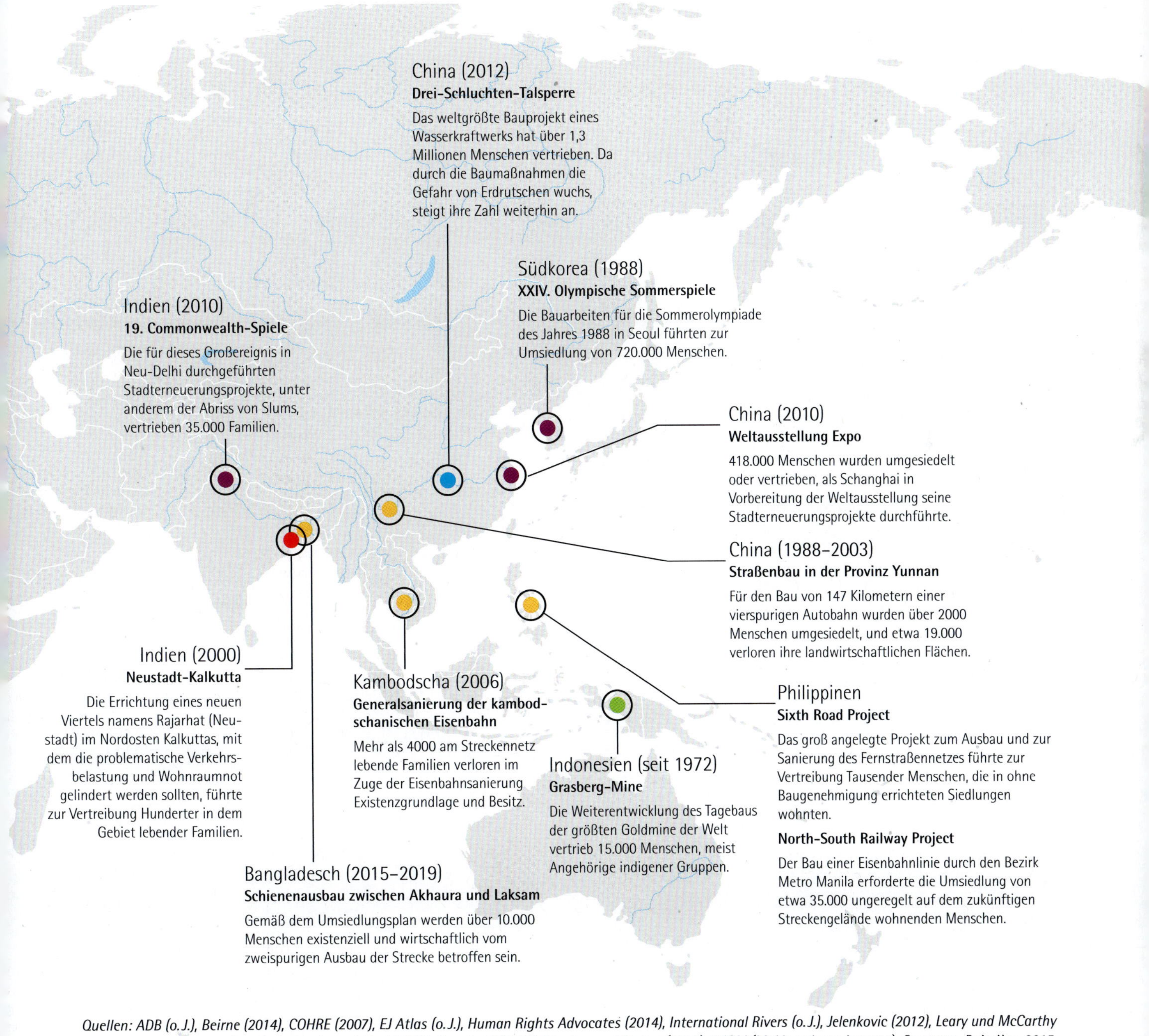

Quellen: ADB (o. J.), Beirne (2014), COHRE (2007), EJ Atlas (o. J.), Human Rights Advocates (2014), International Rivers (o. J.), Jelenkovic (2012), Leary und McCarthy (2013), Satiroglu und Choi (2015), Terminski (2012), Vesalon und Cretan (2012), © IOM (Mokhnacheva, Ionesco), Gemenne, Boissière, 2015.

Die regionalen Auswirkungen des Klimawandels

Der Klimawandel erfasst alle Gebiete der Welt, hat regional und lokal aber recht unterschiedliche Auswirkungen, die sich kaum korrekt vorhersehen lassen.

Wie sich der Klimawandel lokal auswirkt und wie stark er die Bevölkerung in Mitleidenschaft zieht, wird nicht nur von der jeweiligen Belastung, von Verlauf, von Anpassungsfähigkeit und von zukünftigen demografischen und wirtschaftlichen Entwicklungen abhängen, sondern auch von den Adaptionsmaßnahmen und Klimaschutzbemühungen, die in den nächsten Jahren unternommen werden.

Die regionalen Karten zeigen die wichtigsten klimatischen Gefährdungen und Auswirkungen (erhöhte oder verringerte Niederschlagsmengen, verstärkte Monsunniederschläge, größere Häufigkeit von Wirbelstürmen, Wüstenbildung, häufigere Flächenbrände, Schmelzen von Gletschern und Permafrost, Korallenbleiche); die vorrangig daraus entstehenden Folgen (Erschöpfung der Fischbestände, Verlust der Biodiversität, negative Auswirkungen auf die Landwirtschaft, verringerter Zugang zu Wasser, Veränderung der Ökosysteme, auch in Gebirgsregionen) sowie die da-

Nordamerika

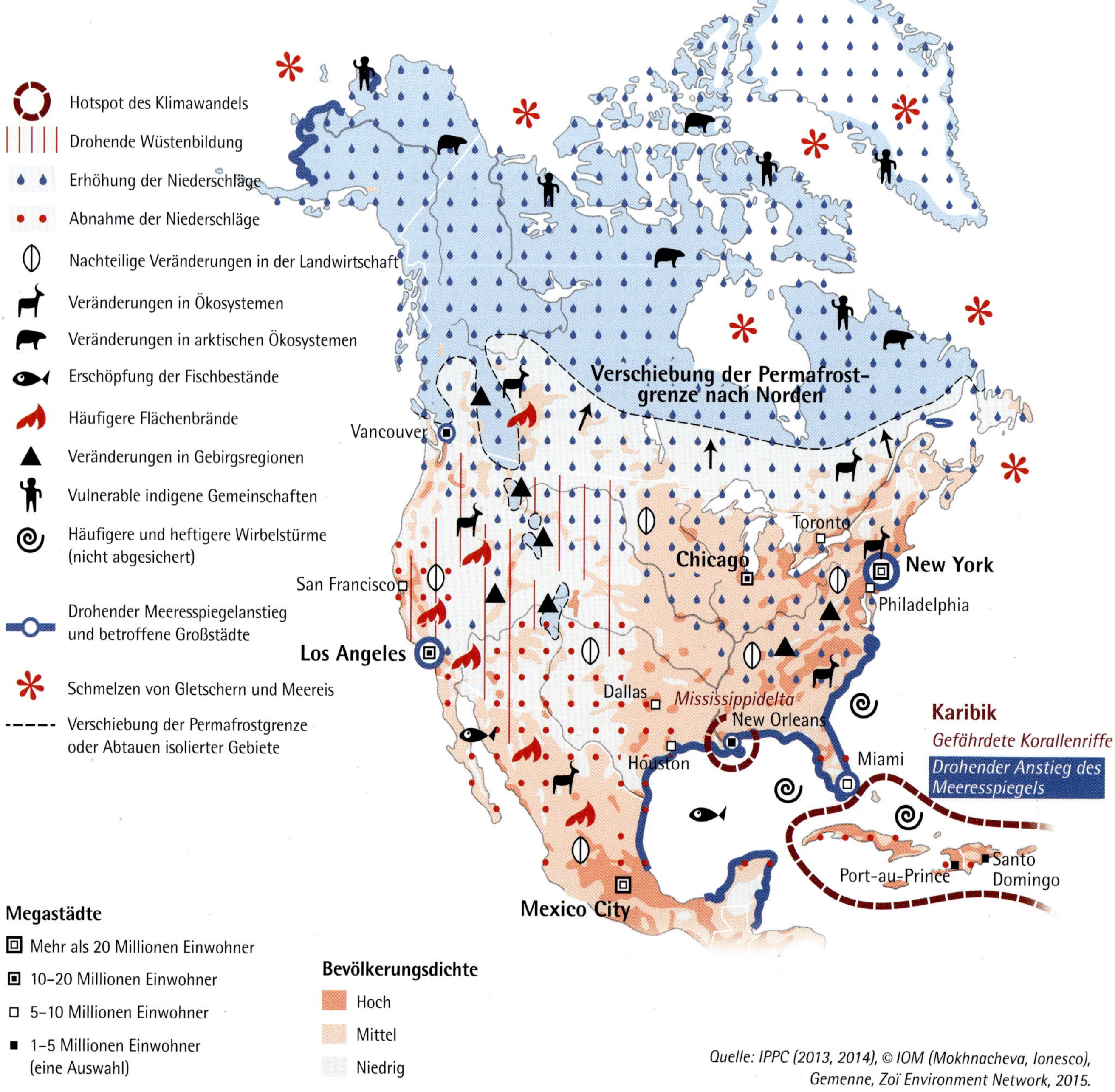

Quelle: IPPC (2013, 2014), © IOM (Mokhnacheva, Ionesco), Gemenne, Zoï Environment Network, 2015.

raus resultierenden gesellschaftlichen Veränderungen (Vulnerabilität indigener Bevölkerungsgruppen, Gefährdung von Großstädten und Ballungsräumen durch den Anstieg der Meeresspiegel und andere Bedrohungen). Die Karten zeigen auch sogenannte Hotspots des Klimawandels – Gebiete, die wahrscheinlich in besonderem Maße leiden werden, da sie von einer ganzen Reihe extremer Klimaereignisse bedroht sind.

Nord- und Südamerika

Für diese beiden Erdteile werden Veränderungen im Niederschlagsmuster erwartet, darunter Verlagerungen der Regenfälle und in der Folge Katastrophen wie Überschwemmungen und Springfluten. Außerdem drohen Dürren und damit verbunden Waldbrandgefahr sowie durch das Zusammenspiel von Wind und Wasser herbeigeführte Extremereignisse wie Sturmfluten. Nordamerika wird in den Ballungsgebieten häufiger Hitzewellen erleben, während im Westen des Kontinents höhere Temperaturen und geringere Regenfälle zusammentreffen, was die Waldbrandgefahr erhöht. In Nordamerika und in den südamerikanischen Anden wird der Klimawandel zum Rückzug der Gletscher und zum Abtauen der Schneedecke führen, wodurch das jährliche Schmelzwasser abnimmt und Wasserknappheit droht. Im Zuge der Veränderungen in marinen und terrestrischen Ökosystemen muss in Süd- und Nordamerika mit Ernteeinbußen und Qualitätsminderungen bei Feldfrüchten und mit dem Rückgang der Fischbestände gerechnet werden, mit der Folge von Unsicherheiten in der Lebensmittelversorgung. Küsten, Küstengebiete und küstennahe Megastädte in Nord- wie in Südamerika sind vom Anstieg der Meeresspiegel bedroht. Außerdem werden Häufigkeit und Heftigkeit der Wirbelstürme zunehmen, was sowohl dicht bevölkerte Regionen auf dem Festland gefährdet als auch die Karibikinseln.

Südamerika

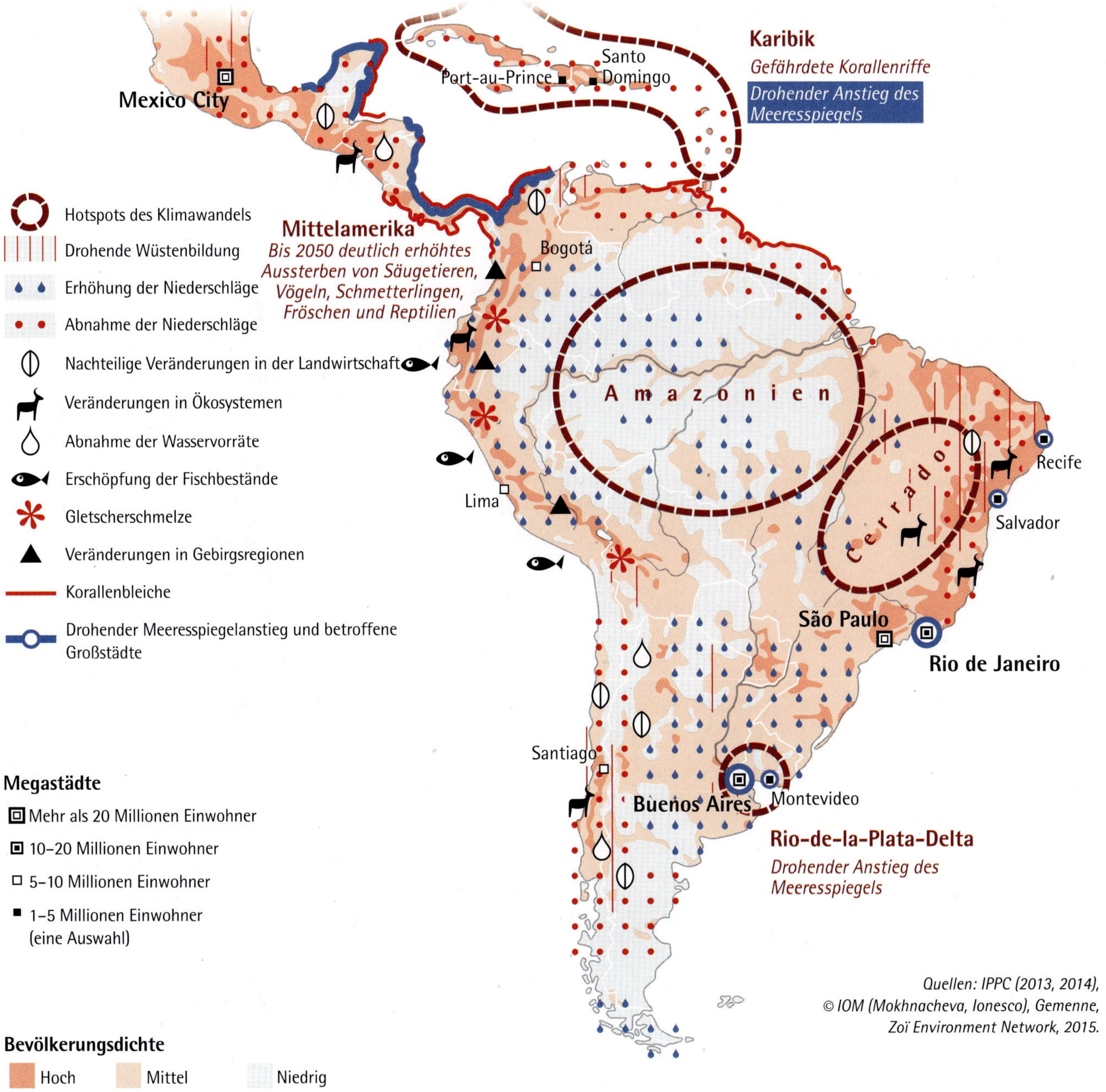

Quellen: IPPC (2013, 2014), © IOM (Mokhnacheva, Ionesco), Gemenne, Zoï Environment Network, 2015.

Asien

Die dicht besiedelten Ballungsräume in den großen Flussdeltas Asiens sind in starkem Maße vom Anstieg der Meeresspiegel, von Sturmfluten und von Hochwasser der Flüsse bedroht. Während die Einwohnerzahl der Küstenstädte im Zuge der Urbanisierung rasch ansteigt, lassen sich viele der Schwächsten der Gesellschaft in ungeschützten Randgebieten der Metropolen nieder und sind somit Katastrophen schutzlos ausgeliefert. Der Klimawandel gefährdet die Lebensgrundlage und die Behausungen der Menschen in der Stadt wie auf dem Land durch Verstärkung der Hochwasser an Flussufern und Meeresküsten, die zu Schäden an der Infrastruktur und zur Versalzung tief liegender Anbauflächen führen. Im Osten, Süden und Südosten Asiens wird es weiterhin häufiger zu Überschwemmungen und Dürren kommen, was Lebensmittel- und Wasserknappheit, extreme Hitzebelastung und Mangelernährung nach sich zieht, aber auch Krankheiten, die durch schmutziges Wasser übertragen werden.

Asien und der Pazifikraum haben schon heute regelmäßig unter Naturkatastrophen zu leiden, und es steht zu befürchten, dass der Klimawandel Auftreten und Intensität dieser Wetterereignisse noch weiter erhöht. Nach den Zahlen des »Internal Displacement Monitoring Centre« (IDM) waren China, Indien und die Philippinen die Länder, in denen zwischen 2008 und 2014 weltweit die meisten Menschen von Katastrophen vertrieben wurden.

Asien

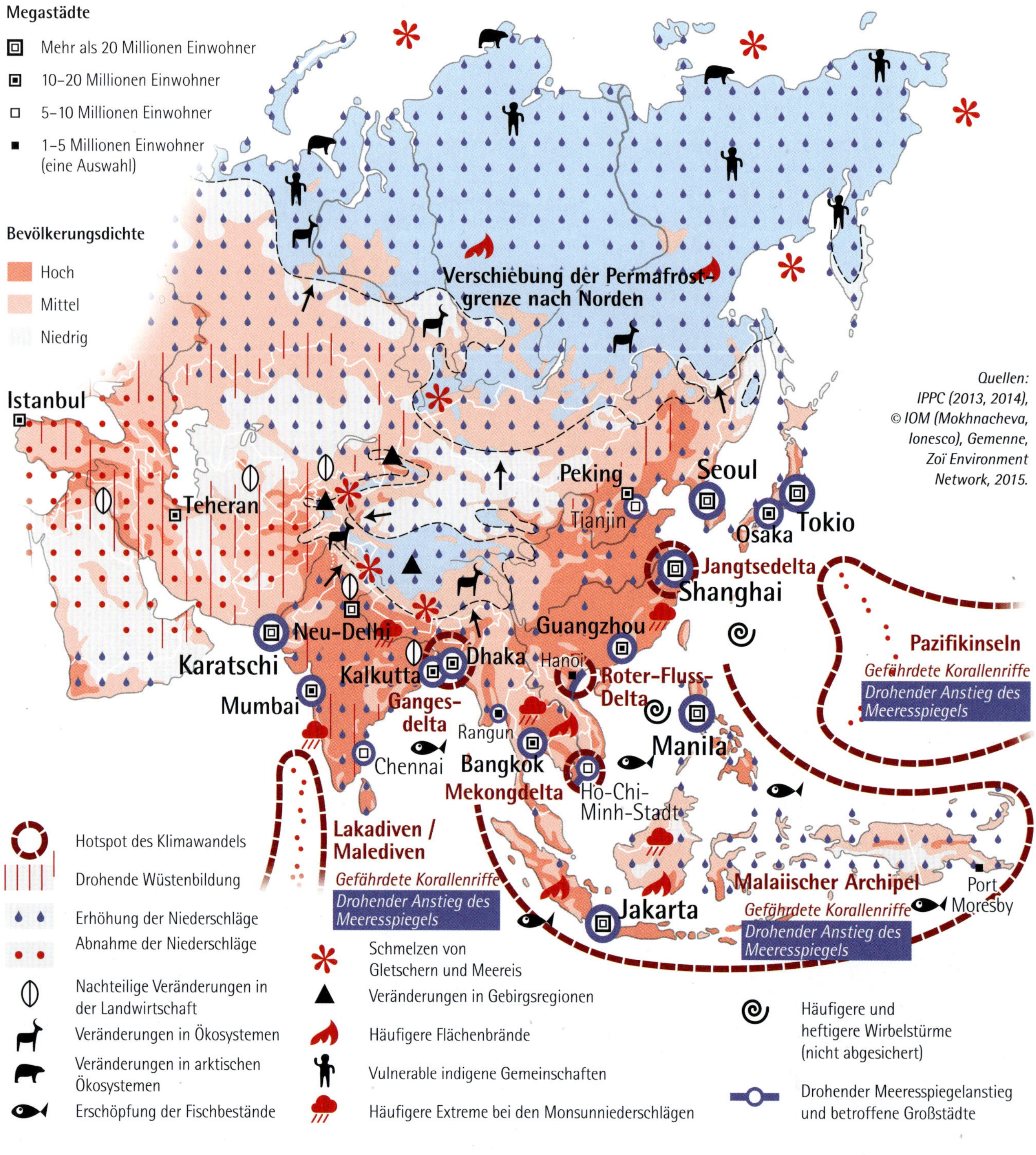

Australasien und Ozeanien

In Australien und Neuseeland wird der Klimawandel wahrscheinlich zu einem Rückgang der landwirtschaftlichen Erträge und der Artenvielfalt führen. Höhere Wassertemperaturen und Versauerung der Meere führen zu einem Verlust der Biodiversität in den marinen Ökosystemen, was ihren Nutzen als nachhaltige Existenzgrundlage (Fischerei und Tourismus) und als natürliche Schutzbarriere vor Unwetterformationen gefährdet. Den Kleinen Inselstaaten im Pazifik drohen Überflutung tief liegender Gebiete durch den Meeresspiegelanstieg, weniger Regenfälle und die Versalzung mit folgendem Wassermangel und Abnahme der landwirtschaftlichen Erträge.

Ein Großteil von South Tarawa, der Hauptstadt der Republik Kiribati, liegt weniger als 3 Meter über dem Meeresspiegel. South Tarawa, Republik Kiribati, 2005. © *Government of Kiribati, WikiCommons 2013.*

Australien und Ozeanien

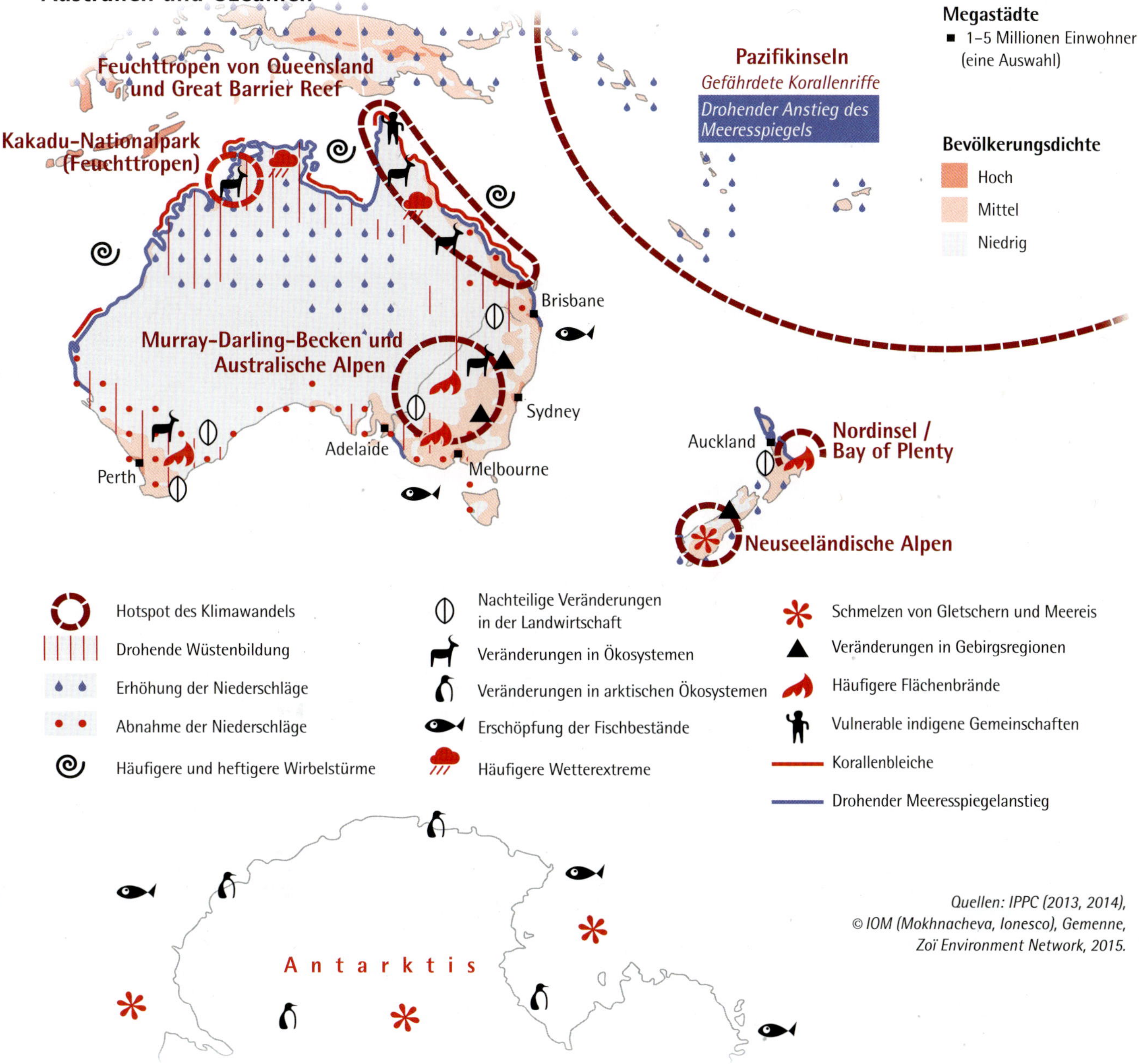

Quellen: IPPC (2013, 2014), © IOM (Mokhnacheva, Ionesco), Gemenne, Zoï Environment Network, 2015.

Europa

Europa wird von verschiedenen Auswirkungen des Klimawandels betroffen sein. Dazu zählen häufigere und intensivere Starkregenereignisse, häufigere Hitzewellen, Rückzug der Gletscher und Veränderungen in terrestrischen Ökosystemen. Mit Zunahme der Hitzewellen sind in Europa hitzebedingte Gesundheitsgefährdungen und die Sterblichkeitsrate, vor allem in urbanen Hitzeinseln, bereits angestiegen. In Mittel- und Osteuropa werden, so die Klimamodelle, die Sommerregen abnehmen, was zu Wassermangel und vermehrten Bränden in Moorgebieten führen wird. Nordeuropa hingegen verzeichnet häufigere Winterhochwasser, was die Ökosysteme bedroht und Destabilisierungen des Bodens nach sich zieht. Im Mittelmeerraum und Südeuropa werden der vorausgesagte Temperaturanstieg und die Dürren Wasserknappheit und damit verbunden Ernteeinbußen und erhöhte Waldbrandgefahr mit sich bringen.

Europa

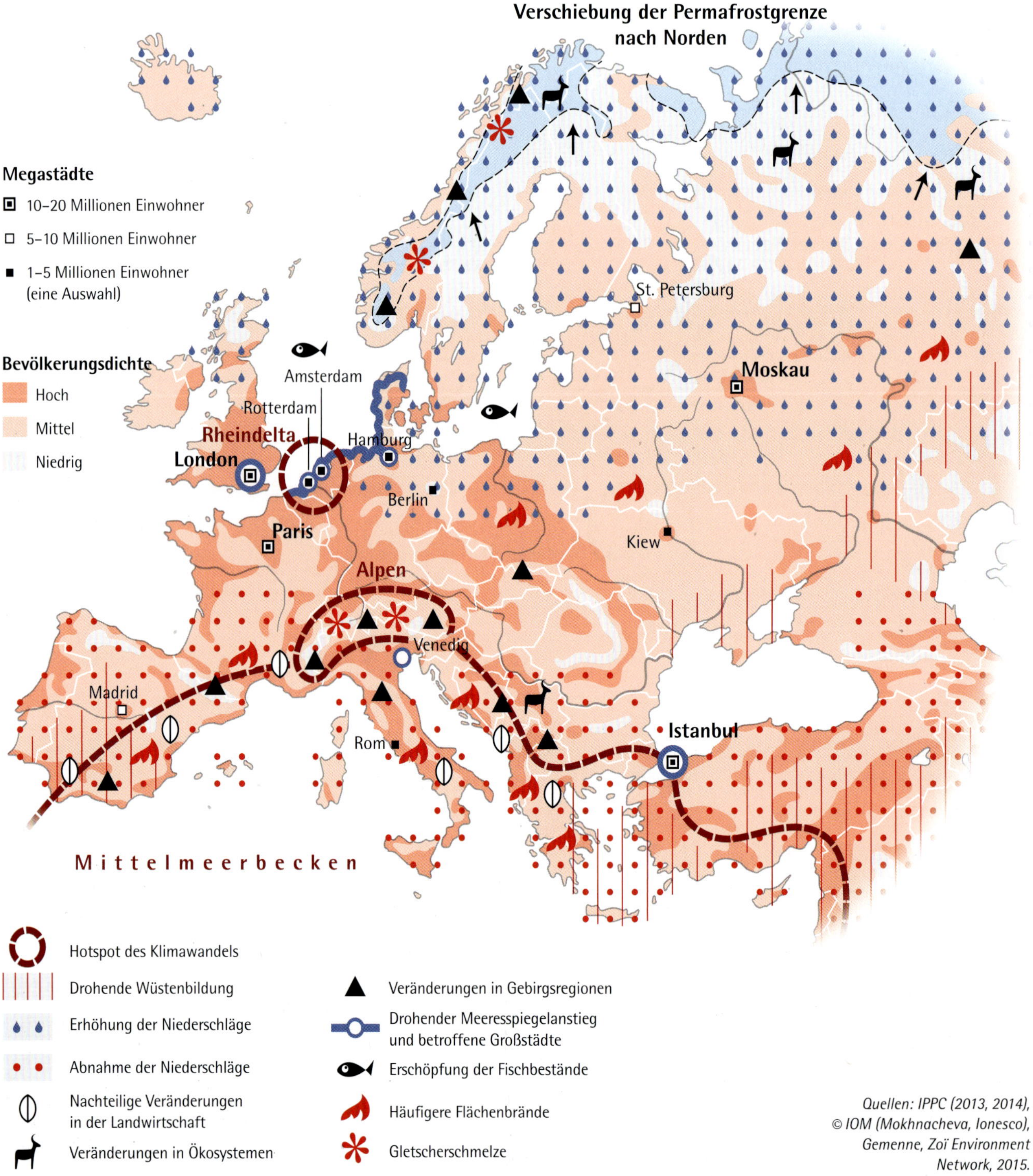

Quellen: IPPC (2013, 2014), © IOM (Mokhnacheva, Ionesco), Gemenne, Zoï Environment Network, 2015.

Afrika

Der Klimawandel wird sich im subsaharischen Afrika negativ auf die Nahrungsmittel- und Wassersicherheit auswirken und damit Existenzgrundlage und Leben der Bevölkerung gefährden. Mit Änderung der Niederschlagsmuster werden die Erträge der vom Regenfeldbau bestimmten Landwirtschaft sinken. Außerdem sind zunehmende Belastungen durch hydrologische Ereignisse wie Überschwemmungen, Dürren und Wüstenbildung zu erwarten. Ebenso wie Asien erlebt Afrika eine schnellere Urbanisierung als alle anderen Regionen der Erde. Da dieser Prozess von einem generellen Bevölkerungswachstum begleitet wird, werden die wirtschaftlich und gesellschaftlich Schwächsten in die am dichtesten besiedelten und am stärksten von Umweltgefahren bedrohten Wohngebiete abgedrängt. Dies erhöht die Anzahl der Menschen, die von Umweltkatastrophen betroffen und vertrieben werden können.

Als 2011 am Horn von Afrika die schlimmste Dürre seit 60 Jahren herrschte, mussten in Kenia, Somalia und Äthiopen Tausende Menschen mühevolle Wege auf sich nehmen, um zu überleben. Kenia, 2011.
© IOM 2011 Quelle: Millennium.

Afrika

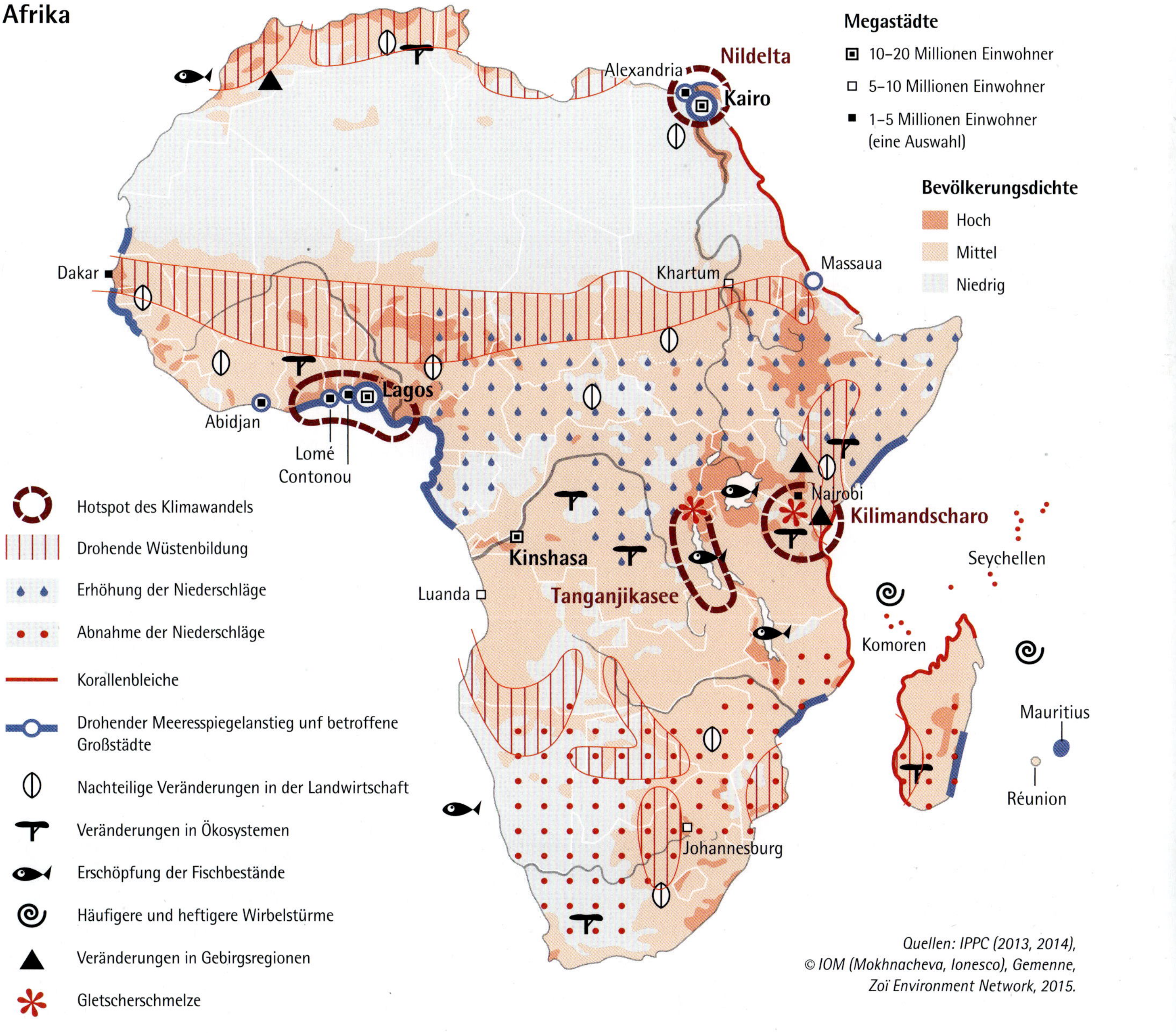

Quellen: IPPC (2013, 2014), © IOM (Mokhnacheva, Ionesco), Gemenne, Zoï Environment Network, 2015.

Ein multikausales Phänomen

Für Migration ist die Umwelt nur ein Faktor unter vielen. Dennoch wäre das Bild der gegenwärtigen Situation nicht vollständig, würde man ihre Rolle ignorieren.

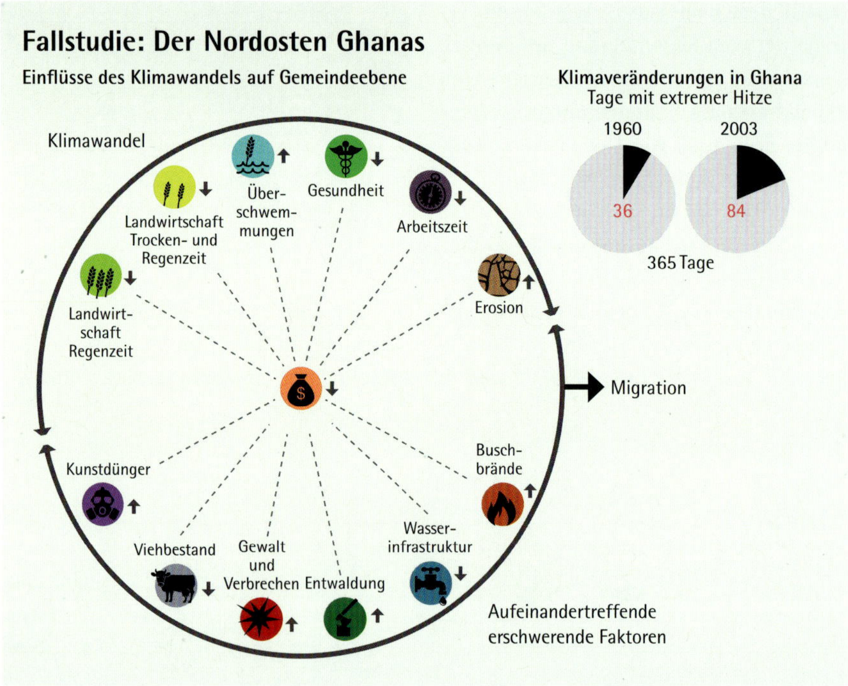

Angesichts der vielfältigen Ursachen für Migration schenkte man der Umweltmigration jahrzehntelang in politischen Debatten und bei den geplanten Maßnahmen kaum Beachtung. Die traditionellen demografischen, wirtschaftlichen, sozialen und politischen Faktoren galten allgemein als ausschlaggebend; Umweltfaktoren wurde über die Einwirkung auf diese Faktoren eine sekundäre Rolle zugesprochen.
Zahllose Untersuchungen zum Thema Migration konzentrierten sich auf Konflikte, politische Instabilität und den Mangel an wirtschaftlichen und beruflichen Perspektiven und Bildungschancen in den Herkunftsländern, denen Arbeitsmöglichkeiten, bessere Entlohnung und ein demokratischeres politisches Umfeld in den Zielländern gegenüberstanden. Viel Beachtung fanden auch die existierenden regulären Migrationspfade, die Verkehrswege und die kulturellen Verbindungen zwischen einzelnen Nationen.

Das Fehlen von Daten

Dass klimatische und ökologische Faktoren in der politischen Debatte über Migration lange ignoriert wurden, liegt zweifelsohne am Fehlen von Daten, die beweisen könnten, dass Umwelt- und Klimaereignisse konkrete Fälle von Migration ausgelöst hätten. Dies gilt besonders für Länder und Gebiete mit Gebirgsregionen, borealen Zonen, tropischen Wäldern und Tundra, die, da ihre Wirtschaft und Gesellschaft stärker von den Ökosystemen abhängen, auch deutlicher in Mitleidenschaft gezogen werden.
Die multikausalen Faktoren von Migration sind nicht nur ein Forschungsgebiet, sondern können sich ganz konkret auf gesetzgeberische und politische Entscheidungen auswirken, etwa in der Frage, ob eine gesonderte Form von Schutzwürdigkeit definiert und entsprechende Visa geschaffen werden sollten. Denkbar wären sogar neue internationale Übereinkommen zu Migration, in denen Umwelt- oder klimatische Kriterien berücksichtigt sind.

Erschwerende Umstände

Umweltfaktoren umfassen eine Reihe höchst unterschiedlicher Elemente, die von geophysikalischen, klimatischen und meteorologischen Ereignissen bis zu direkt von den Menschen herbeigeführten Zerstörungen reichen. Das heißt, verallgemeinernde Aussagen über Charakter und Ausmaß dieser Faktoren und ihr Zusammenwirken sind nur schwer zu treffen. Eine Naturkatastrophe lässt sich leichter als Ursache für Vertreibung benennen als eine langsam fortschreitende Degradation des Landes, Küstenerosion oder Versalzung der Böden.
Meistens stehen wir einem Labyrinth offener Fragen zu Politik, Sicherheit und Entwicklung gegenüber, die auf komplexe Weise ineinanderspielen. Auch lassen sich die Auswirkungen von Umweltereignissen kaum vorhersagen, da sie von wirtschaftlichen, gesellschaftlichen und politischen Bedingungen beeinflusst werden. Angesichts wiederholter Dürren werden einige Gemeinschaften beispielsweise die Abwanderung in Erwägung ziehen, andere eher nicht. Und wenn die Migrationspolitik verhindert, dass Bevölkerungsgruppen bereits vorhandene Migrationspfade nutzen, werden sie in der Folge ungeregelte und gefährliche Migrationsrouten einschlagen.

Umweltfaktoren sichtbar machen

Wie das »Internal Displacement Monitoring Center« feststellte, kam es zwischen 2008 und 2012 in 33 Ländern unter den 36, in denen Migration durch bewaffnete Konflikte ausgelöst wurde, auch zu Vertreibungen aufgrund von Naturkatastrophen. Die immense Vertreibung von über 349.000 Menschen aus dem Südsudan nach den Überschwemmungen des Jahres 2011 darf nicht isoliert betrachtet werden, sondern steht zugleich in Zusammenhang mit der umfassenderen Krise, die das Land belastet: bewaffnete Konflikte, Lebensmittelmangel, Grenzstreitigkeiten und Aufnahme von Flüchtlingen aus dem Sudan und der Demokratischen Republik Kongo. Um verborgene strukturelle Faktoren, zum Beispiel umweltbedingte Faktoren, in einer komplexen Situation wie dieser sichtbar zu machen, müssen Bevölkerungsbewegungen in Krisenzeiten unter Berücksichtigung der generellen Migrationsdynamik in der betreffenden Region untersucht werden.

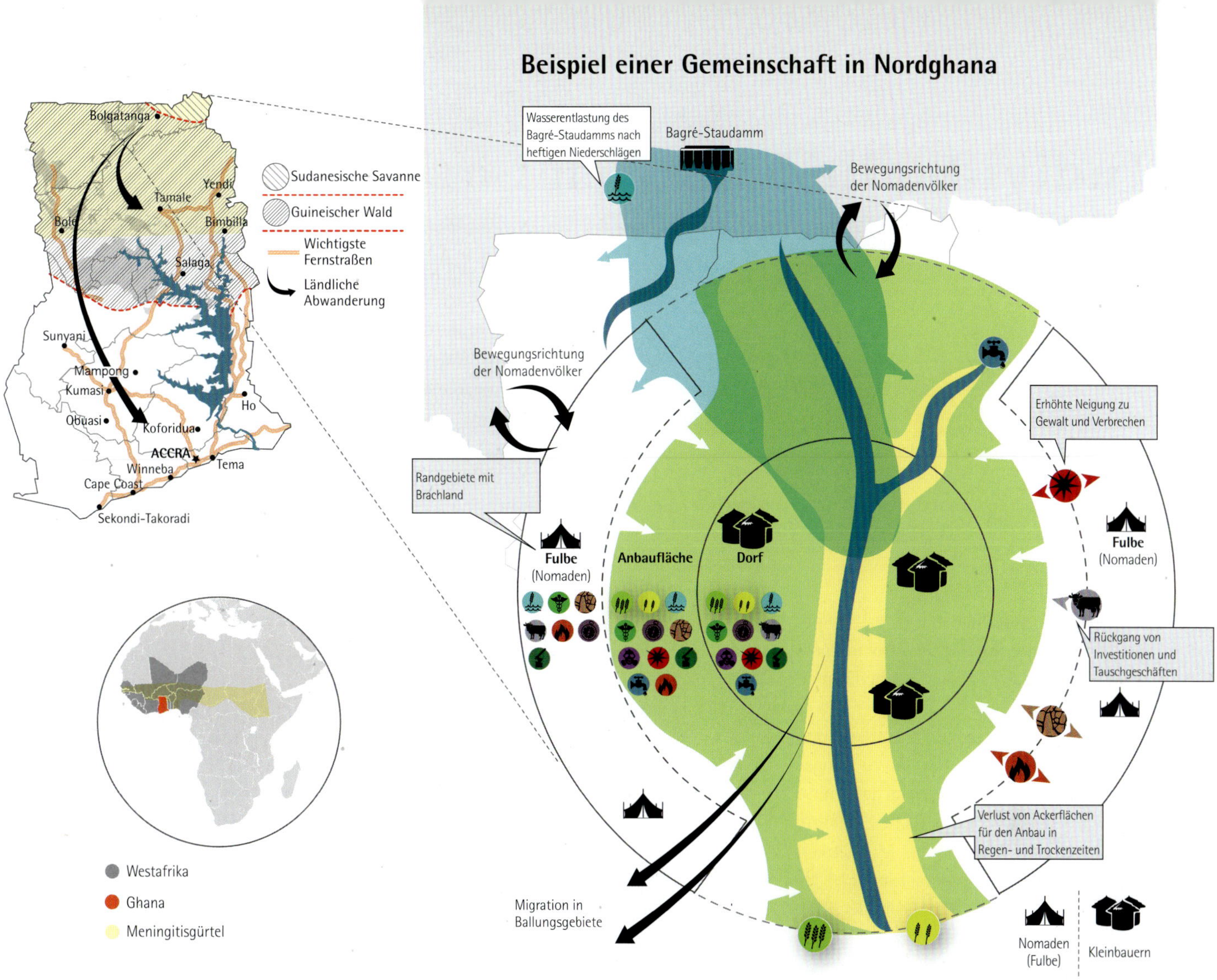

Quellen: DARA und das Climate Vulnerable Forum (2012). M. freundl. Genehmigung v. M. O. McKinnon (UNDP Genf) und E. Tachie-Obeng (EPA-Ghana). Gestaltung: Zoï Environment Network, © UNDP, 2015

Wirtschaftliche und soziale Auswirkungen des Klimawandels im Nordosten Ghanas

In der Sahelzone im äußersten Nordosten Ghanas haben Nomaden mit ihren Herden und Gemeinden von sesshaften Ackerbauern über die Jahrhunderte zu einem friedlichen Zusammenleben gefunden. Doch seit den 1960er-Jahren leidet die Sahelzone, insbesondere der Norden Ghanas, unter einem dramatischen Temperaturanstieg: Die Zahl der Tage mit extremer Hitze hat sich in den letzten 50 Jahren fast verdoppelt.

In dieser Region, insbesondere in landwirtschaftlich genutzten Gebieten, sind die Auswirkungen des deutlichen Temperaturanstiegs auf allen Ebenen von Wirtschaft, Gesellschaft und Gesundheitsvorsorge zu spüren. Die spürbar verlängerte Trockenzeit reduziert die Anbauzeiten; zudem beschränkt sich der Anbau außerhalb der Regenzeit auf bewässerte Gebiete. Diese wiederum gehen schrittweise verloren, weil die Mittel für neue Investitionen fehlen. Darüber hinaus sind Dürren und Extremtemperaturen verantwortlich für Bodenerosion, Ernteeinbußen und ein signifikantes Absinken von Produktivität, Arbeitszeit und Arbeitsplatzsicherheit. Die negativen Auswirkungen multipler Klimafaktoren auf die Subsistenzwirtschaft führen zu einem Absinken der – bereits geringen – Einnahmen der Haushalte, die sich vor dem Hintergrund fehlender öffentlicher Mittel mit Engpässen in der Nahrungsmittelversorgung und mit Gesundheitsproblemen auseinandersetzen müssen. Hinzu kommt, dass Wasserentlastungen des Bagré-Stausees nach heftigen Regenfällen im Nordosten Ghanas die Ernten zerstören und Krankheiten verursachen. In Dürreperioden sind die Bauern gezwungen, im Süden des Landes nach Arbeit zu suchen oder ihr Vieh zu verkaufen. Letzteres hat starke Auswirkungen auf die Gesellschaftsstruktur, da Nomaden und Dorfbewohner durch die gemeinsame Betreuung des Viehs wirtschaftlich voneinander abhängig sind. Die Abnahme des Viehbestands nimmt den Nomaden die für die Subsistenz nötigen Mittel und treibt sie zur Aufnahme illegaler Aktivitäten, erzeugt Gewalt, soziale Unsicherheit und Umweltzerstörung. Die Gefährdungen durch Umwelt und Klima verschärfen bestehende wirtschaftliche und gesellschaftliche Probleme, erzeugen Konflikte zwischen Nomaden und der sesshaften Bevölkerung und führen dazu, dass sich immer mehr Menschen für die Abwanderung in städtische Gebiete entscheiden.

Quellen: DARA und das Climate Vulnerable Forum (2012).

Individuelle Faktoren

Bei der Entscheidung des Einzelnen zur Migration kommen eine Reihe persönlicher Faktoren zum Tragen, die von seiner Persönlichkeit, der Familie und der Gemeinschaft beeinflusst sind, insbesondere aber auch von seiner Wahrnehmung und Einschätzung der Umweltgefährdungen abhängen.

Migration ist vor allem Teil einer Lebensgeschichte. Jeder Migrant geht einen persönlichen Weg, der Teil eines gemeinsamen Schicksals ist.
Eine Vielzahl von Aspekten beeinflusst den Entschluss, die eigene Heimat zu verlassen – wenn es denn freiwillig geschieht. So spielen dabei wirtschaftliche Elemente eine Rolle, denn Einkommen, Möglichkeit des Landkaufs und Zugang zum Arbeitsmarkt bestimmen, ob jemand in der Lage ist, die Kosten für die Migration aufzubringen. Hinzu kommen eine Reihe von sozialen, politischen und kulturellen Variablen wie Lebensalter, Geschlecht, die Stellung in Familie und Gesellschaft, Verantwortlichkeiten und Verpflichtungen, Religion und Bildung, aber auch Einbindung in ein soziales Netz und Zugang zu Information und Rechten. Außerdem physische Faktoren: Nicht nur die Gesundheit, sondern auch der Zugang zu Transportmitteln und einer Infrastruktur, die Reisen ermöglicht, sowie das Wissen und die Informationen, die dem Individuum eine eigenständige Einschätzung der Umweltgefährdungen und der mit der Mobilität verbundenen Optionen ermöglichen.
Zuletzt sind psychologische Aspekte entscheidend für das Verständnis der Motive eines Menschen, der sich zur Migration entschließt. Zum Beispiel stellt sich die Frage nach seiner Verbundenheit mit seinem Herkunftsland. Letztlich hat jeder eine eigene Vorstellung von geografischer Ferne – während der Gedanke, seine Wurzeln aufzugeben, für einige trotz einer zunehmend lebensfeindlichen Umwelt schlichtweg unvorstellbar ist, sehen andere die Migration als eine mögliche Lebensgestaltung unter vielen.
Wenn es tatsächlich zu einer Naturkatastrophe kommt, ist sie offenkundig der ausschlaggebende Migrationsgrund für Individuen. Bei anderen Migrationsarten tragen Umweltfaktoren lediglich dazu bei, die Entscheidungsfindung zu beschleunigen, indem sie sich auf Faktoren wie Arbeitsplatz, Einkommen oder Gesundheit auswirken.

Die Wahrnehmung der Gefährdung

Die Wahrnehmung der Umweltzerstörung und der daraus resultierenden Gefährdungen gehören zu den wichtigsten Elementen der Entscheidung zur Migration. Die vom Gallup-Institut bei der erwachsenen Weltbevölkerung durchgeführte Umfrage berücksichtigte im Jahr 2010 zum ersten Mal auch das Thema Umwelt in ihrem Fragenkatalog. Es zeigte sich, dass die Befragten diesem Aspekt große Aufmerksam-

Wahrscheinlichkeit der Migration aufgrund schwerer Umweltprobleme in den fünf folgenden Jahren (Stand 2010)

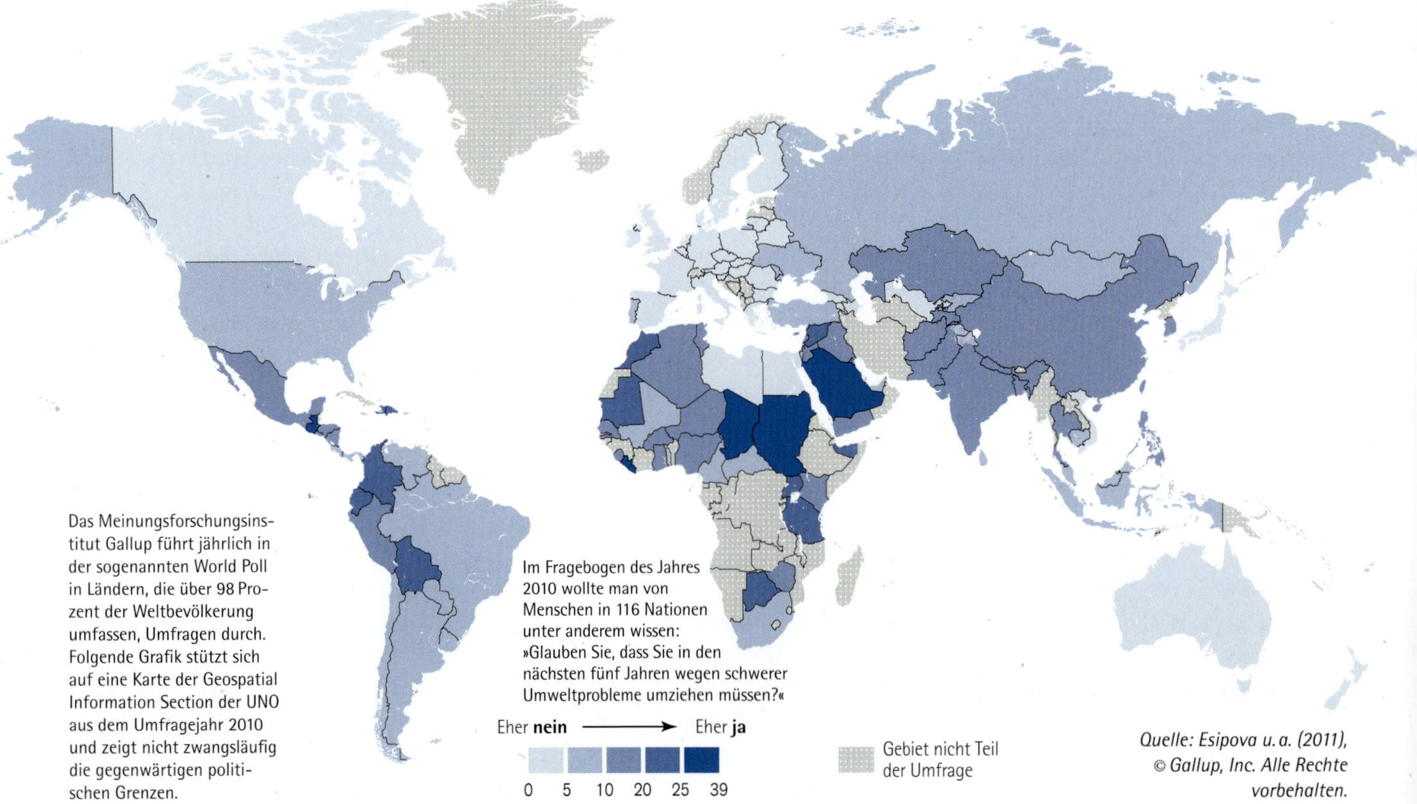

Das Meinungsforschungsinstitut Gallup führt jährlich in der sogenannten World Poll in Ländern, die über 98 Prozent der Weltbevölkerung umfassen, Umfragen durch. Folgende Grafik stützt sich auf eine Karte der Geospatial Information Section der UNO aus dem Umfragejahr 2010 und zeigt nicht zwangsläufig die gegenwärtigen politischen Grenzen.

Im Fragebogen des Jahres 2010 wollte man von Menschen in 116 Nationen unter anderem wissen: »Glauben Sie, dass Sie in den nächsten fünf Jahren wegen schwerer Umweltprobleme umziehen müssen?«

Quelle: Esipova u. a. (2011),

keit schenkten: Jeder Fünfte gab an, sich in den vergangenen 12 Monaten mit Umweltproblemen auseinandergesetzt zu haben, und insgesamt 500 Millionen Erwachsene meinten, in den kommenden 5 Jahren aufgrund dieser Probleme migrieren zu müssen.

Die Diskrepanz zwischen Migrationswunsch und -entschluss

Allerdings lassen sich große Unterschiede feststellen, wenn es für Betroffene darum geht, die Migrationsentscheidung auch in die Tat umzusetzen. Die Entscheidung hängt von vielen einander ergänzenden Elementen ab: dem raschen Zugang zu Informationen, den vorhandenen Ressourcen und Mitteln, dem Geschlecht, der Stellung in Familie und Gesellschaft und dem Lebensalter.

Zwar meinten der Gallup-Umfrage zufolge 12 Prozent der Erwachsenen der Welt, in den kommenden 5 Jahren wegen Umweltproblemen migrieren zu müssen, doch das heißt nicht, dass sie auch tatsächlich aufbrechen werden. Die Wahrnehmung von Umweltproblemen darf nicht mit dem Migrationswunsch und erst recht nicht mit tatsächlich umgesetzten Mobilitätsstrategien verwechselt werden. Dass Migranten in den Medien und in unserer kollektiven Vorstellungswelt derart im Mittelpunkt stehen, täuscht oft darüber hinweg, dass die Mehrheit der Menschen, die in Konfliktzonen oder in von Katastrophen bedrohten Gebieten leben oder deren natürliche Umwelt schrittweise zerstört wird, oft lieber bleiben würden, als ihr Land, ihr Heim und ihren Besitz aufzugeben.

Umweltbelastungen im Mekongdelta, Vietnam

Die Ressourcen spielen eine Schlüsselrolle im Entscheidungsprozess zur Migrationsstrategie von Haushalten, die unter Umweltbelastungen leiden. In einer neueren Studie untersucht Jane M. Chun den Zusammenhang von Vulnerabilität und Mobilität (Migration und Umsiedlung) in zwei ländlichen Gemeinden Südvietnams, die unter saisonalen Überschwemmungen und Erosion der Flussufer leiden. Nahezu die Hälfte der befragten Haushalte gab an, ihre Existenzgrundlage sei durch die Umweltbelastung »stark« beeinträchtigt, doch nur wenige hielten dies für einen ausreichenden Grund zum Abwandern. Und während viele die saisonalen Überschwemmungen und die daraus entstehenden Folgen für die (fehlenden) Erwerbsmöglichkeiten als Ursache für Migration erkannten, bezeichneten sie auf Nachfrage Migration selbst als überwiegend wirtschaftlich begründet (etwa wegen mangelnder Arbeitsplätze auf dem Land und höherer Löhne in der Stadt). Die Umweltbelastungen wurden in der Gemeinde, die unter Erosion der Flussufer litt, als schwerwiegender bewertet, da immer mehr Familien Land und Haus verloren. In der von Hochwasser bedrohten Gemeinde erschienen die Umweltbelastungen als weniger schwer; hier war die Entscheidung für die Migration offenbar von einer Vielzahl von Faktoren beeinflusst.

Weiterhin zeigte die Studie, dass die durch Umweltbelastung begründete Entscheidung und die Fähigkeit zur Migration von den grundlegenden Haushaltsressourcen – seien sie finanziell, materiell, menschlich, gesellschaftlich, politisch oder natürlich – sowie dem Grad der Vulnerabilität bestimmt werden. So spielen Land- und Hausbesitz dabei eine große Rolle: Landbesitzer sind weniger geneigt, ihren Grund und Boden für immer zu verlassen, können sie ihren Besitz doch bei strategischen Überlegungen zur Verbesserung ihrer Existenzgrundlage einsetzen (etwa als Sicherheit für Investitionen), oder um in Krisenzeiten reaktionsfähig zu sein (indem sie zum Beispiel Parzellen ihres Grundstücks verkaufen, um eine medizinische Behandlung zu bezahlen). Menschen ohne Land- und Hausbesitz stehen Umweltbelastungen und plötzlichen Ereignissen hilfloser gegenüber. Außerdem sind sie an ihrem Wohnort weniger verwurzelt und zeigen sich eher geneigt, an Umsiedlungsprogrammen der Regierung teilzunehmen, die ihnen Zugang zu einem wichtigen Vorteil ermöglichen, den sie sich sonst nicht leisten könnten – einem dauerhaften Wohnsitz. Die Reaktion der Haushalte auf Umweltbelastungen und ihre Adaption hängt außerdem von menschlichen Ressourcen wie Bildung und Fertigkeiten, Gesundheit, Lebensalter und psychologischen Eigenschaften (wie Anpassungsfähigkeit und Unabhängigkeit) ab, während die Entscheidung und Fähigkeit zur Migration in hohem Maße von gesellschaftlichen Ressourcen wie dem sozialen Netz und der Einbindung bestimmt werden.

Quelle: Chun (2014).

Vinh Tri, Vietnam, 2014. © *Jane Chun, 2014.*

Kapitel 3

Herausforderungen und Chancen

Sollte Umweltmigration gefördert oder um jeden Preis verhindert werden? Immerhin ist sie ein integraler Bestandteil der gegenwärtigen ökologischen Krise und eins der Kennzeichen des Anthropozäns – des neuen geologischen Zeitalters, in dem der Mensch sowohl Haupttriebkraft der Veränderungen auf der Erde als auch ihr primäres Opfer ist. Wie jedes strukturelle Phänomen birgt auch sie Risiken, die vermieden, Chancen, die ergriffen, und Herausforderungen, die bewältigt werden wollen. Die Aufgabe der Politik besteht daher darin, die Migration dahingehend zu unterstützen, dass Migranten sowie Herkunfts- und Zielgemeinschaften ihr positives Potenzial nutzen können.

Eine humanitäre Katastrophe?

Diese Bevölkerungsbewegungen wurden lange als humanitäre Katastrophe betrachtet, die unbedingt verhindert werden müsse. Ziel der Politik war, alles Erdenkliche zu tun, damit Menschen auf ihrem Land bleiben konnten. Migranten galten allgemein als schutzlos, als die wichtigsten Zeugen und ersten Opfer der Umweltkrise – und insbesondere des Klimawandels. Wie ein Kanarienvogel in einem Kohlebergwerk machten sie die Welt auf die Risiken der Erderwärmung für gefährdete Bevölkerungen aufmerksam und appellierten an die Welt zu handeln.

Eine solche Sicht hält jedoch einer Realitätsprüfung nicht stand. Tatsächlich ist die Migration oft ein erzwungener oder gar brutaler Schritt, etwa wenn eine Katastrophe keine Alternative lässt oder der Versuch der Anpassung an eine oftmals von anderen zerstörte Umwelt nicht gelungen ist. Doch viele Migranten entsprechen keineswegs dem typischen Bild des Opfers und verfügen über außerordentliche Ressourcen für eine gelingende Migration. Und für einige von ihnen ist sie nicht unbedingt der letzte Ausweg, sondern eine persönliche Anpassungsstrategie.

Wie kann man erreichen, dass Umweltmigration allgemein nicht erst aufgrund gescheiterter Anpassung oder gezwungenermaßen stattfindet, sondern als Teil einer bewussten Adaptionsstrategie? Die Antwort auf diese Frage wird zukünftig eher von der Migrations- und Eingliederungspolitik bestimmt werden als durch die Art der Umweltzerstörung.

Eine Anpassungsstrategie

Seit einigen Jahren herrscht eine gewisse Einigkeit darüber, dass Migration ein positiver Faktor bei der Anpassung an den Klimawandel sein kann. Viele Organisationen und Regierungen fördern inzwischen die Mobilität als Lösung, statt sie als Katastrophe zu betrachten, die es zu verhindern gilt.

Diese positive und dynamische Sicht birgt jedoch eine Reihe Gefahren, etwa wenn übersehen wird, dass eine Vielzahl von Migranten nicht freiwillig aus- oder abwandert, sondern gezwungenermaßen. Auch dürfen die Risiken für die Herkunfts- und Zielgesellschaften nicht vernachlässigt werden. Bei Ersteren kann die Abwanderung der jüngsten, reichsten und gebildetsten Bevölkerungsmitglieder zu einer signifikanten Verarmung und zu Resignation führen, was sie gegenüber Umwelteinflüssen noch verletzlicher macht; überdies verlieren Behörden manchmal das Interesse an einer verwaisten Region, die somit noch weiter ins Abseits gerät. Und für die Aufnahmegesellschaften besteht die Gefahr darin, dass die Migranten den Druck auf zunehmend knappe Ressourcen wie Land und Wasser noch verstärken. Außerdem destabilisiert die von bestimmten NGOs oder internationalen Organisation geleistete Hilfe lokale Märkte oder führt zu Spannungen mit der lokalen Bevölkerung.

Bei der Betrachtung der Migration als Anpassungsstrategie ist es daher wichtig zu eruieren, wer davon profitiert. Sind es die Migranten selbst, die Herkunfts- oder die Zielgesellschaften? Die Gefährdung der einen zu vermindern kann in manchen Fällen die Gefährdung anderer erhöhen und zur Fehlanpassung führen.

Ein Sicherheitsthema

Seit der Verleihung des Friedensnobelpreises 2007 an Al Gore und den Weltklimarat haben Politik und Medien den Klimawandel als große Gefahr für die weltweite Sicherheit und Stabilität erkannt. Doch der Charakter dieser Gefahr wird grundlegend verkannt, wie die zahllosen Berichte und Erklärungen zeigen, in denen Umweltmigration als wichtigster Unsicherheitsfaktor und daher als große Bedrohung dargestellt wird. Dabei wird so verkürzt argumentiert, dass viele unmittelbar zustimmen: Migranten, die in großer Zahl durch Schäden in ihrer Umwelt vertrieben werden, eignen sich das Land und die Ressourcen anderer Gemeinschaften an und erzeugen damit Spannungen und Konflikte. Die mit der Migration verbundenen Sicherheitsrisiken dürfen zwar nicht vernachlässigt oder unterschätzt werden, doch tatsächlich sind sie keineswegs die generelle Ursache für Konflikte.

Zudem ist alles eine Frage der Perspektive: Während Migration in den Zielgesellschaften durchaus als Bedrohung wahrgenommen werden kann, bedeutet sie für die Migranten eine Verbesserung, da sie vor allem ein Leben in größerer Sicherheit anstreben, sei dies in Hinblick auf die örtliche Situation oder auf wirtschaftliche Chancen, die ihnen ermöglichen, ihre Einkünfte zu steigern oder zu diversifizieren. Im Zusammenhang mit Umweltmigration ist die Sicherheitsfrage vor allem im Hinblick auf die menschliche und individuelle Situation derjenigen ein Thema, die am stärksten unter dem Klimawandel zu leiden haben.

Was auf dem Spiel steht

Die bislang weitgehend von der Politik vernachlässigte Umweltmigration muss Eingang in die Debatten finden, damit die mit ihr verbundenen Herausforderungen und Chancen gründlich analysiert werden können und Migranten bei Adaptions- und Sicherheitsmaßnahmen als Opfer wie als Akteure in den Vordergrund treten. Kapitel 3 dieses Atlas widmet sich zunächst den mit der Anpassung verbundenen Fragen. Neben der Reduktion der Treibhausgasemissionen steht Anpassung seit etwa zehn Jahren als wichtige Maßnahme bei der Reaktion auf den Klimawandel im Blickfeld – das heißt die Prozesse und Strategien, die darauf abzielen, die durch die Folgen des Klimawandels entstehende Vulnerabilität natürlicher und sozialer Systeme zu verringern. Dank der Arbeit von Wissenschaftlern und des Engagements internationaler Organisationen ist Migration zwar heute weitgehend als Anpassungsstrategie akzeptiert, dennoch ist es oft immer noch schwierig festzustellen, wem sie nützt und wie man ihre Wirkung am besten optimieren kann.

Anschließend werden die mit der Migration verbundenen Sicherheitsfragen untersucht. Dabei befassen wir uns nicht nur mit Konflikten um natürliche Ressourcen, sondern auch mit Menschenrechten, Urbanisierung, dem Management der Flüchtlingslager und der Lokalisierung der anhaltend steigenden Zahl von Menschen, die in Gefahrenzonen leben. Schließlich widmet sich dieses Kapitel auch den Migranten auf der persönlichen Ebene und ihrer Integration in die Zielgesellschaften sowie den persönlichen, psychischen und geschlechtsspezifischen Aspekten der Migration.

Das Ende der traditionellen Migration

Der Klimawandel bedroht die traditionellen Lebensweisen bestimmter Nomadengesellschaften, weil er die für ihre Mobilität notwendigen natürlichen Ressourcen zerstört und sie vor neue Anpassungsanforderungen stellt.

Für bestimmte Gemeinschaften ist die Migration eine eng mit der Umwelt verbundene Lebensweise und nicht eine negative Folge der Zerstörung ihrer Umwelt. Doch die Auswirkungen des Klimawandels auf natürliche Ressourcen und Land machen das Festhalten an diesen überlieferten Strategien unmöglich. In der Sahelzone beispielsweise beeinträchtigen die Veränderung der traditionellen Regenzeiten, wiederholte Überschwemmungen und Perioden starker Dürre die üblichen Wanderungen der nomadischen Viehzüchter und Gemeinschaften. In der Mongolei haben außergewöhnlich trockene Sommer, gefolgt von extrem harten Wintern, die Herden dezimiert und Viehzüchter gezwungen, sich in Städten niederzulassen und dort ein neues Auskommen zu suchen. Dies führt zur Ausweitung armer städtischer Ansiedlungen, vor allem an der Peripherie der Hauptstadt. Abgesehen vom Klimawandel, tragen auch menschliche Aktivitäten zu Bodendegradation und zu einer zunehmenden Knappheit natürlicher Ressourcen bei. So fördert etwa die unkontrollierte Ausbeutung der Ressourcen im Norden Kenias und in den Nachbarregionen, die ohnehin schon unter Trockenheit, Naturkatastrophen und einer schwachen Regierungsführung leiden, die Auflösung der traditionellen Lebensweise von Nomadengruppen. Dies verstärkt ihre Marginalisierung, erhöht das Konfliktpotenzial und verursacht weitere Umweltschäden.

Ein Migrationsproblem

Umweltveränderungen stellen die nomadischen Hirtenvölker vor neue Probleme und zwingen bestimmte Gruppen, ihre traditionellen Pfade zu verlassen, wobei sie manchmal versehentlich Landesgrenzen überschreiten und auf diese Weise zu illegalen Migranten werden. Da sie aufgrund des Klimawandels ihre traditionelle Lebensweise verlieren, erfahren viele dieser Gemeinschaften einen kulturellen, sozialen, wirtschaftlichen und politischen Wandel, der sie in der Folge oft zur Migration zwingt. Diese Situation ist paradox, da sie im Sinne der Nomaden Nichtbewegung bedeutet: das Ende der traditionellen Mobilität und wirtschaftliche und soziale Marginalisierung, der manchmal die Abwanderung in urbane Gebiete folgt. Dies aber erzeugt eine Reihe von Problemen, sowohl was den Zugang zu Nahrungsmitteln, Wasser und medizinischer Versorgung betrifft als auch die Maßnahmen, die notwendig sind, um diesen Gruppen Bildungs- und Arbeitsmöglichkeiten zu bieten. Zudem bedarf es für ihre Ansiedlung der lokalen Entwicklung und der Stadtplanung.

In Kenia kommt zum anhaltenden Zusammenbruch der traditionellen Migration noch ein Strom von Flüchtlingen aus den in Konflikte verstrickten Nachbarländern hinzu. Die Flüchtlinge stellen eine große Belastung für die aufnehmenden Gesellschaften dar, die bereits selbst Opfer des ökologischen Drucks sind – insgesamt eine Situation, die neue Konflikte hervorruft. Es wurden zwar Programme aufgelegt, die Umweltschutz zur Abmilderung der Folgen des Klimawandels mit politischen Maßnahmen zum Erhalt der traditionellen Mobilität verbinden, aber derartige Initiativen sind immer noch allzu selten.

Vertreibung von Viehhirten

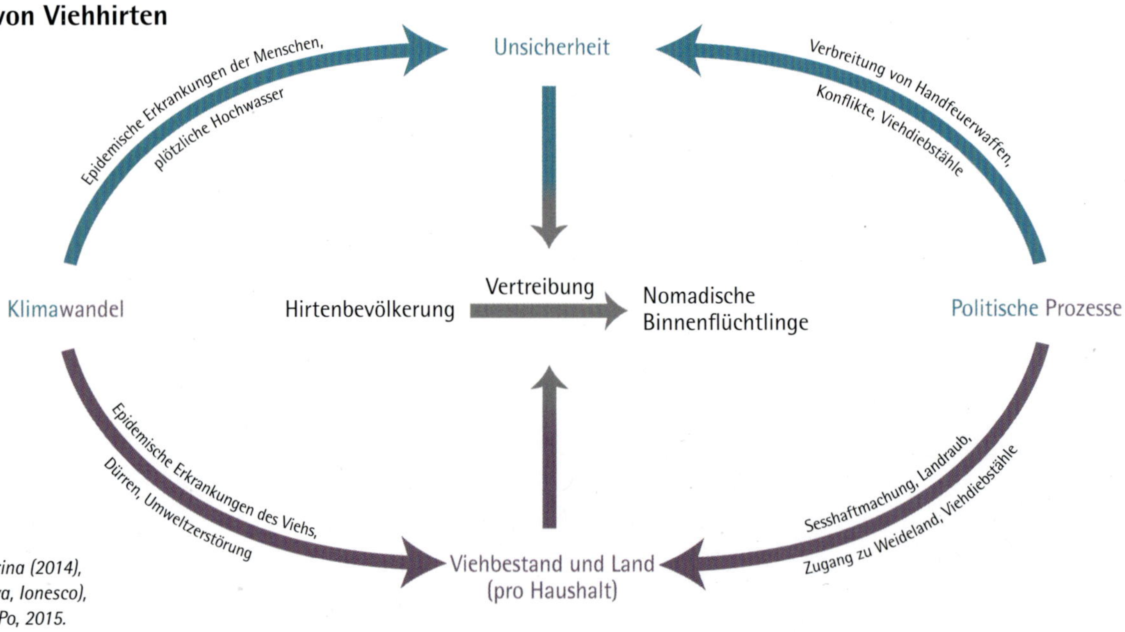

Quelle:
Schrepfer und Caterina (2014),
© ICM (Mokhnacheva, Ionesco),
Gemenne, Sciences Po, 2015.

Kenia: Klimawandel und Migration von Viehhirten

Quellen: CIESIN und CIAT (2005), Ginnetti und Franck (2014), Kasimbu (2010), UNEP (2009, 2010), © IOM (Mokhnacheva, Ionesco), Gemenne, Sciences Po 2015.

Zirkuläre Migration

Immer häufiger erweist sich die zirkuläre Migration aus Zonen, die Umweltrisiken oder Naturkatastrophen ausgesetzt sind, als Anpassungsstrategie. Die Politik kann diese unterstützen, indem sie Regionen fördert, die unter Schäden und Degradationen leiden, und Migranten hilft.

Unter zirkulärer Migration versteht man saisonale Binnenwanderungen, also periodische Migration zwischen ländlichen Regionen oder aus ländlichen in städtische Zonen und umgekehrt. Die Umwelt ist dabei natürlich einer der ausschlaggebenden Faktoren, wie etwa in Gebieten mit einem regelmäßigen Wechsel zwischen Regen- und Trockenzeiten. Zu dieser Art von Migration zählt auch jene, bei der Menschen für eine bestimmte Periode im Ausland arbeiten, beziehungsweise die grenzüberschreitende zirkuläre Migration, die durch internationale Abkommen geregelt wird und zunehmend politischer und gesetzlicher Kontrolle unterliegt. Das jüngste Beispiel einer entsprechenden Gesetzgebung ist die »Convention Concerning Decent Work for Domestic Workers«, die 2013 in Kraft trat.

Zirkuläre Mobilität als Herausforderung und Chance

Obwohl diese Art der Migration in gefährdeten Gebieten zur Verringerung des Drucks auf natürliche Ressourcen und zur Diversifizierung der Subsistenzmittel beitragen kann, sehen sie nur sehr wenige Länder im Zusammenhang mit der Umweltzerstörung.

Tadschikistan liefert ein aufschlussreiches Beispiel für die rasche Zunahme der zirkulären Migration aufgrund von Umweltzerstörung. Zirkuläre Arbeitsmigration von Männern ist dort eine übliche Reaktion auf Dürre, Wasserknappheit, Mangel an Agrarland sowie ungewöhnliche Niederschlagsschwankungen und Temperaturen. Gelegentlich erwirtschaften diese Migranten sogar einen regelmäßigen Beitrag zum Familieneinkommen. Auch wenn in den von Umweltzerstörungen betroffenen Gegenden, insbesondere in Russland, zugleich auch der höchste Grad an zirkulärer Migration stattfindet, können Naturkatastrophen unter Umständen zu einer so extremen Verarmung der Privathaushalte führen, dass die Finanzierung einer Abwanderung ins Ausland unmöglich ist. So entscheiden sich diese Haushalte für die Binnenmigration oder verharren in der ausgesprochen prekären Situation. Die zirkuläre Migration stellt nicht nur die Zurückbleibenden vor Probleme, da sie nun allein den Haushalt führen und das Land bewirtschaften müssen, sondern auch die Arbeitsmigranten selbst, die häufig marginalisiert und ausgebeutet werden.

Politische Maßnahmen zur Erleichterung der zirkulären Migration

Die politischen Maßnahmen zur Kontrolle und Erleichterung der Arbeitsmigration orientieren sich vorrangig an den Bedürfnissen der Arbeitskräfte im Zielland und sind häufig die Frucht langer politischer Beziehungen und Verhandlungen. Doch sowohl in den Herkunfts- als auch in den Aufnahmeländern ist ein gewisses Maß an Bewusstsein für die Zusammenhänge zwischen Umweltthemen und der regelmäßigen zirkulären Arbeitsmigration festzustellen. So legte Neuseeland 2007 das Programm »Recognized Seasonal Employers« (RSE) auf, das durch Abkommen mit sieben Pazifikländern – Kiribati, Samoa, den Salomoninseln, Tonga, Papua Neuguinea, Tuvalu und Vanuata – Saisonarbeitern Arbeitsplätze bietet, um den Arbeitskräftemangel im Garten- und Weinbau des Landes auszugleichen. RSE ermöglicht jährlich bis zu 9000 Menschen die befristete Einwanderung. In einem Bericht von 2012 empfahl die Asiatische Entwicklungsbank die Nutzung der regulären Migrationswege, um dem Bedarf an Arbeitsplätzen in asiatischen Ländern gerecht zu werden und die Anpassung an den Klimawandel zu erleichtern. Die Europäische Kommission erklärte 2013, sie werde für Regionen, die Umwelt- und Klimarisiken ausgesetzt seien, die Möglichkeit der Förderung von Arbeitsmigration prüfen. Vergleichbare Maßnahmen zur Erleichterung der Mobilität nehmen auch deshalb zu, weil es sich bei politischen Entscheidungsträgern immer stärker durchsetzt, dass die ungeregelte internationale Migration die einzige Lösung ist, wenn es keine legalen Wege gibt.

Ein gemeinsames Pilotprojekt Kolumbiens und Spaniens: »Temporäre und zirkuläre Arbeitsmigration«

In Kolumbien sind zahlreiche Regionen gravierenden Umweltrisiken ausgesetzt, die durch eine hohe Armutsrate, Konflikte und Kriminalität noch verschärft werden. Das Programm »Temporäre und zirkuläre Arbeitsmigration« (Temporary and Circular Labour Migration, TCLM), auf das sich Kolumbien und Spanien mit der »Unió de Pagesos de Catalunya« geeinigt haben und das mit Unterstützung der IOM durchgeführt wird, ist ein innovatives Modell für Bevölkerungen aus ökologisch geschädigten Gebieten. Zugleich ist es ein Vorbild für die Zusammenarbeit zwischen öffentlichen und privaten Akteuren sowie Nichtregierungsorganisationen auf nationaler, regionaler und lokaler Ebene. Innerhalb von drei Jahren nahmen 3000 Kleinbauern, Ureinwohner und Arbeiter aus verschiedenen Regionen des Landes an diesem Migrationsprogramm teil, um gemeinsam die Entwicklung und die Anpassung an Umweltprobleme zu fördern. Vor allem durch Heimatüberweisungen, die von Privatleuten mitfinanziert und durch internationale Kooperation unterstützt wurden, trugen die Migranten und ihre Familien zur Sanierung der von der Umweltveränderung betroffenen Gebiete bei. Darüber hinaus erwarben sie Kenntnisse und Techniken, von denen die Gemeinschaften in den geschädigten Gebieten profitieren konnten. *Quelle: IOM (2009).*

Unterschiedliche Auswirkungen der Migration als Anpassungsstrategie in Thailand und Indien

THAILAND
Provinz Lamphun

INDIEN
Bezirk Janjgir im Bundesstaat Chhattisgarh

MAKRO

Thailand

- Geringe Armut und Nahrungsunsicherheit
- Fortgeschrittenes Stadium des wirtschaftlichen und demografischen Wandels (Erfolg der Armutsverminderung in den letzten Jahrzehnten)

Indien

- Mittlere bis große Armut und Nahrungsunsicherheit
- Hohe Mangelernährungsraten
- Fortgeschrittenes Stadium des wirtschaftlichen und demografischen Wandels (Bevölkerungswachstum)

VOR ORT

Thailand

- Durchschnittlicher Niederschlag pro Jahr: 1,017 Millimeter
- Hochland und Flussgebiete
- Saisonale Landwirtschaft
- Schwere Überschwemmungen: Laut Aussage von 87 Prozent der Haushalte haben heftige Regenfälle in den letzten 10 bis 20 Jahren zugenommen
- Bevölkerung lebt von Subsistenzwirtschaft (Agrarprodukte für den Verkauf, Webwaren, Heimatüberweisungen, Kleinbetriebe/-gewerbe, staatliche Absicherungsprogramme)
- Verschiedene Strategien gegen die negativen Auswirkungen der Umweltveränderungen (landwirtschaftliche und andere Aktivitäten zur Generierung von Einkommen, Zugang zu finanziellen Ressourcen durch Gemeindefonds, Hilfe durch lokale Behörden)

Größte Herausforderungen
Regenbedingte Belastungen, Trockenphasen, schwere Regenfälle, plötzliche Überschwemmungen

Indien

- Durchschnittlicher Niederschlag pro Jahr: 1,229 Millimeter
- Bewässertes Tiefland
- Hohe Abhängigkeit von Landwirtschaft
- Keine Abnahme der durchschnittlichen jährlichen Niederschläge, aber deutliche Verminderung der Regentage
- Nicht genügend Wasser für einen zweiten Pflanzzyklus
- Hohe Arbeitslosigkeit in der Trockenzeit
- Zunahme von Dürren und Trockenperioden in den letzten 10 bis 20 Jahren
- Wenige alternative Existenzmöglichkeiten

Größte Herausforderungen
Verspäteter Monsun/Saisonbeginn, nur eine Ernte pro Jahr, wiederkehrende Pflanzenkrankheiten, intensive, nichtnachhaltige Landwirtschaft

HAUSHALT

206 befragte Haushalte (Thailand)

Mit Migrationserfahrung ... 67 %
Saisonale Migration ... 66 %
wegen Umweltbelastung auf der Suche nach Alternativen ... 76 %
Migration aus Bildungsgründen ... 18 %
Migration wegen Landlosigkeit oder Landknappheit (2,4 % landlos) ... 47 %
Migration zur Diversifizierung der Existenzgrundlage ... 76 %

180 befragte Haushalte (Indien)

Mit Migrationserfahrung ... 42 %
Saisonale Migration ... 66 %
wegen Umweltbelastung auf der Suche nach Alternativen ... 88 %
Migration aus Bildungsgründen ... 2 %
Migration wegen Landlosigkeit oder Landknappheit (2,4 % landlos) ... 60,5 %
Migration zur Diversifizierung der Existenzgrundlage ... 87,7 %

Migrantenprofile (Thailand)

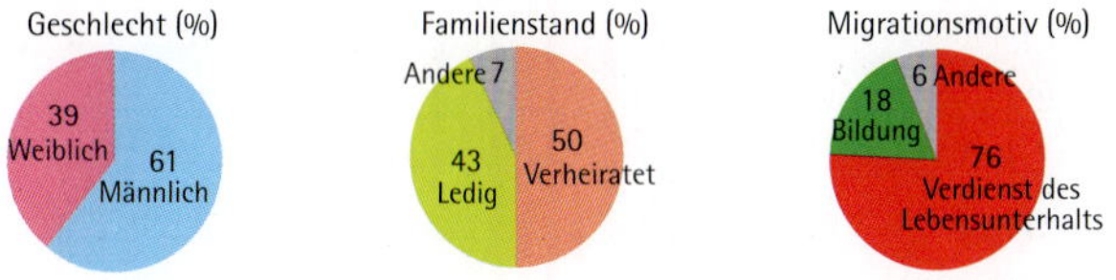

Durchschnittliches Alter der Migranten **23,18**

Schuljahre im Durchschnitt **8,48**

MIGRATIONSERGEBNISSE

Zugang zu noch besseren Chancen, Steigerung der Fähigkeiten, Bildungsmöglichkeiten = langfristig positive Auswirkungen

Erfolgreiche, Resilienz aufbauende Migration

Migrantenprofile (Indien)

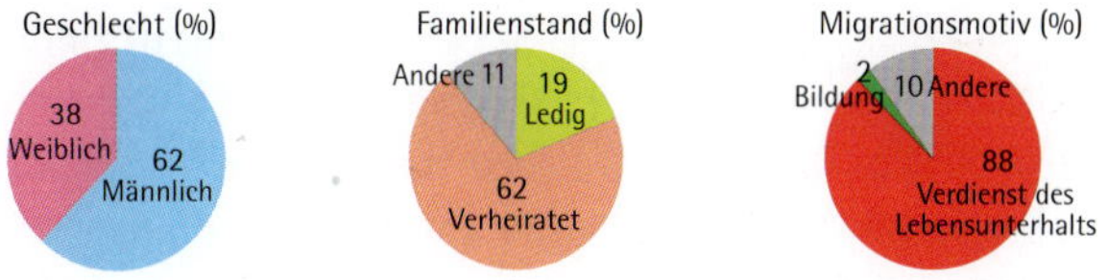

Durchschnittliches Alter der Migranten **21,1**

Schuljahre im Durchschnitt **6,1**

MIGRATIONSERGEBNISSE

Schulabbruch der Kinder wegen Migration; insgesamt verringerter Zugang zu Schulbildung = langfristig negative Auswirkungen auf Einkommen und soziale Mobilität der betroffenen Haushalte

Erodierende Bewältigungsstrategie, erhöhte Vulnerabilität

Quelle: Warner u. a. (2012), © IOM (Mokhnacheva, Ionesco), Gemenne, Boissière, 2015.

Zirkuläre Migration: erfolgreiche oder erodierende Bewältigungsstrategie?

Die vergleichenden Studien, die im Rahmen des Projekts »Where the Rain falls« in acht Ländern durchgeführt wurden, zeigen, dass zirkuläre Migration für Familien eine inzwischen übliche Antwort auf die Folgen des Klimawandels ist. Je nach sozialem, wirtschaftlichem und finanziellem Status der Haushalte können diese Strategien und ihre Auswirkungen allerdings variieren. Befristete Migration erhöht die Resilienz von Familien, die bereits über ein hohes Maß an sozialen Verbindungen verfügen und Zugang zu Hilfe von außen durch dafür zuständige Institutionen haben – wie beispielsweise in Thailand. Auf die verwundbarsten Haushalte, die keinen Zugang zu geeigneten Hilfsmechanismen haben, wirkt sich diese Migrationsform dagegen negativ aus, wie es das Beispiel aus Indien deutlich macht.

Quelle: Warner u. a. (2012).

Entwicklung, Adaption und Risikomanagement

Dass Diasporagemeinschaften einen Beitrag zur Entwicklung in ihren Herkunfts- und Zielländern leisten, wird mittlerweile auf politischer Ebene erkannt und wurde von der Forschung bestätigt. Doch ihr Potenzial sollte auch bei der Anpassung an den Klimawandel und beim Katastrophenrisikomanagement berücksichtigt werden.

Heimatüberweisungen sind private finanzielle Zuwendungen von Migranten an ihre Verwandten und Gemeinschaften zu Hause und eine anerkannte Form der Beteiligung an der Entwicklung in ihrem Herkunftsland. Transfers zwischen Ziel- und Herkunftsland, genauer zwischen lokalen Ziel- und Herkunftsgemeinschaften, sind nicht nur finanzieller Natur, sondern finden in verschiedensten Formen statt und beinhalten z. B. auch Fähigkeiten, Wissen, Technologien und Investitionen.
Programme wie »Return of Qualified Nationals« (Rückkehr qualifizierter Staatsbürger; UNDP) oder »Migration for Development of Africa« (MIDA; IOM) haben zum Expertisetransfer zwischen Diaspora und Herkunftsland angeregt und dazu beigetragen, das Engagement Einzelner bei Entwicklungsbemühungen in ihren Heimatländern zu unterstützen. Obwohl Diasporagemeinden auch von sich aus in ihre Herkunftsländer investieren, kommt der Politik doch die wichtige Rolle zu, günstige Bedingungen für die Investitionen der Migranten zu schaffen und gleichzeitig bei ihren Entwicklungsprojekten der Freiheit und den Interessen der Migranten einen zentralen Platz einzuräumen.

Migration, Adaption und Katastrophenrisikomanagement

Die potenzielle Rolle von Migranten und Diasporagemeinschaften bei Adaptionsprojekten, deren Schwerpunkt auf den Auswirkungen des Klimawandels und dem Risikomanagement liegt, wird erst allmählich erkannt, und das politische Interesse an diesem Thema ist immer noch begrenzt. Doch die Beteiligung der Migranten in Form von Geldzahlungen, Investitionen und Expertise könnte auf mehreren Ebenen ausschlaggebend sein: bei der Organisation und Finanzierung lokaler Projekte; bei der Hilfe für Katastrophenopfer und der Finanzierung des Wiederaufbaus zerstörter Infrastruktur; im Kampf gegen die Wüstenbildung, der einen entscheidenden Schritt zur Verminderung der Vulnerabilität und der Armut darstellt und damit auch den Migrationsdruck verringert; und bei der Sanierung der Böden, der Wiederaufforstung oder der Förderung neuer landwirtschaftlicher Methoden. Ein Beispiel für die Anerkennung der potenziellen Rolle der Migranten und Diasporagemeinschaften aus jüngerer Zeit ist das »Übereinkommen der Vereinten Nationen zur Bekämpfung der Wüstenbildung«, das darauf abzielt, nachhaltige Landbewirtschaftung und die Mobilisierung der Ressourcen und Kompetenzen von Diasporagemeinschaften zu verbinden.

Samoa: Heimatüberweisungen als Sicherheitsnetz

Das im Südpazifik gelegene Samoa ist besonders stark von Naturkatastrophen bedroht. Zudem ist das Land, gemessen in Prozent des BIP, weltweit der sechstgrößte Empfänger von Geldtransfers. Eine Studie über die fünf im Jahr 2009 von einem Tsunami und im Jahr 2012 vom Zyklon Evan betroffenen Gemeinden zeigt, dass diese Transfers bei geringer staatlicher Unterstützung zunahmen und abnahmen, sobald von außen substanzielle Unterstützung kam, dass sie also als reales Sicherheitsnetz dienten. Die Heimatüberweisungen trugen zum Wiederaufbau der Häuser, der landwirtschaftlichen Produktion und zu kommunalen Maßnahmen zur Erholung des lokalen und nationalen Gefüges bei. Migranten können also die Haushalte nach einer Katastrophe beim Wiederaufbau unterstützen, verschlechtern damit aber unter Umständen die eigene Situation, indem sie ihre Ersparnisse zur Verfügung stellen.

Quelle: Le De u. a. (2015).

Heimatüberweisungen nach Samoa nach dem Tsunami von 2009

Heimatüberweisungen und öffentliche Entwicklungshilfe in Samoa, 2002–2012

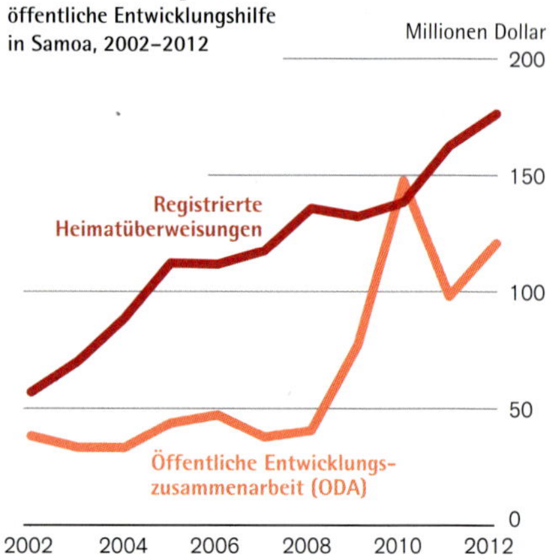

Heimatüberweisungen im Vergleich zur Hilfe durch NGOs und staatlicher Unterstützung im Dorf Salani nach dem Tsunami von 2009

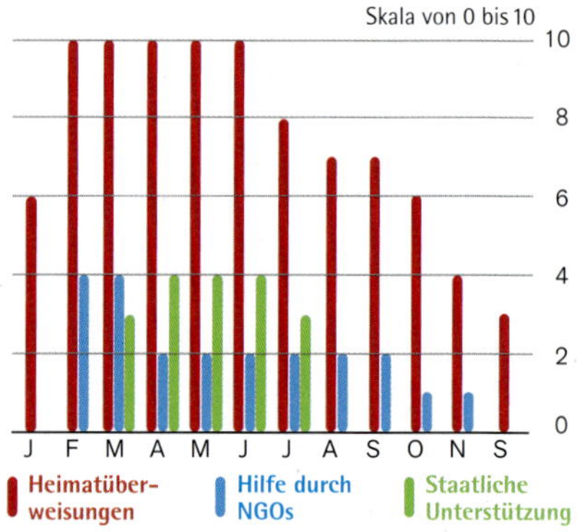

Verwendung der Heimatüberweisungen vor und nach dem Tsunami von 2009

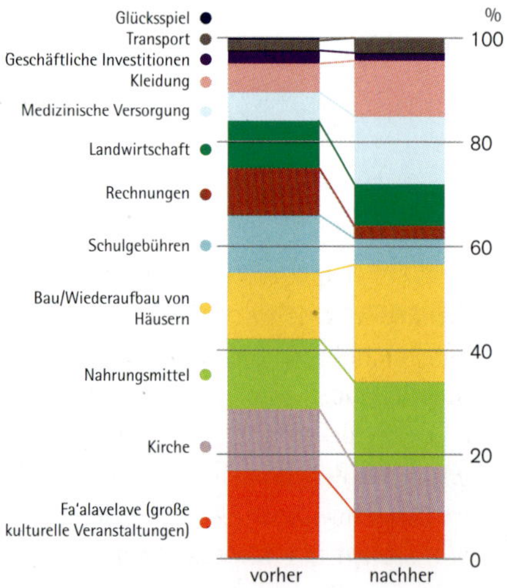

Mit freundlicher Genehmigung von L. Le De und J.-C. Gaillard, © IOM (Mokhnacheva, Ionesco), Gemenne, Boissière, 2015.

Umwelt, Migration und Heimatüberweisungen in Senegal

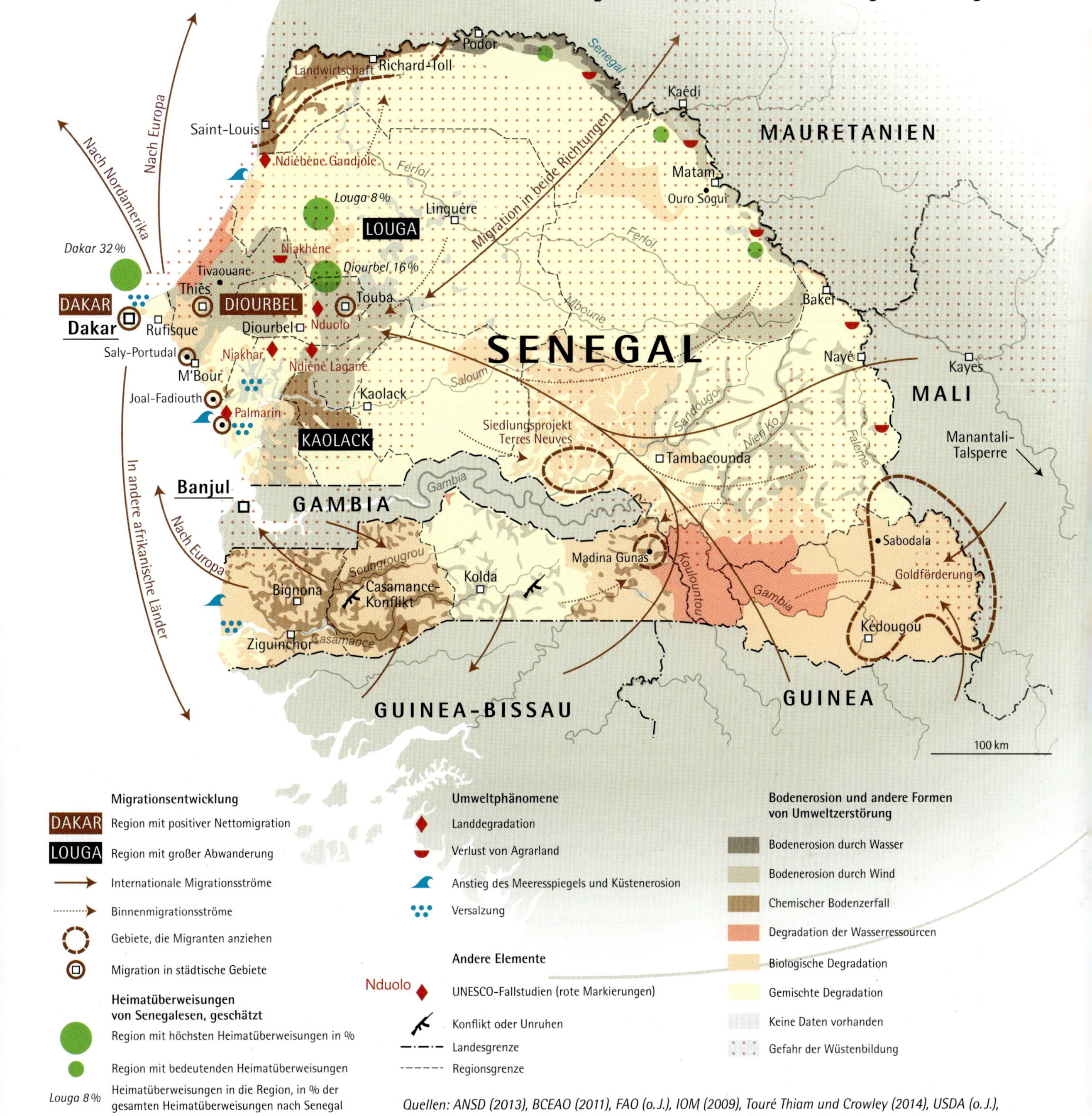

Quellen: ANSD (2013), BCEAO (2011), FAO (o. J.), IOM (2009), Touré Thiam und Crowley (2014), USDA (o. J.), mit Beiträgen von J.-L. Couture, © IOM (Mokhnacheva, Ionesco), Gemenne, Zoï Environment Network, 2014.

Das Beispiel Senegals zeigt die Komplexität der Herausforderungen und Chancen bei der Verwaltung von Gebieten im Zusammenhang mit dem Migrations- und Adaptionsmanagement. Während es in zahlreichen unter Landdegradation leidenden Regionen eine starke Abwanderung – meist in städtische Gebiete – gibt, ziehen andere Regionen mit bereits knappen Wasserressourcen, Erosionen und industriellem Zerfall immer noch Migranten an. Darüber hinaus sind bei den Heimatüberweisungen regional signifikante Unterschiede festzustellen. Daher könnten politische Maßnahmen, die die Wirkung von Heimatüberweisungen fördern, auf vielerlei Ebenen nützlich sein. Sie müssten die wichtigsten Vorhaben zur Anpassung und zu nachhaltigem Landmanagement auflisten und zugleich zur Bekämpfung der Folgen des Klimawandels beitragen, den Migrationsdruck in Hochrisikozonen minimieren und ein anderes Bild von Migranten vermitteln, insbesondere als wichtige Beteiligte in der internationalen Zusammenarbeit. In Senegal, Niger und Burkina Faso wird mit Unterstützung des italienischen Außenministeriums ein von UNCCD Global Mechanism und IOM entwickeltes Pilotprojekt durchgeführt, das die Beiträge der Migranten und Projekte des nachhaltigen Landmanagements zu verbinden sucht.

Demografischer Druck in Risikozonen

Entgegen der weitverbreiteten Anschauung ist der Zustrom von Migranten in Risikozonen nach wie vor größer als die Abwanderung. Mit anderen Worten, die Zahl der Menschen, die von Umweltrisiken bedroht sind, wächst weiter an.

Auch wenn sie nicht ständig daran denken, sind sich die Einwohner San Franciscos oder die Menschen, die an den Hängen des Ätna leben, der Tatsache bewusst, dass sie eines Tages Opfer einer großen Katastrophe werden könnten. Doch die Gründe, die sie zum Bleiben zwingen, sind in der Regel stärker als die Angst.

Andererseits gibt es viele gefährdete Gebiete, deren Bewohner sich nicht klarmachen, dass sie klimabedingten Risiken ausgesetzt sind. Vor allem in Asien zieht der wachsende Wirtschaftsboom in den Städten und Küstenregionen immer noch Migranten an. In Bangladesch fliehen Menschen vor den Folgen von Katastrophen und Umweltschäden vom Land in die Städte, was paradoxerweise die Gefährdungslage in diesen erhöht. Man geht davon aus, dass in Afrika und Asien die Zahl der Personen, die in Überschwemmungsgebieten leben, von 114 Millionen im Jahr 2000 auf 192 Millionen im Jahr 2060 steigen wird.

Die Verantwortung des Staates

Jede Regierung trägt die Verantwortung für die geografische Verteilung der wirtschaftlichen Aktivität. Wenn sie die Entwicklung der sichersten Regionen fördert, orientieren sich die Migrationsbewegungen natürlicherweise in Richtung dieser Zentren wirtschaftlicher Aktivität. Eine solche Politik könnte auch präventiv wirken, denn sie macht Umsiedlungsprojekte überflüssig oder verhindert sogar humanitäre Krisen. Rasch wachsende Städte brauchen eine nachhaltige Stadtplanung, die die Infrastruktur und staatlichen Dienstleistungen für den am stärksten durch Umweltveränderungen gefährdeten Teil der Bevölkerung verbessert. Doch nur wenige Länder haben die räumliche Organisation ihrer Städte oder ihrer Wirtschaft einer Überprüfung unterzogen. Initiativen wie »100 Resilient Cities« der Rockefeller Foundation regen lokale Behörden an, genau das zu tun, und bieten Unterstützung für die Durchführung an.

Auswirkungen der Umwelt auf die Migration

Umweltrisiken können auch durch die Migration selbst herbeigeführt werden, und der Zusammenhang zwischen Migration und Umwelt wurde erstmals unter diesem Aspekt formuliert. 1996 veröffentlichte das UNHCR Umweltrichtlinien, bemerkenswerterweise mit dem Ziel, die durch Flüchtlingslager entstehenden Schäden möglichst gering zu halten. Im Jahr 2014 entwickelte die Arbeitsgruppe für die Koordination und das Management von Flüchtlingslagern des Ständigen interinstitutionellen Ausschusses der Vereinten Nationen neue Direktiven für die Schließung dieser Lager. Heute befasst sich die Forschung vor allem mit dem Druck auf natürliche Ressourcen, insbesondere auf die Böden. Je nach Ausmaß kann Migration tatsächlich die Umweltvulnerabilität der Zielgebiete erhöhen. Die Gefahr ist zwar real, sollte aber nicht überschätzt werden, wie es in Debatten über den Zusammenhang zwischen Klimawandel und Migration häufig geschieht, wenn man sich auf den migrationsbedingten Druck auf die Ressourcen als Konfliktursache fokussiert. Wir sollten derartige deterministische Argumente vermeiden: Die Verteilung der natürlichen Ressourcen hängt in höherem Maße von der herrschenden Verteilungspolitik ab als von der absoluten Menge der Ressourcen. Migration trägt oft sogar zur Verminderung des Drucks auf die Ressourcen und fragilen Ökosysteme in den Herkunftsregionen bei.

Leben am Fuß eines aktiven Vulkans: Bevölkerungswachstum und Katastrophenrisiko in Goma

Im Januar 2002 wurde die Stadt Goma in der Demokratischen Republik Kongo durch Lavaströme des ausgebrochenen Vulkans Nyiragongo teilweise zerstört. Über 200 Menschen kamen ums Leben, Hunderttausende wurden obdachlos. Doch die Stadt wuchs weiter und zog Tausende Menschen an, die vor der Armut und den Konflikten in der Region flohen. Zwischen 2002 und 2014 stieg die Einwohnerzahl von Goma auf 1,1 Millionen und damit fast auf das Dreifache an. Zugleich breitete sich die Stadt gefährlich in Richtung des Vulkans aus. Die 2002 von den Lavaströmen bedeckten Gebiete wurden parzelliert und für den Wohnungsbau angeboten. Im Jahr 2014 war die gesamte Lavafläche verkauft. Die Stadt und ihre Bewohner sind stärker gefährdet als vor dem Vulkanausbruch von 2002, da die wachsende Bevölkerung vorwiegend aus Zugezogenen besteht, die die Katastrophe von 2002 nicht miterlebt haben, sich daher der Risiken nicht bewusst sind und nicht auf einen neuen Vulkanausbruch vorbereitet sind. *Quelle: IOM (2014).*

Auf dem Lavastrom errichtete Häuser am Stadtrand Gomas. Demokratische Republik Kongo, 2013. © Dario Tedesco 2013.

Nettomigrationsraten in den verschiedenen Bezirken des Ganges-Brahmaputra-Meghna-Deltas

(in Prozent der Bevölkerung)

Quellen: National Water Resources Database (NWRD) – CEGIS Archive, BBS (212a, 2012b) und von BBS zur Verfügung gestellte Censusdaten für 2011 und 2001. Bearbeitete Karte von Dilruba Begum und Mir Fahim Shaurak (CEGIS) nach Schätzungen von Nabiul Islam und Mohammad Nazrul Islam (BIDS), © IOM (Mokhnacheva, Ionesco), Gemenne, Stienne, 2015.

Abwanderung: eine Lösung mit gemischten Resultaten

Migration kann für manche Bevölkerungen eine effektive und manchmal die einzige Strategie sein, um sich vor Gefahren zu schützen. Die Abwanderung aus gefährdeten Gebieten kann die Vulnerabilität von Haushalten gegenüber Katastrophen und den demografischen Druck auf fragile Ökosysteme vermindern und damit wiederum Umweltzerstörung und Katastrophenrisiken begrenzen. Aber sie kann auch negative Auswirkungen haben. In einer Studie über die Folgen des Klimawandels und der Migration als Anpassungsstrategie in großen Deltas wurden die Migrationstrends im Mündungsgebiet von Ganges, Brahmaputra und Meghna untersucht. Dabei zeigte sich, dass in den Küstenregionen von Bangladesch, die von Überschwemmungen, Erosionen, Versalzung und Stürmen bedroht sind, die Abwanderungsrate relativ hoch ist. Die Studie, der die oben abgebildete Karte entnommen ist, war Teil des Projekts »Deltas, Vulnerability and Climate Change 2012: Migration and Adaptation« (DECCMA) innerhalb des Programms »Collaborative Adaption Research Initiative in Africa and Asia« (CARIAA). Auch wenn diese Migrationsströme nicht unbedingt direkt auf Umweltveränderungen zurückzuführen sind, können sie eine positive Wirkung auf die Resilienz der Haushalte und die lokale Ökologie haben. Bei den Abwandernden trägt die Migration möglicherweise zur Reduzierung der physischen Belastung bei und verbessert die Existenzgrundlagen. Die Zurückbleibenden gewinnen durch die Abwanderung meist eine neue Einkommensquelle in Form von Heimatüberweisungen, und der Druck auf die Gemeinschaftsressourcen verringert sich. Doch die Abwanderung kann auch zahlreiche Probleme und eine höhere Vulnerabilität mit sich bringen, etwa dann, wenn Menschen in Gebiete ziehen, wo – wie im Fall Bangladeschs – noch mehr Gefahren, Armut und Unsicherheit drohen und wo sie den Druck auf die Ressourcen im Zielgebiet erhöhen. Außerdem kann sich die Abwanderung wirtschaftlich und sozial negativ auf die Zurückbleibenden auswirken und Ungleichheit und Gefährdung perpetuieren oder verstärken, da Migration nicht für alle möglich ist. In Bangladesch ist die Migrationsrate bei Männern höher als bei Frauen, was auf eine unterschiedliche Vulnerabilität und unterschiedliche Anpassungsfähigkeit der Geschlechter hinweist.

Quellen: Lazar u. a. (2015), Warner u. a. (2012).

Urbanisierung

Die Abwanderung in die Städte bietet Einzelnen viele Chancen, doch eine rasche Urbanisierung zieht oft auch eine stärkere Gefährdung und höhere Vulnerabilität der Bevölkerung nach sich.

Urbanisierungstrends

Zwischen 1950 und 2014 ist die Zahl derjenigen, die in Städten wohnen, von 746 Millionen auf 3,9 Milliarden angewachsen; heute lebt mehr als die Hälfte der Weltbevölkerung in Ballungsgebieten. Die größten Städte der Welt befinden sich in der südlichen Hemisphäre, und das Tempo der Urbanisierung ist in Ländern mit geringen und mittleren Einkommen besonders hoch. Landflucht und die Migration von Stadt zu Stadt stellen den größten Anteil der Bevölkerungsbewegungen weltweit dar und sind der Hauptgrund für das Wachstum der Städte. Menschen werden von Hauptstädten und Megacitys angezogen; viele lassen sich aber auch in Vororten und kleineren Städten nieder.

Die Chancen der Großstadt

Es ist die Hoffnung auf eine bessere Lebensqualität, die viele Menschen vom Land anzieht, vor allem jene, deren Existenz durch den Klimawandel und Wetterveränderungen beeinträchtigt ist und die höhere Einkommen und sicherere Arbeitsplätze anstreben. Andere werden durch Katastrophen, Konflikte und Gewalt vertrieben und lassen sich in Städten nieder. Ballungsräume bieten oft mehr Sicherheit, eine bessere Verwirklichung der Grundrechte sowie Zugang zu elementaren Dienstleistungen, etwa Gesundheitsfürsorge und Bildung.

Landflucht und Vulnerabilität

Doch eine ungeplante, rasche Urbanisierung erhöht die Vulnerabilität der örtlichen Bevölkerung, da ihr Wachstum den Druck auf Umwelt, Infrastruktur und die elementare Versorgung etwa mit Wasser, sanitären Einrichtungen und Nahrungsmitteln verstärkt. Vielen Städten drohen Umweltkatastrophen wie Überschwemmungen, Stürme, Erdbeben, Wasserknappheit oder ein Anstieg des Meeresspiegels; und nur wenige sind gerüstet, diese Bedrohungen abzuwenden oder zu bewältigen. Eine schlechte Stadtverwaltung und -planung bringt potenziell alle Bewohner in Gefahr, doch mit zunehmender Einwohnerzahl und dem Klimawandel werden Städte weiterhin steigendem Druck ausgesetzt sein. Migranten aus einkommensschwachen Gruppen sind häufig besonders gefährdet, da sie sich meist in informellen Siedlungen am Stadtrand niederlassen, wo die Grundversorgung schlecht und das Gefahrenpotenzial größer ist als in der Stadt selbst. In diesen meist nicht für eine Ansiedlung geeigneten Gebieten fehlt es an

Urbanisierung und Überschwemmungen im Valle del Chalco, Mexiko

Eine von Fernando Aragón-Durand im Chalcotal in der Nähe von Mexico-Stadt durchgeführte Studie zeigt, wie das Zusammentreffen von demografischem und wirtschaftlichem Wandel, unzureichender Umweltplanung und kurzsichtiger Politik langfristig die Risiken und Vulnerabilität erhöhen kann. Nach der Trockenlegung des Chalcosees zu landwirtschaftlichen Zwecken im 19. Jahrhundert, unter anderem um den zunehmenden Nahrungsmittelbedarf der wachsenden Hauptstadt zu befriedigen, wurden Siedlungen in dem ursprünglich überschwemmungsgefährdeten Gebiet errichtet. Die Wirtschaftspolitik und der demografische Wandel Ende des 19. und Anfang des 20. Jahrhunderts sowie die mexikanische Revolution führten zu einer massenhaften Landflucht nach Mexico-Stadt. Mit dem Wachstum der Stadtbevölkerung dehnte sich der Ballungsraum bis in das Chalcotal aus. In den 1970er-Jahren kauften illegale Makler ehemalige Agrarflächen im Tal für Wohnbebauung auf. Doch diese Gebiete waren nicht bewohnbar, hatten keine Infrastruktur, und es fehlte an elementaren öffentlichen Versorgungsleistungen. Die Lebensqualität war gering, und die Siedlungen wurden regelmäßig überschwemmt. Ende der 1980er-Jahre legalisierte die Regierung die Siedlungen und legte das Solidaritätsprogramm PRONASOL auf, um die Grundversorgung für einkommensschwache Familien im Tal zu verbessern. Doch das Ergebnis war nicht nur positiv. Das Überschwemmungsrisiko nahm zu. Im Jahr 2000 verursachten schwere Niederschläge einen Dammbruch an dem mittlerweile in einen offenen Abwasserkanal umgewandelten Fluss Compañía, und 80 Hektar urbanisierter Flächen mit insgesamt 6700 Haushalten wurden überflutet. Die meisten dieser einkommensschwachen Familien konnten die Katastrophe nicht bewältigen, und viele beschlossen, sich anderswo niederzulassen. Während immer mehr Siedlungen in Hochrisikozonen entstehen, zeigt dieses Beispiel, welche Probleme es mit sich bringen kann, wenn dies ohne umfassende Stadtentwicklungsplanung, Katastrophenrisikominderung und Migrationsmanagement geschieht.

Quelle: Aragón-Durand (2011).

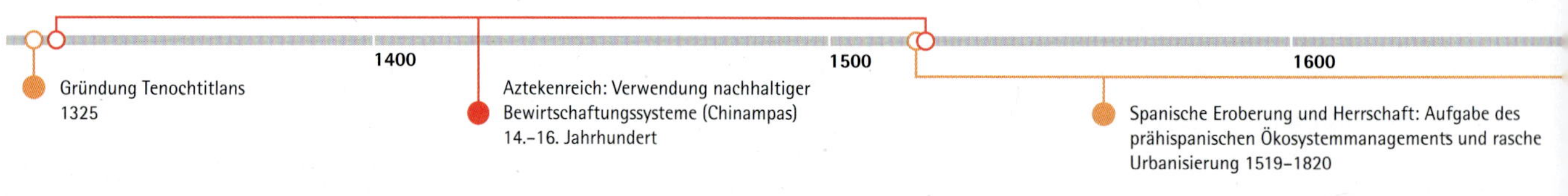

Chronologie der Urbanisierung im Chalcotal und Überschwemmungsrisiken, 1325–2010

Dienstleistungen und Infrastruktur, sodass die Bewohner meist kaum in der Lage sind, sich auf Katastrophen einzustellen, sie zu bewältigen und sich davon zu erholen. Kriminalität und Gewalt, begrenzter Zugang zu regulärem Wohnraum, Sprach-, Informations- und Kulturbarrieren, das Fehlen sozialer Sicherungen und Mangel an sozialen Unterstützernetzen sind weitere Probleme, mit denen sich die Abwanderer in den Städten auseinandersetzen müssen.

Quelle: UNDESA (2014), © IOM (Mokhnacheva, Ionesco), Gemenne, Sciences Po, 2015.

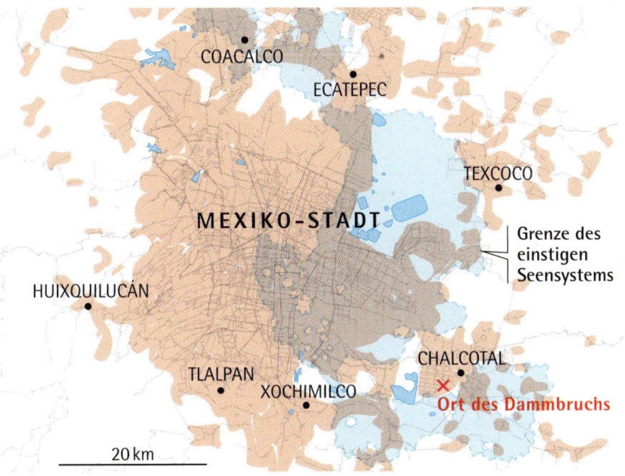

Um sich an die Veränderungen der Welt anzupassen und Gefährdungen begegnen zu können, werden sich Städte auf die demografischen und Umweltentwicklungen vorbereiten und die wichtigen wirtschaftlichen, kulturellen und sozialen Leistungen der Migranten anerkennen müssen.

Das Beispiel Lateinamerika

Lateinamerika und die Karibik bilden die am stärksten urbanisierte Region der Welt: 80 Prozent ihrer Bevölkerung leben in großen Städten. In diesem Gebiet befinden sich vier Megacitys mit jeweils über 10 Millionen Einwohnern (Mexico-Stadt, São Paulo, Buenos Aires und Rio de Janeiro) und mehrere Städte mit über 5 Millionen. Die Migrationsströme verlaufen hier meist in die Städte, die jene saisonalen, temporären und dauerhaften Migranten anziehen, die sich auf der Suche nach einem Arbeits- oder Ausbildungsplatz oder auf der Flucht vor Konflikten, Katastrophen (vor allem in Peru und Kolumbien), Armut und Landdegradadation (zum Beispiel in Nordostbrasilien) befinden. Großen Küstenstädten droht der Anstieg des Meeresspiegels, während viele Ballungsräume in der Andenregion unter Wasserknappheit leiden, weil sich die Gletscher zurückziehen, die Temperaturen steigen und durch das Anwachsen der Bevölkerung ein erhöhter Wasserbedarf besteht.

Veränderungen in den Niederschlagsmustern und eine größere Häufigkeit von Wetter- und Klimaereignissen wie Überschwemmungen und Stürme treffen regelmäßig große Städte und die besonders verwundbaren, oft armen Teile der Bevölkerung, die in hochwassergefährdeten Flussbecken und tief liegenden Deltas leben. Einige Städte wie Quito und Santiago sind gleich mehreren Gefahren wie Erdbeben, Erdrutschen oder Vulkanausbrüchen ausgesetzt. Dass die – weitgehend durch Migration – wachsende Bevölkerung der informellen Siedlungen in überschwemmungs- und erdrutschgefährdeten Gebieten lebt, ist ein elementarer Risikofaktor, dem durch geeignete Maßnahmen zur Vulnerabilitätsverminderung und Resilienzsteigerung der betroffenen Menschen begegnet werden muss. Zwar legen einige Städte und Länder Südamerikas bereits entsprechende Programme auf, doch sie werden auch die sozialen und demografischen Probleme in Angriff nehmen müssen.

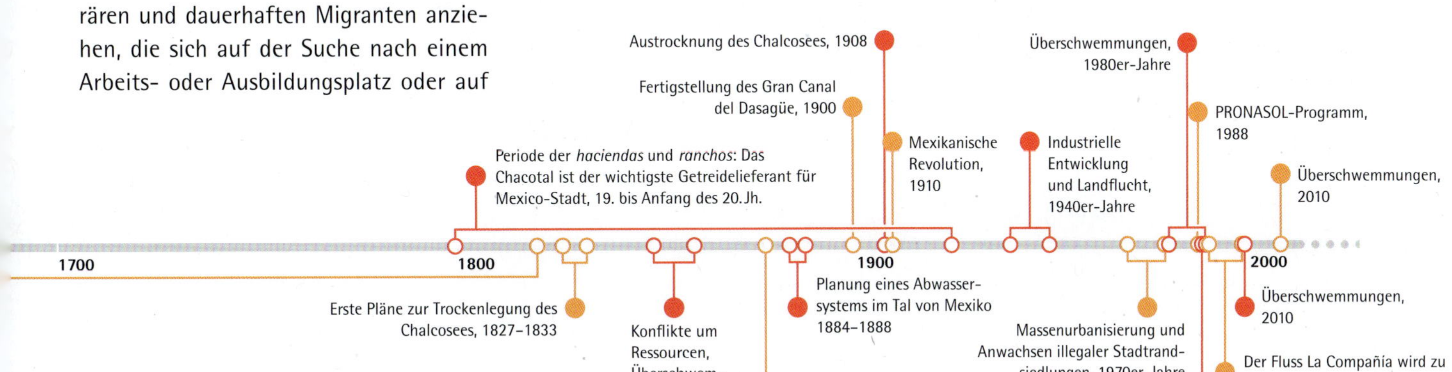

Quelle: Aragón-Durand (2011), © IOM (Mokhnacheva, Ionesco), Gemenne, Sciences Po, 2015.

Sicherheit und Konflikt

Die Beziehung zwischen Klimawandel und Migration wird häufig unter dem Aspekt der Sicherheit diskutiert, wobei beide als Bedrohung für den Frieden angesehen werden. Da bislang jedoch noch keine eindeutigen Erkenntnisse zu diesem Thema vorliegen, muss die Behauptung, es gebe einen Zusammenhang zwischen Klimawandel, Migration und Konflikt, sorgfältig überprüft werden.

Theorien, die einen Zusammenhang zwischen Klimawandel und Konflikten, Migration und Flucht postulieren, gehen in der Regel von einer klimabedingten Ressourcenknappheit bei zugleich zunehmendem demografischen Druck aus. Studien über Umweltsicherheit und Konflikt entwerfen verschiedene Szenarien. Zum einen könnte der Klimawandel eine Knappheit an wichtigen natürlichen Ressourcen wie Wasser oder Agrarland nach sich ziehen, was zu Auseinandersetzungen zwischen verschiedenen Interessengruppen und zu bewaffneten Konflikten führt. Konflikte wiederum verursachen Flucht und Massenabwanderungen in Städte oder Flüchtlingslager, was zu weiteren Spannungen, nunmehr zwischen Flüchtenden und den aufnehmenden Gemeinschaften, oder zu Kriminalität führen kann.

Einem anderen Szenario nach führt die Vertreibung durch eine Katastrophe zu Spannungen, die schließlich in Konflikte ausarten, da die Vertriebenen zusätzlichen Druck auf die vorhandenen Ressourcen in den Zielgebieten ausüben und damit die Existenzgrundlage der aufnehmenden Gemeinschaften gefährden. Wieder anderen Theorien zufolge sind jene, die nach Katastrophen in Übergangslagern in schwachen Staaten Zuflucht finden, oft Opfer des Menschenhandels und der Rekrutierung durch bewaffnete Gruppen, womit bereits bestehende politische Konflikte noch weiter genährt und ausgeweitet werden.

Doch all diese Theorien übersehen häufig die Komplexität von Konflikten – und der Friedenswahrung – sowie der Mechanismen im Nexus von Klimawandel und Migration.

Bisherige Erkenntnisse

Es deutet zwar vieles darauf hin, dass klimabedingte Ressourcenerschöpfung und Katastrophen Menschen vertreiben oder zu langfristiger Abwanderung veranlassen, sie ziehen aber nicht automatisch Unsicherheit und Gewalt nach sich: Ressourcenknappheit kann auch auf friedlichem Weg bewältigt werden, und Katastrophen fördern manchmal die Solidarität.

Konflikte haben in der Regel mehrere soziale, politische und wirtschaftliche Ursachen und müssen als komplexes, multidimensionales System betrachtet werden. Wo es bereits ethnische, religiöse oder politische Spannungen gibt, können Umweltveränderungen, Ressourcenknappheit oder ein massenhafter Zustrom von Menschen zu Konflikten beitragen.

Einer jüngeren Studie zufolge besteht ein Zusammenhang zwischen Klimawandel und dem Konflikt in Syrien: Missernten aufgrund von schwerer Dürre und unzureichendem Wassermanagement trieb die Bauern in die Städte, wo sie sich 2011 den Protesten gegen das syrische Regime an-

Beispiele für Theorien zum Zusammenhang zwischen Klimawandel, Migration und Konflikt

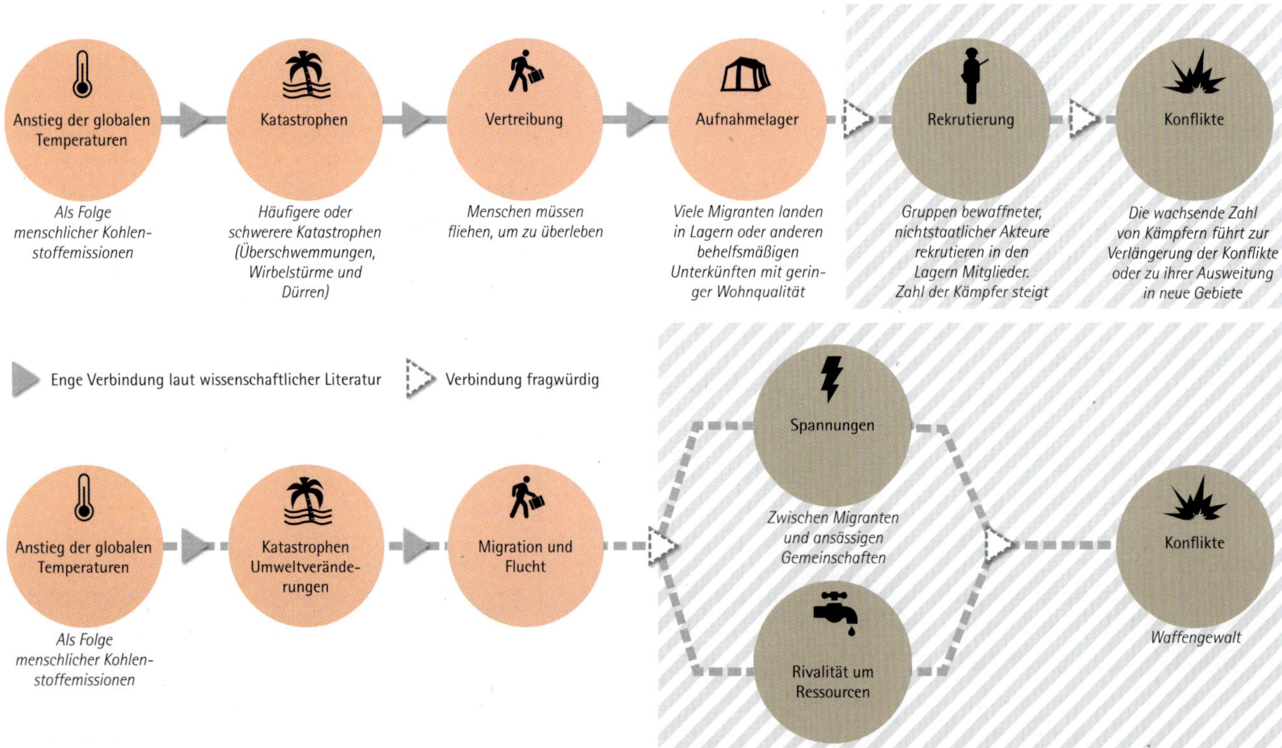

Quelle: Randall (2015), © IOM (Mokhnacheva, Ionesco), Gemenne, Boissière, 2015.

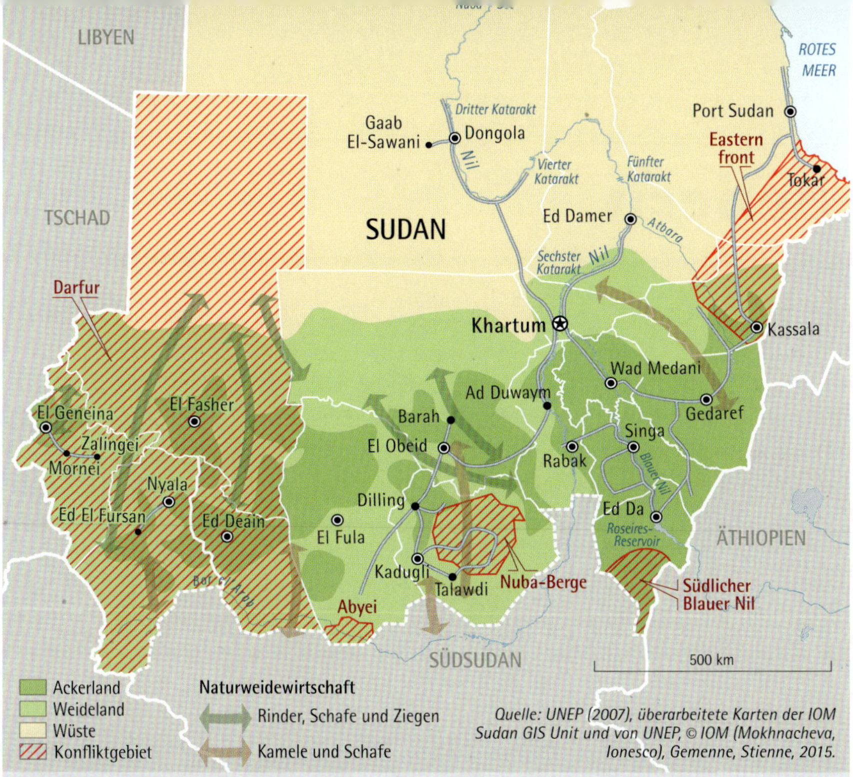

Quelle: UNEP (2007), überarbeitete Karten der IOM Sudan GIS Unit und von UNEP, © IOM (Mokhnacheva, Ionesco), Gemenne, Stienne, 2015.

Natürliche Ressourcen, Konflikte und Mobilität im Sudan

Dürren gelten als eine der Grundursachen des jahrzehntelangen Konflikts in Darfur. Die Region wurde das gesamte 20. Jahrhundert hindurch von Stammesauseinandersetzungen zwischen lokalen Gemeinschaften um Weideland, natürliche Ressourcen und Gebietsrechte erschüttert. Dies geschah vor dem Hintergrund einer langsam einsetzenden Umweltzerstörung, von Katastrophen, ungeklärten Landrechten und allgemeiner Instabilität. Der anhaltende Konflikt hat zur Flucht ganzer Gemeinschaften in Lager im Sudan und in Nachbarländern geführt. Damit wurde die ohnehin schon große Komplexität der Migrationsströme noch erhöht. Diese bestehen aus: Binnenwanderung von Viehhirten (deren Existenzgrundlage und Sicherheit ebenfalls durch Konflikte gefährdet ist), Strömen von Binnenflüchtlingen und Rückkehrern nach beendeten Konflikten und Flüchtlingsströmen aus Nachbarländern in den Sudan.

Hinzu kommen Klimaereignisse und die Degradation natürlicher Ressourcen, die die Existenz und Nahrungssicherheit sowohl sesshafter Bevölkerungsgruppen als auch der Viehhirtennomaden beeinträchtigen, sie vertreiben und zum Abweichen von den traditionellen Wanderungsrouten zwingen. Die neuen Mobilitätsmuster erhöhen den Druck auf Land und Ressourcen, was immer wieder zu Spannungen und Streitigkeiten zwischen den Gemeinschaften führt. Die komplizierte Beziehung zwischen Konflikt, Ressourcen sowie Landverteilung und den Bevölkerungsbewegungen im Sudan erschwert die Lenkung der Rückkehr und der Wiedereingliederung geflüchteter Gemeinschaften, die Armuts- und Vulnerabilitätsbekämpfung und die Förderung nachhaltiger Nutzung natürlicher Ressourcen und des Bodens. *Quelle: UNEP (2007).*

Lokale Konflikte in Darfur, 1930–2000

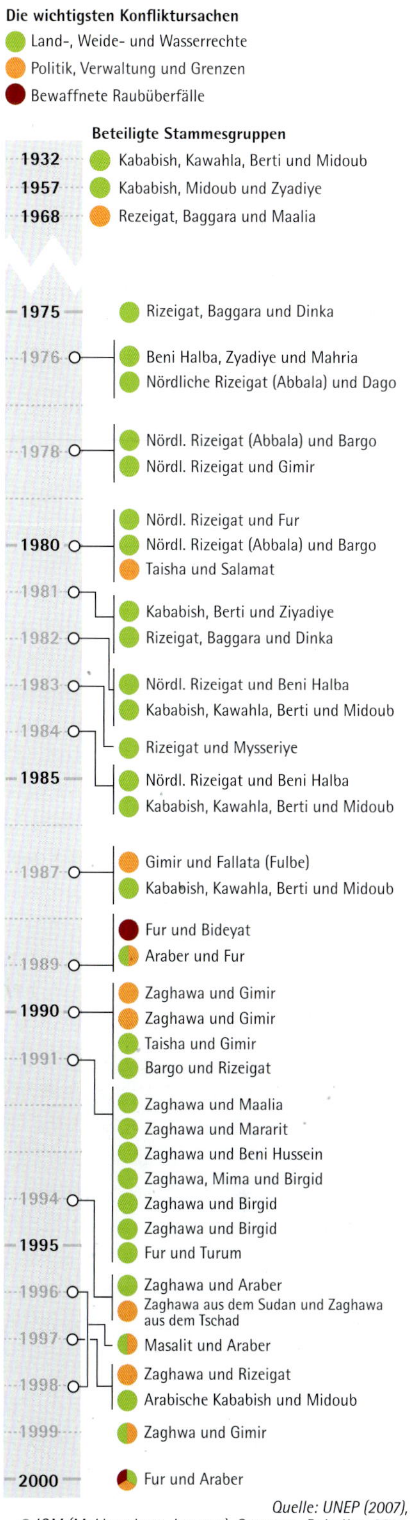

Quelle: UNEP (2007), © IOM (Mokhnacheva, Ionesco), Gemenne, Boissière, 2015.

schlossen. Doch laut der Studie ist die Dürre nur ein Faktor von vielen, hinzu kommen etwa die bestehende Armut und Ungleichheit, hohe Arbeitslosigkeit, unzureichendes Ressourcenmanagement und ein repressives Regime, die zusammengenommen gewaltsame politische Proteste auslösten und schließlich zu einem Krieg führten, der Millionen von Menschen heimatlos macht. Die Dürre war zwar bei Weitem nicht der entscheidende Auslöser des Syrienkriegs, aber das schlechte Management der Umweltkrise trug dazu bei. Der Klimawandel wird auch weiterhin den Druck auf die Umwelt erhöhen, vor allem in Regionen, die bereits unter politischer, wirtschaftlicher und sozialer Instabilität leiden. In Zukunft wird es zunehmend schwierig werden, klimatische Faktoren von anderen Konfliktursachen zu unterscheiden; ein »Klimakonflikt« ist auch ein politischer Konflikt.

Den Frieden sichern

Umweltveränderungen und Migration führen, wie gesagt, nicht zwangsläufig zu Konflikten; wo diese Gefahr besteht, können stärkere demokratische Institutionen, Sozialhilfeprogramme, Entwicklungsprojekte und Friedensarbeit hilfreich sein. Wo es zu Vertreibung oder Migration kommt, werden die Entwicklungsförderung im Herkunfts- wie im Zielland, die Verbesserung der Bedingungen in der aufnehmenden Gemeinschaft und die Integration der Migranten von wesentlicher Bedeutung sein, um Spannungen zu vermeiden und die menschliche Sicherheit im weitesten Sinne zu gewährleisten.

Massenflucht steuern

Für die Sicherheit und den Schutz schwacher Bevölkerungsteile, die Gefahren ausgesetzt sind, ist ein Fluchtmanagement unabdingbar. Es ist aber oft mit vielen Problemen verbunden.

Angesichts der Prognosen, dass der Klimawandel zu häufigeren und extremeren Wetterereignissen führen wird, und mit dem wachsenden demografischen Druck in von Naturgefahren bedrohten Städten wird erwartet, dass in Zukunft auch die Migrationsraten steigen. Katastrophenrisikoverminderung und Katastrophenmanagement werden für lokale und nationale Behörden wie auch für internationale Akteure zentrale Planungsbereiche sein. Geeignete politische Maßnahmen mit dem Ziel, die Vulnerabilität von Gemeinschaften zu senken, kann erheblich dazu beitragen, das Fluchtrisiko zu vermindern.

Die Planung von Evakuierungen

Wenn eine Gefährdung vorhersehbar ist, können die Behörden in der Regel präventiv Evakuierungen durchführen. Dies ist meist der Fall bei Wirbelstürmen und Unwettern, aber es gibt auch Frühwarnsysteme für Tsunamis und Vulkanausbrüche. Evakuierungen finden in der Regel in Form von Gruppentransporten in ausgewiesene Räume (Schulen, Stadien, Konzertsäle) statt oder in Form individueller Umzüge entweder in kollektive Unterkünfte oder in andere Zufluchtsstätten (bei Verwandten oder in angemieteten Räumen). Je nach Kontext und der zu erwartenden Heftigkeit des Ereignisses können Evakuierungen freiwillig oder zwangsweise erfolgen. In jedem Fall sind sie ein entscheidender Bestandteil von Katastrophenrisikominderung und -management und gelegentlich die einzige Option, schweren Gefährdungen ausgesetzte Gruppen zu schützen und den Tod von Menschen zu verhindern. Bei plötzlich eintretenden Katastrophen wie Erdbeben und Springfluten bleibt keine Zeit für Evakuierungen; meist führen sie nach dem Ereignis zur Flucht. Dann begeben sich die Menschen vielleicht in Evakuierungszentren oder andere vorübergehende Unterkünfte, bis sie wieder nach Hause zurückkehren können oder eine alternative längerfristige Lösung finden. Damit Katastrophen nicht zur unkontrollierbaren Massenflucht und zum Verlust von Menschenleben führen, müssen Evakuierungen im Voraus geplant, die Gemeinschaften gut über die Risiken informiert und auf den Ernstfall vorbereitet sein. Dabei gilt es sicherzustellen, dass alle, insbesondere Menschen, deren Mobilität aus Alters- oder Krankheitsgründen oder wegen anderer Faktoren eingeschränkt ist, einbezogen werden: Die Hälfte der Opfer des Hurrikans Katrina waren ältere Menschen, die ihr Haus nicht verlassen konnten; in Bangladesch kamen 1991 mehr Frauen in den Fluten ums Leben als Männer, weil sie nicht schwimmen konnten.

Übergangslager in Barangay Tagpuro, Philippinen, 2014, © IOM 2014 - MPH 1143.

Formen der Unterbringung nach dem Taifun Haiyan

Im November 2013 machte der Taifun Haiyan auf den Philippinen 4,1 Millionen Menschen obdachlos. In der ersten Phase der Evakuierung fanden viele bei Verwandten oder in provisorischen Hütten in der Nähe ihrer zerstörten Häuser Unterschlupf. Andere kamen in Schulen, Gymnasien und sonstigen staatlicherseits zur Verfügung gestellten Evakuierungszentren oder in von Hilfsorganisationen errichteten Zeltstädten unter. Als viele Familien im Frühjahr 2014 wegen der schweren Zerstörung ihrer Häuser und Dörfer oder wegen unklarer Grundbesitzverhältnisse nicht nach Hause zurückkehren konnten, verließen sie die ohnehin nur für eine kurze Unterbringung vorgesehenen Evakuierungszentren und zogen in Übergangslager, bei denen es sich meist um Barackensiedlungen und Zeltstädte handelte. Die Umwandlung von Baracken- in dauerhafte Siedlungen gilt als eine mögliche langfristige Lösung.

Quelle: Yonetani und Yuen (2014).

Behelfsunterkünfte in Louisiana. Baker, LA, USA, 2005, © FEMA/Win Henderson 2005.

Katrina: Notquartiere in den Vereinigten Staaten

Als der Hurrikan Katrina durch New Orleans gefegt war, stellte die amerikanische Bundesagentur für Katastrophenschutz (FEMA) Wohnwagen für die Städter zur Verfügung, deren Häuser beschädigt worden waren. Die Wohnwagen, die man beantragen musste, gehörten viele Jahre lang zum Standard des Katastrophenschutzes der FEMA. Die ursprünglich als temporäre Unterkünfte gedachten und auf Wohnwagenplätzen oder unmittelbar neben den zerstörten Häusern aufgestellten Trailer sind mittlerweile ein alltäglicher Anblick, da der Wiederaufbau nur langsam vonstattengeht oder die Betroffenen sie der Regierung abgekauft haben.

Quelle: McCarthy (2010).

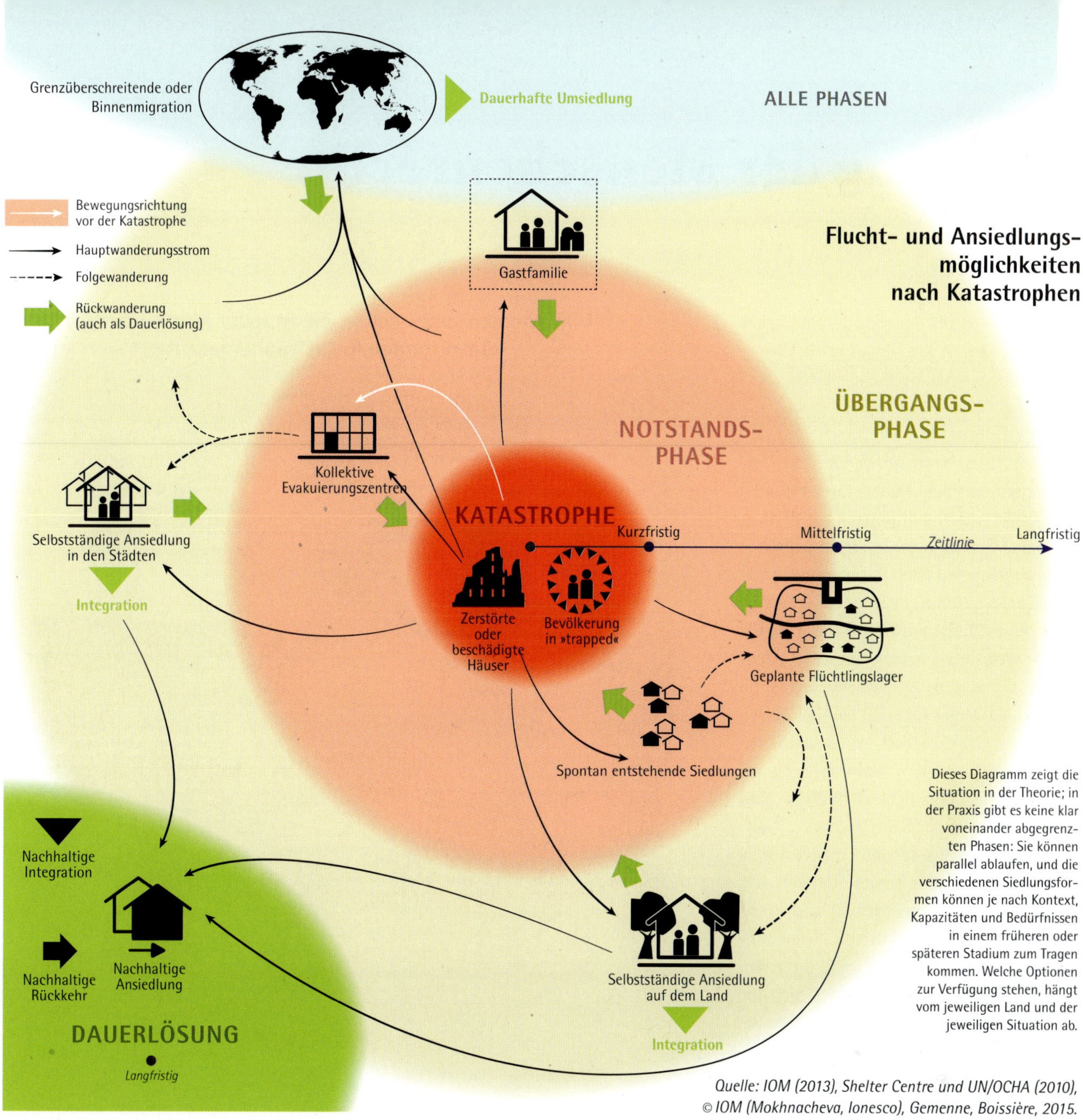

Quelle: IOM (2013), Shelter Centre und UN/OCHA (2010), © IOM (Mokhnacheva, Ionesco), Gemenne, Boissière, 2015.

Das Management nach der Evakuierung

Nach einer Evakuierung ist die Rückkehr nicht immer sofort möglich, und sobald die Menschen die erste unmittelbare Nothilfe erhalten haben, werden sie vielleicht von den Evakuierungszentren in Übergangslager verlegt, wo sie Wochen oder sogar Jahre bleiben. Die Organisation dieser Übergangslager (kollektiver Zentren, geplanter oder spontan selbst errichteter Lager) stellt für die Behörden und Hilfsorganisationen eine immense Herausforderung dar, da sie für die Sicherheit der Migranten, ausreichende Lebensmittel, sanitäre Anlagen und die medizinische Versorgung sowie Hilfe für Menschen mit besonderen Bedürfnissen sorgen müssen. Die Auswirkungen der Flucht und der Aufnahmelager auf die Umwelt und auf die aufnehmenden Gemeinschaften sind ein weiterer Bereich, den die Akteure humanitärer Hilfe berücksichtigen müssen. Die Situationen nach einer Katastrophe variieren je nach lokalem oder nationalem Kontext beträchtlich: In Industrieländern stehen den Migranten ganz andere Handlungsoptionen offen als in Entwicklungsländern, sie unterscheiden sich innerhalb ein und desselben Landes oft sogar von einer Region oder Stadt zur anderen. Auch die individuellen Umstände beeinflussen die Art der Flucht: Manche Menschen sind beispielsweise in der Lage, eine private Unterkunft für ihre Familie zu mieten; wer Verwandte im Ausland hat, wird vielleicht eine Auswanderung in Betracht ziehen, vorausgesetzt, er verfügt über genügend Mittel oder erhält Unterstützung von außen. Arme bleiben vielleicht über Monate oder Jahre in den Ruinen ihrer Häuser oder in provisorischen Unterkünften. Um sie zu schützen, muss die Nothilfe mit langfristigen Entwicklungsmaßnahmen kombiniert werden.

Dauerhafte Lösungen

Angestrebt wird nach einer Katastrophe letztlich eine dauerhafte Lösung, bei der die betroffenen Menschen keine Hilfe und keinen Schutz mehr von außen benötigen. Dies kann eine dauerhafte Rückkehr sein, wenn ein Wiederaufbau möglich ist und zukünftige Risiken begrenzt und kontrollierbar sind. Manchmal ist es auch die Integration in die aufnehmende Gemeinschaft (Umwandlung von Übergangs- in dauerhafte Unterkünfte oder die lokale Integration von Menschen, die sich außerhalb von Lagern in ländlichen oder städtischen Gebieten angesiedelt haben) oder eine dauerhafte Umsiedlung im Land selbst oder ins Ausland. Welche Lösung auch gewählt wird, sie muss die Würde der Migranten wahren und die Menschenrechte respektieren.

Wahrung der Menschenrechte

Umweltveränderungen und -katastrophen gefährden die Menschenrechte und die menschliche Sicherheit.

Die Gefährdung von Menschen und Gemeinschaften durch Umweltveränderungen ist eng mit dem Konzept der menschlichen Sicherheit verbunden. Laut IPCC ist dies »eine Bedingung, die erfüllt ist, wenn das menschliche Leben in seinem wesentlichen Kern geschützt wird und Menschen über die Freiheit und Möglichkeit verfügen, in Würde zu leben«. Dieses Konzept bezieht sich auf die Alltagsbedürfnisse und -sorgen der Menschen und beinhaltet den Schutz des körperlichen, wirtschaftlichen und gesellschaftlichen Wohlergehens unter Einschluss von Beschäftigungs- und Einkommensstabilität, des Rechts auf Nahrung und Trinkwasser, auf medizinische Versorgung und eine sichere Umwelt, auf Schutz vor physischer Gewalt, auf Wahrung der Menschenwürde und Respektierung der Menschenrechte. Sind diese Bedürfnisse nicht erfüllt, befinden sich die Menschen wahrscheinlich in einer Situation erhöhter Vulnerabilität und sind weniger in der Lage, auf eine Notlage zu reagieren, etwa auf den allmählichen Verlust ihrer Lebensumwelt oder auf plötzliche Umweltereignisse. Umweltbelastungen können durch ihre negativen Auswirkungen auf Nahrung, Wasser, Gesundheit und auf die ökologische, wirtschaftliche oder physische Sicherheit bereits bestehende Vulnerabilitäten verstärken. Die Verbindung zur Mobilität ist eine dreifache: Ungeplante oder erzwungene Migration kann die menschliche Sicherheit untergraben; andererseits kann Migration den Menschen die Möglichkeit eröffnen, ihren Lebensunterhalt zu verbessern und Gefahren und Vulnerabilität zu verringern, und schließlich kann ein Mangel an menschlicher Sicherheit ein Hindernis für Migration als Strategie zur Sicherung der Existenzgrundlage bei Umweltbelastungen sein.

Menschenrechte und Schutzmaßnahmen

Um die Vulnerabilität zu verringern und die menschliche Sicherheit zu gewährleis-

Maßnahmen und Rechte, die in jeder Phase einer plötzlich eintretenden Katastrophe garantiert sein müssen

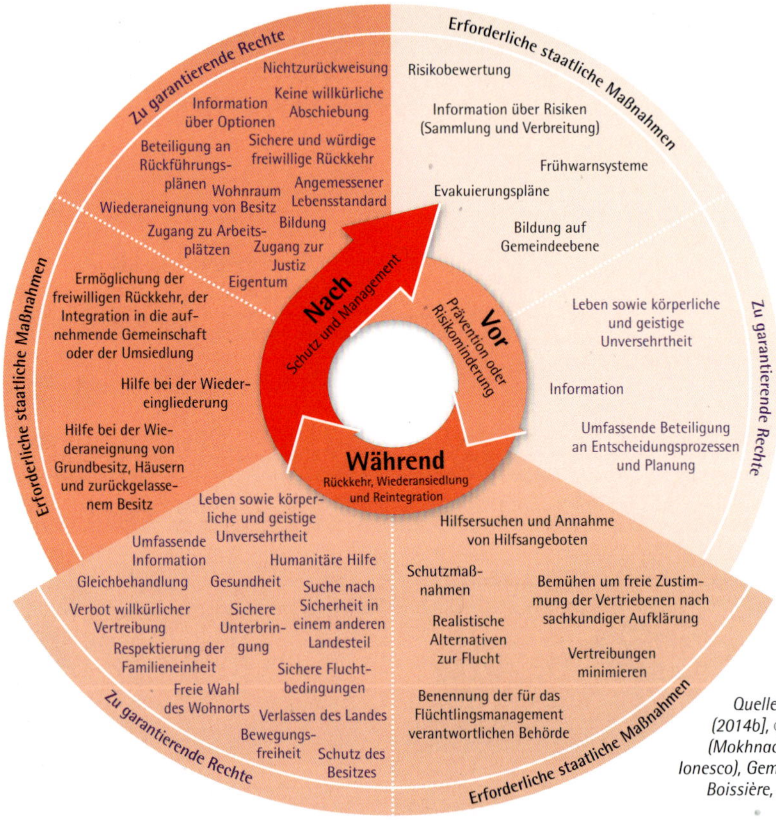

Quelle: IOM [2014b], © IOM (Mokhnacheva, Ionesco), Gemenne, Boissière, 2015.

Rechtsstatus im Ausland

Im Oktober 1998 richtete der Hurrikan Mitch in ganz Mittelamerika schwere Verwüstungen an und brachte über 10.000 Menschen den Tod, wobei Honduras und Nicaragua die höchsten Opferzahlen zu verzeichnen hatten. Der Großteil der Betroffenen suchte nach der Katastrophe in Notunterkünften und benachbarten Städten und Dörfern Zuflucht, aber viele emigrierten auch in die USA. Als Teil eines Hilfsprogramms gewährte die Regierung Mittelamerikanern, die am 30. Dezember 1998 in den USA lebten, vorübergehenden Schutzstatus (Temporary Protection Status, TPS). Es herrschte aber starke Verwirrung in der Frage, wem dieser Status zukam, und eine Reihe von Mittelamerikanern wanderte auch später noch in der Hoffnung, TPS zu erhalten, in die USA aus. Auf diese Weise wurden viele von ihnen zu Einwanderern ohne Papiere. Manche blieben in den USA, andere kehrten nach einigen Monaten oder Jahren in ihre Heimat zurück. Als der Hurrikan Katrina 2005 die Golfküste der USA traf, verzichteten viele dieser Migranten ohne Papiere darauf, bei den Behörden um Hilfe zu ersuchen, weil sie ihre Ausweisung fürchteten.

Der rechtliche Status von nach Naturkatastrophen über Landesgrenzen geflüchteten Menschen oder jener, die angesichts langfristiger Umweltveränderungen auf der Suche nach einer sicheren Existenzgrundlage ins Ausland emigrieren wollen, ist immer noch ungeklärt. Die zur Verfügung stehenden rechtlichen Optionen sind nicht immer ausreichend oder relevant für die Bedürfnisse von Menschen, deren Situation nicht eindeutig kategorisiert werden kann. Das Fehlen sicherer legaler Migrationswege für diesen Personenkreis führt unter Umständen zu großen menschlichen Tragödien. Dies zeigt sich an vielen Landesgrenzen, wo alljährlich Tausende Migranten ohne Papiere ihr Leben bei dem Versuch aufs Spiel setzen, in ein Land zu gelangen, in dem sie neu anfangen können. Seit 2000 sind über 40.000 Migranten im Lauf ihrer Reise umgekommen. Tausende andere werden über Monate oder Jahre in überfüllten Auffanglagern festgehalten, wo sie auf die Klärung ihres rechtlichen Status warten.

ten, ist die Wahrung der Menschenrechte unverzichtbar. Jeder Mensch verfügt über eine Reihe universeller Rechte, die ihm ein Leben in Würde und Schutz vor Gewalt und Missbrauch garantieren und von allen respektiert werden müssen. Staaten sind daher verpflichtet, zentrale soziale, wirtschaftliche, kulturelle und politische Rechte und Freiheiten jedes Einzelnen zu gewährleisten, auch derjenigen, die bei ihrer Flucht Grenzen überschreiten. Im Fall von Katastrophen sind sie und andere Akteure für den Schutz relevanter Rechte vor, während und nach dem Ereignis verantwortlich und haben in den einzelnen Phasen entsprechende Maßnahmen zu ergreifen.
Bei langsam einsetzenden Ereignissen muss der Schwerpunkt mehr auf jene Rechte gelegt werden, die eine längerfristige Entwicklung und eine sichere Existenz garantieren, etwa Landrechte, wirtschaftliche, soziale und kulturelle oder bürgerliche und politische Rechte. Dazu kann auch gehören, den Bedürfnissen und Rechten der Menschen zu entsprechen, die eine Migration ins Ausland als Anpassungsstrategie erwägen.
Viele Menschen, vor allem Migranten, kennen weder ihre Rechte, noch sind sie sich des Anspruchs auf Unterstützung bewusst; daher ist es von entscheidender Bedeutung, ihren Zugang zu Informationen und Rechtsbeistand zu verbessern.

Klima, Migration und Gesundheit

Durch eine Katastrophe vertriebene Menschen sind oft durch unsauberes Wasser, schlechte sanitäre Anlagen und mangelnde Hygiene sowie Unterernährung gesundheitlich besonders gefährdet, vor allem wenn sie nur begrenzten Zugang zu medizinischer Versorgung haben. Umgekehrt können Gesundheitsprobleme zum Hindernis für die Abwanderung aus gefährdeten Gebieten werden und somit die Vulnerabilität der Betroffenen erhöhen. Weitere gesundheitliche Gefahren für die Menschen bringt der Klimawandel mit sich, weil er die Nahrungssicherheit und die Verfügbarkeit von Wasser beeinträchtigt, die Gefahrenhäufigkeit und die Verbreitung ansteckender Krankheiten beeinflusst. Vor diesem Hintergrund kann die Migration ein Ausweg sein, um physischen Gefahren zu entgehen, die Wahrscheinlichkeit einer Erkrankung zu mindern und eine bessere medizinische Versorgung zu erhalten. *Quelle: McMichael u. a. (2012).*

Indigene Völker der Arktis

Unterteilung nach Sprachfamilien

Na'Dené-Familie
- Eyak-Zweig
- Haida-Zweig
- Tlingit-Zweig
- Athabaskischer Zweig

Penuti-Familie

Makro-Sioux-Familie
- Sioux-Zweig
- Irokesen-Zweig

Tschuktscho-kamtschadalische Familie

Eskimo-aleutische Familie
- Yup'ik-Gruppe des Eskimo-Zweigs
- Inuit-Gruppe des Eskimo-Zweigs
- Aleutische Gruppe

Makro-Algonkin-Familie
- Algonkin-Zweig
- Salish-Zweig
- Wakasha-Zweig

Isolierte Sprachen
- Ketisch
- Nivkhe
- Ainu

Uralisch-jukagirische Familie
- Finnougrischer Zweig
- Samojedischer Zweig
- Jukakrischer Zweig

Altaisch-Familie
- Tunguso-mandschurischer Zweig
- Turk-Zweig
- Mongolischer Zweig

Indoeuropäische Sprachfamilie
- Germanischer Zweig

Quelle: Stefansson Arctic Institute (2004), Daten zusammengestellt von W. K. Dallmann und P. Schweitzer, © IOM (Mokhnacheva, Ionesco), Gemenne, Stienne, 2015.

Aus den USA sind nur die Völker im Bundesstaat Alaska aufgeführt, im Falle der Russischen Föderation nur die des Nordens, Sibiriens und des Fernen Ostens. Die Mehrheitsbevölkerungen unabhängiger Staaten sind ebenfalls nicht eingetragen, auch wenn sie im Nachbarland Minoritäten darstellen (z. B. Finnen in Norwegen). Die einzelnen Gebiete haben die Farbe der Ursprungssprache der jeweiligen indigenen Völker, auch wenn sie diese Sprache heute nicht mehr sprechen. Sich überlappende Bevölkerungen sind nicht dargestellt. Die Karte erhebt nicht den Anspruch, die genauen Grenzen zwischen den einzelnen Gruppen zu zeigen. In der Russischen Föderation genießen nur indigene Völker mit weniger als 50.000 Mitgliedern einen Sonderstatus. Die Namen großer indigener Völker oder Stämme sind in roter Schrift gehalten.

Die Rechte indigener Völker

In den arktischen Regionen Kanadas, Alaskas, Grönlands, Skandinaviens und der Russischen Föderation leben mehr als 20 indigene Volksgruppen, die insgesamt 10 Prozent der Bevölkerung in der Region ausmachen. Ihr Überleben ist heute gefährdet, da sich die Arktis schneller als jede andere Weltregion erwärmt und sich der Klimawandel hier stärker auswirkt als im Großteil der übrigen Welt. Schwindendes Meereis, schwere Unwetter, Küstenerosion, Versauerung der Meere und sich verändernde Temperaturen erschweren den Transport und schädigen die Infrastruktur, bringen neue Gesundheitsrisiken mit sich, beeinträchtigen die Artenvielfalt und die natürlichen Kreisläufe und bedrohen die Existenzgrundlagen lokaler Gemeinschaften, die traditionell vom Jagen, Fischen und von der Weidewirtschaft leben und spirituell eng mit der Natur verbunden sind.
Für all diese Bevölkerungsgruppen wird Migration zu einer gängigen Praxis, da sie zugleich Opfer der wirtschaftlichen, sozialen und politischen Marginalisierung sind und ihr traditionelles Wissen nicht ausreicht, um sich der raschen Umweltveränderung anzupassen.
Die globalisierte Wirtschaft und die Übernahme westlicher Kultur und Technik haben in vielen Lebensbereichen vielleicht zur Verbesserung beigetragen, aber auch neue Probleme mit sich gebracht, etwa Arbeitslosigkeit, Benachteiligung, Alkoholismus und Stress sowie nicht zuletzt den Verlust vieler Elemente indigener Kultur.
Die Rechte indigener Gruppen werden auf internationaler wie auf regionaler Ebene zunehmend anerkannt; Gleiches gilt für ihr Bedürfnis, ihre Kultur zu bewahren. Doch bestimmte Ansprüche wie auf den Zugang zu Rohstoffen und Land – besonders relevant im Zusammenhang mit dem Klimawandel – sind immer noch ungeklärt. Hinzu kommt die Diskriminierung der in die Städte abgewanderten Ureinwohner, die ihren Ausdruck in den hohen Arbeitslosenraten und erbärmlichen Lebensbedingungen dieser Menschen findet. *Quelle: Koivurova u. a. (2008).*

Individuelle Bewältigungsstrategien

Jeder Mensch erlebt eine Naturkatastrophe oder Umweltbelastungen auf eigene Weise. Wir alle interpretieren Risiken unterschiedlich, haben verschiedene Bewältigungsstrategien und suchen nach einer Vertreibung oder Migration jeweils einen eigenen Lebensweg.

Vierzig Tage nach dem Tsunami 2011 kehren die Opfer der Katastrophe von Fukushima zu ihren zerstörten Häusern zurück, um ihre Habe zu bergen. Suetsugi, Präfektur Fukushima, Japan, 2011, © *Antonio Pagnotta 2011.*

Eine Flucht nach einer Katastrophe hat schwerwiegende Auswirkungen auf das Leben der Menschen, die davon betroffen sind. Das doppelte Trauma durch die Katastrophe und den anschließenden Fortgang wirkt sich besonders tief greifend aus. Hinzu kommen die körperliche Belastung und die Verletzungen, der Tod Angehöriger oder die Trennung von ihnen, der Verlust der eigenen wirtschaftlichen Grundlagen, sozialen Bindungen und Lebensbedingungen. All dies kann gravierende soziale, persönliche, psychische und gesundheitliche Folgen haben. Von Katastrophen Vertriebene und ihre Familien haben oft mit großer Armut und erhöhter Vulnerabilität, Marginalisierung, Einsamkeit und Integrationsschwierigkeiten in der neuen Umgebung zu kämpfen. Studien über die Nachwirkungen von Katastrophen wie dem Erdbeben in Haiti oder dem Hurrikan Katrina zeigen, dass Vertriebene auch immer wieder unter Depressionen, Traumata, Verhaltensproblemen, psychischer Not oder sogar, in Extremfällen, unter posttraumatischen Belastungsstörungen leiden.

Resilienz: individuelle Fähigkeiten und Strategien

Die Fähigkeit eines Menschen, die Belastungen durch Katastrophe und Flucht zu bewältigen, hängt von einer Reihe von Risiko- und Resilienzfaktoren ab. Kontextabhängige Aspekte wie das physische und sozioökonomische Umfeld spielen eine entscheidende Rolle für die individuelle Vulnerabilität beziehungsweise Resilienz: Nach dem Hurrikan Katrina kamen Kinder, die von ihren Eltern und Freunden getrennt waren, schlechter mit der Situation zurecht als diejenigen, die wieder mit ihren Freunden zusammengeführt wurden oder Hilfe von außen erhielten. Auch wirtschaftliche Verluste sind ein großes Hemmnis für die Anpassung nach Katastrophe und Flucht. Darüber hinaus können individuelle Charakteristika wie Alter und Geschlecht, Persönlichkeitsmerkmale, der körperliche und psychische Zustand und Resilienz sowie die sozialen und kognitiven Fähigkeiten beeinflussen, wie sich ein Mensch von einem traumatischen Erlebnis erholt. Bestehende Krankheiten, Behinderungen oder die Prädisposition zu psychischen Störungen können zur Fehlanpassung und zu einem Trauma beitragen, während eine gute körperliche Konstitution, ein stabiles Selbstwertgefühl und emotionale Stabilität meist helfen, belastende Situationen leichter zu bewältigen.

Integration zwischen Stigma und Solidarität

Migration kann eine belastende Erfahrung sein, selbst wenn sie freiwillig stattfindet. Das neue soziale und kulturelle Umfeld, die fremde Sprache, die unbekannten Speisen oder kulturellen Gepflogenheiten, all das führt oft zu kultureller Isolation und zum Gefühl des »Andersseins«. Die Integration ist unter Umständen sehr schwierig, vor allem, wenn die aufnehmenden Gemeinschaften Neuankömmlinge nur widerwillig

Ein Evakuierter aus Fukushima berichtet

»Als man mich im Zuge der Evakuierung in die Präfektur Niigita (200 km westlich des Atomkraftwerks Fukushima Daiichi) brachte, wurde ich regelrecht diskriminiert … Zum Beispiel, als ich zu einem öffentlichen Bad ging, um zu duschen, hing da ein Zettel, auf dem in Handschrift stand: ›Eintritt für Personen aus Fukushima verboten‹. Das hat mich wirklich schockiert. Dasselbe ist mir sogar in der Region Aizu (dem westlichen Teil der Präfektur Fukushima; 100 km vom Atomkraftwerk entfernt) passiert. Obwohl Aizu zur Präfektur Fukushima gehört, sah ich dort einen Hinweis, dass der Ort Leuten vorbehalten ist, die nicht aus Fukushima kommen. Und jedes Mal, wenn ich mein Auto auf dem Parkplatz eines Supermarkts abstellte, parkte um meinen Wagen herum kein anderer. An meinem Nummernschild konnte jeder erkennen, dass ich aus einem Gebiet innerhalb der Evakuierungszone kam. Deshalb wollte niemand neben meinem Auto parken.«

Quelle: zitiert in Hasegawa (2013).

Katastrophenbedingte Umsiedlung: psychosoziale Folgen und individuelle Risiko- und Resilienzfaktoren

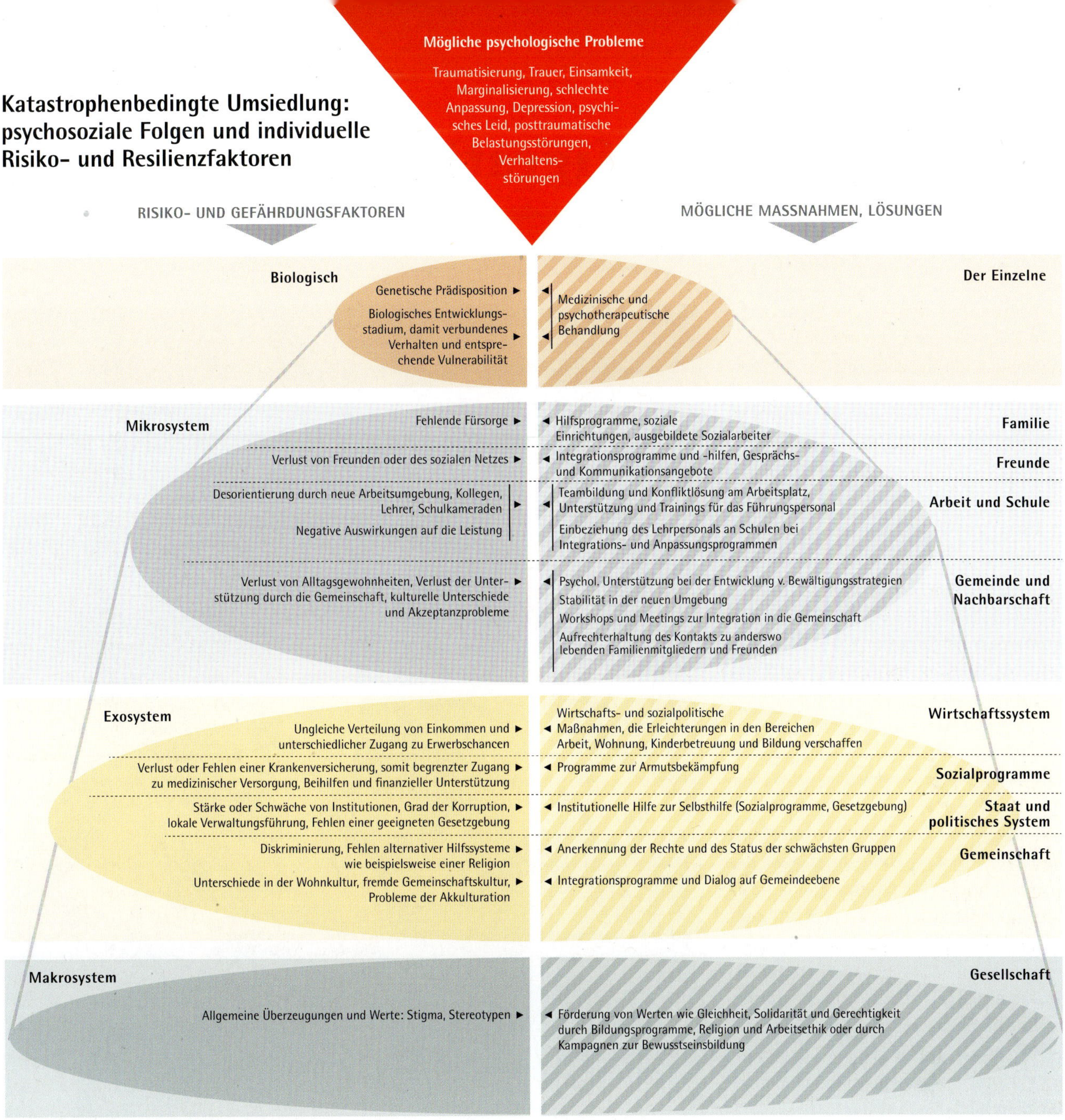

Quelle: Konzipiert von D. Mokhnacheva unter Mitwirkung von G. Schininà auf Grundlage des ökologischen Modells von Bronfenbrenner (1977), © IOM (Mokhnacheva, Ionesco), Gemenne, Boissière 2015.

akzeptieren. Fremdenfeindlichkeit und Diskriminierung sind überall auf der Welt verbreitet und stellen große Hindernisse bei der Suche nach einer Arbeitsstelle, sicheren Lebensbedingungen und einem hinlänglichen Lebensstandard dar. In Japan litten die Menschen, die nach dem Unfall im Atomkraftwerk aus der Präfektur Fukushima evakuiert worden waren, unter der Diskriminierung durch den Rest der Bevölkerung, die sie für »verstrahlt« hielt. Manchen wurde der Zugang zu öffentlichen Bädern oder sogar bestimmten Ortschaften verweigert, und Kinder wurden in der Schule gemobbt. Zahlreiche Studien zeigen, dass Arbeitsmigranten unter besonderen Härten leiden, etwa ungesicherten Arbeitsplätzen, geringen Löhnen und einer mangelnden Gewährung elementarer Rechte, von Dienstleistungen und sozialem Schutz. So ergab eine IOM-Studie, dass viele Arbeitsmigranten aus von Umweltzerstörung betroffenen ländlichen Gebieten in Tadschikistan, die nach Russland kommen, missbraucht und ausgebeutet werden, was oftmals nicht dokumentiert wird – ein weiterer Hinweis auf ihre prekäre Lage.

Prävention und Verminderung individueller Risiken

Die Folgen katastrophenbedingter Flucht für den Einzelnen können durch Schaffung angemessener Lebensumstände und Hilfe abgemildert werden: Gut durchdachte Interventionen und Maßnahmen können Betroffenen helfen, sich an ihre neue Umgebung zu gewöhnen. So hat sich beispielsweise die psychosoziale Unterstützung von Einzelnen oder Gruppen als hilfreich für die Bewältigung von Katastrophenfolgen erwiesen. Auch Programme zur Wiederzusammenführung von Familien und zur Wiederherstellung verloren gegangener Kontakte oder zum Aufbau gemeindebasierter Unterstützernetze können eine wichtige Rolle bei der Integration der Betroffenen spielen. Außerdem sind die Garantie der menschlichen Sicherheit und die Respektierung der Menschenrechte notwendig, um die Vulnerabilität der Migranten zu vermindern, beispielsweise durch eine Erhöhung der körperlichen Sicherheit, Zugang zu Arbeitsplätzen, religiösen Stätten, medizinischen Dienstleistungen und Schulen; und durch Maßnahmen gegen Armut, Ungleichheit und Diskriminierung.

Geschlecht und Migration

Umweltmigration kann die Vulnerabilität der Betroffenen erhöhen, aber auch ein Sprungbrett für die persönliche Entwicklung sein – je nachdem, welche Rollen die Frauen und Männer in ihren Familien und Gemeinschaften spielen.

Nach dem Taifun Haiyan absolvierte Charisse Licana einen Schreinerkurs, um ihr Haus wieder aufbauen zu können. Philippinen, 2014, © *IOM Alan Motus 2014.*

Abhängig vom sozialen und kulturellen Kontext, in dem sich die betroffene Bevölkerung befindet, wirkt sich der Klimawandel oft unterschiedlich auf Männer und Frauen aus. Beispielsweise sind in Gesellschaften mit einer ausgeprägten Differenz der Geschlechterrollen die Risiken bei einer Überschwemmung für Frauen größer, da sie die Warnzeichen oft nicht kennen, nicht schwimmen können oder nicht allein das Haus verlassen dürfen. Allgemein lässt sich sagen, dass die Zahl der Toten und Verletzten bei einer Naturkatastrophe unter Frauen höher ist als unter Männern, da ihre Mobilität aufgrund der soziokulturellen Bedingungen eingeschränkt ist. Auch leiden Frauen und Kinder stärker unter den sozialen Folgen einer Krisensituation, wenn die Schutzmechanismen und das rechtliche Instrumentarium, um Menschenhandel zu bekämpfen, zusammengebrochen sind.

Geschlechtsspezifische Folgen der Migration

Darüber hinaus verstärkt die durch Klimawandel und Umweltveränderungen verursachte Migration bereits bestehende Ungleichheiten und insbesondere die geschlechtsspezifischen Aspekte von Diskriminierung und Armut. Eine in der Region Chiapas in Mexiko durchgeführte Studie hat gezeigt, dass der Klimawandel ein Absinken der privaten Einkommen, die Abwanderung von Männern und eine Zunahme der von Frauen getragenen Lasten zur Folge hat, die zudem noch mit dem emotionalen Druck aufgrund des Verlusts von Anbauflächen und Erkrankungen ihrer Kinder zu kämpfen haben. Hier hat also die Migration der Männer die weibliche Vulnerabilität verschärft. Doch die Migration kann ebenfalls die Vulnerabilität der Männer verstärken, wenn sie unter schwierigen Bedingungen arbeiten und in armen Stadtvierteln wohnen müssen, wo sie ihrer Rechte beraubt werden und getrennt von ihrer Familie leben.

Neue Chancen

Die Migration kann aber auch die Rollen verändern, die den Frauen in der Herkunftsgesellschaft zukommen, ihre finanzielle Unabhängigkeit stärken und ihren Beitrag zur Wirtschaft erhöhen. Mehrere jüngere Studien unterstreichen die Schlüsselrolle, die Migrantinnen durch Geldtransfers bei der Entwicklung in ihren Heimatländern spielen, wie sich beispielsweise auf den Philippinen zeigt. Daher wäre es falsch, bei der Untersuchung von Migrationsmustern Frauen auf das Stereotyp der passiven Opfer zu reduzieren.

Eine geschlechtsspezifische Analyse der Migration trägt dazu bei, die jeweiligen Rollen von Frauen und Männern aufzudecken und besser zu verstehen, in welch jeweils unterschiedlicher Weise sie von Klima- und Umweltereignissen betroffen sind und ihre Mobilitätsstrategie umsetzen. Eine solche Analyse ist unabdingbar, will man angemessene, faire und nachhaltige Lösungen finden und die Verschärfung vorher vorhandener Ungleichheiten verhindern.

Umwelt und Mobilität: eine Genderperspektive

− Vulnerabilität

\+ Empowerment

MÄNNER

Bleiben

− Gesundheitliche und physische Risiken

Während und nach einer Katastrophe setzen Männer unter Umständen ihr Leben bei Rettungsaktionen aufs Spiel.

Die große Mehrheit der 800.000 »Liquidatoren«, die nach der Katastrophe in Tschernobyl an der Eindämmung der Folgen beteiligt waren, waren Männer. Sie wurden hoher radioaktiver Strahlung ausgesetzt; die Überlebenden leiden unter Langzeiterkrankungen.

− Verlust der Existenzgrundlage

Der Klimawandel kann Bauern und Viehhirten ihrer Arbeit berauben. Wenn keine alternativen Erwerbsmöglichkeiten vorhanden sind und sie nicht migrieren können, sinkt das Einkommen meist rapide, was zu Armut und einer prekären Nahrungssituation führt.

+ Führung

Wenn Männer allein abwandern, bleiben die Frauen zurück, um den Haushalt zu führen und die Aufgaben der Männer zu übernehmen. Auf diese Weise können Frauen Entscheidungsgewalt gewinnen und neue Fähigkeiten erwerben.

+ Diversifizierung des Einkommens

Männliche Haushaltsvorstände schicken häufig jüngere Familienmitglieder in Ballungszentren oder ins Ausland, um der Familie weitere Einnahmequellen zu verschaffen. Gleichzeitig vermindert dies die Belastung des Haushalts, da weniger Familienmitglieder ernährt werden müssen.

+ Heimatüberweisungen

Männliche Migration ist für viele vom Klimawandel betroffene Familien eine Bewältigungsstrategie; durch die Heimatüberweisungen tragen die Männer zur Diversifizierung der Einkünfte und zur Ernährung der Familien bei.

Im Himalaja wurden Heimatüberweisungen eine wichtige Einnahmequelle für unter Umweltbelastungen leidende Gemeinschaften: In den Bergen lebende Familien konnten mit ihrer Hilfe die Folgen von Katastrophen schneller bewältigen und sich davon erholen.

− Druck und physische Gewalt

Klimawandel und Katastrophen können in traditionellen ländlichen Gemeinschaften den physischen und emotionalen Druck auf Frauen erhöhen, da sie häufig die Verantwortung für die Nahrungssicherung und das Wohlergehen ihrer Familien tragen. Wenn Männer fehlen, sind die Frauen mit einer erhöhten Arbeitsbelastung konfrontiert und körperlichem Missbrauch und Gewalt ausgesetzt.

Eine in Bangladesch durchgeführte Studie hat gezeigt, dass Frauen, die im Migrationsprozess ohne Schutz durch ein männliches Haushaltsmitglied zurückbleiben, oft sexuelle Belästigung und Gewalt erleben oder sogar im frühen Alter verheiratet werden – mit langfristig negativen sozialen und demografischen Folgen.

+ Anpassung an den Klimawandel

Frauen können starken Einfluss auf die Anpassung an den Klimawandel und die Resilienzsteigerung haben.

− Armut, Exklusion, Ausbeutung

In Großstädten oder im Ausland leiden Arbeitsmigranten mit geringer Bildung, vor allem jene ohne Papiere, oft unter Armut, Ausbeutung, Marginalisierung und der Verletzung der Menschenrechte.

Die bleiben

Die migrieren

− Ungeklärte Landrechte und begrenzter Zugang zu Informationen

In vielen Gemeinschaften verfügen Frauen nur über eingeschränkte Land- und Besitzrechte und haben kaum Zugang zu Informationen. Dies erhöht ihre Vulnerabilität bei Katastrophen und hinsichtlich der Folgen des Klimawandels.

+ Sozialer Status

Die Migration bietet Männern häufig Gelegenheit, sich neue Fähigkeiten anzueignen, einen besser bezahlten Arbeitsplatz zu finden und ihren Lebensstandard zu erhöhen, womit sie nach ihrer Rückkehr ihren sozialen und politischen Status in der Heimat erhöhen können.

− Körperliche Risiken

Migranten sind während ihrer Reise und bei der Ankunft am Ziel körperlichen Gefahren ausgesetzt, vor allem wenn sie irreguläre Migrationspfade nutzen: Sie können verletzt, krank oder körperlich missbraucht werden, Gewalt erfahren oder sogar sterben. Die Opfer von Menschenhändlern sind besonders gefährdet.

+ Ökonomische Unabhängigkeit

Die Migration ermöglicht Frauen, ein eigenes Einkommen zu generieren und somit ökonomisch unabhängig zu werden; für alleinerziehende Mütter kann sie eine wichtige Strategie sein, um durch Heimatüberweisungen ihre Familien zu unterstützen.

+ Verwendung der Heimatüberweisungen

Frauen geben in der Regel mehr für Ernährung, Gesundheit und Bildung aus und nutzen Heimatüberweisungen ihrer Verwandten dazu, die Resilienz gegen plötzliche Wirtschafts- und Umweltkrisen zu erhöhen.

− Menschenhandel, Ausbeutung, Gewalt

Migranten, vornehmlich aber Migrantinnen, können Opfer von Menschenhändlern werden, vor allem in Krisensituationen und nach Katastrophen, da die Täter das Chaos und die besondere Gefährdungslage der betroffenen Menschen ausnutzen.

Migrieren

+ Zugang zu Bildung

Junge Frauen migrieren, um Zugang zu Bildung zu bekommen und nicht mehr auf die Arbeit in der Landwirtschaft angewiesen zu sein.

Eine Studie im mexikanischen Bundesstaat Chiapas hat gezeigt, dass immer mehr junge Frauen aus Bildungsgründen migrieren, da aufgrund der negativen Auswirkungen des Klimawandels und der daraus resultierenden extremen Wetterereignisse die Arbeit in der Landwirtschaft nicht mehr existenzsichernd ist. Bildung bietet ihnen Zugang zu neuen, besseren Beschäftigungsmöglichkeiten in der Stadt.

FRAUEN

Quellen: Angula (2010), Banerjee u. a. (2014), IOM (2012), Jungehülsing (2010), Warner u. a. (2012), WHO (2002),

Kapitel 4

Steuerungsmaßnahmen und politische Lösungen

Umweltmigration ist im Wesentlichen Gegenstand zweier Politikbereiche, der Migrations- und der Umweltpolitik, aber sie berührt auch eine Vielzahl anderer Felder, sodass politisches Handeln auf diesem Gebiet sehr umfassend und hochkomplex ist. In den vorherigen Teilen dieses Atlas ging es zunächst um das Gewebe migratorischer Faktoren und die schwierige Unterscheidung zwischen klimatischen, meteorologischen und ökologischen Ursachen. Anschließend wurde die Umweltmigration unter dem Aspekt der damit verbundenen Herausforderungen und Chancen betrachtet. Dieser vierte Teil widmet sich den Rahmenbedingungen, Maßnahmen und politischen Akteuren, die Reaktionen auf die Umweltmigration liefern können.

Eine zweifache Erkenntnis

Dass Politik und internationale Gemeinschaft mittlerweile die Bedeutung der Umweltfaktoren für die Migration erkennen, hat dazu beigetragen, die infrage stehenden Migrationspfade und die eigentlichen Ursachen der gegenwärtigen Migrationskrise weiter zu erforschen. Außerdem sind die Menschen stärker ins Zentrum der Migrationspolitik und der Maßnahmen zur Anpassung an den Klimawandel gerückt und damit verbunden auch wichtige Fragen: Wer ist für die Umweltmigration verantwortlich? Wer hat die Aufgabe, angemessene Reaktionen darauf zu finden? Welcher politischen Rahmenbedingungen bedarf es, um geeignete Maßnahmen zu entwickeln und umzusetzen?

Migration stellt aus zwei wichtigen Gründen ein eigenes politisches Feld dar. Erstens sind Staaten anders als auf anderen Gebieten wie beispielsweise dem Handel bestrebt, ihre nationalen Privilegien zu wahren, was eine internationale Steuerung und internationale Verhandlungen extrem erschwert. Sie bevorzugen unverbindliche Formen des Dialogs und Austauschs über die besten Methoden wie etwa den »United Nations Secretary General's Dialogue on International Migration and Development«, den »International Dialogue on Migration« der IOM, das »Global Forum on Migration and Development«, die Berner Initiative und die Nansen-Initiative, deren nichtverbindliche Agenda 2015 von 109 Staaten verabschiedet wurde. Darüber hinaus lassen sich Migranten nicht in einen einzigen Rechtsrahmen einordnen, sondern fallen unter verschiedene Rechtsgrundlagen – für Binnenflüchtlinge, Flüchtlinge, Wirtschaftsmigranten – oder unter die Gesetze zum Menschenhandel, stehen also für verschiedene Aspekte der Wirklichkeit, was bereichsübergreifende Maßnahmen zusätzlich erschwert. Der rechtliche Schutz für Umweltmigranten ist Thema vieler politischer und akademischer Auseinandersetzungen. Wie alle Migranten sind auch Umweltmigranten durch international anerkannte Menschenrechte geschützt, doch diese Rechte werden oft nicht beachtet oder eingehalten, was besondere Gefährdungen und Probleme der Betroffenen nach sich zieht.

Vor diesem Hintergrund kann man der Umweltmigration nur mit einem flexiblen Ansatz begegnen, der verschiedene Rechtsbereiche, nichtverbindliche Vereinbarungen und Erklärungen und die Migrationspolitik umfasst. Konsultationsprozesse zur Migrationsproblematik vor Ort beispielsweise haben sich als effektives Mittel für die Verbesserung der zwischenstaatlichen Zusammenarbeit erwiesen. Durch die gegenseitige Stärkung konnten sie zur schrittweisen Etablierung einer globalen Migrationsarchitektur beitragen und die Lücke füllen, die mangels einer globalen Steuerungspolitik entstanden war.

Angesichts von Mobilitätsproblemen aufgrund plötzlicher und langsam einsetzender Katastrophen ist es darüber hinaus notwendig, umfassende Maßnahmen zur Prävention, zum Schutz und zur Erleichterung der Migration zu ergreifen. Die folgenden drei strategischen Leitlinien liefern ein gutes Beispiel für die Unterstützung politischer Programme und der Maßnahmen vor Ort: Verhinderung erzwungener Migration; Hilfe und Schutz bei erzwungener Migration; und Erleichterung der Migration als Anpassungsstrategie durch zwischenstaatliche Abkommen zur Steuerung von Mobilität und Migration. Auch die Schutzagenda der Nansen-Initiative verfolgt diesen Ansatz.

Ökologische Antworten auf ökologische Fragen

Angesichts einer fehlenden globalen Ordnungspolitik im Bereich der Migration und wegen der zu erwartenden extrem hohen Zahl künftiger Migranten infolge schleichender Umweltzerstörung hat das Thema »menschliche Mobilität« Eingang in die Klimaschutzverhandlungen gefunden. Der bindende und strukturierte Charakter der Klimarahmenkonvention (UNFCCC) hat betroffene Länder sowie zwischenstaatliche und wissenschaftliche Akteure angeregt, die Aufnahme der Umweltmigration in die politische

Agenda zu fordern. Die menschliche Mobilität wurde erstmals 2010 im »Cancun Adaptation Framework« und dann auch 2011 im Rahmen des »Loss-and-Damage-Programms« thematisiert, und schließlich fand das Thema »Migranten und Mobilität« auch Eingang in das Pariser Abkommen bei der COP 21 im Dezember 2015. In all diesen Rahmenwerken geht es vor allem um die erzwungene Migration und die Eindämmung der durch den Klimawandel verursachten Verluste und Schäden – ein Thema, das leichter angegangen werden kann als die freiwillige Migration. Doch um Erfolg versprechende Lösungen zu finden, darf das Potenzial der menschlichen Mobilität nicht aus dem Blick geraten – sie muss systematisch in die Planungsprozesse für die Anpassung, die Finanzmechanismen, die Technologietransfers und den Kapazitätsaufbau integriert werden. Außerdem könnte die menschliche Mobilität stringenter in die Maßnahmen zur Eindämmung des Klimawandels einbezogen werden, etwa durch Schritte zur Verminderung des ökologischen Fußabdrucks der Aufnahmelager für Binnenflüchtlinge.

Die Klimarahmenkonvention allein kann zwar nicht sämtliche Probleme der Umweltmigration abdecken, ist aber ein hervorragendes Forum, um Fortschritte hinsichtlich der zu ergreifenden Maßnahmen und der Mittel zu ihrer Umsetzung zu erzielen. Die menschliche Mobilität unter dem Vorwand unberücksichtigt zu lassen, dass andere Politikbereiche besser geeignet seien, das Problem anzugehen, käme einer wenig förderlichen Parzellierung der Politik gleich.

An der Schnittstelle verschiedener politischer Felder

Im Jahr 2015 wurden die Staaten aufgefordert, Vereinbarungen in den Bereichen Entwicklung, Klima, Katastrophenvorsorge und humanitäre Hilfe zu treffen, die in den folgenden 15 Jahren die Agenda internationaler Akteure bestimmen sollen. Als eigene Gruppe fallen Migranten mit ihren spezifischen Stärken und Schwächen in all diese Felder, was auch offiziell anerkannt wird. Auch Umwelt- und Klimafragen umspannen all diese Bereiche. Beim Weltgipfel für nachhaltige Entwicklung 2015 einigten sich die UN-Mitgliedsstaaten auf 17 internationale Ziele im Bereich der Armutsbekämpfung, der Bekämpfung von Ungleichheit und Ungerechtigkeit und des Klimaschutzes bis zum Jahr 2030. Bei der Formulierung dieser Ziele wurden die Migrationspolitik und die Rolle der Migranten, ihrer Gemeinschaften und Diasporagemeinden in die Entwicklungsstrategien integriert. Im Vergleich zu den früheren Millenniumsentwicklungszielen, in denen Migration überhaupt nicht vorkam, stellt dies einen historischen Fortschritt dar. Das »Sendai-Rahmenwerk zur Reduzierung von Katastrophenrisiken 2015–2030«, das von 187 Ländern verabschiedet wurde, berücksichtigt ebenfalls die Mobilität. Der erste Weltgipfel für humanitäre Hilfe im Mai 2016 widmete sich unter anderem auch der durch Naturkatastrophen erzwungenen Migration. Und schließlich verständigte sich die internationale Gemeinschaft bei der dritten UN-Konferenz zur Entwicklungsfinanzierung in Äthiopien im Juli 2015 auf ein neues Rahmenwerk zur Finanzierung nachhaltiger Entwicklung, in dem der Zusammenhang zwischen der Bereitstellung von Geldmitteln für die Anpassung an den Klimawandel und einer nachhaltigen Entwicklung zum Ausdruck kam.

Obwohl keines dieser Rahmenwerke speziell auf die Umweltmigration zielt, ist doch das Thema quer durch alle darin angesprochenen Handlungsfelder sichtbar geworden. Damit werden Migranten in der nächsten Runde internationaler Abkommen wohl nicht mehr zu übersehen sein.

Es besteht jedoch die Gefahr, dass sich für einen Politikbereich, der alle betrifft, am Ende niemand zuständig fühlt und politisch Verantwortliche versuchen, das Problem auf andere abzuwälzen. Es ist daher von entscheidender Bedeutung, weiterhin an allen Fronten zu agieren. Das Schicksal künftiger Umweltmigranten wird nicht nur vom Erfolg des Kampfes gegen den Klimawandel abhängen, sondern ebenso von der Existenz legaler Migrationspfade, einer aktiven Katastrophenvorsorge, geeigneten humanitären Hilfestellungen und Entwicklungsmaßnahmen sowie der Schaffung von Arbeitsplätzen.

Interdisziplinäre Antworten auf interdisziplinäre Fragen

Die Umweltmigration bedarf einer facettenreichen Analyse. Zunächst sollten die politischen Felder – Migration, Umwelt, Entwicklung, humanitäre Hilfe, Katastrophenvorsorge, Menschenrechte, Sicherheit, Urbanisierung und Landmanagement – umrissen werden, in denen differenzierte Maßnahmen ergriffen werden müssen. Auf einer zweiten Ebene geht es um die beteiligten zwischenstaatlichen, nichtstaatlichen und privaten

Akteure sowie die Migranten selbst. Auf einer dritten Ebene gilt es, die Stufen politischen Handelns zu bestimmen: international, regional, bilateral, national und lokal, obwohl die politischen Lösungen in der Praxis auf allen Ebenen formuliert werden müssen. Auf einer vierten Ebene stehen die verfügbaren wirtschaftlichen und finanziellen Mittel im Mittelpunkt wie auch der politische Wille und die institutionellen Möglichkeiten der Behörden, auf diese komplexen Probleme zu reagieren.

In Kapitel 4 wird die Umweltmigration von den politischen Lösungen her auf diesen verschiedenen Analyseebenen betrachtet. Zunächst geht es hier um die Kosten der Umweltmigration und deren Management bei gleichzeitiger Betrachtung der Kosten des Nichthandelns – für den Fall, dass die Realität weiterhin ignoriert wird. Anschließend werden die Schutzmechanismen für Migranten und ihre Gemeinschaften sowie die verschiedenen bereits vorhandenen oder geplanten gesetzlichen Lösungen analysiert. Schließlich werden die verschiedenen Ebenen und Foren für Verhandlungen und den politischen Dialog aufgelistet, insbesondere multilaterale, regionale und zwischenstaatliche Einrichtungen, und anschließend die vorhandenen Praktiken der Katastrophenvorsorge, der Anpassung, Entwicklung und Migration evaluiert. Diese Praktiken könnten eventuell zu innovativen Maßnahmen und Partnerschaften auf lokaler, nationaler und regionaler Ebene anregen, in denen die Migranten selbst als Akteure mitwirken würden.

Kapitel 4 des Atlas geht von drei Annahmen oder Überzeugungen aus. Erstens: Die Politik kann dafür sorgen, dass Umweltmigration nicht erlitten wird, weder von den Migranten selbst noch von denen, die sie aufnehmen, noch von den Zurückbleibenden. Sie kann die Umweltzerstörung verringern oder die Schaffung von Arbeitsplätzen fördern, die weniger von Klimaveränderungen in ländlichen Regionen betroffen sind, um die Auswanderung zu begrenzen. Sie kann den ärmsten Familien die Mittel für die Migration bereitstellen, die wirtschaftlichen Bedingungen in den Zielgebieten verbessern und die Menschen dazu bewegen, sich aus Risikozonen zurückzuziehen.

Zweitens: Die Umweltmigration erfordert übergreifende und ausgewogene politische Maßnahmen, die die Gesamtheit der Migrationszyklen berücksichtigen – vor, während und nach der Wanderung –, und zwar unter Respektierung der Menschenrechte und entsprechend der Hilfs- und Schutzbedürftigkeit der Migranten.

Drittens: Umweltmigration wäre zwar unproblematischer, wenn man sie in verschiedene politische Prozesse integrieren würde, doch es ist auch eine übergeordnete Agenda erforderlich, um Erkenntnisse über die Migrationsströme und -routen, über Mobilitätsfaktoren und den Schutz der Migranten zu gewinnen. Es sollten alle Aspekte der Migrationssteuerung einbezogen werden, von Grenzkontrollen, Konsulatsdiensten, Migrationserleichterungen, Zugang der Migranten zu Informationen bis hin zur Respektierung ihrer Rechte.

Schließlich ist eine klare Kenntnis der Notwendigkeiten und Probleme auch deshalb vonnöten, um aktive Lösungen für die Migrationskrise entwickeln zu können, die die tiefer liegenden Ursachen und nicht nur die Symptome angehen. Es ist unumgänglich, die ökologischen und klimatischen Triebkräfte, die, zusammen mit den jeweiligen politischen, ökonomischen und demografischen Bedingungen, Millionen Menschen zwingen, in der Hoffnung auf ein besseres Leben ihre Heimat zu verlassen. Die internationale Gemeinschaft kann nur gewinnen, wenn sie ihre Haltung zur Mobilität der vom Klimawandel betroffenen Menschen überdenkt, da diese Mobilität einerseits unvermeidbar ist, andererseits aber auch zu positiven Entwicklungen führen kann.

Von der italienischen Küstenwache in der Straße von Sizilien gerettete Migranten. Straße von Sizilien, Mittelmeer, 2015, © *IOM Francesco Malavolta 2015.*

Die Kosten der Umweltmigration

Die menschlichen Kosten der Migration, bei Weitem die schwerwiegendsten Kosten, sind nicht einschätzbar, denn sie sind die Folge von Entwurzelung und Verlust. Die Kosten von Katastrophen und der durch sie verursachten Schäden, der nötigen Reparaturen sowie der Anpassung an den Klimawandel sind hingegen durchaus messbar.

Die Kosten von Naturkatastrophen nehmen ständig zu. In den 1980er-Jahren betrugen sie im Durchschnitt knapp 20 Milliarden Dollar im Jahr. In den 1990er-Jahren stieg diese Zahl um mehr als das Dreifache auf 70 Milliarden. Heute liegt sie bei nahezu 200 Milliarden Dollar, die Inflation nicht einberechnet. Das teuerste Jahr aber war 2011 mit Gesamtkosten von 380 Milliarden Dollar, von denen 210 Milliarden allein auf die Katastrophe von Fukushima fielen. Katastrophen sind im Allgemeinen in Industrieländern teurer: Fukushima ist gegenwärtig die Katastrophe, die in der Menschheitsgeschichte die höchsten Kosten verursacht hat, gefolgt von Hurrikan Katrina in den Vereinigten Staaten 2005 (125 Milliarden Dollar) und dem Erdbeben 1995 im japanischen Kobe (100 Milliarden Dollar). Der Schaden in Entwicklungsländern ist ebenfalls beträchtlich, in Geldwert gemessen, aber bedeutend geringer: Der Tsunami in Südostasien im Jahr 2004 und das Erdbeben in Haiti 2010 tauchen nicht einmal in der Liste der 20 teuersten Katastrophen der Geschichte auf, gehören aber mit jeweils über 200.000 Toten zu denen mit der höchsten Opferzahl.

Im Vergleich zu Präventionsmaßnahmen ist die Reparatur der Schäden unendlich viel kostspieliger. Allerdings sind die von Spendern und humanitären Organisationen für Notfallmaßnahmen zugesagten Summen bei Weitem höher als die Mittel, die in die Risikovorsorge oder den Wiederaufbau fließen. Es ist nicht nur leichter, in Notsituationen internationale Hilfe zu mobilisieren, als langfristige Präventionspläne umzusetzen oder Reparaturen zu finanzieren, häufig sind die Budgets auch aufgeteilt in Gelder für humanitäre Hilfe, für den Wiederaufbau und Unterstützungsprogramme. In den letzten Jahren ist der Anteil der humanitären Hilfe deutlich gestiegen und macht inzwischen etwa drei Viertel der international für Naturkatastrophen bereitgestellten Summe aus, trotz der wachsenden politischen Bedeutung, die Präventions- und Wiederaufbauprogrammen beigemessen wird.

Die Kosten der Umweltmigration zu evaluieren ist immer noch schwierig. Zuallererst müssen die unmittelbaren Kosten ermittelt werden, vor allem die Aufwendungen, die mit der Aufnahme und dem Schutz der Migranten verbunden sind. Bei den unter dem Schutz des UNHCR stehenden Flüchtlingen schwanken sie zwischen 30 und 160 Dollar pro Person und Jahr. Dann müssten die ökonomischen Kosten bestimmt werden, insbesondere die der Schäden, die für die Migranten entstanden sind, sowie des damit zusammenhängenden Produktivitätsverlusts. Schließlich sind zu alledem noch die kulturellen, sozialen und persönlichen Kosten zu berücksichtigen, die häufig unermesslich sind.

Reparaturen

Bei der Reparatur der wachsenden durch Naturkatastrophen verursachten Schäden stehen Versicherungen, vor allem Rückversicherungsgesellschaften, an vorderster Front. So wurden spezifische Finanzinstrumente wie Katastrophenanleihen entwickelt, um die mit Katastrophen verbundenen Risiken besser bündeln zu können. Die Versicherungen könnten auch eine wichtige Rolle bei der Anpassung an den Klimawandel spielen und möglicherweise bei der Reduzierung der Kosten der Umweltmigration. Der »Loss-and-Damage«-Mechanismus, der 2013 beim Klimagipfel in Warschau beschlossen wurde, soll die Verluste ausgleichen, die eine unvermeidliche Folge der Anpassung – einschließlich der erzwungenen Migration – sind. Dennoch erfordern Versicherungslösungen trag-

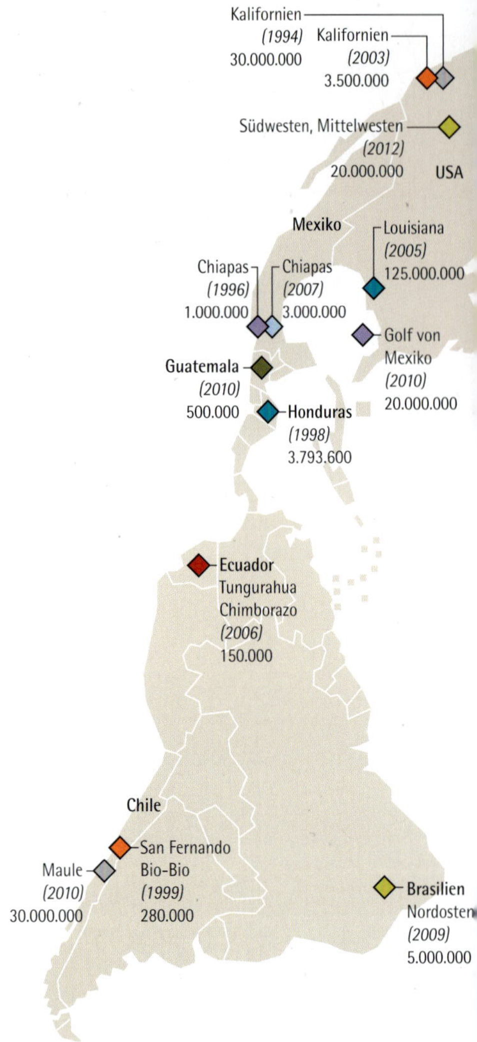

Gesamtkosten der Katastrophen weltweit seit 1960

In Milliarden Dollar, pro Jahrzehnt

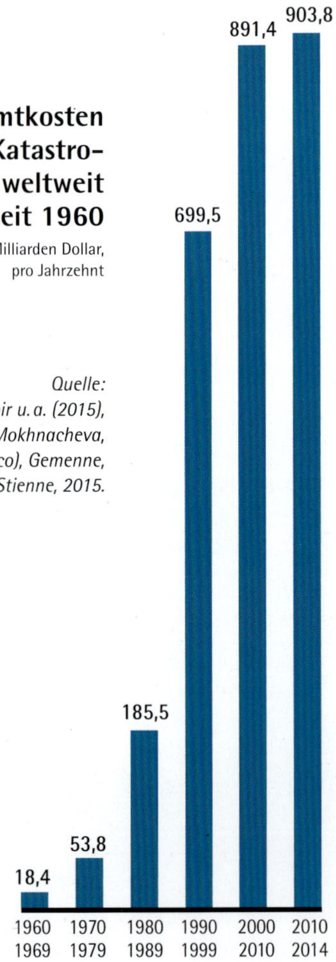

Quelle: Guha-Sapir u. a. (2015), © IOM (Mokhnacheva, Ionesco), Gemenne, Stienne, 2015.

Kostspieligste Katastrophen in der jeweiligen Region nach Art des Ereignisses, 1991–2014

in Tausend Dollar

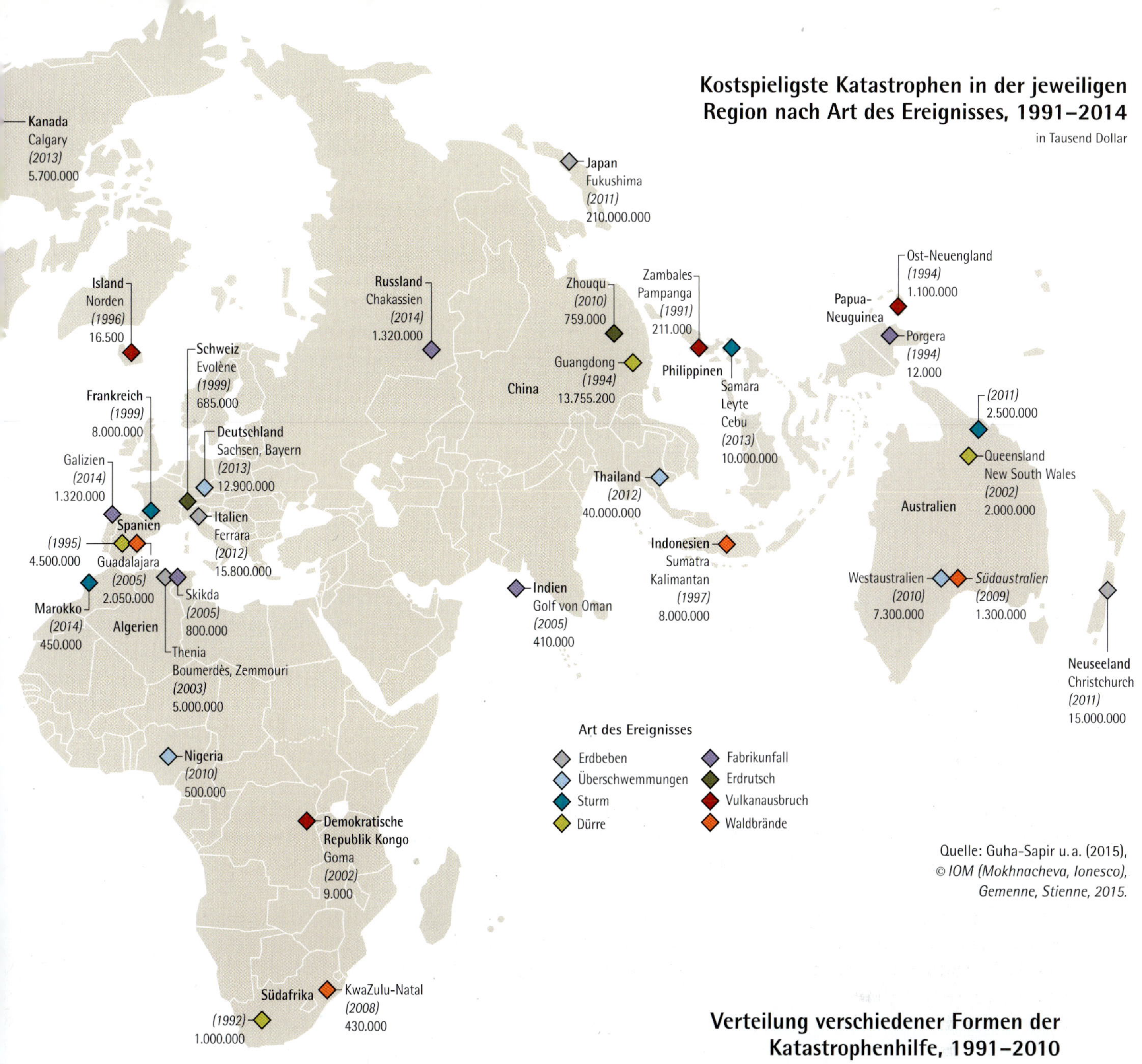

fähige und wirksame Regulierungsrahmen und vor allem das Vertrauen der verschiedenen beteiligten Akteure.

Kosten der Anpassung ...

Ein weiterer wichtiger Kostenfaktor sind die Anpassungsmaßnahmen, deren Durchführung – beziehungsweise deren Fehlen – sich deutlich auf die Kosten von Katastrophen und erzwungener Migration auswirken können. Die Höhe dieser Kosten wird weitgehend davon abhängen, inwiefern Staaten und Akteure vor Ort imstande sind, die Katastrophenrisiken und die Vulnerabilität von Bevölkerungen zu vermindern. Je nach Quelle

Verteilung verschiedener Formen der Katastrophenhilfe, 1991–2010

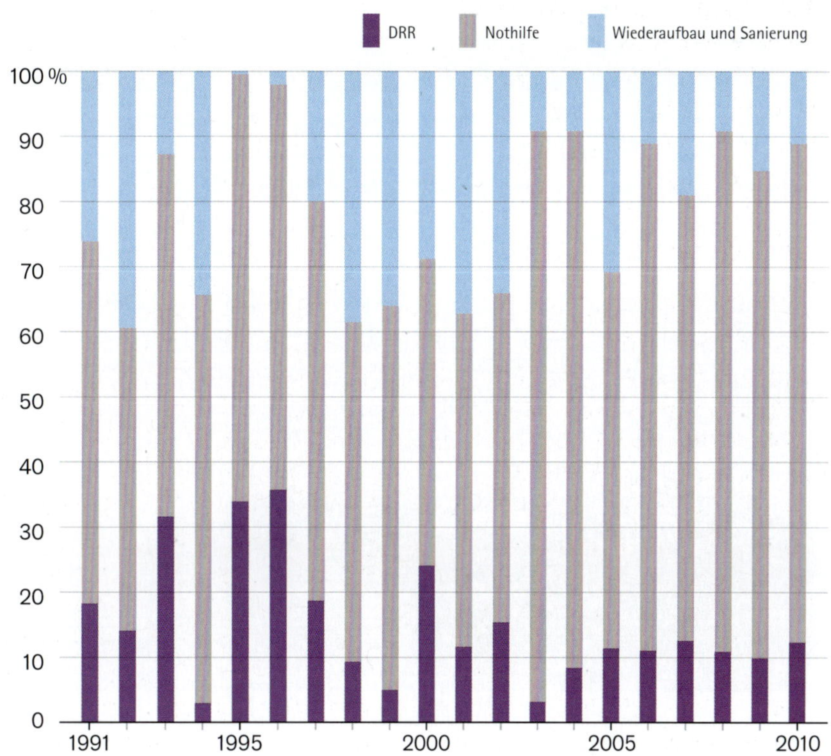

Quelle: Kellet und Caravani (2013),
© (Mokhnacheva, Ionesco), Gemenne,
Stienne, 2015.

Schätzung derzeitiger und künftiger Kosten für Anpassungsmaßnahmen

pro Jahr

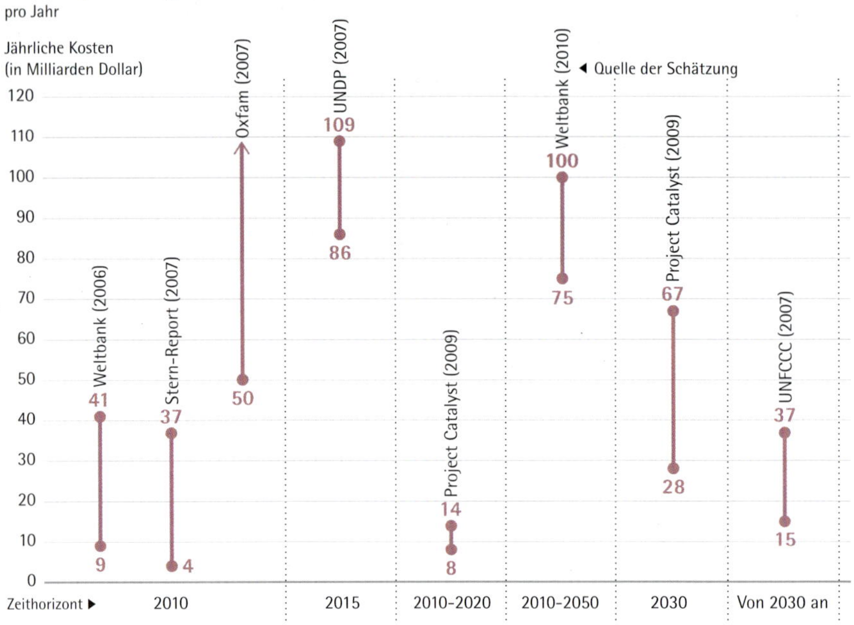

Quelle: Weikmans (2012), © (Mokhnacheva, Ionesco), Gemenne, Boissière, 2015.

Eine Schule, die nach dem Taifun Haiyan als temporäres Evakuierungszentrum genutzt wurde. Pilar, Capiz, Philippinen, 2013, © *IOM/Alan Motus 2014.*

Informelle Siedlung in Korail neben dem Luxusviertel Gulshan Residential Area. Bangladesch, 2014, © *Huraera Jabeen 2014.*

und Berechnungsmethode variieren die Schätzungen für den jährlichen Anpassungsbedarf der Entwicklungsländer erheblich. Laut UNEP und Weltbank könnten sie über 100 Milliarden Dollar pro Jahr für alle Klimarisiken betragen. Die Schätzung des UNFCCC-Sekretariats fällt deutlich geringer aus und liegt zwischen 28 und 67 Milliarden Dollar jährlich. Doch dabei sind zahlreiche Bedürfnisse nicht einbezogen, etwa die notwendigen Mittel für die ärmsten ländlichen Bevölkerungsgruppen, damit sie sich dem Klimawandel anpassen können.

... verglichen mit den Kosten des Nichthandelns

Diese Beträge scheinen immens, aber sie müssen ins Verhältnis gesetzt werden zu den Kosten des Nichthandelns: Ohne Anpassungsmaßnahmen werden die jährlichen Schadenskosten, mit denen die Länder konfrontiert sein werden, noch größer sein. Um ein Beispiel zu nennen: Die Kosten für die Hochwasserschäden in der Europäischen Union bis zum Ende des 21. Jahrhunderts könnten um das Dreifache höher ausfallen, sollten keine Anpassungsmaßnahmen vorgenommen werden, selbst wenn man die notwendigen Mittel für diese Maßnahmen in Rechnung stellt. Abgesehen von dem finanziellen Vorteil, könnten durch entsprechende Vorsorge viele Leben gerettet werden. Daher sind Anpassungsmaßnahmen weitaus günstiger, will man nicht abwarten, bis man irgendwann die Kosten für Naturkatastrophen und Umweltzerstörung zusammenrechnen muss. Wissenschaft, Institutionen und politische Kreise teilen zwar inzwischen diese Einschätzung, doch die notwendigen Mittel für Anpassungsmaßnahmen in den gefährdetsten Ländern aufzubringen stellt nach wie vor ein immenses Problem dar.

Die hohen Kosten der Tatenlosigkeit, 2030–2100

Schätzung der Überschwemmungsgefahr
in der Europäischen Union

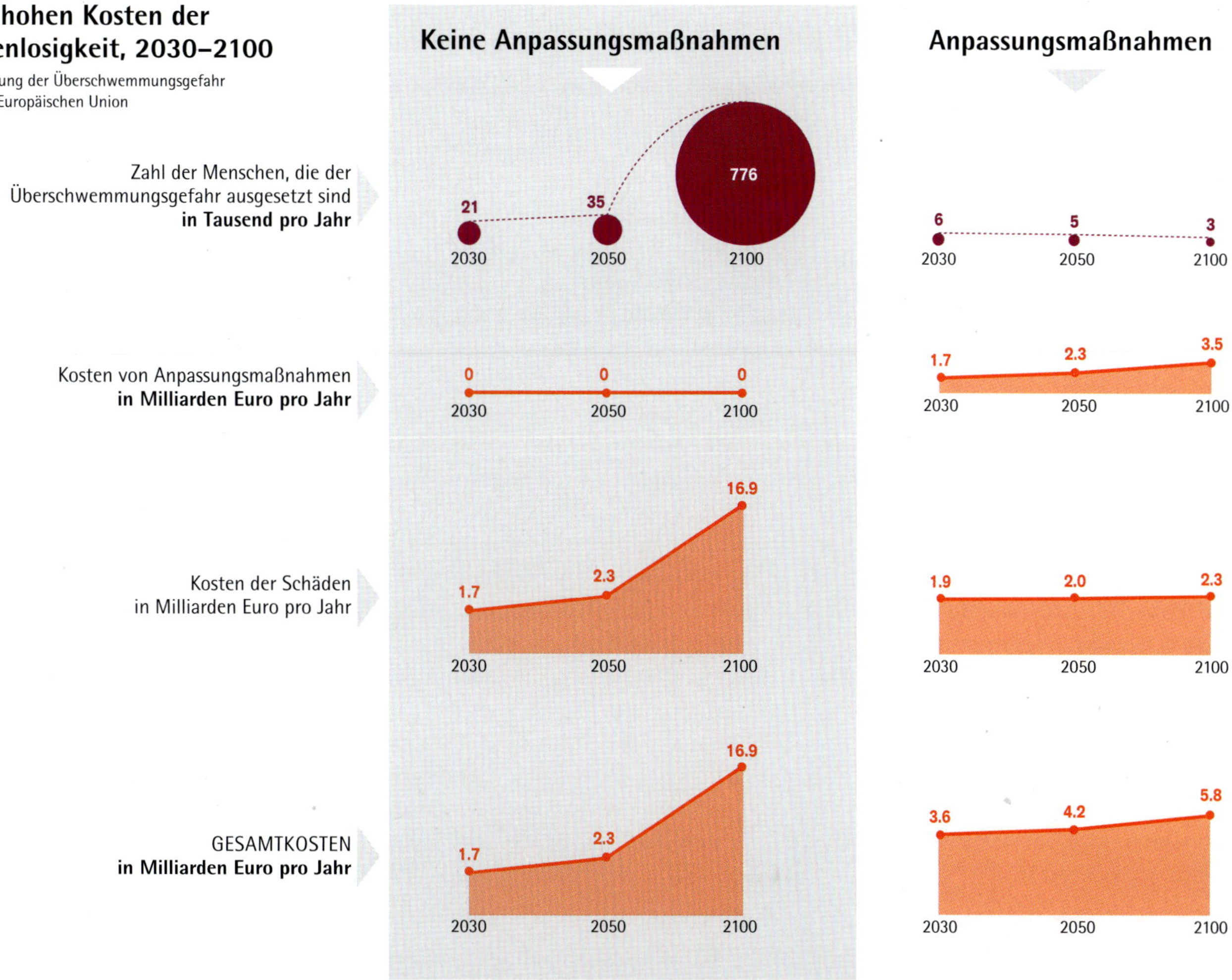

Quelle: Weikmans (2012), © IOM (Mokhnacheva, Ionesco), Gemenne, Boissière, 2015.

Finanzinstrumente, Migration und Risikomanagement

Es gibt nahezu keine Finanzinstrumente für die mit der katastrophenbedingten Migration verbundenen Risiken. Nur einige Versicherungen decken u.a. die erzwungene Abwanderung ab. Allerdings gibt es die Möglichkeit, Verluste und Schäden aufgrund extremer Wetterereignisse zu versichern. Beispiele hierfür sind die 2007 gegründete »Caribbean Catastrophe Risk Insurance Facility« und die MCII-Initiative, eine Partnerschaft zwischen verschiedenen Versicherungsgesellschaften, Forschungsinstituten und Organen internationaler Zusammenarbeit, deren Schwerpunkt auf Lösungen liegt, die Klimarisiken durch Instrumente des Risikotransfers abdecken. Mit bestimmten Mikroversicherungen in Indien beispielsweise kann der Besitz der Ärmsten versichert werden, gleichzeitig helfen sie, Bevölkerungen nach Klima- und Wetterereignissen auf die Umsiedlung vorzubereiten. In Äthiopien wird Bevölkerungsgruppen, die Dürren und Hungersnöten ausgesetzt sind, ein Sicherheitsnetz geboten. Andere innovative Produkte sind darauf ausgerichtet, die Risiken auf mehrere Schultern zu verteilen, indem sie sie in Finanzmärkte transferieren wie etwa Katastrophenanleihen als Antwort auf extreme Phänomene oder Wetterderivate, die messbare Phänomene wie Hitzewellen und Veränderungen der Niederschlagsmuster abdecken. Die durch solche Mechanismen bereitgestellten Finanzmittel könnten Länder oder Regionen bei der Katastrophenbewältigung unterstützen. Die Asiatische Entwicklungsbank verbindet seit 2010 die zwangsläufig der Migration innewohnenden Risiken mit Mechanismen des Finanzrisikomanagements, die solchen Risiken mit einem ganzheitlichen Ansatz begegnen. Ein interessantes Beispiel ist die »Policy on Involuntary Resettlement«, mit der Umsiedlung aufgrund irreversibler Umweltschäden durch finanzielle Präventions- und Entschädigungsverfahren erleichtert wird. Laut Experten für Finanzinnovationen könnte man hinsichtlich spezieller Versicherungsangebote sogar noch weiter gehen und auch langfristige Phänomene wie beispielsweise Wüstenbildung, Küstenerosion und Anstieg der Meeresspiegel mit einbeziehen.

Die Finanzierung von Maßnahmen

Bei der Finanzierung von Anpassungs- und Entwicklungsmaßnahmen wird die Migration nicht ausreichend berücksichtigt, obwohl alle drei Felder eng miteinander zusammenhängen.

Die Finanzierung von Maßnahmen für ein Phänomen, das so komplex ist wie die Umweltmigration, stellt eine echte Herausforderung dar. Bestimmte Programme für den Kampf gegen die erzwungene Migration oder zur Unterstützung von Migranten profitieren allerdings bereits von traditionellen Finanzierungsmechanismen für die Anpassung an den Klimawandel, Katastrophenvorsorge und Entwicklung. Doch es müssen flexiblere Wege gefunden und innovative Partnerschaften aufgebaut und etabliert werden, um die Umweltmigration besser stützen und steuern zu können.

Die Finanzierung von Anpassungsmaßnahmen: ein kompliziertes System

Durch die Klimafonds sind bereits wichtige Zugangskanäle zu Geldern für Anpassungsmaßnahmen entstanden. Diese sehr unterschiedlichen Kanäle entwickeln sich ständig weiter. Meist laufen sie über multilaterale Instanzen. Der 1991 geschaffene Globale Umweltfonds beispielsweise hat sich zum Ziel gesetzt, internationale Umweltabkommen zu implementieren, die Entwicklungs- oder Schwellenländern helfen, und stellt die Hauptquelle der Projektfinanzierung im Klimabereich dar. Auch unter dem Dach der Klimarahmenkonvention finanzieren verschiedene Staaten mehrere speziell für Anpassungsmaßnahmen geschaffene Mechanismen: den Fonds für die am wenigsten entwickelten Länder, den »Special Climate Change Fund« und den »Adaptation Fund«. Zugang zu diesen Fonds erhält man über anerkannte internationale Organisationen oder direkt über die Staaten, die Projekte vorschlagen. Auch der »Green Climate Fund« wurde 2010 von der Klimarahmenkonvention eingerichtet, um die Gesamtheit der Klimagelder zu kanalisieren; bis 2020 soll er 100 Milliarden Dollar pro Jahr zur Verfügung haben.

Von der Entwicklung zur Anpassung?

Ein hoher Anteil der internationalen Anpassungshilfe fließt durch andere multi- oder bilaterale Kanäle: Die Internationale Klimaschutzinitiative (Deutschland) oder der »International Climate Fund« (Großbritannien) beispielsweise finanzieren direkt Programme und Gremien, die von gefährdeten Entwicklungsländern etabliert wurden, wie den »Amazon Fund« in Brasilien. Für viele dieser Hilfsmechanismen sind

Internationale Ströme öffentlicher Gelder für Anpassungsmaßnahmen, 2013

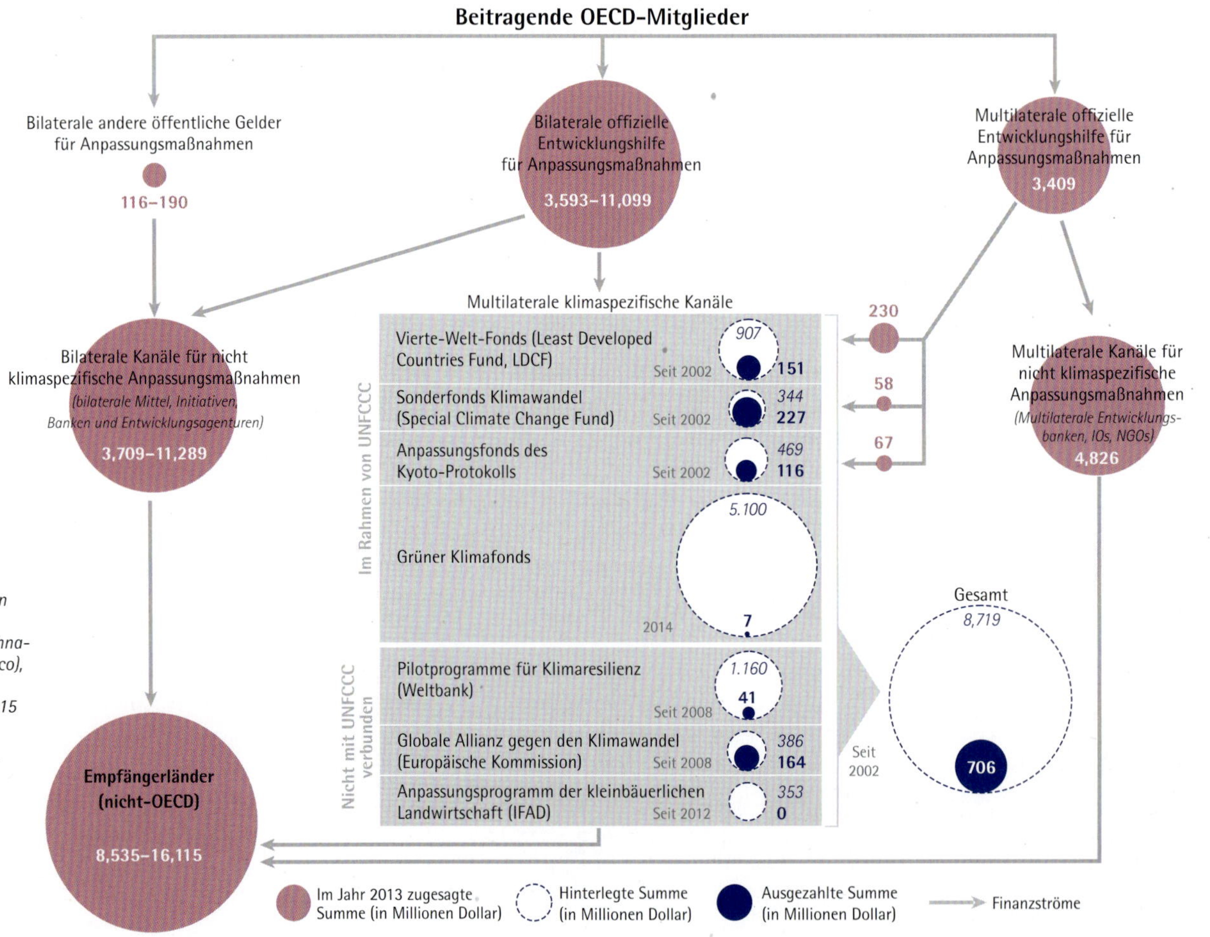

Quelle: Van Garneren u. a. (2014), © IOM (Mokhnacheva, Ionesco), Gemenne, Boissière, 2015

nationale Entwicklungsorganisationen verantwortlich, ein Hinweis darauf, dass die Klimaschutzfinanzierung zunehmend in die Entwicklungsförderung integriert wird.

Ausweitung der Klimaschutzfinanzierung

Obwohl die Mechanismen der Klimaschutzfinanzierung wegen ihrer Vielzahl und Mannigfaltigkeit schwer zu überschauen sind, schätzen OECD und die »Climate Policy Initiative« die Gesamtsumme öffentlicher und privater Mittel aus den Industrieländern für diesen Zweck auf 62 Milliarden Dollar im Jahr 2014 – ein ermutigendes Zeichen. Vor dem Hintergrund wichtiger Klimaschutzkonferenzen werden gegenwärtig weitere Zusagen gemacht. So hat etwa die Europäische Union angekündigt, bis 2020 mindestens 20 Prozent ihres Haushalts für Klimaschutzmaßnahmen bereitzustellen. Die Afrikanische Entwicklungsbank hat erklärt, sie werde im selben Zeitraum die Mittel für den Klimaschutz verdreifachen, und die Weltbank hat zugesagt, ihre jährliche Hilfe für vom Klimawandel betroffene Länder um ein Drittel zu erhöhen, das wären 29 Milliarden Dollar. Dennoch gibt es noch zahlreiche Probleme. Eines der dringlichsten ist der ungleiche Zugang der Länder zu Finanzmitteln, der überwiegend auf die Komplexität der Mechanismen, Verfahren und zu erfüllenden Bedingungen zurückzuführen ist. Auch müssten die Empfängerländer diese Mittel besser kanalisieren, effektiver nutzen und ihre Verwendung transparenter machen.

Finanzmittel für die Migration

Während in den Dokumenten der Klimarahmenkonvention die Migration als Element der Anpassung anerkannt wird, taucht sie in den von Klimaschutzfonds finanzierten Programmen nicht auf. Das

Bilaterale Anpassungsfinanzierung: Beiträge zur Fast-Start-Finanzierung, 2010–2012

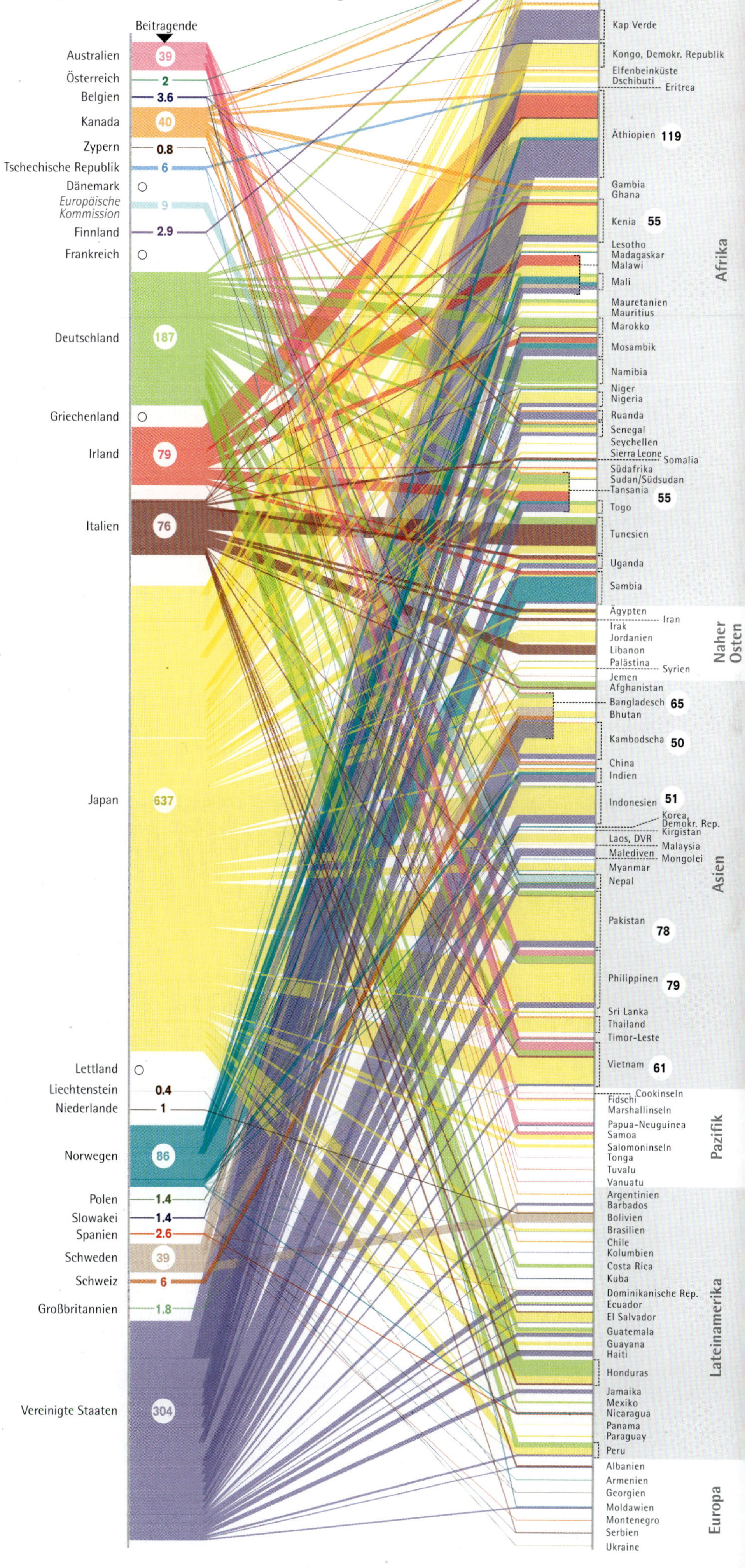

Summe der Hilfsgelder in Millionen Dollar

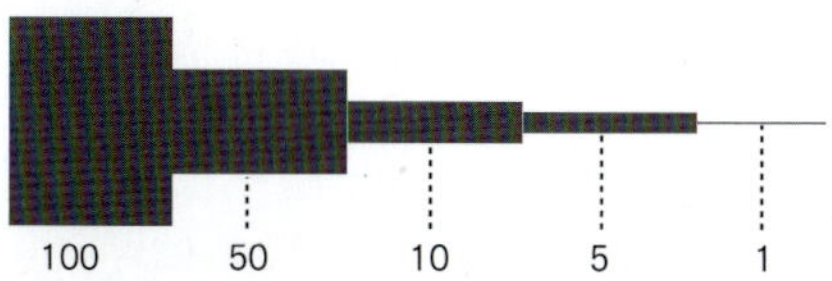

Dieses Diagramm zeigt nur die bilateralen Geldströme (von Land zu Land), nicht die in eine bestimmte Region. Daten für Dänemark, Frankreich, Griechenland und Lettland, die Gelder ausschließlich in ganze Regionen schicken, sind daher nicht eingeschlossen.

Quelle: Nakhooda u. a. (2013), © IOM (Mokhnacheva, Ionesco), Gemenne, Boissière, 2015.

liegt zum Teil daran, dass die notwendigen Schritte, um dieses Thema anzugehen, nicht ausreichend verstanden werden. Doch die beiden Phänomene werden bald untrennbar miteinander verbunden sein, etwa wenn es um die Förderung der Anpassung durch Migration oder um eine bessere Steuerung der Anpassung geht, um erzwungene Migration zu verhindern. Es ist von entscheidender Bedeutung, den Zugriff auf Klimaschutzfonds für Initiativen zu erleichtern, die beide Probleme im Zusammenhang angehen. Die Gründung der V20-Gruppe 2015, ein Zusammenschluss der 20 am stärksten durch den Klimawandel gefährdeten Länder mit dem Ziel, die Klimaschutzfinanzierung zu mobilisieren und zu stimulieren, ist ein Schritt in die richtige Richtung. Die Finanzminister der V20-Staatengruppe vertreten annähernd 700 Millionen vom Klimawandel bedrohte Menschen und haben die Migration als fundamentales Handlungsfeld erkannt.

Bislang werden Maßnahmen im Zusammenhang mit der Umweltmigration vorwiegend von humanitären und Entwicklungsorganisationen finanziert. Auch existieren der Migration und Entwicklung gewidmete Fonds, die bestimmte klimabezogene Aktivitäten fördern. Das gilt zum Beispiel für den 2001 geschaffenen IOM-Entwicklungsfonds. Die Länder Aserbeidschan, Bangladesch, Ägypten, die Malediven, Mali, Nepal und Peru haben sich dort für Pilotprojekte beworben, bei denen Migration und Lösungen für den Klimawandel miteinander verbunden werden. EU-Initiativen wie das »Thematic Programme on Migration and Asylum« tragen zur Finanzierung von Projekten bei, die den Dialog und Kapazitätsaufbau von Akteuren für ein besseres Umweltmigrationsmanagement fördern, beispielsweise in Kenia, Mauritius, Papua-Neuguinea, Haiti und der Dominikanischen Republik.

Die Rolle der Migranten

Auch Migranten selbst können durch Heimatüberweisungen einen bedeutenden Beitrag zur Anpassung an den Klimawandel und zur Prävention von Massenwanderungen leisten. Die Weltbank schätzt, dass sich die Geldtransfers in das subsaharische Afrika und zwischen den subsaharischen Regionen 2010 auf 40 Millionen Dollar beliefen. Zum Vergleich: Im selben Jahr betrug die Gesamtsumme für Entwicklungshilfe, die in die Subsahara floss, 26,5 Milliarden Dollar. Die am stärksten vom Klimawandel betroffenen Länder Asiens verzeichnen bedeutende Summen in Form solcher Geldtransfers. Dies gilt insbesondere für Nepal, wo sie 29,1 Prozent des BIP im Berechnungsjahr 2013/14 ausmachten. Zwei Minister unterstrichen 2015 in einem Artikel über die drängendsten Probleme bei den Klimaverhandlungen, Regierungen und Lokalbehörden könnten dafür sorgen, dass Heimatüberweisungen von Migranten für konkrete Klimaanpassungsmaßnahmen verwendet werden. Die Länder im Pazifik, die sinnbildlich für die Migration aufgrund des Meeresspiegelanstiegs stehen, sind ebenfalls stark von den Überweisungen ihrer im Ausland lebenden Landsleute abhängig.

All diese im Zusammenhang mit der Migration in die Herkunftsländer fließenden Mittel könnten dazu beitragen, Entwicklungs- und Anpassungsmaßnahmen zu unterstützen, für die nur begrenzt Gelder zur Verfügung stehen. Es handelt sich hier zwar vorwiegend um eine private Finanzierung, doch man könnte innovative Mechanismen schaffen, um ihre Wirkung durch ergänzende Beihilfe zu vervielfachen oder sie zu Initiativen für lokale Entwicklung und Anpassung an den Klimawandel umzulenken, wobei auch die Empfänger der Geldtransfers einbezogen werden müssten. Die Behörden spielen eine wichtige Rolle bei der Unterstützung und größtmöglichen Erweiterung dieser Initiativen, die unbesteuert bleiben und ihre vorrangigen Ziele weiterverfolgen können sollten. Abgesehen von den Geldtransfers könnten durch

Heimatüberweisungen in 20 der am meisten vom Klimawandel bedrohten Länder*, 2013

*Laut DARA »akut« oder »schwer« vom Klimawandel bedrohte Länder, die 2010 die höchsten klimabedingten wirtschaftlichen Verluste erlitten

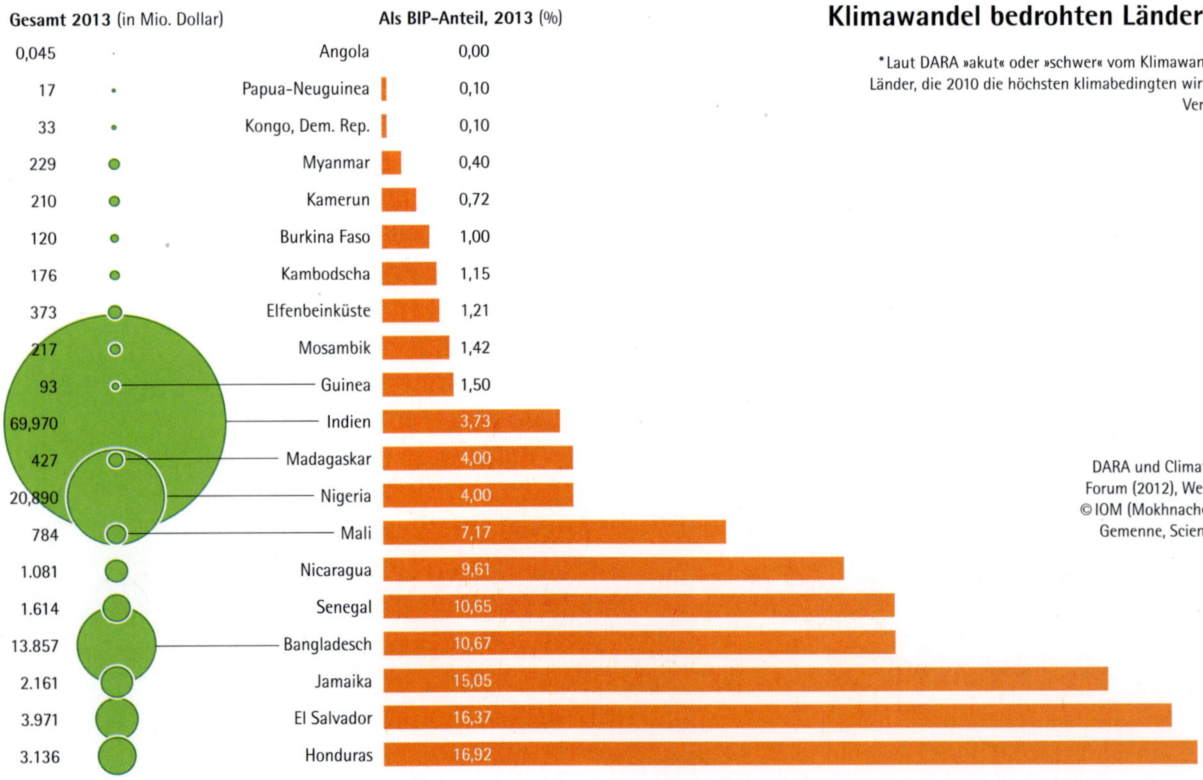

Quellen:
DARA und Climate Vulnerable Forum (2012), Weltbank (2013, © IOM (Mokhnacheva, Ionesco), Gemenne, Sciences Po, 2015.

öffentliche und private Maßnahmen und Ad-hoc-Verfahren Anreize für im Ausland lebende Gemeinschaften und Diasporagemeinden geschaffen werden, ihre Geldtransfers den wichtigsten Anpassungsprojekten zu widmen. Doch damit Diasporagemeinden in ihren Herkunftsländern investieren, ist es unerlässlich, eine Atmosphäre des Vertrauens zu schaffen und ihnen die Gelegenheit zu geben, ihr Geld in wirtschaftlich gewinnbringenden Aktivitäten anzulegen. Unter diesen Bedingungen könnten Migranten und Diasporas wichtige Akteure bei der Anpassung an den Klimawandel werden.

Innovative Partnerschaften und Lösungen

Der Privatsektor könnte eine wichtige Rolle bei der Finanzierung von Anpassungsmaßnahmen und der Umweltmigration spielen – durch Direktinvestitionen in Programme, die Schaffung von Mechanismen zur Unterstützung von Diasporagemeinden und Sachleistungen wie Hilfe beim Transport und bei der Kommunikation nach Naturkatastrophen. Steuern auf Kohlenstoffemissionen oder andere Marktinstrumente könnten ebenfalls zur Erhöhung der zur Verfügung stehenden Fonds beitragen. Es bleibt eine Herausforderung, den Privatsektor in die Finanzierung öffentlicher Programme einzubinden und dafür zu sorgen, dass die entsprechenden Mittel den Verwundbarsten zugutekommen. Dies kann beispielsweise durch öffentlich-private Partnerschaften erreicht werden, bei denen die Interessen der gefährdetsten Menschen und Migranten im Zentrum stehen. Und schließlich wirft die Finanzierung von Anpassungsmaßnahmen auch ethische Fragen auf: Wie kann der Ausschluss ganzer Gruppen vermieden werden? Kann garantiert werden, dass die Mechanismen zur Finanzierung bestimmter Maßnahmen nicht zu neuer Ungleichheit oder einem Anstieg der CO_2-Emissionen führen?

Heimatüberweisungen als Potenzial für die Anpassung

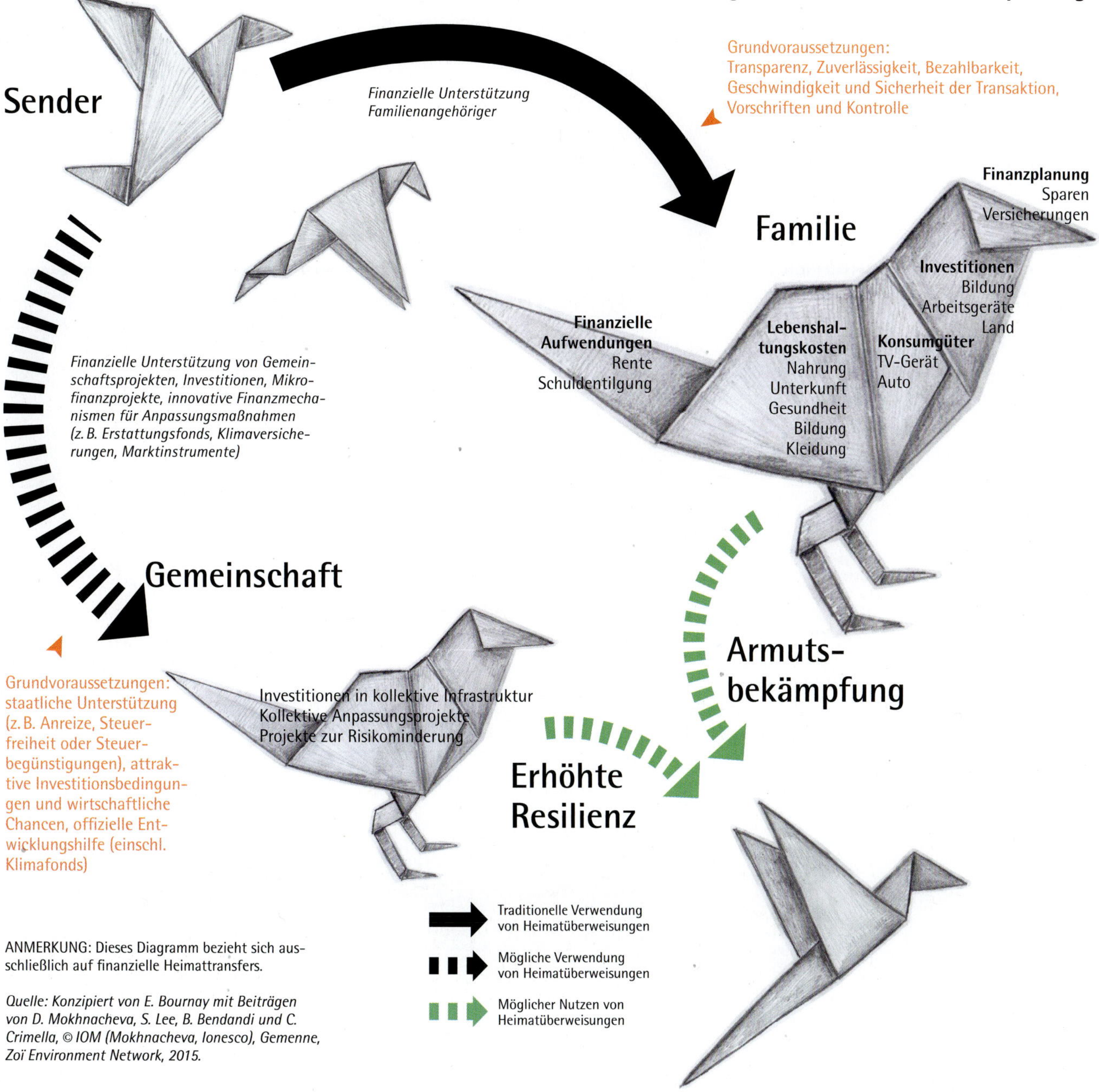

ANMERKUNG: Dieses Diagramm bezieht sich ausschließlich auf finanzielle Heimattransfers.

Quelle: Konzipiert von E. Bournay mit Beiträgen von D. Mokhnacheva, S. Lee, B. Bendandi und C. Crimella, © IOM (Mokhnacheva, Ionesco), Gemenne, Zoï Environment Network, 2015.

Völkerrecht

Es gibt zwar keine verbindlichen internationalen Rechtsinstrumente speziell zum Schutz der Rechte von Umweltmigranten, aber mehrere bestehende völkerrechtliche Instrumente garantieren die Respektierung und den Schutz der Rechte aller Menschen.

Internationalen Normen zufolge sind Staaten für den Schutz einer jeden Person innerhalb ihrer Landesgrenzen sowie ihrer im Ausland weilenden Staatsangehörigen verantwortlich. Folglich sind Umweltmigranten ebenso schutzwürdig wie jeder andere Mensch, ob sie nun innerhalb oder außerhalb ihres Landes Zuflucht suchen.

Schutz der Menschenrechte

Das Völkerrecht garantiert den universellen Schutz der Menschenrechte, somit auch der von Migranten, die aufgrund von Umweltveränderungen ihre Heimat verlassen. Zum Beispiel verpflichten der Internationale Pakt über wirtschaftliche, soziale und kulturelle Rechte sowie der über bürgerliche und politische Rechte aus dem Jahr 1966 die Vertragsparteien, die Menschenrechte zu achten und alle Menschen zu schützen, unabhängig von ihrem Status in dem Land, in dem sie sich befinden (ob sie nun Staatsangehörige sind oder nicht und ob sie regulär eingereist sind oder nicht). Besonders wichtig für Migranten ist, dass diese Menschenrechtsverträge Freizügigkeit und das Recht vorsehen, ins eigene Land einzureisen. Auch schützen sie durch den Grundsatz der Nichtzurückweisung *(non-refoulement)* vor erzwungener Rückkehr sowie vor willkürlicher oder kollektiver Ausweisung. Dieser Schutz gilt unabhängig von den Migrationsgründen.
Einzelne internationale Rechtsinstrumente widmen sich dem Schutz bestimmter Migranten, etwa die UN-Konvention zum Schutz der Rechte aller Wanderarbeitnehmer und ihrer Familienangehörigen von 1990. Sie gilt auch für Menschen, deren Lebensgrundlage durch Umweltveränderungen zerstört wurde, sodass sie sich im Ausland eine Beschäftigung suchen müssen.
Andere internationale Rechtsinstrumente enthalten Bestimmungen für den Schutz vor Menschenhandel, Ausbeutung, Zwangsarbeit und Schmuggel – Gefahren, denen durch Umweltkatastrophen Vertriebene häufig ausgesetzt sind.

Neue Herausforderungen und die Grenzen bestehender Rechtsgrundlagen

Obwohl der bestehende Menschenrechtskatalog Umweltmigranten Schutz bietet, werden wohl eigene Rechtsinstrumente benötigt, die auf eine teils umweltbedingte Migration zugeschnitten sind. Sie sollten zum Schutz der Menschen beitragen – zum Beispiel durch Garantie eines Rechtsstatus bei grenzüberschreitender Migration, und zwar auch im Zusammenhang mit kleinen Inselstaaten, die Gefahr laufen, unbewohnbar zu werden.
Um die Situation grenzüberschreitender Umweltmigranten zu berücksichtigen, erwägen Experten, auf Vorschriften aus verschiedenen Rechtsgebieten, zum Beispiel dem Flüchtlingsrecht, zurückzugreifen.

Für Umweltmigration relevante, wesentliche Rechte und maßgebliche Rechtsinstrumente, Stand 2014

Quelle: Perruchoud und Tomolova (2007), UN (o. J.), © IOM (Mokhnacheva, Ionesco), Gemenne, Science Po, 2015.

Unverbindliches Instrument
- UDHR – Allgemeine Erklärung der Menschenrechte (1948)

Allgemeine Menschenrechte
- ICCPR – Internationaler Pakt über bürgerliche und politische Rechte (1966)
- ICESCR – Internationaler Pakt über wirtschaftliche, soziale und kulturelle Rechte (1966)
- ICERD – Internationales Übereinkommen zur Beseitigung jeder Form von Rassendiskriminierung (1965)
- CAT – Übereinkommen gegen Folter und andere grausame, unmenschliche oder erniedrigende Behandlung (1984)

Gruppenspezifisch
- CEDAW – Internationales Übereinkommen zur Beseitigung jeder Form von Diskriminierung der Frau (1979)
- CRC – Internationales Übereinkommen über die Rechte des Kindes (1989)
- ICRMW – Internationale Konvention zum Schutz der Rechte aller Wanderarbeitnehmer und ihrer Familienangehörigen (1990)
- ICRPD – Internationales Übereinkommen über die Rechte von Menschen mit Behinderungen (2006)

Staatenlosigkeit
- CSSP – Übereinkommen über die Rechtsstellung der Staatenlosen (1954)
- CRS – Übereinkommen zur Verminderung der Staatenlosigkeit (1961)

Das Flüchtlingsrecht gilt jedoch für eine bestimmte Kategorie von Migranten und ist auf Personen, die wegen Umweltzerstörung Grenzen überqueren, nicht direkt anwendbar. Deshalb hat der Begriff »Umwelt-« oder »Klimaflüchtling« keine rechtliche Grundlage. Nur in bestimmten Fällen, bei denen Umweltfaktoren zusammen mit Gewalt die Auslöser sind, können Migranten vom Schutz im Rahmen der Flüchtlingskonvention profitieren.

Andererseits kann der Grundsatz der Nichtzurückweisung, offiziell in der Flüchtlingskonvention von 1951 sowie der Antifolterkonvention von 1984 verankert und Teil des Völkergewohnheitsrechts, eine tragende Rolle spielen. Er sieht vor, dass ein Mensch nicht in ein Land zurückgeschickt werden darf, in dem ihm Folter oder eine unmenschliche oder erniedrigende Behandlung drohen. In diesen Fällen müssen die Staaten eine Lösung für den Einzelnen suchen, etwa die Ansiedlung in einem sicheren Drittland oder die Gewährung zumindest eines befristeten Rechtsstatus.

Auch das Staatsangehörigkeitsrecht kann in bestimmten Fällen herangezogen werden, etwa zum Schutz von Bewohnern der Kleinen Inselstaaten oder von Kindern, deren Eltern wegen einer Katastrophe auf Dauer ihr Zuhause verloren haben und denen die Staatenlosigkeit droht. Das Übereinkommen über die Rechtsstellung der Staatenlosen von 1954 und das Übereinkommen zur Verminderung der Staatenlosigkeit von 1961 könnten bei diesen Menschen Anwendung finden.

Diese Instrumente allein bieten jedoch keine umfassenden Lösungen für die vielen verschiedenen Probleme, vor die Menschen aufgrund von Umweltveränderungen gestellt werden können.

Atoll Vaitupu, Tuvalu; © UNU-EHS/ Andrea Milan.

Der Fall der Familie aus Tuvalu

Als im Juni 2014 einer Familie aus Tuvalu das Aufenthaltsrecht durch das Einwanderungstribunal von Neuseeland bewilligt wurde, sprachen die Medien von einer ersten rechtlichen Anerkennung von »Klimaflüchtlingen«. Die Familie hatte zwar ursprünglich ihre Anerkennung als Flüchtlinge beantragt und sich dabei auch auf die verheerenden Folgen des Klimawandels in Tuvalu berufen, dieser Antrag wurde jedoch abgewiesen, weil die Kriterien der Flüchtlingskonvention nicht zutrafen. Das Tribunal berief sich bei seiner Entscheidung vielmehr auf außergewöhnliche »humanitäre Gründe« und die besonderen Verhältnisse der Familie und nicht auf die Folgen des Klimawandels. Das Tribunal machte damit von seinem Ermessensspielraum Gebrauch, ohne einen Präzedenzfall zu schaffen. *Quelle: McAdam (2014).*

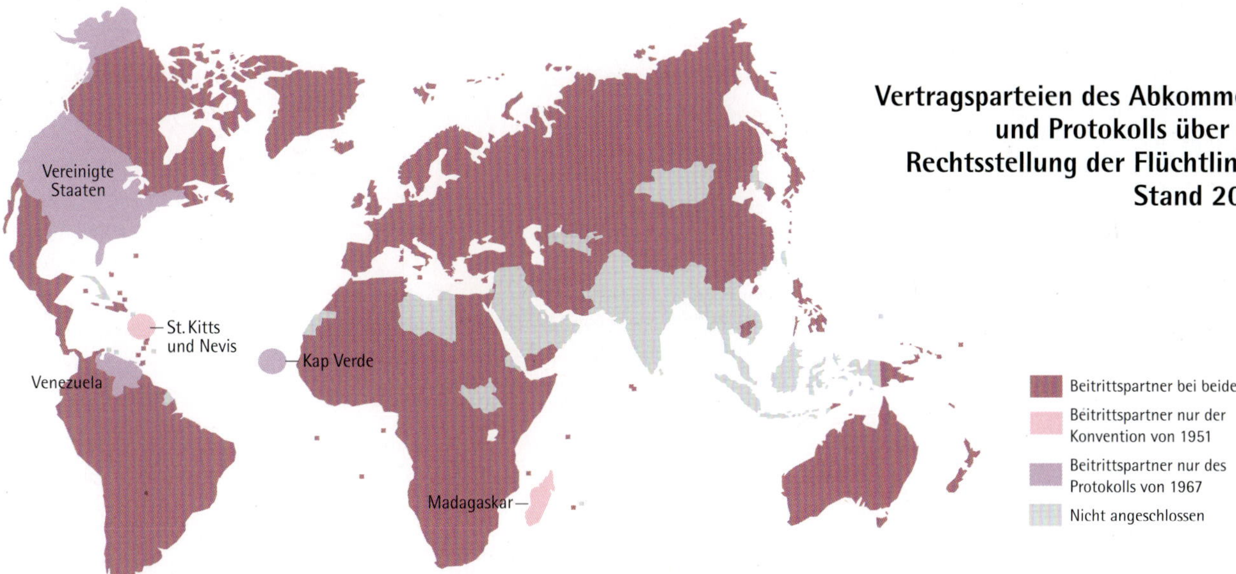

Vertragsparteien des Abkommens und Protokolls über die Rechtsstellung der Flüchtlinge, Stand 2014

Quelle: UN (o. J.), © IOM (Mokhnacheva, Ionesco), Gemenne, Science Po, 2015.

Warum eine Änderung der Flüchtlingskonvention nicht die Lösung ist

Die Genfer Flüchtlingskonvention wurde nach dem Zweiten Weltkrieg verabschiedet, um Menschen zu schützen, die vor Verfolgung fliehen. Dabei gelten als Flüchtlinge nach den Kriterien der Konvention lediglich Menschen in »Furcht vor Verfolgung« wegen Zugehörigkeit zu einer Rasse, Religion, Nationalität, sozialen Gruppe oder politischen Überzeugung; Umweltfaktoren werden nicht berücksichtigt. Die Flüchtlingskonvention gilt nur für Personen, die Grenzen überschreiten; Binnenflüchtlinge, und damit die meisten Umweltmigranten, würden unter diesem Instrument keinen Schutz finden. Schließlich haben Menschen, deren Lebensgrundlage durch Umweltveränderungen gefährdet ist und die sich auf der Suche nach besseren Chancen auf den Weg machen, nicht dieselben Bedürfnisse wie gewaltsam Vertriebene. Deshalb würde eine Aufnahme von Umweltfaktoren in die Flüchtlingskonvention das Problem nicht lösen, sondern könnte sogar die besonderen Schutzregelungen für Flüchtlinge, wie sie derzeit von der Konvention definiert sind, untergraben.

Quelle: Fatima u. a. (2014).

Aufbau eines neuen Rechtsrahmens

Experten haben vorgeschlagen, die bestehenden Instrumente zu ergänzen oder eine neue Konvention zu verabschieden, um einen verbindlichen Rechtsrahmen zu schaffen, der speziell auf die Umweltmigration zugeschnitten ist.

Rechtliche Regelungen zur Umweltmigration findet man unter anderem in den Gesetzen und Verträgen zu Menschenrechten und Umweltschutz und sinngemäß auch im humanitären Völkerrecht sowie im Flüchtlingsrecht. Es gibt Bemühungen, die vorhandenen Regelungen zu prüfen und so anzupassen, dass sie auf Katastrophen anwendbar sind. Interessant ist in dieser Hinsicht die Arbeit der Völkerrechtskommission (ILC) an Regelungen zum Schutz von Menschen im Katastrophenfall, ein Bereich, der durch das Völkerrecht nicht hinreichend abgedeckt ist. Die ILC entwickelt seit 2007 entsprechende Zusatzartikel, die derzeit jedoch Flucht und Vertreibung nicht explizit erwähnen, sich aber auf alle von der Katastrophe Betroffenen beziehen, also auch auf jene, die ihr Zuhause verloren haben. Die Vorschläge der Kommission befinden sich noch im Entwurfsstadium, können aber in ein völkerrechtliches Übereinkommen einfließen.

Entwicklung eines neuen Rechtsrahmens?

Zu einem Rechtsrahmen für das Phänomen der Flucht als Folge von Katastrophen und Klimawandel liegen mehrere Vorschläge vor, die größtenteils von wissenschaftlichen Einrichtungen oder öffentlich-privaten Partnerschaften, bestehend aus Wissenschaftlern, Anwaltskanzleien oder NGOs, stammen. Bei den meisten dieser Vorschläge handelt es sich um Auslegungen des existierenden Rechts: Einige bauen auf bestehendes Flüchtlingsrecht auf (Docherty und Giannini), andere regen an, die Frage in die vorhandenen Klimaverträge einzubeziehen (Biermann und Boas, 2010). Wieder andere schlagen umfassendere Übereinkommen zum Status von Menschen vor, die durch Klimawandel oder Umweltzerstörung ihr Zuhause verlieren, wobei Menschenrechte, humanitäre und Umweltgesetze sowie Klimapolitik zusammengeführt werden. Der Entwurf für ein Übereinkommen zum internationalen Status von Umweltvertriebenen der Universität Limoges gehört zu den umfassendsten Empfehlungen und sieht sehr klare ordnungspolitische Mechanismen und Institutionen vor, um den Betroffenen Schutz zu bieten. Immer aber liegt der Schwerpunkt auf erzwungener Migration, während keine Regelungen zur Erleichterung freiwilliger Migration vorgesehen sind.

Vor uns liegende Herausforderungen

Betrachtet man die Schwierigkeiten, die sich bei der Ratifizierung vorhandener Rechtsinstrumente stellen (etwa die UN-Konvention zum Schutz der Rechte aller Wanderarbeitnehmer und ihrer Familienangehörigen), und angesichts dessen, dass Migrations- und Umweltfragen eine sehr heikle Angelegenheit sind, wird man sich wohl nur schwer auf ein allgemein verbindliches Instrument einigen können. Wegen der Komplexität der Faktoren und Situationen und weil eine brauchbare Kategorisierung für Umweltmigranten fehlt, ist es überdies schwierig, einen klaren rechtlichen Status und einen verbindlichen Rechtsrahmen zu definieren, der auf alle Fälle anwendbar ist. Auch eine gründliche Revision oder Ergänzung der bestehenden Übereinkommen, z. B. der UNFCCC oder der Flüchtlingskonvention von 1951, dürfte von den Regierungen kaum abgesegnet werden. Daher scheint ein flexiblerer Ansatz mit dem Ziel, nichtverbindliche Regelungen zu schaffen, eher ein gangbarer Weg zu sein.

Nichtverbindliche Instrumente und für Umweltmigration relevante wesentliche Rechte, Stand 2014

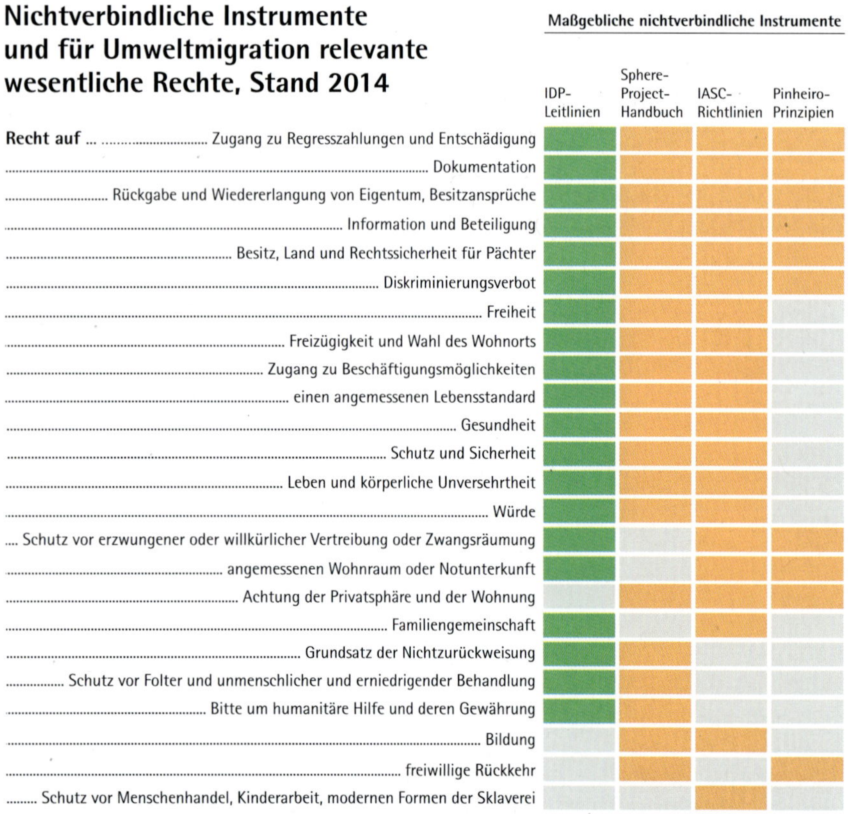

IDP-Leitlinien	Leitlinien betreffend Binnenvertreibungen von 1998
Pinheiro-Prinzipien	UN-Prinzipien zu Unterbringung und Eigentumsrestitution von Flüchtlingen u. Vertriebenen von 2005
Sphere-Project-Handbuch	Humanitäre Charta und Mindeststandards in der humanitären Hilfe von 2011
IASC-Richtlinien	Richtlinien des Ständigen Interinstitutionellen Ausschusses der Vereinten Nationen zum Schutz von Personen im Falle von Naturkatastrophen

Quelle: IASC (2011), Sphere Project (2011), UN (2005), UNHCHR (1998), © IOM (Mokhnacheva, Ionesco), Gemenne, Sciences Po, 2015

Vorschläge für neue Rechtsinstrumente, 2007–2015

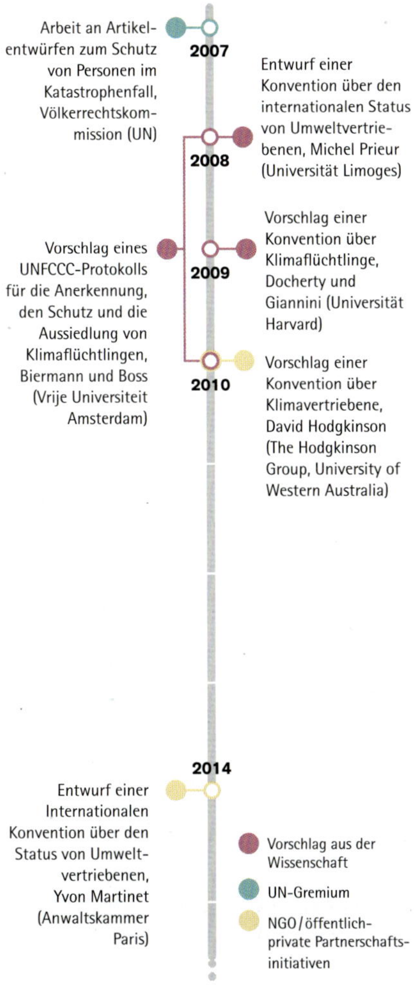

Quelle: Cournil und Mayer (2014), Savin u. a. (2014), © IOM (Mokhnacheva, Ionesco), Gemenne, Sciences Po, 2015.

Die Nansen-Initiative, 2015

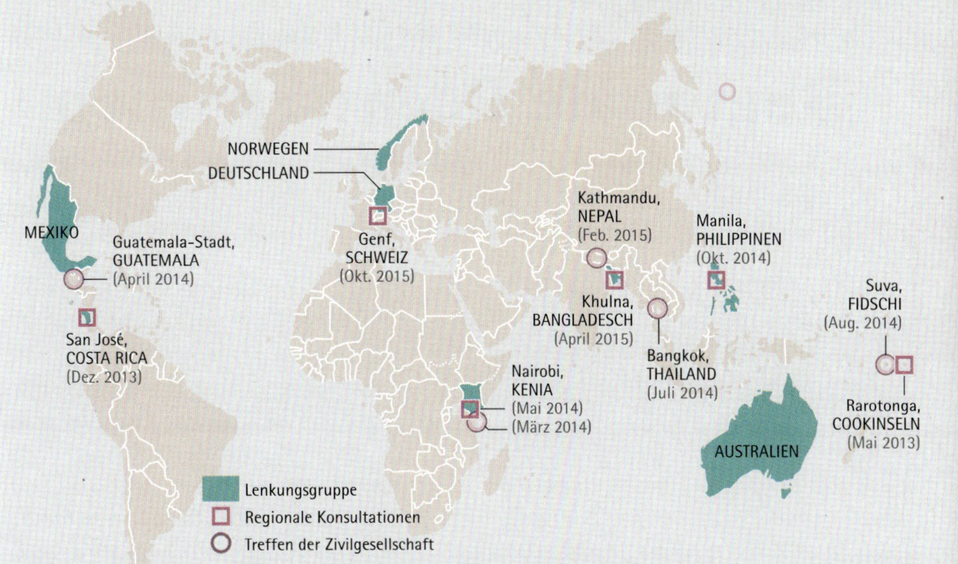

Regionale Konsultationen und Veranstaltungen, 2012–2015

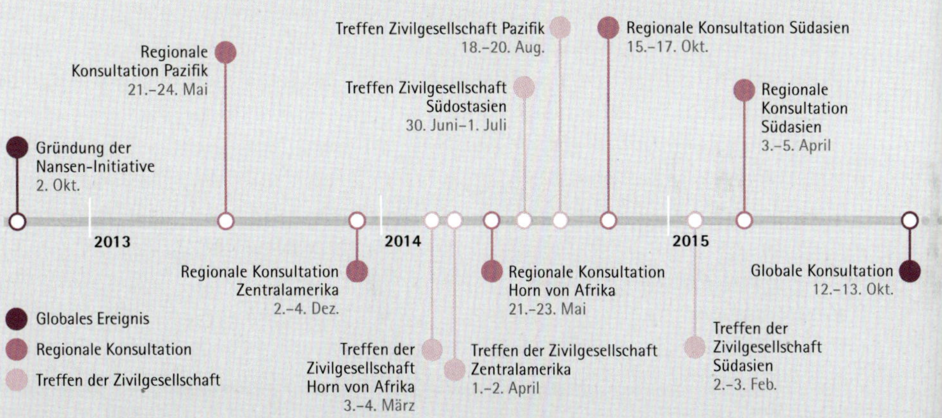

Quelle: Nansen-Initiative (o. J.), © IOM (Mokhnacheva, Ionesco), Gemenne, Sciences Po, 2015.

Die Nansen-Initiative wurde 2012 von der Schweiz und Norwegen als zwischenstaatlicher Konsultationsprozess ins Leben gerufen, um den rechtlichen Schutz von Menschen zu verbessern, die von Naturkatastrophen oder Klimawandel zur Flucht ins Ausland gezwungen werden. Sie umfasst eine Lenkungsgruppe, eine Gruppe von Freunden der Nansen-Initiative (bestehend aus interessierten Staaten und regionalen Organisationen), einem Beratungsausschuss, einem Gesandten und einem Sekretariat. Ihre Schutzagenda, entwickelt auf der Grundlage einer Reihe von regionalen Konsultationen und Beratungen mit der Zivilgesellschaft, wurde im Oktober 2015 bei einer internationalen Konferenz in Genf von 109 Staaten verabschiedet. Im Dezember 2015 lief die Nansen-Initiative aus. Im Anschluss sollte eine Staatengruppe die Umsetzung der Schutzagenda vorantreiben. Umsetzungsbestimmungen befanden sich Anfang 2016 in Vorbereitung.

Quelle: Nansen-Initiative (2015).

Fortschritte mit nichtverbindlichen Regelungen

Nichtverbindliche Instrumente *(soft law)* führen oft verschiedene Rechts- und Gesetzesquellen zusammen und interpretieren sie neu, um Lücken im bestehenden Regelwerk zu füllen. Ein nichtverbindliches Instrument ähnlich den Leitlinien betreffend Binnenvertreibungen von 1998 könnte leichter Akzeptanz finden und würde durchaus Orientierung in der Frage geben, wie der bestehende Rechtsrahmen auf die Umweltmigration angewendet werden kann. Ein nichtverbindliches Instrument könnte auch eine kurzfristige Lösung bieten, die sich in der Folge auf nationaler, regionaler oder – falls sich die verschiedenen Länder einigen – sogar internationaler Ebene in einen verbindlichen Text überführen ließe. Beispiele für einen Ansatz mit zunächst unverbindlichen Regelungen sind die »Peninsula Principles on Climate Displacement Within States« der in Genf angesiedelten NGO »Displacement Solution« oder das »Sendai-Rahmenwerk zur Minderung von Katastrophenrisiken« von 2015, in dem Flucht explizit erwähnt wird.

Staatliche Initiativen

Andere Ansätze zur Entwicklung von Schutzmaßnahmen verfolgen staatliche Initiativen wie etwa die Nansen-Initiative für grenzüberschreitende, klimainduzierte Vertreibung oder die Arbeit der »Migrants in Countries in Crisis Initiative« (MICIC). Letztere hat sich die Entwicklung von Leitlinien für den Schutz von Migranten zum Ziel gesetzt, die bei Krisen, u. a. Naturkatastrophen, in einem Land festsitzen. Die Ergebnisse dieser Konsultationsprozesse können künftig die Grundlage für neue Gesetze, nichtverbindliche Instrumente oder verbindliche Abkommen bilden.

Regionale Rechtsrahmen

Die regionalen Rechtsrahmen gewinnen bei der Förderung und beim Schutz der Menschenrechte zunehmend an Bedeutung. Sie bieten einen geeigneten Raum für die Gestaltung rechtlicher Lösungen in der Frage der Umweltmigration.

In regionalen und subregionalen Organisationen schließen sich Länder zusammen, die ein ähnliches soziales, wirtschaftliches und kulturelles Profil und enge Verbindungen untereinander haben; geografische Nähe bedeutet gemeinsame Interessen und Sorgen – auch in Bezug auf Migration, Klimawandel und Umweltprobleme. Vernetzung erleichtert die Zusammenarbeit bei heiklen Themen wie der Einigung auf weitgesteckte Rechtsinstrumente.

Regionale Menschenrechtsinstrumente

Es gibt vier zwischenstaatliche Organisationen, die verbindliche Rechtsvorschriften zur Förderung und zum Schutz von Menschenrechten in ihren Mitgliedsstaaten erlassen haben: Die Europäische Union, die Organisation Amerikanischer Staaten, die Afrikanische Union und die Liga der Arabischen Staaten haben verbindliche regionale Abkommen oder Chartas verabschiedet, die internationale Menschenrechtsbestimmungen bekräftigen. Einige dieser Rechtsinstrumente wurden in der Folge ergänzt, gestärkt und mit Zusatzprotokollen und -instrumenten erweitert, wie etwa der Europäischen Sozialcharta in der EU und dem Zusatzprotokoll zur Amerikanischen Menschenrechtskonvention über wirtschaftliche, soziale und kulturelle Rechte (Protokoll von San Salvador) in der OAS. Die meisten dieser regionalen Rechtsrahmen sehen vor, Einzelpersonen eine Klage vor regionalen Gerichten zu ermöglichen. In der Region Asien-Pazifik, in der die zwischenstaatliche Zusammenarbeit im Bereich Menschenrechte von jeher begrenzt war, hat der Verband Südostasiatischer Nationen (ASEAN) 2009 eine zwischenstaatliche Menschenrechtskommission ins Leben gerufen und 2012 eine Menschenrechtserklärung verabschiedet. Die Erklärung, die eher eine symbolische Geste als eine rechtsverbindliche Vorschrift darstellt, ist derzeit das einzige Menschenrechtsinstrument in der Region.

Recht auf Umwelt

Regionale Regelungen ergänzen die nationalen und internationalen Menschenrechtsinstrumente und enthalten teilweise weiter reichende Vorschriften, die auf die Bedürfnisse und Sorgen der Region zugeschnitten sind. Dieser Aspekt ist besonders interessant in Bezug auf den Schutz von Umweltmigranten, weil regionale Instrumente Spielraum speziell für ihre Belange eröffnen. Dies gilt zum Beispiel für das »Recht auf eine gesunde Umwelt«, das in den afrikanischen und arabischen Chartas, im OAS-Protokoll von San Salvador und in der ASEAN-Erklärung festgeschrieben ist. Experten zufolge könnte diese Vorschrift genutzt werden, um Mitgliedsstaaten zur Umsiedlung von Menschen zu verpflichten, die unter unsicheren oder unbefriedigenden Umweltbedingungen leben; auch eine Hilfestellung bei ihrer Migrationsentscheidung sollte geboten werden. Speziell im Hinblick auf Umweltprobleme ist das Übereinkommen der UNECE über den Zugang zu Informationen, die Öffentlichkeitsbeteiligung an Entscheidungsverfahren und den Zugang zu Gerichten in Umweltangelegenheiten (Aarhus-Konvention) ein regionales Werkzeug von besonderem Interesse, denn es erkennt das Recht eines jeden Menschen an, »in einer seiner Gesundheit und seinem Wohlbefinden zuträglichen Umwelt zu leben«. Die Regelungen in diesem Übereinkommen sind unabhängig von der Nationalität der Betroffenen anwendbar und könnten daher dazu dienen, einige Anliegen von Umweltmigranten anzugehen.

Schutz der Rechte von Binnenmigranten

Ein Großteil der Migranten bewegt sich innerhalb des eigenen Landes oder in den angrenzenden Nachbarländern, daher haben sich steuerungspolitische Maßnahmen auf die regionale Ebene verlagert; dazu gehört auch die Integrierung internationaler Rechtsvorschriften in Bezug auf Migration, Vertreibung und Flüchtlingsstatus in regionale Rechtsordnungen.

Teilweise haben regionale Organisationen die Definition des Flüchtlingsstatus aus der

Regionale Regelwerke zu Menschenrechten, 1950–2014

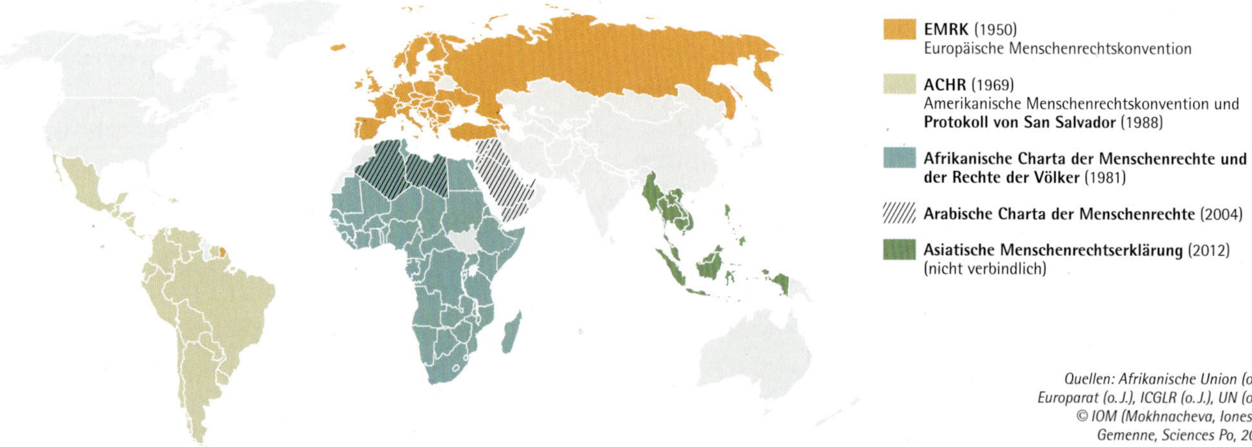

Quellen: Afrikanische Union (o. J.), Europarat (o. J.), ICGLR (o. J.), UN (o. J.), © IOM (Mokhnacheva, Ionesco), Gemenne, Sciences Po, 2015.

Konvention von 1951 in ihren regionalen Rechtsinstrumenten erweitert. Die Konvention der Organisation für Afrikanische Einheit zur Regelung der Probleme von Flüchtlingen in Afrika von 1969 erweitert die Kriterien für den Flüchtlingsstatus auf Ereignisse, »die ernsthaft die öffentliche Ordnung stören«; die nichtverbindliche OAS-Erklärung von Cartagena gibt ähnliche Empfehlungen. Solche Formulierungen lassen sich so weit dehnen, dass auch Naturkatastrophen dazuzählen, wie es in der 2014 in Brasilien verabschiedeten Erklärung Cartagena+30 der Fall ist, die explizit Klimawandel und Katastrophen erwähnt.

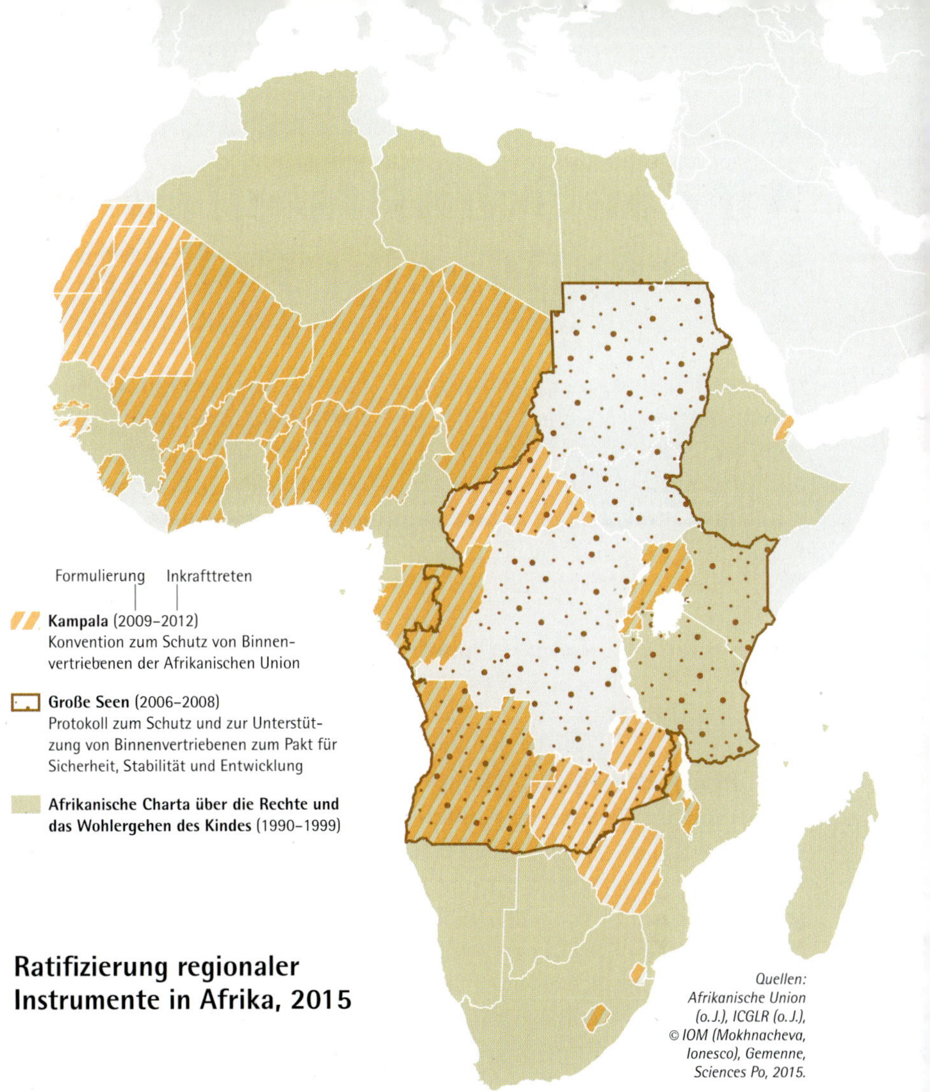

Ratifizierung regionaler Instrumente in Afrika, 2015

Schutz von Binnenvertriebenen im Zusammenhang mit Katastrophen in Afrika

Andere Regionalorganisationen sind einen Schritt weitergegangen und haben die Leitlinien betreffend Binnenvertreibungen in regionale Rechtsvorschriften überführt. Das gilt für mehrere verbindliche Instrumente, die in den letzten Jahren in Afrika verabschiedet wurden. Die Konvention zum Schutz von Binnenvertriebenen (IDPs) der Afrikanischen Union (Kampala-Konvention) von 2009, die 2012 ratifiziert wurde, ist in dieser Hinsicht bahnbrechend. Das Abkommen, das 2015 von 25 Staaten ratifiziert wurde, bietet als erstes verbindliches regionales Rechtsinstrument explizit Menschen Schutz, die durch Naturkatastrophen vertrieben wurden (Artikel 5.4), und geht mit der Berücksichtigung des Klimawandels über die Leitlinien hinaus. Auf subregionaler Ebene haben die Unterzeichnerstaaten der Internationalen Konferenz über die Region der Großen Seen im Jahr 2006 zum Pakt für Sicherheit, Stabilität und Entwicklung ein Protokoll über den Schutz und die Unterstützung von Binnenvertriebenen verabschiedet. Das Protokoll basiert ebenfalls auf den UN-Leitlinien und berücksichtigt auch durch Katastrophen vertriebene Menschen. Anders als in der Kampala-Konvention wird hier der Klimawandel jedoch nicht erwähnt. Neben diesen Instrumenten enthält auch die Afrikanische Charta über die Rechte und das Wohlergehen des Kindes Vorschriften zum Schutz von Kindern, die ihr Zuhause durch Naturkatastrophen verloren haben (Präambel, Artikel 23.4), und zur Verpflichtung der Unterzeichnerstaaten, Kinder wieder mit ihren Eltern zusammenzuführen, die durch Naturkatastrophen von ihnen getrennt wurden (Artikel 25.2(b)).

Ein regionaler Rechtsrahmen kann zwar flexibler und besser auf das Schutzbedürfnis von Umweltmigranten eingehen, die praktische Umsetzung der einzelnen Bestimmungen ist aber nicht immer leicht und muss auf nationaler und regionaler Ebene erprobt werden.

Regionale Instrumente zu Menschenrechten, Vertreibung und zum Recht auf Umwelt, 1950–2014

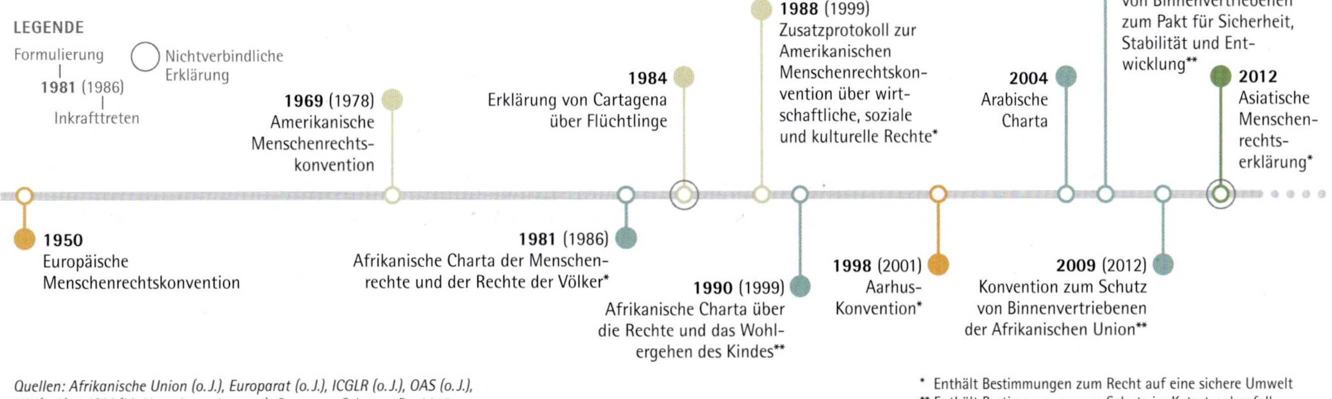

Quellen: Afrikanische Union (o. J.), Europarat (o. J.), ICGLR (o. J.), OAS (o. J.), UN (o. J.), © IOM (Mokhnacheva, Ionesco), Gemenne, Sciences Po, 2015.

* Enthält Bestimmungen zum Recht auf eine sichere Umwelt
** Enthält Bestimmungen zum Schutz im Katastrophenfall

An den Schnittstellen internationaler Politik

Das Thema Umweltmigration befindet sich an einem Knotenpunkt mehrerer Politikbereiche, und die entsprechenden Maßnahmen sind höchst unterschiedlich und komplex. Es zeichnet sich jedoch ein zweifacher Trend ab: Das Thema menschliche Mobilität findet zunehmend Eingang in die Klimapolitik, während umgekehrt Umweltthemen in die politische Debatte über Migration einfließen.

Die 2030-Agenda der Vereinten Nationen umfasst mehrere Prozesse, die es Staaten ermöglichen sollen, Abkommen in den Bereichen Entwicklung, Klima, Katastrophenvorsorge und humanitäre Hilfe zu schließen. Migranten wurden in diesen Bereichen lange Zeit nicht als eine Gruppe mit besonderer Schutzbedürftigkeit und besonderen Stärken wahrgenommen, werden aber heute offiziell auf verschiedenen Ebenen berücksichtigt. Und die Klimaschutzpolitik beschäftigt sich ihrerseits unter dem Aspekt der Anpassung sowie der Risiken und Schäden mit der menschlichen Mobilität.

Das Thema Migration auf der Klima- und Umweltagenda

Migrationsfragen wurden erstmals bei den Verhandlungen in Cancún 2010 in die Klimarahmenkonvention (UNFCCC) aufgenommen, und zwar unter Paragraf 14(f), der sich mit der Anpassung an den Klimawandel befasst. Diese Anerkennung, die auf Empfehlung des IPCC erfolgte, ist das Ergebnis der Bemühungen verschiedener Regierungen, internationaler Organisationen, Wissenschaftler und Vertreter aus NGOs und dem Privatsektor. Obwohl es sich nur um ein paar Zeilen handelt, wurde menschliche Mobilität damit Teil der Klimaagenda. Der Text erwähnt Vertreibung, Migration und geplante Umsiedlung, also die verschiedenen Formen der Migration, und betont die Notwendigkeit, Migration zu planen, statt im Nachhinein auf Naturgefahren zu reagieren. Danach wurde das Problem der Vertreibung auf der Konferenz von Doha 2012 in das Arbeitsprogramm »Verluste und Schäden« aufgenommen. Seither betreiben diverse Organisationen massive Lobbyarbeit, damit das Thema Migration in möglichst viele auf internationalen Klimakonferenzen ausgehandelte Dokumente aufgenommen wird.

Am 12. Dezember 2015 verabschiedeten die UNFCCC-Vertragsparteien einstimmig das Pariser Abkommen. Dieses Abkommen war historisch bedeutsam, weil erstmals alle Vertragsparteien Einigkeit zeigten. In der Präambel heißt es: Die Vertragsparteien sollen »beim Vorgehen gegen Klimaänderungen ihre jeweiligen Verpflichtungen im Hinblick auf die Menschenrechte, das Recht auf Gesundheit, die Rechte von … Migranten … achten, fördern und berücksichtigen«. Weiter sieht das Abkommen vor, dass der Internationale Mechanismus von Warschau für Verluste und Schäden im Zusammenhang mit Klimaänderungen verbessert und verstärkt wird. Ferner wurde das Exekutivkomitee des Mechanismus von Warschau beauftragt, eine Taskforce zu bilden, die mit geeigneten Empfehlungen für gemeinsame Anstrengungen darauf hinwirkt, Vertreibungen, die mit den nachteiligen Auswirkungen der Klimaänderungen verbunden sind, zu vermeiden,

Bedeutende politische Prozesse und Schlüsseldaten zu Migration, Umwelt und Klimawandel, 1971–2015

Dieses Diagramm zeigt nur die bedeutenden Ereignisse in den einzelnen politischen Bereichen zwischen 1971 und 2015. Die Ereignisse, die eine Verbindung zwischen Migration, Umwelt und Klimawandel herstellen, sind fett gedruckt.

Quellen: IASC (o. J.), IOM (o. J.), UNCBD (o. J.), UNDESA (o. J.), UNFCCC (o. J.), UNISDR (o. J.), © IOM (Mokhnacheva, Ionesco), Gemenne, Stienne, 2015

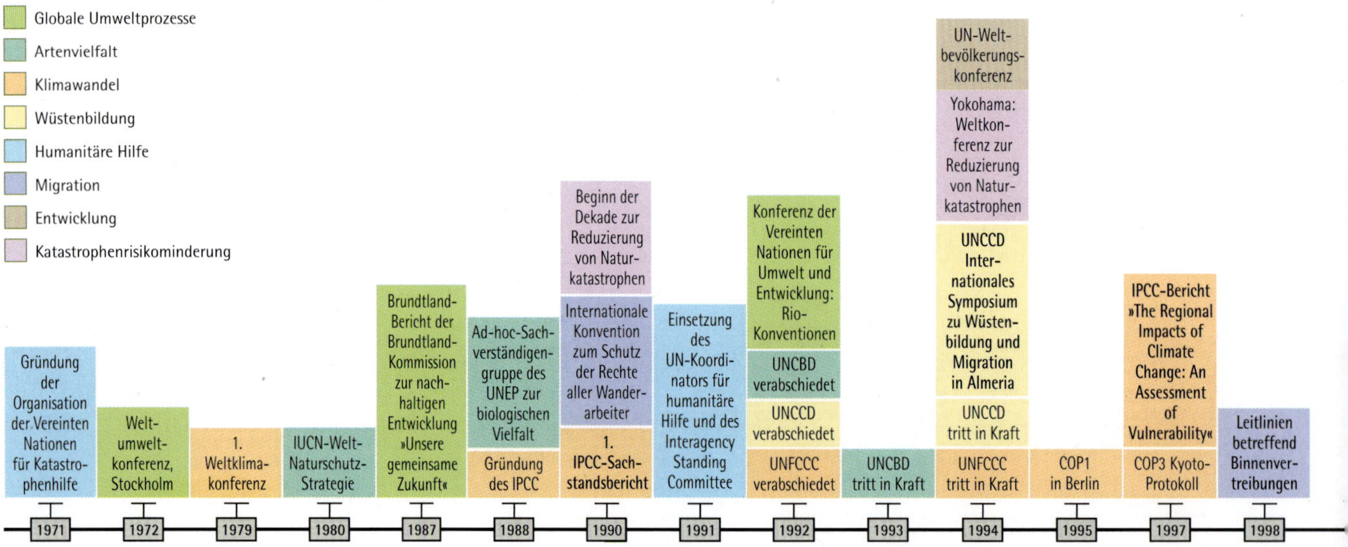

auf ein Mindestmaß zu verringern und zu bewältigen. Die Erwähnung von Migranten zeigt, dass dieser Frage erhöhte Aufmerksamkeit gewidmet wird. Das Abkommen gibt somit Orientierung und lässt hoffen, dass künftig umfangreichere Mittel für Umweltmigranten zur Verfügung gestellt werden.

Zugleich hat menschliche Mobilität in die Agenda des UN-Übereinkommens zur Bekämpfung der Wüstenbildung (UNCCD) Eingang gefunden. Bei der 12. Konferenz der UNCCD-Staaten 2015 waren erstmals die Themen Migration und Bodenrückgewinnung Gegenstand von Debatten. Das Rahmenwerk zur Reduzierung von Katastrophenrisiken, das im März 2015 im japanischen Sendai von 187 Staaten verabschiedet wurde, zieht auch menschliche Mobilität in Betracht. Dieses Abkommen bietet ein weiteres Forum für die Migrationssteuerung: Es ermutigt zur internationalen Zusammenarbeit, fördert präventive und reaktive Maßnahmen bei der Vertreibung infolge von Naturkatastrophen und berücksichtigt die aktive Rolle von Migranten bei der Risikominderung. Auch bei den Prozessen des Umweltschutzes und der nachhaltigen Entwicklung werden zunehmend soziale Fragen und die Rechte schutzbedürftiger Gruppen, darunter Migranten, miteinbezogen: Der Text, mit dem die Staatengemeinschaft 2015 die Nachhaltigen Entwicklungsziele festschrieb, spricht auch Fragen der Migrationspolitik und die Rolle von Migranten bei Entwicklungsstrategien an.

Umwelt auf der Migrationsagenda

Obwohl die Probleme von Migranten und Flüchtlingen politisch sehr bedeutsam sind, bremsen Regierungen den Aufbau einer internationalen Migrationspolitik, weil sie an ihren Vorrechten und ihrer Souveränität auf diesem Gebiet festhalten wollen. Bisher ist Umweltmigration vor allem auf nationaler, bilateraler und regionaler, nicht aber auf internationaler Ebene ein Thema. Bei zwischenstaatlichen Gesprächen favorisieren Staaten nichtverbindliche Dialogforen. Mehrere derartige Prozesse sind seit 2000 in Gang gekommen: der »International Dialogue on Migration« des IOM; die Berner Initiative zur Entwicklung eines internationalen politischen Rahmens für das Migrationsmanagement; der hochrangige Dialog über internationale Migration und Entwicklung, initiiert durch den UN-Generalsekretär; das Globale Forum über Migration und Entwicklung; der »Dialogue on Protection Challenges« des Hohen Flüchtlingskommissars der Vereinten Nationen und die Globale Konsultation der Nansen-Initiative.

Wachsendes Bewusstsein

Die Umsetzung speziell auf die Umweltmigration zielender Maßnahmen ist nicht einfach, denn sie findet in einem multidimensionalen, interdisziplinären Bereich statt und fällt unter die Zuständigkeit verschiedener Regierungsinstanzen sowie in unterschiedliche Budgets und Zeitrahmen. Dennoch zeigen Staaten wachsendes Interesse an Initiativen zu diesem Thema und beziehen es in verschiedene politische Programme mit ein, etwa im Bereich Entwicklung, humanitäre Hilfe, Gesundheit, Beschäftigung und Menschenrechte. Abgesehen von der moralischen Verpflichtung, trägt das wachsende Bewusstsein auch zu mehr Kohärenz in den politischen Programmen bei.

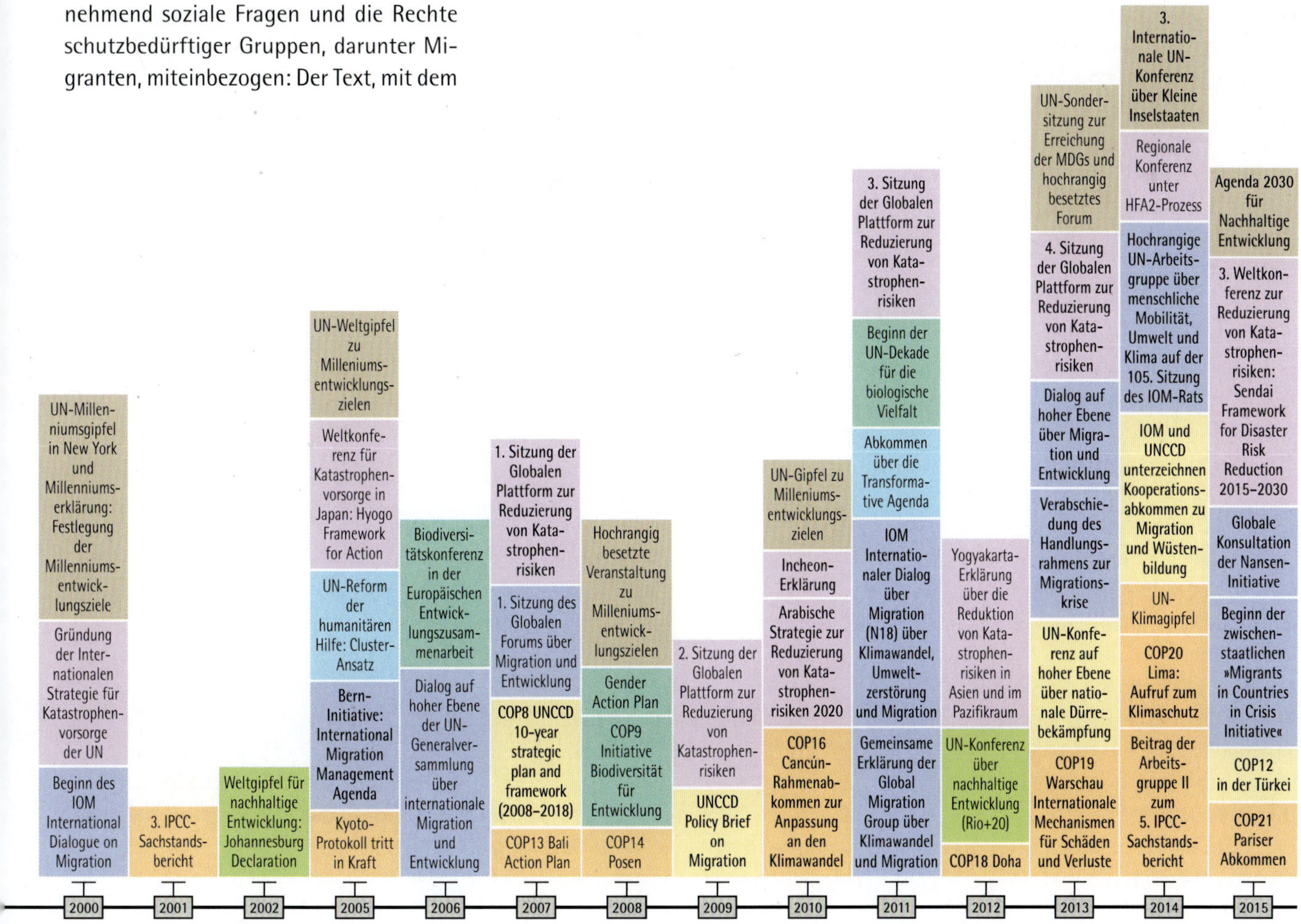

Regionale politische Prozesse

In den vergangenen 15 Jahren ist eine wachsende Zahl von Foren für den regionalen und interregionalen Dialog entstanden. Dass dort auch Umweltmigration auf der Agenda steht, zeigt, dass die Bedeutsamkeit der Frage ebenso erkannt wurde wie die Notwendigkeit, Lösungen auf regionaler Ebene zu entwickeln.

Was Migration anbelangt, ist die regionale Ebene besonders geeignet für gemeinsames Nachdenken und Handeln, zumal der Großteil der grenzüberschreitenden Migration innerhalb einer Region stattfindet. Nachbarländer stehen oft vor denselben klimatischen, wirtschaftlichen, sozialen oder politischen Herausforderungen und Chancen. Daher ist es in der Region leichter als auf internationaler Ebene, Beschlüsse zu fassen oder sich auf gemeinsame Maßnahmen zu einigen.

Plattformen für Überlegungen, Austausch und politischen Einfluss

Der zwischenstaatliche Austausch über Migrationsfragen findet in konsultativen Prozessen, Regionalgremien und interregionalen Foren statt, von denen sich einige auf Migration konzentrieren, während andere Migration als ein Thema unter anderen behandeln.

Die regionalen Konsultationsprozesse (RCPs), die inoffiziell und nicht verbindlich sind, stellen eine Plattform für Dialog und Zusammenarbeit dar, deren Schwerpunkt auf der Migration liegt. 2014 gab es unter den 25 weltweit vorhandenen Prozessen 18 RCPs und 7 interregionale Foren über Migration, die mehr oder weniger mit anderen regionalen Kooperationsmechanismen, vor allem im Bereich von Wirtschaft und Handel, verknüpft waren. Bestimmte RCPs werden von internationalen Organisationen getragen, die die Geschäftsführung übernehmen und fachliche Unterstützung oder Hilfe beim Kapazitätsaufbau leisten (etwa IOM, UNHCR und das ICMPD). Diese regionalen Prozesse sind zwar im Charakter sehr unterschiedlich, beeinflussen aber die Migrationspolitik vor allem auf bilateraler Ebene – und sind oft der

Das Climate Vulnerable Forum, 2015

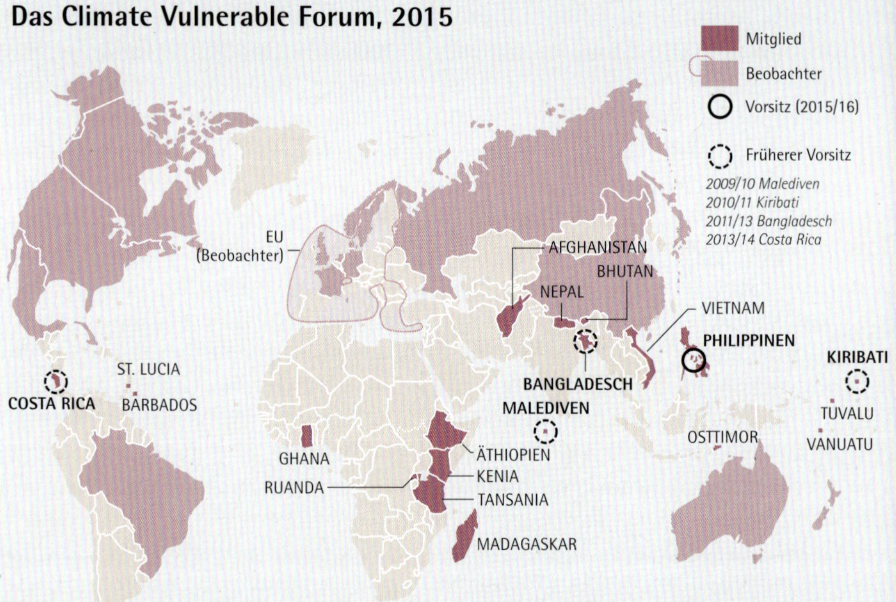

* Beobachter, die offiziell an einem oder mehreren der wichtigen Foren 2009, 2010 und 2011 teilgenommen haben

Migration auf der CVF-Agenda, 2009–2015

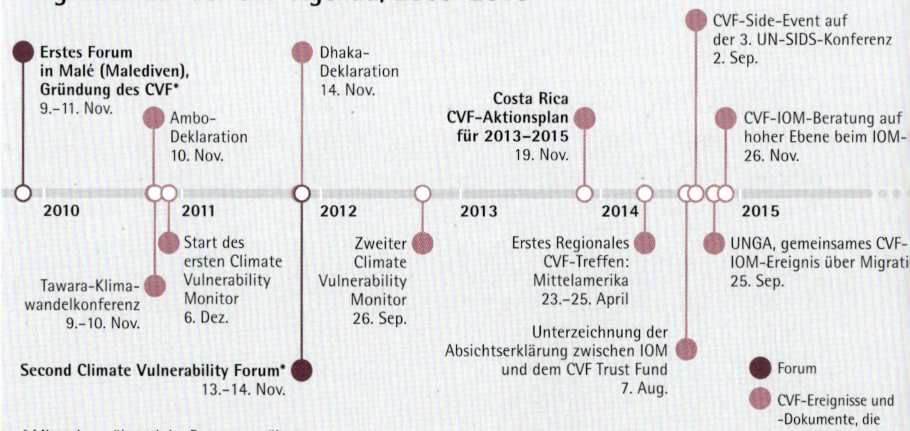

* Migration während des Forums erwähnt

Quelle: CVF (o. J.), © IOM (Mokhnacheva, Ionesco), Gemenne, Sciences Po, 2015.

Das Climate Vulnerable Forum (CVF) wurde 2009 gegründet. Es ist eine halboffizielle, nicht exklusive Organisation von Entwicklungsländern, die vom Klimawandel besonders stark betroffen sind. Sein Aktionsplan 2013–2015 erkennt in Migration und Vertreibung eine der wichtigsten Perspektiven zur Verbesserung der politischen und rechtlichen Rahmenbedingungen und Mechanismen, die dazu beitragen, den Klimawandel wirksam und fair zu bekämpfen. Die Ministererklärung (Dhaka 2011) forderte eine Stärkung des internationalen Dialogs über die durch den Klimawandel ausgelöste Migration. 2012 wurde im Rahmen des UNPD ein eigener Thematic Trust Fund eingerichtet, um die Durchführung von Schwerpunktaktivitäten für Länder zu unterstützen, die in besonderem Maße unter dem Klimawandel leiden.

Einige Beispiele für regionale politische Prozesse, die Migration, Umwelt- und Klimaveränderungen erwähnen*

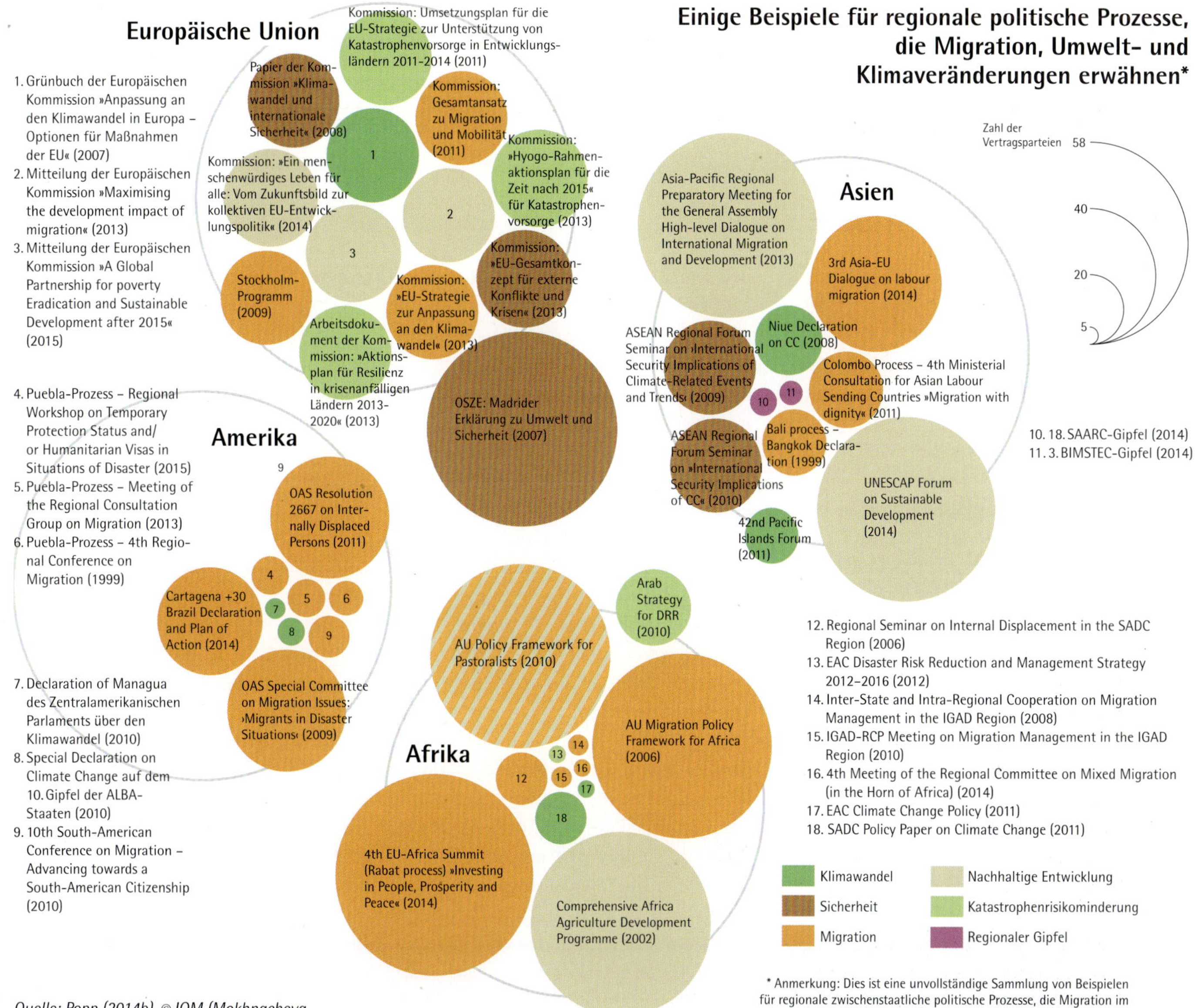

Quelle: Popp (2014b), © IOM (Mokhnacheva, Ionesco), Gemenne, Sciences Po, 2015.

* Anmerkung: Dies ist eine unvollständige Sammlung von Beispielen für regionale zwischenstaatliche politische Prozesse, die Migration im Kontext von Umwelt- und Klimaveränderungen erwähnen. Die Größe der Kreise spiegelt die Zahl der Mitgliedsländer der jeweiligen Prozesse.

Wegbereiter für die Aufnahme neuer Themen in die internationale Agenda, wie es bei der Umweltmigration der Fall war. Auch unterstützen sie die Umsetzung internationaler Entscheidungen auf regionaler Ebene und tragen zur Entwicklung von subregionalen Programmen bei.

Umweltmigration in regionalen Programmen

In Regionalforen wird die Verbindung zwischen Migration und Umwelt in der Regel unter fünf verschiedenen Aspekten betrachtet: Migration, Klima, Sicherheit, Katastrophenvorsorge und Entwicklung. In Afrika, Asien und auf dem amerikanischen Kontinent haben die Prozesse im spezifischen Zusammenhang der menschlichen Migration Bahnbrechendes geleistet, indem sie die Verbindung zwischen Fragen der Binnenvertreibung, der Arbeitsmigration und der Nomadenwanderung mit den umfassenderen Problemen der Umwelt und des Klimawandels hergestellt haben. Seit 2006 nimmt die Afrikanische Union in ihrem migrationspolitischen Rahmenwerk konkrete Maßnahmen zu den Fragen Umweltzerstörung und Naturkatastrophen auf. In bestimmten Organisationen wie der OSZE und ASEAN wird im Rahmen von Sicherheits- und Konfliktfragen der Zusammenhang zwischen Migration und Umweltproblemen hergestellt, was beweist, dass Migration noch weitgehend unter dem Sicherheitsaspekt betrachtet wird. Und seit die Sicherheitsfrage 2010 im Cancún-Rahmenabkommen zur Anpassung an den Klimawandel verankert wurde, wird bei einigen regionalen Prozessen zum Klimawandel und zur Katastrophenvorsorge auch das Thema Migration behandelt.

Unterstützung für regionale Ansätze

Die Europäische Union unterstützt sieben regionale Dialoge zum Thema Migration: Anfangs konzentrierte sie sich auf die Umweltfolgen von Migrationsströmen nach Europa, dann wurden auch die Fakten der Umweltmobilität in Europa selbst in den Blick genommen. Seit 2008 wird beim europäischen Ansatz Umweltmigration als eigenständiges Thema behandelt, das Gegenstand politischer Konsultationen und fachlicher Analysen ist; auch die Finanzierung bestimmter Programme in diesem Zusammenhang wird thematisiert. Die Asiatische Entwicklungsbank wiederum hat insbesondere durch die Organisation zweier politischer Konsultationen 2011 in Zusammenarbeit mit der IOM die regionale Kooperation zu diesem Thema angeregt. Die Nansen-Initiative ist ebenfalls für einen regionalen Ansatz eingetreten: Die Schutzagenda, die sie auf nationaler Ebene vorgeschlagen hat, wurde über regionale Konsultationen unter Einbeziehung der RCPs ausgearbeitet. Schließlich widmete 2015 das alle zwei Jahre stattfindende Global RCP Meeting zum ersten Mal eine ganze Sitzung der Umweltmigration – ein weiterer Beweis für die Bedeutung des Themas in allen Weltregionen.

Internationale Organisationen

Das Thema Migration auf die Agenda internationaler Organisationen zu bringen war ein langer und schwieriger Prozess, was der Vielschichtigkeit der Problematik und der engen Verbindung zwischen Migrations- und Klimafragen geschuldet ist. Dass es letztlich aber doch gelungen ist, zeigt die zunehmende Entschlossenheit der beteiligten Länder, in diesem Bereich konkrete Maßnahmen zu ergreifen.

Nach Jahren zahlloser Debatten befassen sich nun auch internationale Organisationen mit dem Thema Umweltmigration. Die Differenzen zwischen ihnen und ihre Zurückhaltung beruhten teilweise auf dem Umstand, dass das Thema im Grenzbereich ihrer jeweiligen Aufgaben angesiedelt ist, in einer Grauzone, in der die Kompetenzen der jeweiligen Organisationen nicht genau definiert sind. Internationale Organisationen werden von Staaten gegründet und beauftragt, sie bei der Entwicklung und Umsetzung bestimmter Maßnahmen zu unterstützen. Dass bei ihnen nun auch die Umweltmigration auf der Tagesordnung steht, zeigt, dass die Länder bereit sind, in dieser Frage zusammenzuarbeiten. Und der Beschluss der Mitgliedstaaten der Internationalen Organisation für Migration aus dem Jahr 2014, eine Abteilung für »Migration, Umwelt und Klimawandel« zu gründen, bedeutet die Anerkennung dieses Themas als eigenständigen Bereich.

Dennoch sind die Beziehungen unter den internationalen Organisationen auch weiterhin von einer Mischung aus Kooperation und Konkurrenz gekennzeichnet. Trotz einer Vielzahl gemeinsamer politischer Aktivitäten entwickelt sich zwischen ihnen angesichts des interdisziplinären Charakters der Themen oft ein Wettbewerb, vor allem in Hinblick auf die Finanzierung. Zugleich werden aber damit auch die Verbesserung und Qualitätskontrolle der eigenen Arbeit gefördert.

Konzepte und internationaler Dialog

Internationale Organisationen, die sich mit menschlicher Mobilität befassen, vornehmlich die IOM und der Hohe Flüchtlingskommissar der Vereinten Nationen UNHCR, waren die Ersten, die das Thema Migration in internationalen Gesprächen über Klima und Katastrophenrisikominderung auf die Tagesordnung setzten. Gemeinsam mit NGOs wie dem NRC (Norwegischer Flüchtlingsrat), dem IDMC (Internal Displacement Monitoring Centre), der Internationalen Rotkreuz- und Halbmondbewegung, mit CARE, der Münchener Rück Stiftung und der Universität der Vereinten Nationen spielten sie eine wichtige Rolle im Einsatz für die mit Umweltmigration zusammenhängenden Fragen.

Das auf der UN-Klimakonferenz in Cancún 2010 verabschiedete »Adaptation Framework« UNFCCC war ein Schritt nach vorn und gab all jenen internationalen Organisationen neue Impulse, die bereits für betroffene Staaten eintraten und technische Hilfe leisteten. Seit 2012 findet deren Arbeit in der »Advisory Group on Climate Change and Human Mobility« (Arbeitsgruppe Klimawandel und menschlicher Mobilität) statt, die technische Unterstützung und Analysen bietet und gemeinsame Veranstaltungen organisiert. Seit 2014 arbeiten die betreffenden Organisationen außerdem mit der »UN Interagency Working Group on Climate Change and Disaster Risk Reduction« zusammen, die ebenfalls die Integration des Themas menschliche Mobilität in diese Felder fördert.

Implementierung politischer Maßnahmen

Neben der Unterstützung, die sie betroffenen Ländern auf politischer und konzeptueller Ebene zukommen lassen, spielen internationale Organisationen auch eine wichtige Rolle bei der Umsetzung von Lösungen vor Ort. Dies gilt insbesondere bei der Steuerung von Umweltmigration in

Die Arbeit internationaler Organisationen im Bereich Migration, Umwelt und Klimawandel

Institutionelle Veröffentlichungen, Begleitveranstaltungen und fachliche Beiträge zum UNFCCC von den Mitgliedern der »Advisory Group on Climate Change and Human Mobility«: IOM, UNHCR, UNDP, UNU-EHS, ILO/ISSA, NRC/IDMC

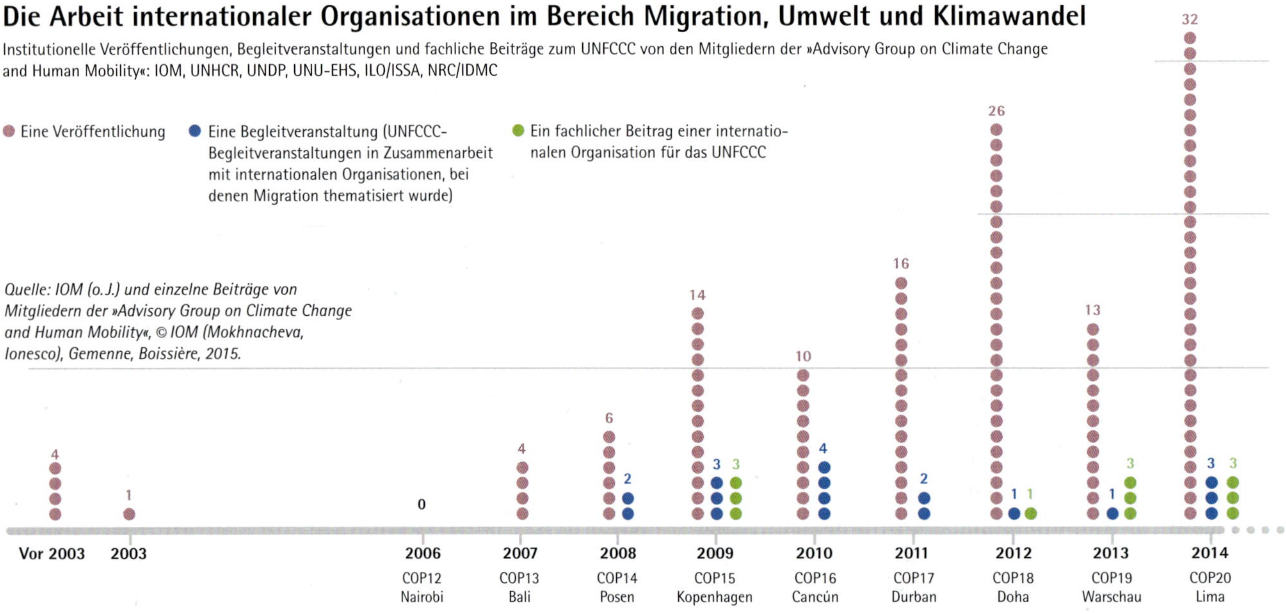

Das Clusterkonzept für humanitäre Hilfe: die wichtigsten Bereiche und Akteure der internationalen Katastrophenhilfe

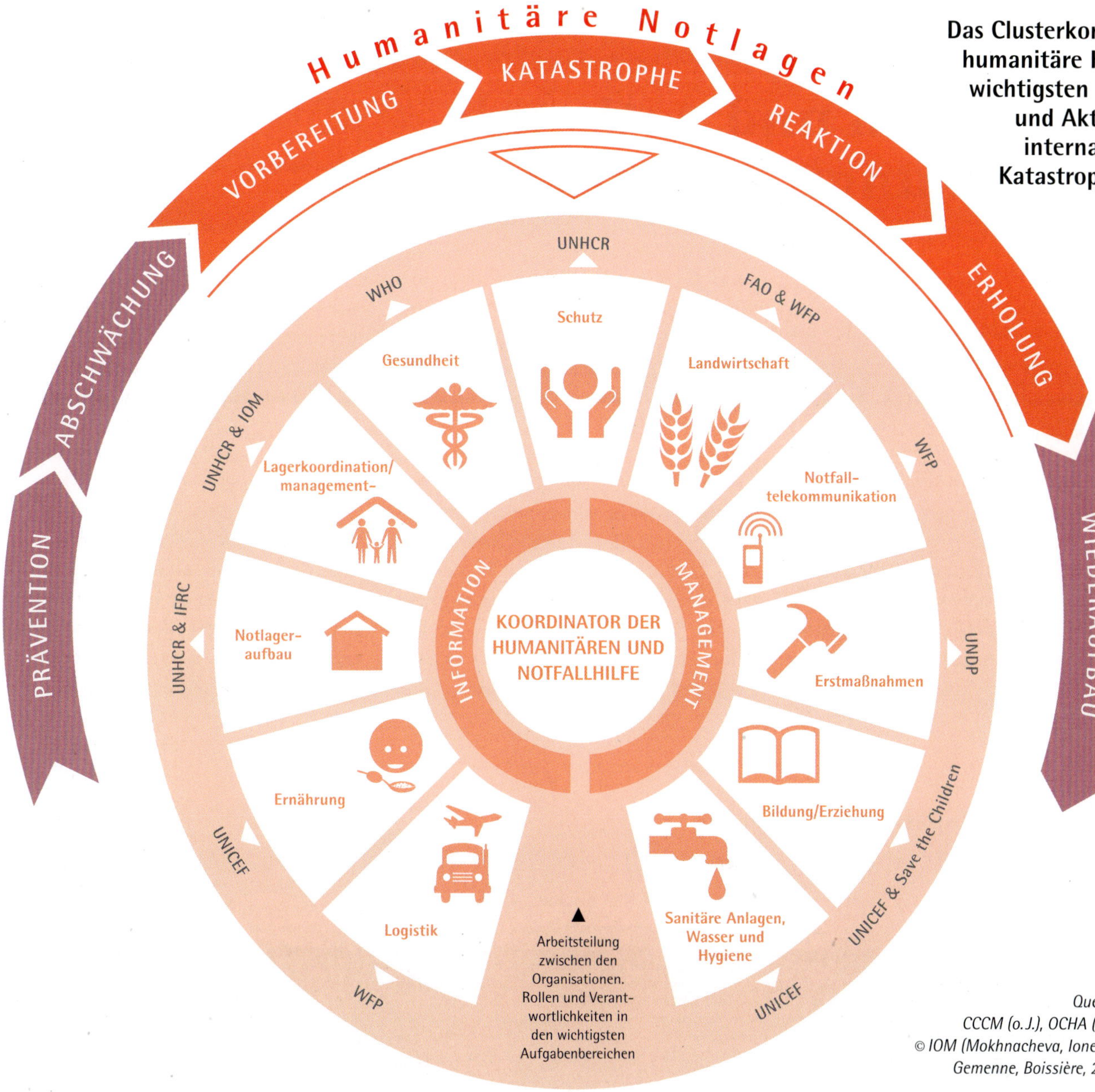

Quellen: CCCM (o. J.), OCHA (o. J.), © IOM (Mokhnacheva, Ionesco), Gemenne, Boissière, 2015.

Gestalt von Binnenwanderungen nach einer Naturkatastrophe oder im Verlauf von Konflikten. Diese wichtige Arbeit übernehmen verschiedene UN-Organisationen, die Internationale Organisation für Migration und die Internationale Rotkreuz- und Halbmond-Bewegung, die auf Veranlassung betroffener Länder jeweils gemäß ihrem Mandat und ihren Kapazitäten vor Ort aktiv werden, um die Bedürfnisse der Geflüchteten zu erfüllen. Die humanitäre Hilfe dieser Organisationen wird von dem IASC, dem Ständigen Interinstitutionellen Ausschuss, koordiniert. Dieses 1992 eingerichtete UN-Organ verfährt nach dem sogenannten Clusterkonzept, das den verschiedenen Organisationen konkrete Aufgaben zuweist. So teilen sich IOM und UNHCR die Verantwortung für die Koordination und Verwaltung von Aufnahmelagern bei Naturkatastrophen (IOM) und Konflikten (UNHCR). Die Internationale Rotkreuz- und Halbmondbewegung (IFCR) und das UNHCR haben die Führung der Cluster übernommen, die sich der Unterbringung und dem Schutz der Geflüchteten widmen. Dieses System hat den Vorteil, dass alle Organisationen mobilisiert werden und auf jedes Stadium des Migrationszyklus (vor, während und nach einer Vertreibung) reagieren können, indem sie Lösungen für die Prävention, den Schutz, für Hilfestellungen und Wiederaufbau anbieten.

Die Koordination internationaler Organisationen ist nicht auf humanitäre Krisen beschränkt, sie findet auch bei Projekten in den Bereichen Entwicklung, Anpassung und Migration statt, die nicht unbedingt der strukturierten Clusterorganisation unterliegen, wie etwa bei der Unterstützung Vertriebener. Die konkrete Arbeit vor Ort zielt beispielsweise darauf ab, dass Migration als Teil einer Strategie zur Anpassung an den Klimawandel gesehen wird. Zwischen 2000 und 2013 hat etwa die IOM mehr als 750 Projekte ins Leben gerufen, die ein breites Spektrum operationeller Lösungen in den Bereichen humanitärer Hilfe, Risikominderung und Anpassung in Zusammenhang mit der Umweltmigration anbieten.

Verteilung von Hilfsgütern nach dem tropischen Sturm Agatha. Guatemala, 2010. © IOM 2010.

Migration und nationale Anpassungsmaßnahmen

Menschliche Mobilität als Reaktion auf die irreversiblen Folgen des Klimawandels gilt allgemein als ein Versagen. Vorausgesetzt, dass die Klimapolitik Migration in einem übergreifenden Ansatz integriert, könnte Migration jedoch im Gegenteil eine Komponente von Anpassungsstrategien darstellen.

Im Jahr 2010 wurde Migration auf der UN-Klimakonferenz in Cancún mit einem Text in die Klimaverhandlungen aufgenommen, der den Rahmen zum Thema »Strategien der Anpassung an den Klimawandel« absteckte. Allerdings haben bislang nur wenige Nationen Adaptionsstrategien in Form konkreter Schritte in ihre mittelfristigen Nationalen Aktionsprogramme zur Anpassung (NAPAs) und eher langfristigen Nationalen Anpassungspläne (NAPs) aufgenommen. Meist wird Migration negativ und als eine möglichst zu vermeidende Folge des Klimawandels gesehen. So zielt das NAPA von Tuvalu beispielsweise defensiv darauf ab, Migration zu vermeiden, um die Landflucht zu begrenzen. Andere Länder nehmen Migration als Vorsichtsmaßnahme in ihre Anpassungspläne auf, versäumen es aber, für Regionen mit hoher Abwanderung Stabilisierungsziele zu setzen. Es gibt allerdings auch Ausnahmen: Bangladesch, Guinea-Bissao und Mali haben ihre Landwirtschafts- und Fischereimethoden sowie ihre Infrastruktur angepasst, um die Abwanderungsgründe zu minimieren; Mosambik hat Maßnahmen zur Senkung des Katastrophenrisikos eingeführt, die auch darauf abzielen, die Vulnerabilität der Bevölkerung zu senken.

Migration als Anpassungsstrategie

In bestimmten Extremfällen gilt Migration jedoch bereits als Strategie der Anpassung an den Klimawandel. Dies betrifft die kleinen Inselstaaten, die für Bevölkerungsgruppen in unter Umweltbelastungen leidenden Gebieten eine Umsiedlung er-

Migration in Anpassungsmaßnahmen

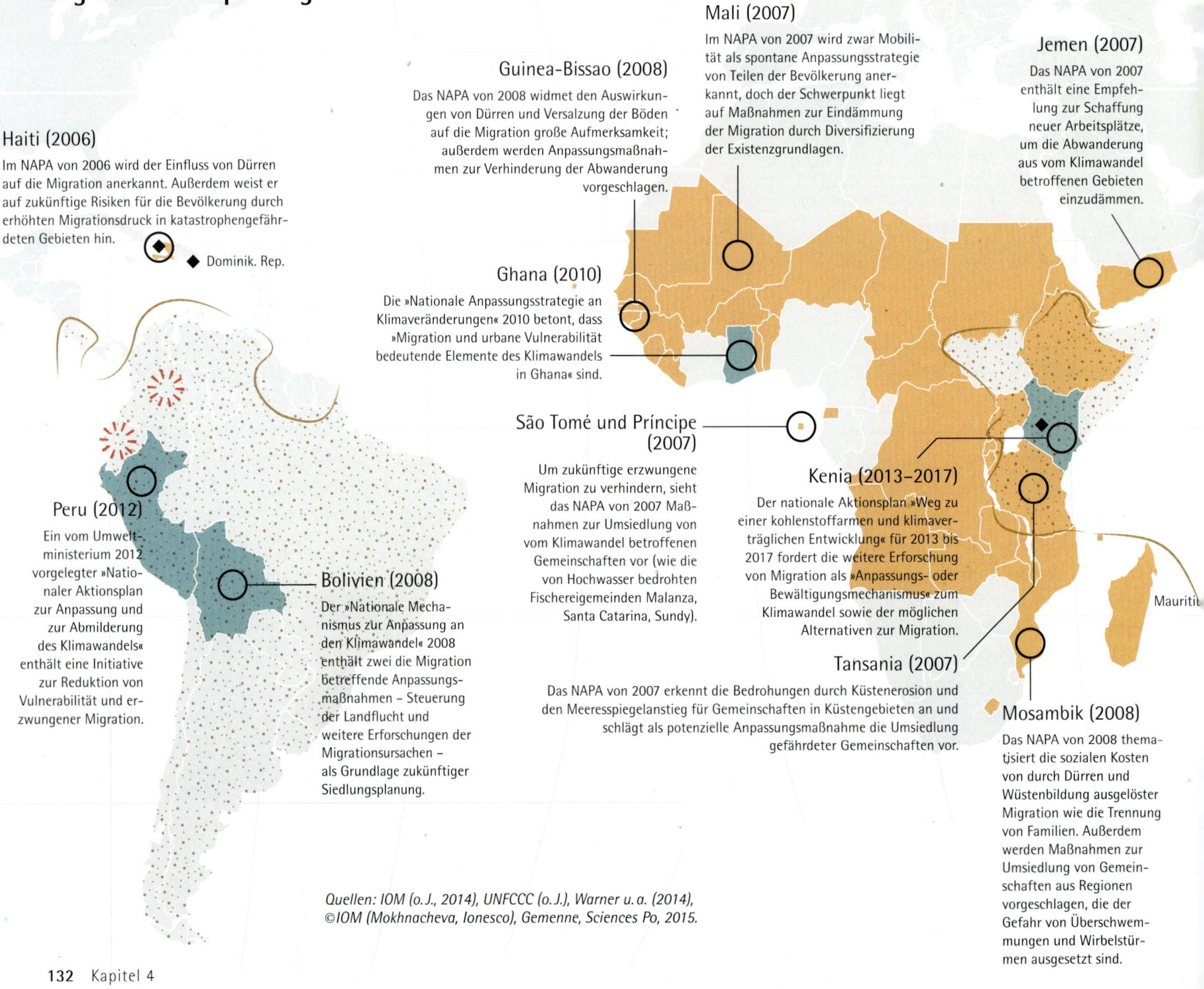

Quellen: IOM (o. J., 2014), UNFCCC (o. J.), Warner u. a. (2014), ©IOM (Mokhnacheva, Ionesco), Gemenne, Sciences Po, 2015.

wägen. Auch in Ländern, die den demografischen Druck und damit den Bedarf an natürlichen Ressourcen in fragilen Ökosystemen vermindern wollen, wird Mobilität als eigenständige Anpassungsstrategie betrachtet. Es kommt jedoch äußerst selten vor, dass die Vorzüge und der Nutzen von Mobilität im Hinblick auf Anpassung, Resilienz und Entwicklung in den Vordergrund gestellt werden. Diese bestehen beispielsweise darin, dass Heimatüberweisungen der Migranten und Diasporagemeinden in Anpassungsprojekte und damit in ökologische Maßnahmen – vornehmlich zur Bodensanierung und Wiederaufforstung – investiert werden oder dass diese Gruppen Fertigkeiten, Expertise und neue Kenntnisse erwerben, von denen die Gemeinschaften in den Herkunftsländern profitieren.

Das positive Potenzial der Migration zu optimieren ist nach wie vor die größte Herausforderung für eine Politik, die Binnen- und internationale Migration als Anpassungsstrategie versteht. Dafür bieten sich in erster Linie die nationalen Anpassungspläne an. Länder, die diesen Weg eingeschlagen haben, stehen allerdings vor dem Problem, dass es kaum Daten gibt, die das Potenzial der Migration in Zusammenhang mit dem Klimawandel belegen. Außerdem fehlen ihnen meist die finanziellen Mittel, und sie sind durch die Unüberwindlichkeit einer Politik gehemmt, die die Probleme von Migration, Entwicklung und Anpassung nur höchst selten in integrativer Weise angeht. Um dem zu begegnen, veranstalten Bangladesch, Kolumbien, Ecuador, Haiti, Brasilien, die Dominikanische Republik und Kenia Trainingsworkshops für Wissenschaftler, politische Entscheidungsträger und Angehörige der Zivilgesellschaft. Bislang aber wurden noch keine Instrumente – etwa Forschungsprogramme, Richtlinien für die Integration des Themas Migration in die nationalen Anpassungspläne, Trainingsmodule und politische Dialoge – entwickelt, die Fragen von Mobilität und Anpassung besser miteinander verbinden.

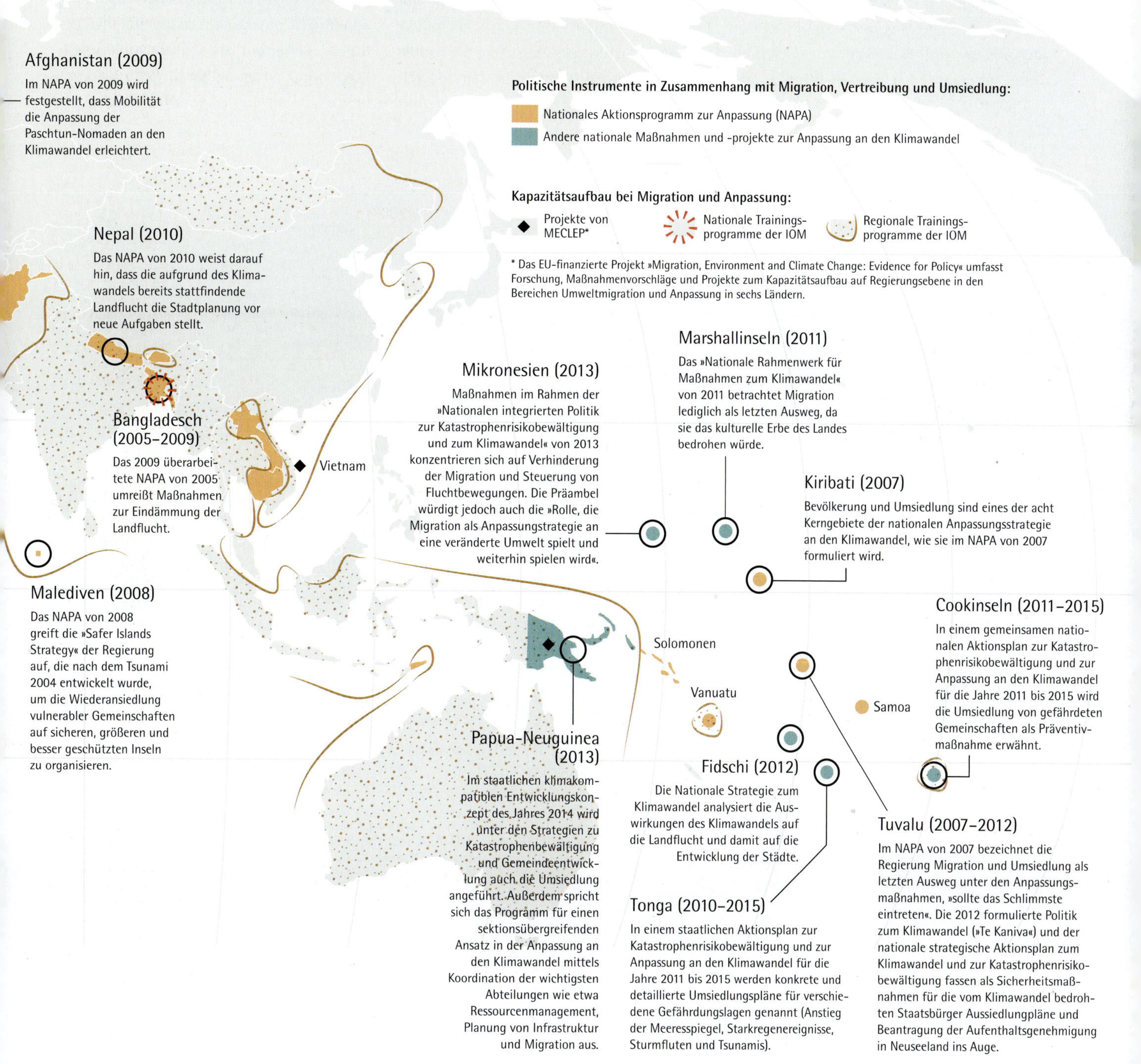

Die Verbindung von Mobilität und Katastrophenmanagement

Gesteuerte Migration kann ein höchst wirksames Instrument zur Verminderung des Katastrophenrisikos sein, wie diverse von einigen Nationen und regionalen Amtsträgern bereits eingeleitete Maßnahmen zeigen.

Das Katastrophenrisiko kann durch eine Vielzahl mobilitätsbasierter Lösungen eingedämmt werden. So tragen Evakuierungs- und Notfallpläne dazu bei, Leben zu retten und erzwungener Flucht vorzubeugen: Eine Risiko- und Vulnerabilitätseinschätzung, verbesserte Frühwarnsysteme, Katastrophenübungen, gemeindebasierte Vorbereitungsprogramme und Evakuierungspläne sind inzwischen mehr und mehr reguläre Bestandteile der Vorsorgemaßnahmen in vielen Ländern, die sich an internationalen Standards orientieren. Einige, wie etwa Kambodscha, die Malediven, Mosambik, Simbabwe und Uruguay, führen überdies geplante Umsiedlungen durch, um Gemeinschaften vor Katastrophen zu schützen.

Langfristiger Resilienzaufbau

Verbesserte Landnutzung, höhere Baustandards, sicherere Unterkünfte und Infrastruktur sowie wirtschaftliche und Sozialhilfeprogramme zur Erhöhung des Lebensstandards können die Resilienz von Gemeinschaften verstärken und die Gefahr katastrophenbedingter Vertreibungen verringern. Die vom UN-Sekretariat für Risikominderung organisierte Kampagne »Making Cities Resilient« zeigt beispielhaft, wie sich die Resilienz vulnerabler Stadtbewohner (einschließlich Migranten) durch Stadtplanung und Katastrophenrisikoreduktion festigen lässt. Hinzu kommen Versicherungssysteme wie jene in Indien oder der Karibik, die die Existenzgrundlage der Menschen in Krisenzeiten sichern oder den Wiederaufbau beschleunigen. All dies beugt Vertreibungen vor und erleichtert die Rückkehr vertriebener Bevölkerungsgruppen.

Sichere und legale Migrationswege, zeitlich befristete Arbeitsprogramme oder Finanzierungsprogramme zur Unterstützung von Migration können außerdem langfristig zur Sicherheit der schwächsten Bevölkerungen beitragen. Dazu gehören auch

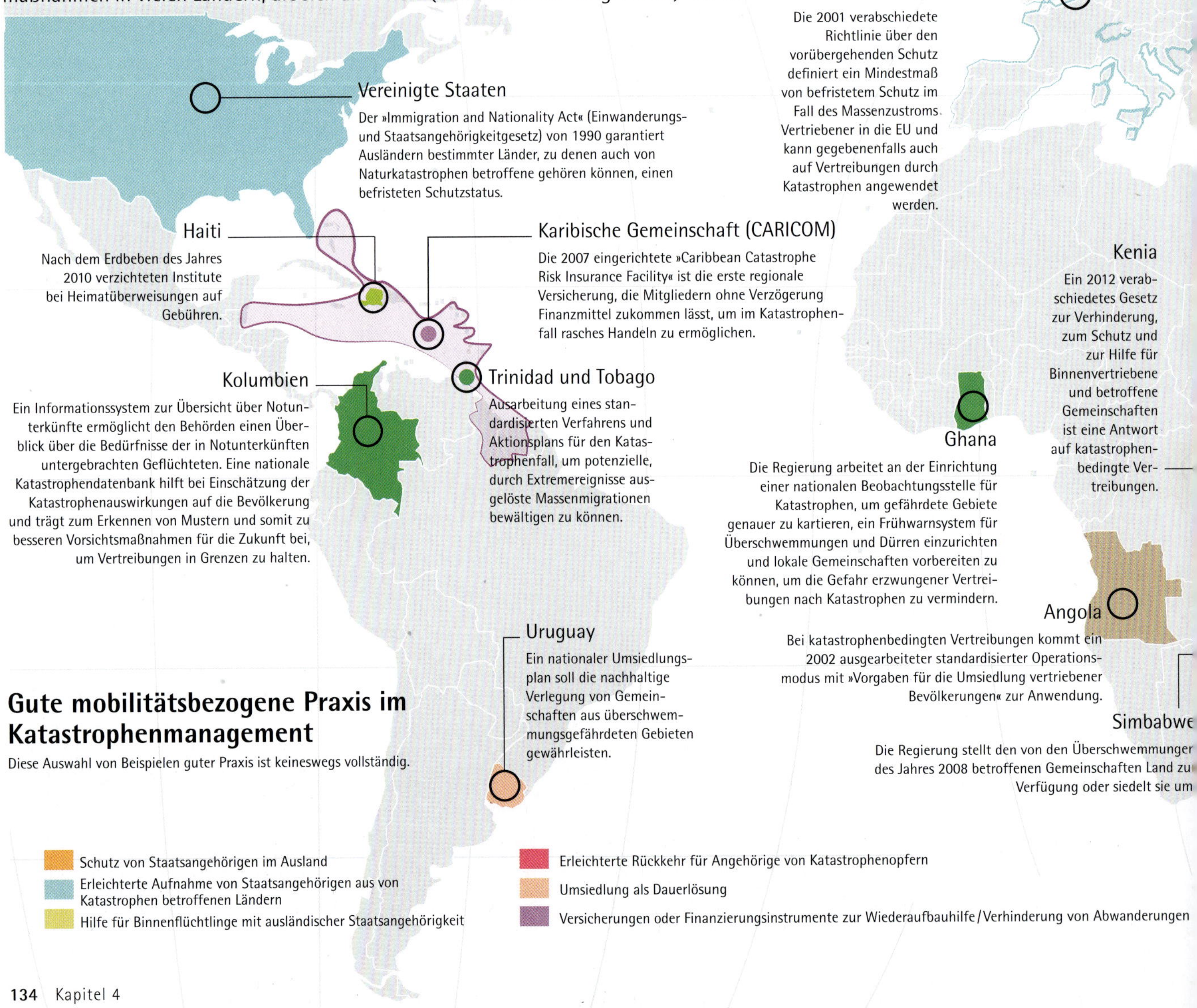

Gute mobilitätsbezogene Praxis im Katastrophenmanagement

Diese Auswahl von Beispielen guter Praxis ist keineswegs vollständig.

die Mittel, die sie von ausgewanderten Angehörigen oder von Diasporagemeinden erhalten. So haben sich etwa Maßnahmen wie die Verringerung der Überweisungskosten oder Anreize zur Investition in Programme der Risikominderung und der Katastrophenhilfe als sehr effektiv erwiesen, wie sich nach dem Tsunami von 2004 im Indischen Ozean zeigte.

Hilfe für die Vertriebenen

Wenn Katastrophen zu Vertreibungen führen, muss vor allem für die Sicherheit der Menschen gesorgt werden und dafür, dass sie ihre Grundbedürfnisse befriedigen können. Ein Katastrophenmanagement sollte jedoch auch mobilitätsrelevante Aspekte berücksichtigen, um Betroffenen angemessene Hilfe bieten zu können. Staaten wie Angola, Armenien, Aserbaidschan, Burundi, Irak, Kenia, Liberia, Nepal, Philippinen, Sierra Leone, Sudan, Türkei und Uganda haben die »UN-Leitlinien für Binnenvertriebene« in ihre nationale Gesetzgebung aufgenommen und sie durch Bestimmungen für den Schutz der durch Katastrophen Vertriebenen konkretisiert. Andere Maßnahmen zielen darauf ab, vertriebenen ausländischen Staatsangehörigen zu helfen, wenn sie aufgrund von Sprachproblemen oder gesellschaftlichen Schranken in prekäre Situationen geraten. Herkunftsländer von Arbeitsmigranten wie Nepal, Bangladesch oder Philippinen haben Bestimmungen zum Schutz ihrer Staatsbürger im Ausland bei Krisen eingeführt und sehen beispielsweise konsularischen Beistand und die Unterstützung bei der Rückkehr in die Heimat vor. Thailand und Japan gewähren Arbeitsmigranten, die aufgrund einer Katastrophe nicht zurückkehren können, besondere Hilfe durch Sprachbetreuung und Erleichterung des Kontakts mit Angehörigen in der Heimat. Andere Staaten bieten Migranten aus von Naturkatastrophen betroffenen Ländern entweder befristet (durch den »Temporary Protected Status« in den USA und die »Richtlinie über den vorübergehenden Schutz« in der EU) oder dauerhaft (Schweden, Finnland, Dänemark) bedingungslos Schutz. Und in Südkorea hatten Personen aus den 2004 vom Tsunami im Indischen Ozean betroffenen Gebieten bei Bewerbungen um eine Arbeitserlaubnis Vorrang.

Ein Erfolgsrezept

Diese Beispiele zeigen, wie sich Mobilitäts- und Katastrophenrisikomanagement miteinander verbinden lassen, um vulnerablen Gemeinschaften wirksam zu helfen. Da diese Methoden jedoch nicht überall zur Gänze übernommen werden können, ist noch Raum für neue maßgeschneiderte Lösungen, die, gestützt auf die Erfahrung des öffentlichen, privaten und wissenschaftlichen Sektors, Katastrophenrisikominderung, nachhaltige Entwicklung, Stadtplanung und Anpassung an den Klimawandel zusammenführen.

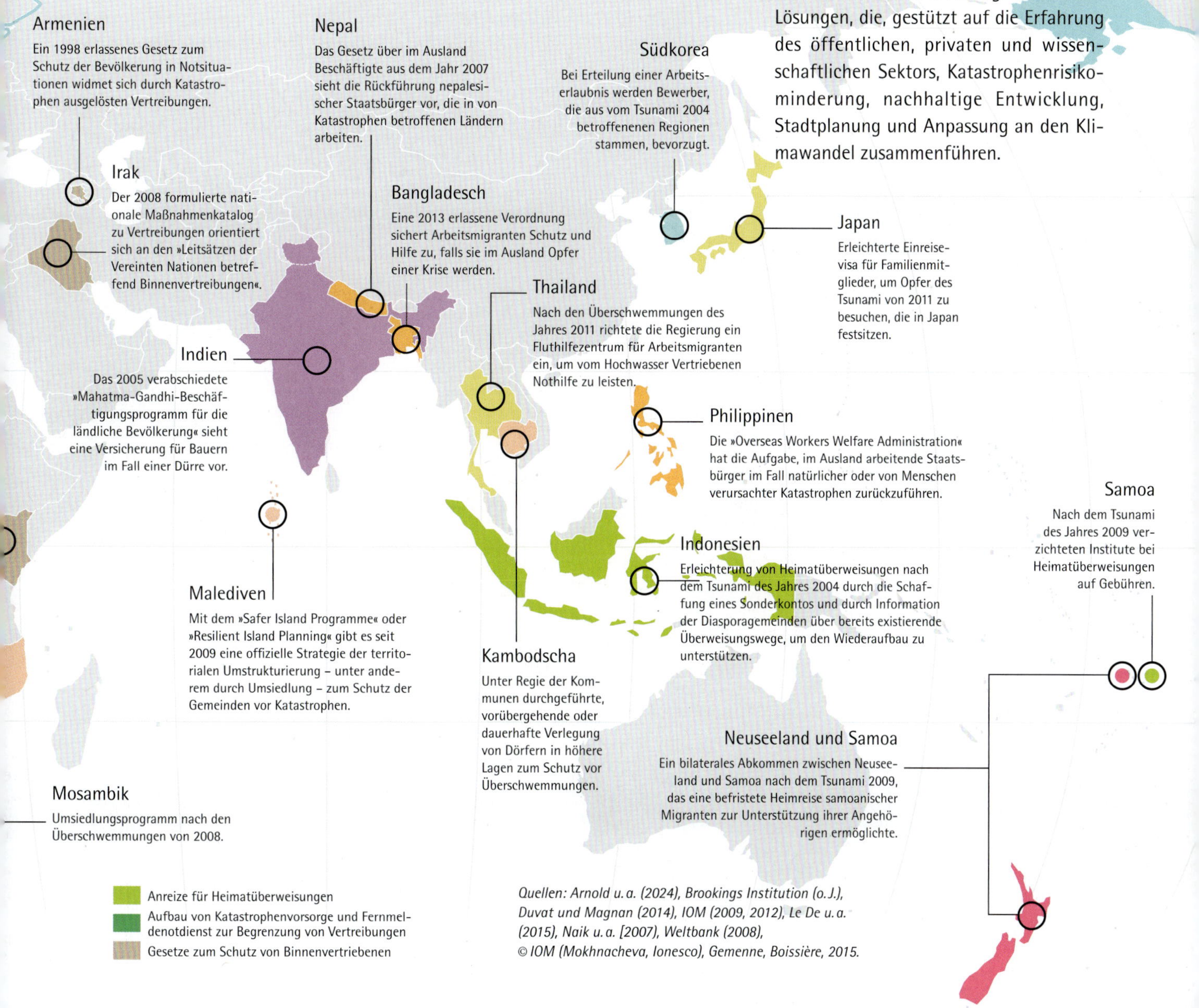

Quellen: Arnold u. a. (2024), Brookings Institution (o. J.), Duvat und Magnan (2014), IOM (2009, 2012), Le De u. a. (2015), Naik u. a. [2007], Weltbank (2008),
© IOM (Mokhnacheva, Ionesco), Gemenne, Boissière, 2015.

Migration, Anpassung und Entwicklung

Die Migrationspolitik spielt eine Schlüsselrolle, will man das Potenzial der Migration für Strategien der Entwicklung und der Anpassung an den Klimawandel bestmöglich nutzen. Einige Staaten haben bereits innovative Initiativen ergriffen, aber leider sind solche Beispiele noch viel zu selten.

Ein Ansatz, der die Auswirkungen des Klimawandels mit Migrationspolitik, Entwicklung und Anpassungsstrategien verbindet, beinhaltet eine ganze Reihe komplexer Variablen. Dies kann darauf hinauslaufen, dass Maßnahmen durchgeführt werden, die auf den ersten Blick widersprüchlich erscheinen, etwa wenn einige Bevölkerungsgruppen unterstützt werden, an Ort und Stelle zu bleiben, während man andere zum Abwandern ermutigt. Tatsächlich dienen derartige kontextbezogene Schritte aber zur umfassenden Steuerung des Migrationszyklus und sollen sowohl erzwungene Migration eindämmen als auch den freiwilligen Aufbruch erleichtern – also den Menschen die Entscheidung überlassen, ob sie migrieren wollen oder nicht.

Jedes Konzept der menschlichen Mobilität muss deshalb paradoxerweise auch immer die Mittel zur Verhinderung erzwungener Mobilität benennen. Durch die Verminderung der Vulnerabilität von in Risikozonen lebenden Bevölkerungsgruppen können Vertreibungen aufgrund plötzlich eintretender Umweltereignisse in Grenzen gehalten werden. Dies erreicht man beispielsweise mit einer gemeindebasierten Stabilisierung in Gebieten mit hohem Migrationsgrad durch Bodensanierung, Bewässerung, Aufforstung sowie neuen Methoden der Landwirtschaft, durch die Entwicklung vor Ort, die Schaffung ökologischer Arbeitsplätze und die Gründung von Firmen, die die Menschen zum Bleiben bewegen.

Erleichterung der Migration

Ein dualer Ansatz, der Migration und Anpassung gleichermaßen berücksichtigt, hat den weiteren Vorteil, dass die Bevölkerung Mobilität als eine Reaktion auf die Zerstörung ihrer Umwelt betrachtet und diese

Quellen: ADB (2012), Duvat und Magnan (2014), IOM (o. J., 2009a, 2009b, 2012, 2013), Maclellan (2012), Schrepfer und Cataeina (2014), © IOM (Mokhnacheva, Ionesco), Gemenne, Boissière, 2015.

Mobilität positive Auswirkungen haben wird, indem sie sowohl auf lokaler wie auch auf internationaler Ebene Maßnahmen mit dem Ziel unterstützt, Migration zu erleichtern, besser zu steuern und dabei die Respektierung der Menschenrechte zu fördern. Dies kann beispielsweise zur Öffnung regulärer internationaler Migrationswege führen, besonders im Hinblick auf Arbeit durch Abkommen über befristete oder Saisonarbeit, Rahmenvereinbarungen zur Pendelmobilität, spezielle Visavergaben und so weiter. Diese Migrationsströme könnten durch konkrete bilaterale Abkommen zwischen Ländern gestützt werden, wie es sie etwa zwischen Kolumbien und Spanien sowie zwischen Neuseeland und Tuvalu, Tonga, Kiribati und Fidschi gibt. Ein anderer legaler Mechanismus für die Binnenmigration, der Mobilität als Anpassungsstrategie integriert, könnte in der Umsiedlung von Bevölkerungsgruppen aus Hochrisikozonen in neue Gebiete bestehen, vorausgesetzt, dass sie von sozialen, wirtschaftlichen und beruflichen Maßnahmen für die Betroffenen begleitet wird. Und schließlich können Länder durch staatliche Maßnahmen ein rechtliches, finanzielles, wirtschaftliches und verwaltungstechnisches Umfeld schaffen, das die positiven Auswirkungen der Migration in den Herkunftsgemeinschaften fördert. Grundsätzlich sind die Herkunfts- und Zielländer bislang jedoch nur widerstrebend bereit, Migration und Heimatüberweisungen zu erleichtern, selbst wenn solche Maßnahmen das Potenzial der Migranten, der Diasporagemeinden und ihrer Gemeinschaften im Kampf gegen den Klimawandel sinnvoll genutzt würde.

Beispiele für gute Praxis bei Anpassung und Entwicklung

Diese Liste von Beispielen guter Praxis ist keineswegs vollständig.

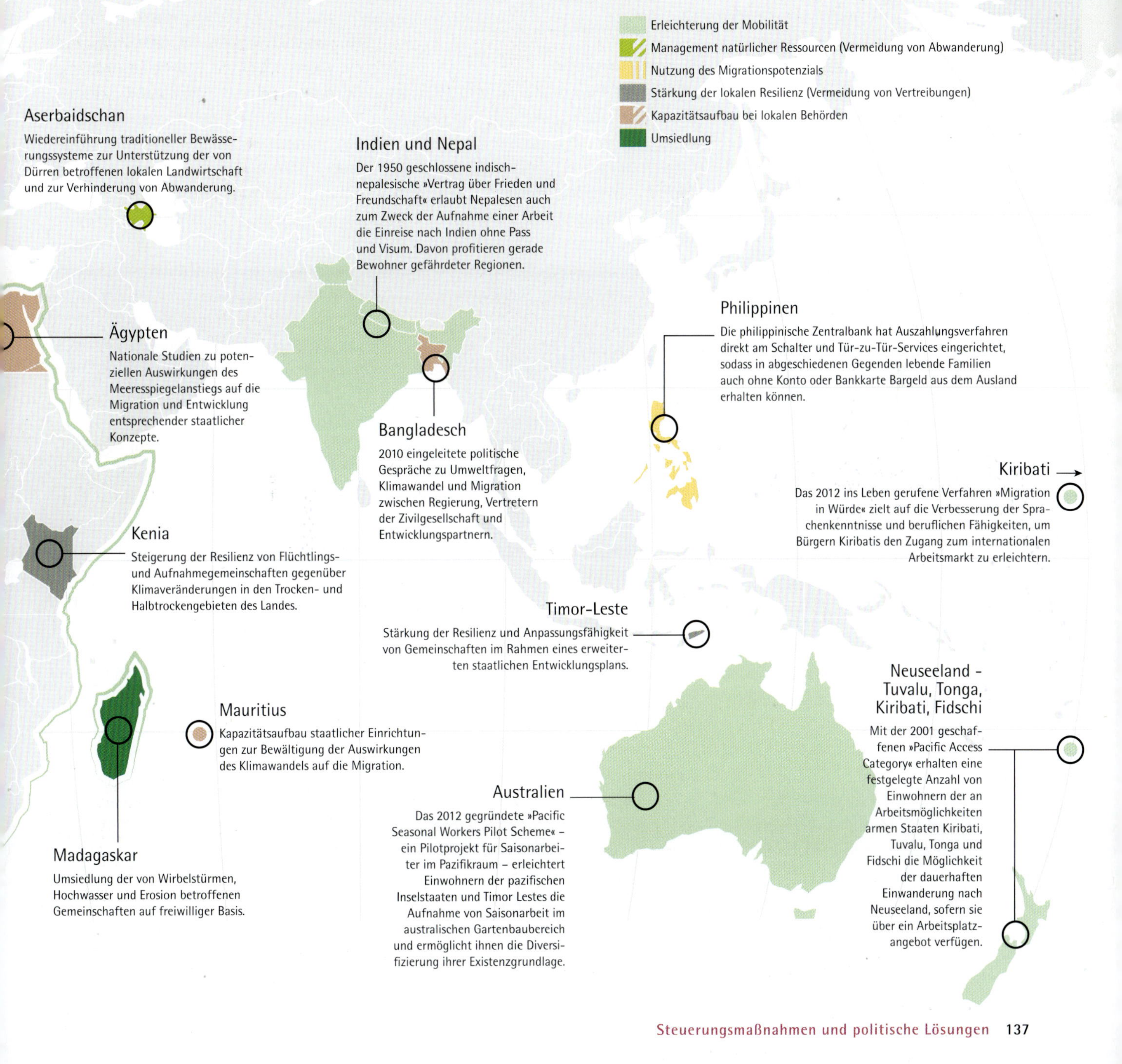

Glossar

Enthält Auszüge aus: Glossary on Migration (IOM, 2007), Glossary on Migration 2nd Edition (IOM, 2011) und Migration, Environment and Climate Change: Evidence for Policy (MECLEP) Glossary (IOM, 2014). Dort sind ausführlichere Erläuterungen zu den Begriffen zu finden.

A

Adaption (in Zusammenhang mit Migration)
»In menschlichen Systemen der Prozess der Anpassung an das aktuelle oder zu erwartende Klima und seine Auswirkungen mit dem Ziel, Schädigungen zu vermeiden oder sich bietende neue Chancen zu nutzen.« »In allen Regionen der Erde mit schwankenden Klimaverhältnissen gehören Migration und Mobilität zu den Anpassungsstrategien.« In Zusammenhang mit dieser Mobilität ist Anpassung ein weiter Begriff, der sowohl erzwungene als auch freiwillige und Binnen- wie grenzüberschreitende Migration umfasst. Auch die Reaktion auf positive wie negative Auswirkungen von Umweltzerstörung und Klimawandel auf Migration, Vertreibung und geplante Umsiedlung gehören dazu und schließlich auch die Anpassung an größere Umweltereignisse wie Naturkatastrophen sowie geophysikalische Ereignisse wie Erdbeben und Tsunamis und von Menschen verursachte Katastrophen.

Anpassungsfähigkeit
»Anpassungsfähigkeit bezeichnet das Vermögen, Strukturen, Wirkungsweise oder Ablauf von Gefahren vorauszusehen und sie zu beeinflussen, um sie besser zu überstehen.«

Aussiedlung
»Die Umsiedlung und Integration von Menschen (Flüchtlingen, Binnenvertriebenen usw.) in eine andere geografische Region und Umwelt, gewöhnlich in ein Drittland.« Hierbei stehen vorwiegend individuelle Maßnahmen im Fokus und nicht zwangsläufig, wie bei der Umsiedlung, auf ganze Gemeinschaften gerichtete. Im Zusammenhang mit Umweltveränderungen und Klimawandel: die Überführung von Individuen oder Gemeinschaften an einen ihnen zugewiesenen Ort. Im Zusammenhang mit Flüchtenden »die Überführung von Flüchtenden aus dem Land, in dem sie Zuflucht gesucht haben, in ein anderes, das sich zur Aufnahme bereiterklärt hat. Den Flüchtenden wird in der Regel Asyl oder eine andere Form langfristiger Aufenthaltsrechte gewährt, und in vielen Fällen erhalten sie die Möglichkeit der Einbürgerung.«

B

Binnenflüchtlinge
»Menschen oder Menschengruppen, die gezwungen waren oder genötigt wurden, ihr Heim oder ihren Wohnort zu verlassen, zumeist aufgrund von bewaffneten Konflikten, verbreiteter Gewalt, Menschenrechtsverletzungen bzw. natürlichen oder menschengemachten Katastrophen. Binnenflüchtlinge überschreiten keine international anerkannten Staatsgrenzen.«

D

Diaspora(gemeinde)
Im weitesten Sinne versteht man unter Diasporagemeinden Individuen, Mitglieder von Netzwerken, Verbänden oder Gemeinschaften, die ihr Herkunftsland verlassen haben, jedoch weiterhin Verbindungen zu ihrer Heimat pflegen. Der Begriff bezieht sich auf weitgehend sesshafte, ständig im Ausland lebende Gemeinschaften, zeitweise im Ausland tätige Arbeitsmigranten, Ausgewanderte mit der Staatsbürgerschaft des Gastlandes oder mit doppelter Staatsbürgerschaft sowie Migranten der zweiten und dritten Generation.

Dauerlösung
»Alle Maßnahmen, durch die die Situation von Flüchtlingen (inklusive Binnenflüchtlingen) befriedigend und dauerhaft so gestaltet werden kann, dass sie ein normales Leben führen können. Gewöhnlich gehören dazu die freiwillige Rückkehr in die Heimat, die Integration am Aufenthaltsort oder eine Umsiedlung.«

E

Erzwungene Flucht/Vertreibung
»Allgemein versteht man unter erzwungener Flucht – oder Vertreibung – die individuelle oder kollektive Abwanderung von Personen aus ihrem Land oder aus ihrer Gemeinschaft vorwiegend aufgrund bewaffneter Konflikte, innerer Unruhen bzw. natürlicher oder von Menschen verursachter Katastrophen.«

Evakuierung
Die rasche Überführung von Menschen in einen sicheren Schutzbereich angesichts einer unmittelbaren Bedrohung oder der Auswirkungen einer Katastrophe, gewöhnlich charakterisiert durch einen kürzeren, von Stunden bis Wochen reichenden Zeitraum, in dem Notfallmaßnahmen durchgeführt werden, um Leben zu retten und die Betroffenen vor schädlichen Einflüssen zu schützen. Evakuierungen können zwangsweise auf Anordnung und unter Leitung von Behörden durchgeführt, empfohlen (und von Behörden unterstützt) werden oder spontan, auf eigene Entscheidung der Betroffenen, stattfinden.

Existenzgrundlage
»Die Vulnerabilität und Resilienz von Individuen und Haushalten hängt weitgehend von ihrer Existenzgrundlage ab. Die Existenzgrundlage umfasst die Fähigkeiten, materiellen und sozialen Güter sowie die Aktivitäten zum Erwerb des Lebensunterhalts. Sie beruht in hohem Maße auf dem (menschlichen, sozialen und finanziellen) Kapital und dem (sozioökonomischen und politischen) Umfeld, in dem die Menschen leben. Beide bestimmen die Art und Weise, wie Menschen ihre Umwelt bewohnen und nutzen, welche Optionen ihnen im Fall von Bedrohungen offenstehen, welche Auswirkungen diese Bedrohungen für sie haben und wie sie sie bewältigen.«

Exposition
Ein Zustand, in dem »Menschen, Lebensgrundlagen, Spezies oder Ökosysteme, Umweltdienstleistungen oder Ressourcen, Infrastruktur oder wirtschaftliche, soziale

und kulturelle Güter schädlichen Einflüssen ausgesetzt sind«, die aus Veränderungen der Umwelt oder des Klimas herrühren.

F

Flüchtling / Flüchtender
Artikel 1 der Genfer Flüchtlingskonvention definiert einen Flüchtling / Flüchtenden als eine Person, die sich außerhalb des Landes befindet, dessen Staatsangehörigkeit sie besitzt oder in dem sie ihren ständigen Wohnsitz hat, und die wegen ihrer Rasse, Religion, Nationalität, Zugehörigkeit zu einer bestimmten sozialen Gruppe oder wegen ihrer politischen Überzeugung eine wohlbegründete Furcht vor Verfolgung hat und den Schutz dieses Landes nicht in Anspruch nehmen kann oder wegen dieser Furcht vor Verfolgung nicht dorthin zurückkehren kann (Artikel 1 (A) (2) Genfer Flüchtlingskonvention).

G

Gemischte Migrationsströme
»Komplexe migratorische Bevölkerungsbewegungen von Flüchtenden, Asylsuchenden, Wirtschafts- und anderen Migranten im Unterschied zu migratorischen Bevölkerungsbewegungen, die nur aus einer Kategorie von Migranten bestehen.«

K

Kapazitätsaufbau
Hilfe zur Selbsthilfe für Regierungen und Zivilgesellschaften durch Erweiterung ihres Wissens und Vermehrung ihrer Kompetenzen. Dies kann in Form umfassender Projektgestaltung und -implementierung mit einer Partnerregierung oder durch Training geschehen, unter Umständen aber auch durch Förderung einer bilateralen oder multilateralen, von den entsprechenden Verantwortlichen aufzustellenden Agenda für die Dialogentwicklung. In jedem Fall zielt der Kapazitätsaufbau auf allgemein akzeptierte Normen von Steuerungsmethoden.

Katastrophe
»Eine schwere Störung in den Abläufen einer Gemeinschaft oder Gesellschaft mit gravierenden menschlichen, materiellen, wirtschaftlichen und ökologischen Verlusten und Folgen, die die betroffene Gemeinschaft oder Gesellschaft nicht aus eigenen Kräften bewältigen kann.«

Katastrophenrisikominderung
»Konzept und Praxis der Risikominderung durch systematische Bemühungen um Analyse und Überwindung der Risikoursachen. Dazu gehören verminderte Gefahrenexposition, Verminderung der Vulnerabilität von Menschen und Gütern, nachhaltiges Land- und Umweltmanagement und Verbesserung der Vorsorge für den Schadensfall.«

Klimawandel
»Veränderung des Klimas, das direkt oder indirekt auf das menschliche, die Zusammensetzung der Atmosphäre beeinflussende Handeln zurückgeführt wird und zu den natürlichen, in vergleichbaren Zeiträumen festgestellten Klimaveränderungen hinzukommt.«

M

Menschenhandel
Die »Anwerbung, Beförderung, Verbringung, Beherbergung oder Aufnahme von Personen durch die Androhung oder Anwendung von Gewalt oder anderen Formen der Nötigung, durch Entführung, Betrug, Täuschung, Missbrauch von Macht oder Ausnutzung besonderer Hilflosigkeit oder durch Gewährung oder Entgegennahme von Zahlungen oder Vorteilen zur Erlangung des Einverständnisses einer Person, die Gewalt über eine andere Person hat, zum Zweck der Ausbeutung« (Artikel 3(a) aus dem Zusatzprotokoll zur Verhütung, Bekämpfung und Bestrafung des Menschenhandels, insbesondere des Frauen- und Kinderhandels zum Übereinkommen der Vereinten Nationen gegen die grenzüberschreitende organisierte Kriminalität, 2000). Menschenhandel kann innerhalb der Grenzen eines Landes oder grenzüberschreitend stattfinden.

Menschenrechte
Jene auf der Würde des Menschen beruhenden Freiheiten und Vorrechte, die gemäß der akzeptierten Werte unserer Zeit alle Menschen in ihrer Gesellschaft als ihnen »rechtmäßig« zustehend einfordern können. Festgeschrieben sind sie in der Allgemeinen Erklärung der Menschenrechte von 1948, die 1966 zu dem Internationalen Pakt über wirtschaftliche, soziale und kulturelle Rechte und dem Internationalen Pakt über bürgerliche und politische Rechte weiterentwickelt wurden und die als Grundlage für weitere Abkommen dienen (z. B. die Internationale Konvention zum Schutz der Rechte aller Wanderarbeiter und ihrer Familienangehörigen von 1990).

Menschliche Sicherheit
Ein Sicherheitsbegriff, bei dem der Schutz der körperlichen Unversehrtheit eines Individuums, seines wirtschaftlichen und gesellschaftlichen Wohlergehens, seiner Menschenwürde und seiner Menschenrechte im Mittelpunkt steht.

Migration
»Die Wanderung einer Person oder einer Gruppe von Personen entweder über eine Staatsgrenze hinweg oder innerhalb eines Staates. Eine Bevölkerungsbewegung, die ungeachtet ihrer Dauer, Komponenten und Ursachen jede Art menschlicher Mobilität umfasst und die Migration von Flüchtenden, Vertriebenen, Wirtschaftsmigranten und Menschen einschließt, die aus anderen Gründen wie etwa einer Familienzusammenführung herrührt.«

Erzwungene Migration
»Eine Migrationsbewegung, die ein Element der Nötigung enthält. Dies umfasst die aus natürlichen Ursachen oder aus menschlichem Handeln herrührende Bedrohung des Lebens oder der Existenzgrundlage (z. B. Flüchtlingsbewegungen oder Bewegungen von Binnenflüchtlingen sowie von Menschen, die durch Natur- oder Umweltkatastrophen, chemische oder atomare Unfälle, Hunger oder Entwicklungsprojekte vertrieben wurden).«

Binnenmigration
»Die Abwanderung von Menschen aus einer Region eines Staates in eine andere zum Zweck oder mit dem Ergebnis der Ansiedlung. Diese Art der Migration kann befristet oder dauerhaft sein. Binnenmigranten sind mobil, bleiben aber in ihrem Ursprungsland (z. B. bei der Landflucht).«

Internationale Migration
Dies bezieht sich auf »Personen, die das Land ihres gewöhnlichen Aufenthaltsorts verlassen und Staatsgrenzen überqueren. Internationale Migration kann langfristig (mindestens über ein Jahr) oder kurzfristig (über eine Frist von mindestens drei Monaten, aber kürzer als ein Jahr) verlaufen. Der Begriff umfasst nicht jene Fälle, in

denen sich eine Person zum Zweck der Erholung, des Urlaubs, zum Besuch von Freunden oder Angehörigen, aus Geschäftsgründen, zur medizinischen Behandlung oder einer religiösen Pilgerreise ins Ausland begibt.«

Arbeitsmigration
»Die Wanderung von Menschen von einem Staat in einen anderen oder innerhalb des eigenen Wohnsitzlandes zur Aufnahme eines Arbeitsverhältnisses. Arbeitsmigration wird von den meisten Staaten in ihren Migrationsgesetzen definiert. Zusätzlich übernehmen einige Länder eine aktive Rolle bei der Regulierung der Arbeitsmigration über die eigenen Grenzen hinweg und bemühen sich um Arbeitsplätze für ihre Staatsangehörigen im Ausland.«

Migrationskrise
Krise mit migratorischen Dimensionen. »Begriff zur Beschreibung der komplexen, großen Migrationsströme und Mobilitätsmuster, verursacht durch eine Krise, die in der Regel die Vulnerabilität Einzelner und betroffener Gemeinschaften erhöht und akute sowie langfristige Herausforderungen für ein Migrationsmanagement mit sich bringt. Eine Migrationskrise kann plötzlich auftreten oder sich langsam entwickeln, natürliche oder von Menschen erzeugte Ursachen haben und sich im Inland oder grenzüberschreitend ereignen.«

Migrationssteuerung
»Das System von Einrichtungen, Rechtsordnungen, Mechanismen und Verfahren zur Regulierung von Migration und zum Schutz der Migranten. Ein mit ›Migrationsmanagement‹ nahezu synonym verwendeter Begriff, wird aber manchmal auch nur für den staatlichen Akt der Regulierung grenzüberschreitender Migration verwendet.«

Migrationsmanagement
»Ein Begriff für die zahlreichen staatlichen Maßnahmen innerhalb eines nationalen Systems zu einer geregelten und humanen Handhabung grenzüberschreitender Migration, besonders der Einreise von Ausländern und ihrer Anwesenheit sowie zum Schutz von Flüchtlingen und anderen Schutzbedürftigen. Der Begriff verweist darauf, dass die Entwicklung von legislativen und administrativen Maßnahmen in Reaktion auf zentrale Probleme von Migration in planvoller, strukturierter Weise stattfindet.«

N

Natürliche Bedrohungen
»Natürliche Prozesse und Phänomene, die zum Verlust des Lebens, zu Verletzungen oder anderen gesundheitlichen Problemen, zur Beschädigung von Eigentum, zum Verlust der Existenzgrundlage sowie zu institutionellen, gesellschaftlichen und wirtschaftlichen Brüchen oder Umweltschäden führen können.«

P

Prinzip der Nichtzurückweisung
Nach dem Prinzip der Nichtzurückweisung dürfen Staaten keine Person ausweisen, abschieben oder auf andere Weise zurückführen, wenn in dem Rückführungsland ihr Leben oder ihre Freiheit bedroht sein könnte oder es berechtigten Grund zu der Annahme gibt, dass sie dort der Gefahr von Folter oder anderer grausamer oder entwürdigender Behandlung oder Strafe ausgesetzt sein könnten oder gar die Gefahr gewaltsamen Verschwindens oder anderer irreparabler Schäden besteht.

R

Resilienz
»Die Fähigkeit eines Systems und seiner Teile, die möglichen Auswirkungen eines gefährlichen Ereignisses zu erkennen, sich rechtzeitig und in effizienter Weise darauf einzustellen, sie in angemessener Frist zu bewältigen, zu überwinden und sich davon zu erholen, u. a. durch den Erhalt, die Wiederherstellung oder Verbesserung seiner wesentlichen Grundstrukturen und Funktionen.«

Risiko/Gefahr
»Mögliche unabsehbare Folgen, wo etwas von menschlichem Wert (die Menschen selbst eingeschlossen) auf dem Spiel steht. Oft bezeichnet der Begriff »Risiko« die Wahrscheinlichkeit gefährlicher Ereignisse oder Trends, vervielfacht durch die Folgen, wenn diese Ereignisse eintreten.«

S

Schleusung
Die »Herbeiführung der unerlaubten Einreise einer Person in einen Vertragsstaat, dessen Staatsangehörige sie nicht ist oder in dem sie keinen ständigen Aufenthalt hat, mit dem Ziel, sich unmittelbar oder mittelbar einen finanziellen oder sonstigen materiellen Vorteil zu verschaffen« (Artikel 3(a) aus dem Zusatzprotokoll gegen die Schleusung von Migranten auf dem Land-, See- und Luftweg zum Übereinkommen der Vereinten Nationen gegen die grenzüberschreitende organisierte Kriminalität, 2000). Im Gegensatz zu »Menschenhandel« weist »Schleusung« keine Elemente der Ausbeutung, des Zwangs oder der Menschenrechtsverletzung auf.

Schutz
»Unter Schutz sind alle Handlungen zu verstehen, die darauf abzielen, die volle Respektierung der Rechte des Individuums zu wahren, und zwar in Übereinstimmung mit Buchstaben und Geist der relevanten Gesetze, das heißt der Menschenrechtsgesetze, des Humanitären Völkerrechts und des Flüchtlingsrechts. Menschenrechts- und humanitäre Organisationen müssen bei solchen Handlungen die Unparteilichkeit wahren (d. h. ohne Ansehen von Nationaliät, Ethnie, Sprache oder Geschlecht handeln).« (Inter-Agency Standing Committee)

Staatenlose Person
Person, die »kein Staat auf Grund seines Rechts als Staatsangehörigen ansieht« (Übereinkommen der Vereinten Nationen über die Rechtsstellung von Staatenlosen vom 28. September 1954). Als solche verfügen Staatenlose nicht über die mit einer Staatsbürgerschaft verbundenen Rechte: das Recht auf den diplomatischen Schutz eines Staates, das unveräußerliche Recht zum Aufenthalt im Wohnsitzstaat und das Recht zur Rückkehr nach Reisen.

T

Trapped populations/ Eingeschlossene Bevölkerungen
»Bevölkerungen, die nicht migrieren, sich jedoch in bedrohten Gebieten aufhalten … und in Gefahr stehen, dort ›eingeschlossen‹ zu werden [oder: zurückbleiben müssen] und plötzlich eintretenden Umweltereignissen und Armut ausgesetzt sind«. Dies gilt insbesondere für Haushalte, die nicht über die Mittel für Abwanderung verfügen und deren Existenzgrundlage durch Umweltveränderungen beeinträchtigt ist.

U

Umsiedlung
Dauerhafte freiwillige Migration mit dem Ziel, sich an einem anderen Ort eine neue Existenzgrundlage zu schaffen. Die Weltbank definiert sie als »einen Prozess, bei dem Wohnmöglichkeiten, Besitz und öffentliche Infrastruktur an einem anderen Standort wieder aufgebaut werden«. Manche legen den Schwerpunkt auf andere Aspekte und definieren Umsiedlung als »den dauerhaften (oder langfristigen) Umzug einer Gemeinschaft (oder eines bedeutenden Teils von ihr) von einem Standort an einen anderen, wobei wichtige Charakteristika der ursprünglichen Gemeinschaft wie ihre Sozialstrukturen, das Politik- und das Rechtssystem, die kulturellen Besonderheiten und Weltanschauungen bewahrt werden: Die Gemeinschaft bleibt an ihrem Zielort in einer sozialen Formation zusammen, die mit ihrer Ursprungsgemeinschaft vergleichbar ist.«

Kategorien geplanter Umsiedlung in Zusammenhang mit dem Klimawandel
»Die Gruppe der Menschen, die aufgrund der Auswirkungen des Klimawandels umsiedeln, werden in verschiedene Unterkategorien eingeteilt, darunter:
- in Gebieten wohnende Menschen, in denen plötzlich einsetzende Naturkatastrophen zunehmender Schwere und Intensität aufgrund des Klimawandels zu erwarten sind (z. B. Überschwemmungsgebiete);
- Menschen, deren Existenzgrundlage durch langsam sich vollziehende Veränderungen aufgrund des Klimawandels bedroht ist (z. B. zunehmende Häufigkeit von Dürren; Versalzung aufgrund eines Meeresspiegelanstiegs);
- Menschen, deren Land für Maßnahmen der Schadensbegrenzung (z. B. Ausweitung von Wäldern als Kohlenstoffsenken) oder für Anpassungsprojekte benötigt wird (z. B. Wasserreservoirs); und
- Menschen, deren Heimatland oder Region wegen der Auswirkungen des Klimawandels unbewohnbar geworden oder nicht mehr geeignet ist, die Existenzgrundlage zu sichern (z. B. Kleine Inselstaaten, die vom Anstieg des Meeresspiegels betroffen sind.«

Umweltmigrant
»Personen oder Gruppen, die vorwiegend aufgrund plötzlicher oder fortschreitender, ihr Leben oder ihre Lebensbedingungen gefährdender Veränderungen der Umwelt gezwungen sind, ihren gewohnten Wohnort zu verlassen, oder sich aus freien Stücken dazu entscheiden. Diese Migration kann vorübergehend oder dauerhaft sein, im eigenen Land stattfinden oder ins Ausland führen.«

Umweltveränderung
»Über einen längeren Zeitraum anhaltende Veränderungen in der physikalischen und biogeochemischen Umwelt aufgrund natürlicher Einflüsse oder menschlicher Aktivitäten« (einschließlich Industrieunfälle), ausgelöst durch plötzlich eintretende Ereignisse oder sich langsam entwickelnde Einflüsse.

Umweltzerstörung
»Verminderung der Fähigkeit einer Umwelt, den gesellschaftlichen und ökologischen Anforderungen und Bedürfnissen gerecht zu werden ... Umweltzerstörung kann die Häufigkeit und das Ausmaß von Naturgefahren beeinflussen und die Vulnerabilität von Gemeinschaften erhöhen. Es gibt verschiedene Formen der von Menschen verursachten Umweltzerstörung, darunter missbräuchliche Landnutzung, Bodenerosion und Bodenverlust, Wüstenbildung, Flächenbrände, Verlust der Biodiversität, Abholzung, Zerstörung von Mangrovenwäldern, Land-, Wasser- und Luftverschmutzung, Klimawandel, Anstieg der Meeresspiegel und Ozonabbau.«

V

Vertreibung in der Wanderweidewirtschaft
»Unter Binnenvertreibung leidende Hirten sind Personen oder Gemeinschaften, denen der Zugang zu traditionell genutzten Lebensräumen versperrt ist, entweder als Folge von Konflikten, Gewalt, Menschenrechtsverletzungen, Viehdiebstahl, natürlichen oder von Menschen verursachten Katastrophen oder vergleichbaren plötzlich einsetzenden Ereignissen wie Dürren, Umweltzerstörung oder vergleichbaren allmählich einsetzenden Prozessen, die auf direkte Interventionen des Staates oder privater Akteure oder auf eine Kombination, Abfolge oder Akkumulation der aufgezählten Ursachen zurückzuführen sind. Bei dieser Art von Vertreibung werden keine international anerkannten Staatsgrenzen überschritten.«

Vulnerabilität
»Anfälligkeit oder Prädisposition für die Folgen negativer Ereignisse. Dazu gehören beispielsweise Empfindlichkeit gegenüber oder Empfänglichkeit für Schädigungen und Mangel an Bewältigungs- und Anpassungsfähigkeit.«

W

Wanderweidewirtschaft
»Eine Methode der Existenzsicherung, bei der der Viehtrieb saisonalen Abläufen folgt, vornehmlich um Baumblätter, Gras, Kräuter oder Getreidereste in menschliche Nahrung umzuwandeln. Die Suche nach Futter ist jedoch nicht der einzige Grund für die Wanderungen; Menschen wollen damit für sich und ihr Vieh unter Umständen natürliche oder aus der Gesellschaft herrührende Bedrohungen sowie die Konkurrenz zu anderen vermeiden oder günstigere Bedingungen suchen. Wanderweidewirtschaft kann auch als eine Strategie betrachtet werden, die aus gesellschaftlichen und ökologischen Faktoren im Zusammenhang mit den Unsicherheiten und Schwankungen von Niederschlägen und der niedrigen und unvorhersehbaren Produktivität terrestrischer Ökosysteme erwächst.

Z

Zwangsaussiedlung und -umsiedlung
»Unfreiwillige Überführung Einzelner oder von Gruppen an einen anderen Ort innerhalb der Zuständigkeit eines Staates fern von ihrem gewohnten Wohnort, als politische Maßnahme.«

Literatur

Migration und Umweltmigration heute

S. 16

Einleitung

Dun, O. und F. Gemenne, (2008), »Defining ›environmental migration‹«, *Forced Migration Review*, 31, S. 10–11

IOM (2010), *World Migration Report 2010. The Future of Migration: Building Capacities for Change*. Geneva, International Organization for Migration

IOM (2011), *Glossary on Migration*, zweite Auflage. International Migration Law, 25, Geneva, International Organization for Migration

IOM (2014a), »Brief 5: State of Knowledge on Migration, Environment and Climate Change«, *IOM Outlook on Migration, Environment and Climate Change*, Geneva, International Organization for Migration

IOM (2014b), *Migration, Environment and Climate Change: Evidence for Policy (MECLEP) Glossary*, Geneva, International Organization for Migration

Laczko, F. and C. Aghazarm, (2009), *Migration, Environment and Climate Change: Assessing the evidence*, Geneva, International Organization for Migration

Piguet, E. (2009), »Re-embedding the environment into migration theory«, Präsentation auf der Konferenz *Remaking migration into migration theory: Intersections and cross-fertilisations*, University of Brighton and University of Sussex, Brighton

Renaud, F., J. J. Bogardi, O. Dun, K. Warner und UNU-EHS, (2007), »Control, Adapt or Flee. How to Face Environmental Migration?«, *InterSecTions*, 5/2007, United Nations University Institute for Environment and Human Security

S. 20

Eine lange Geschichte

Beniston, M. (2004), »Issues Relating to Environmental Change and Population Migrations: A Climatologist's Perspective«, in: *Environmental Change and its Implications for Population Migration* (Hg. J. D. Unruh, M. S. Krol und N. Kliot), Kluwer Academic Publishers, Dordrecht

Bintanja, R., R. S. W. van de Wal und J. Oerlemans (2005), »Modelled atmospheric temperatures and global sea levels over the past million years«, *Nature*, 437, S. 125–128, 1. September 2005

Debroise, A. (2015), »Le climat, moteur de l'évolution des sociétés« [Klima als Motor der gesellschaftlichen Entwicklung], *Les Cahiers Science et Vie*, 151, S. 6–11

Diamond, J. (2006), *Collapse: How Societies Choose to Fail or Succeed*, Viking Press, New York

Dynes, R. R. (1997), The Lisbon Earthquake in 1755: Contested Meanings in the First Modern Disaster, Preliminary Papers No. 255, University of Delaware Disaster Research Center, Newark DE

Fagan, B. M. (1999), *Floods, Famines, and Emperors: El Niño and the Fate of Civilizations*, Basic Books, New York

Ferris, E. (2011), »Planned relocations, disasters and climate change«, Presentation at the *Sydney, Gilbert + Tobin Centre of Public Law Conference on Climate and Migration in the Asia-Pacific: Legal and Policy Responses*, 10.–11. November, Sydney

Gregory, J. (1991), *American Exodus: The Dust Bowl Migration and the Okie Culture in California*, Oxford University Press, New York

Guinnane, T. (1944), »The great Irish famine and population: the long view«, *American Economic Review*, 84(2), S. 303–308

Hansen, Z. und G. Libecap (2004), »Small Farms, Externalities, and the Dust Bowl of the 1930s«, *Journal of Political Economy*, 112(3), S. 665–694

Leroy Ladurie, E. (2004), *Histoire humaine et comparée du climat* [Vergleichende Geschichte der Menschheit und des Klimas], Fayard, Paris

Mauelshagen, F., U. Lübken und C. Mauch, (o. J.), *Climates of Migration*, Rachel Carson Center for Environment and Society and the Institute for Advanced Study in the Humanities in Essen (KWI), aufgerufen unter: https://climatesofmigration.wordpress.com

Milanesi, A. (2015), »Quand l'homme se pliait au climat [Als sich der Mensch dem Klima fügte], *Les Cahiers Science et Vie*, 151, S. 12–15

S. 22

Eine politische Frage

Barnett, J. und M. Webber (2010), *Accommodating Migration to Promote Adaptation to Climate Change*, Policy Research Working Paper No. 5270, Background Paper to the 2010 World Development Report, World Bank, Washington, DC

Bettini, G. (2013), »Climate Barbarians at the Gate? A critique of apocalyptic narratives on ›climate refugees‹«, *Geoforum*, 45, S. 63–72

Black, R. (2001), *Environmental refugees: myth or reality?* New Issues in Refugee Research Working Paper No. 34, United Nations High Commissioner for Refugees, Genf

Black, R., S. R. G. Bennett, S. M. Thomas und J. R. Beddington (2011), »Migration as adaptation«, *Nature*, 478(27), S. 447–449

Castles, S. (2002), *Environmental change and forced migration: Making sense of the debate*. New Issues in Refugee Research Working Paper No. 70, United Nations High Commissioner for Refugees, Genf, und Oxford University, Oxford

Christian Aid (2007), *Human Tide: The Real Migration Crisis*, Christian Aid, London

Foresight (2011), *Migration and Global Environmental Change: Final Project Report*, Government Office for Science, London

German Advisory Council on Global Change (2008), *World in Transition: Climate change as a security risk*, Earthscan, London

Kibreab, G. (1997), »Environmental causes and impact of refugee movements: A critique of the current debate«, *Disasters*, 21(1), S. 20–38

Myers, N. (1993), »Environmental refugees in a globally warmed world«, *BioScience*, 43(11), S. 752–761

Solana Madariaga, J. (2008), *Climate Change and International Security*, Paper from the High Representative and the European Commission to the European Council, Council of the European Union, Brüssel

Venturini, T., F. Gemenne und M. Severo (2012), »Des migrants et des mots: une analyse numérique des débats médiatiques sur les migrations et l'environnement« [Von Migranten und Wörtern. Eine webbasierte Analyse von Onlinedebatten über Migration und Umwelt], *Cultures and Conflicts*, 88, S. 133–156

S. 24

Eine Welt in Bewegung

Castles, S. und M. J. Miller (2009), *The Age of Migration: International population movements in the modern world*, Palgrave Macmillan, Basingstoke

Cernea, M. (2006), »Development-induced and conflict-induced IDPs: Bridging the research divide«, *Forced Migration Review*, special issue (Dezember), S. 25–27

IDMC (2015a), *Global Overview 2015 People internally displaced by conflict and violence*, Internal Displacement Monitoring Centre, Genf

IDMC (2015b), *Global Estimates 2015: People displaced by disasters*, Internal Displacement Monitoring Centre, Genf

ILO (2005), *A Global Alliance against Forced Labour, Global Report under the Follow-up to the ILO Declaration on Fundamental Principles and Rights at Work*, International Labour Organization, Genf

IOM (2013), *World Migration Report 2013: Migrant Well-being and Development*, International Organization for Migration, Genf

IOM (2014), *Fatal Journeys: Tracking lives lost during migration*, International Organization for Migration, Genf

King, R. (2010), *The Atlas of Human Migration: Global patterns of people on the move*, Earthscan, Brighton

OECD (2013), *International Migration Outlook 2013*, Organization for Economic Co-operation and Development, Paris

UNDESA (2013a), *Trends in International Migrant Stock: The 2013 Revision – Migrants by Age and Sex, United Nations database, POP/DB/MIG/Stock/Rev.2013/Age*, United Nations, Department of Economic and Social Affairs, Population Division, New York

UNDESA (2013b), *Trends in International Migrant Stock: The 2013 Revision – Migrants by Destination and Origin*, United Nations database, POP/DB/MIG/Stock/Rev.2013/Origin, United Nations, Department of Economic and Social Affairs, Population Division, New York

UNDESA (2013c), *International Migration Report 2013*, United Nations, Department of Economic and Social Affairs, Population Division, New York

UNDESA (2013d), Cross-national comparisons of internal migration: An update on global patterns and trends, Technical Paper No. 2013/1, United Nations, Department of Economic and Social Affairs, Population Division, New York

UNHCR (2015), *UNHCR Global Trends: Forced Displacement in 2014*, United Nations High Commissioner for Refugees, Genf

Wihtol de Wenden, C. (2009), *La globalisation humaine*, Presses Universitaires de France, Paris

Wihtol de Wenden, C. (2011), *Atlas des migrations*, Autrement, Paris

S. 26

Forschungsgeografie

Bilsborrow, R. E. (2009), »Collecting data on the migration-environment nexus«, in: *Migration, Environment and Climate Change: Assessing the evidence* (Hg. F. Laczko, F. und C. Aghazarm), International Organization for Migration, Genf

Caillods, F. (2013), »Regional divides in global environmental change research capacity: Introduction to Part 2«, in: *World Social Science Report 2013, Changing Global Environments* (Hg. ISSC und UNESCO), OECD Publishing and UNESCO Publishing, Paris

Foresight, (2011), *Migration and Global Environmental Change: Final Project Report*, Government Office for Science, London

Guélat, J., E. Piguet und R. Kaenzig (2015), *Empirical research on migration, climate change and the environment: mapping the world's case studies*, UNINE MAPS Working Paper, Université de Neuchâtel, Neuenburg

Jäger, J., J. Frühmann, S. Günberger und A. Vag (2009), *Environmental Change and Forced Migration Scenarios Project Synthesis Report*, EACH-FOR, Budapest

Laczko, F. und C. Aghazarm (2009), *Migration, Environment and Climate Change: Assessing the evidence*, International Organization for Migration, Genf

Piguet, E. (2010), »Linking climate change, environmental degradation and migration: A methodological overview«, *Wiley Interdisciplinary Reviews: Climate Change*, 1(4), S. 517–524

Piguet, E. (2013), »From ›primitive migration‹ to ›climate refugees‹ – The curious fate of the natural environment in migration studies«, *Annals of the Association of American Geographers*, 103(1), S. 148–162

Piguet, E. and F. Laczko, (2014), *People on the Move in a Changing Climate: The Regional Impact of Environmental Change on Migration*, Springer, Dordrecht

Piguet, E., J. Guélat und R. Kaenzig (2015), CLIMIG Bibliographic Database, aufgerufen unter http://www.unine.ch/geographie/Migration_and_Climate_Change

Université de Neuchâtel und IOM (2012), *People on the Move in a Changing Climate: A bibliography*, International Organization for Migration, Genf

S. 28

Zahlen und Prognosen

Brown, O. (2008), *Migration and Climate Change*, IOM Migration Research Series, No. 31, International Organization for Migration, Genf

Christian Aid (2007), *Human Tide: The real migration crisis*, Christian Aid, London

El-Hinnawi, E. (1985), *Environmental Refugees*, United Nations Environment Programme, Nairobi

Foresight (2011), *Migration and Global Environmental Change: Final Project Report*, Government Office for Science, London

Gemenne, F. (2011), »Why the numbers don't add up: A review of estimates and predictions of people displaced by environmental changes«, *Global Environmental Change*, 21(1), S. 41–49

Ginnetti, J. (2015), *Disaster-Related Displacement Risk: Measuring the risk and addressing its drivers*, Internal Displacement Monitoring Centre, Genf

Ginnetti, J. und T. Franck (2014), *Assessing Drought Displacement Risk for Kenyan, Ethiopian and Somali Pastoralists*, Internal Displacement Monitoring Centre, Genf

Henry, S., P. Boyle und E. F. Lambin (2003), »Modelling the influence of the natural environment on interprovincial migration in Burkina Faso, West Africa«, *Applied Geography*, 23, S. 115–136

Henry, S., B. Schoumaker und C. Beauchemin (2004), »The impact of rainfall on the first out-migration: A multi-level event-history analysis in Burkina Faso«, *Population and Environment*, 25(5), S. 423–460

IDMC (2015), *Global Estimates 2015: People displaced by disasters*, Internal Displacement Monitoring Centre, Genf

IOM (2015), Displacement Tracking Matrix (DTM) Infosheet, aufgerufen unter: www.iom.int/humanitarian-emergencies

IPCC (2007), *Climate Change 2007: Synthesis Report. Contribution of Working Groups I, II and III to the Fourth Assessment Report of the Intergovernmental Panel on Climate Change* (Hg. Core Writing Team, R. K. Pachauri und A. Reisinger), Intergovernmental Panel on Climate Change

Kniveton, D., K. Schmidt-Verkerk, C. Smith, R. Black und IOM (2008), *Climate Change and Migration: Improving methodologies to estimate flows*, IOM Migration Research Series, No. 33, International Organization for Migration, Genf

Kniveton, D., C. Smith, R. Black und K. Schmidt-Verkerk (2009), »Challenges and approaches to measuring the migration–environment nexus«, *Migration, Environment and Climate Change: Assessing the evidence* (Hg. F. Laczko and C. Aghazarm), International Organization for Migration, Genf

Marchiori, L., J.-F. Maystadt und I. Schumacher (2012), »The impact of weather anomalies on migration in sub-Saharan Africa«, *Journal of Environmental Economics and Management*, 63(3), S. 355–374

Myers, N. (2002), »Environmental refugees: A growing phenomenon of the 21st century«, *Philosophical Transactions of the Royal Society B*, 357(1420), S. 609–613

Myers, N. und J. Kent (1995), *Environmental Exodus: An emergent crisis in the global arena*, Climate Institute, Washington, DC

Pearce, F. (2011), »Searching for the climate refugees«, *New Scientist*, 27. April, aufgerufen unter: www.newscientist.com/article/mg21028104.600-searching-forthe-climate-refugees.html

Piguet, E. (2010), »Linking climate change, environmental degradation, and migration: A methodological overview«, *Wiley Interdisciplinary Reviews: Climate Change*, 1(4), S. 517–524

Stern, N. (2007), *The Economics of Climate Change: The Stern Review*, Cambridge University Press, Cambridge

UNDESA (2013), *World Population Prospects: The 2012 Revision*, Population Division of the Department of Economic and Social Affairs of the United Nations Secretariat, New York

S. 32

Katastrophen und Flucht

IDMC (2014), *Global Estimates 2014: People displaced by disasters*, Internal Displacement Monitoring Centre, Genf

IDMC (2015), *Global Estimates 2015: People displaced by disasters*, Internal Displacement Monitoring Centre, Genf

IDMC (o. J.), *Disaster-induced Displacement Database*, aufgerufen am 9. Januar 2017 unter www.internal-displacement.org/global-figures#natural

Naik, A. (2009), »Migration and natural disasters«, *Migration, Environment and Climate Change: Assessing the evidence* (Hg. F. Laczko and C. Aghazarm), International Organization for Migration, Genf

S. 34

Erzwungen oder freiwillig?

Castles, S. (2002), *Environmental change and forced migration: Making sense of the debate*, New Issues in Refugee Research Working Paper Nr. 70, United Nations High Commissioner for Refugees, Genf und Oxford, Oxford University

Dun, O. und F. Gemenne (2008), »Defining ›environmental migration‹«, *Forced Migration Review*, 31, S. 10 f.

Fatima, R., A. J. Wadud und S. Coelho (2014), »Human Rights, Climate Change, Environmental Degradation and Migration: A New Paradigm«, *Issue in Brief*, International Organization for Migration, Bangkok und Washington, DC, Migration Policy Institute

Foresight (2011), *Migration and Global Environmental Change. Final Project Report*, Government Office for Science, London

Hugo, G. (1996), »Environmental concerns and international migration«, *International Migration Review*, 30(1), S. 105–131

IOM (2011), *Glossary on Migration*, 2. Aufl., International Migration Law No. 25, International Organization for Migration, Genf

IOM (2014), »Brief 1: IOM's approach to migration, environment and climate change« und »Brief 3: Terminology on migration, environment and climate change«, *IOM Outlook on Migration, Environment and Climate Change*, International Organization for Migration, Genf

Ozer, P., Zickgraf C., De Longueville, F. und Gemenne, F. (2014), »Environmental changes in developing countries: From moving to trapped populations«, *Young Researchers Overseas' Day – Book of Abstracts* (Hg. Royal Academy for Overseas Sciences), Royal Academy for Overseas Sciences, Brüssel

Warner, K., T. Afifi, K. Henry, T. Rawe, C. Smith und A. de Sherbinin (2012), *Where the Rain Falls: Climate Change, Food and Livelihood Security, and Migration* (Hg. United Nations University Institute for Environment and Human Security), CARE France und United Nations University, Bonn

Zetter, R. (2009), »The role of legal and normative frameworks for the protection of environmentally displaced people«, *Migration, Environment and Climate Change: Assessing the evidence* (Hg. F. Laczko und C. Aghazarm), International Organization for Migration, Genf

S. 36

Migrationspfade

CCCM Cluster (2014), *The MEND Guide: Comprehensive Guide for Planning Mass Evacuations in Natural Disasters*, Camp Coordination and Camp Management Cluster, Genf

Fernandes, D., M. da Consolação Gomes de Castro und C. Ribeiro (2014), *Migração Haitiana para o Brasil: Minas Gerais como destino, a fala dos haitianos* [Haitianische Migration nach Brasilien: Minas Gerais als Ziel, Aussagen von Haitianern], Presentation at the 16th Seminar on the Economics of Minas Gerais, 16.–20. September, Diamantina

IDMC (2013), *Global Estimates 2012: People displaced by disasters*, Internal Displacement Monitoring Centre, Genf

IOM (2008), *Expert Seminar: Migration and the Environment*, International Dialogue on Migration No. 10, International Organization for Migration, Genf

IOM und PUC Minas (2014), *Projeto ›Estudos sobre a Migração Haitiana ao Brasil e*

Diálogo Bilateral‹. Relatorio Final [Projekt ›Studie zur Haitianischen Migration nach Brasilien und bilateraler Dialog‹, Abschlussbericht], (Hg. D. Fernandes and M. da Consolação Gomes de Castro), International Organization for Migration and Pontifícia Universidade Católica de Minas Gerais, Belo Horizonte

Laczko, F. und C. Aghazarm (2009), *Migration, Environment and Climate Change: Assessing the evidence*, International Organization for Migration, Genf

Peraza, J., A. Camino und L. Bacci (2014), *Haitian Migration to Brazil: Characteristics, opportunities and challenges*, Migration Notebook No. 6. International Organization for Migration, Buenos Aires

Van Hear, N. (2006), »›I Went as Far as My Money Would Take Me‹: Conflict, forced migration and class«, *Forced Migration and Global Processes: A view from forced migration studies* (Hg. F. Crepeau u. a.), Lexington/Rowman & Littlefield, Lanham MA

Yonetani, M. (2012), *Haiti: A Humanitarian Crisis in Need of a Development Solution*, Internal Displacement Monitoring Centre, Genf

S. 38

Zeiträume

CCCM Cluster (2014), *The MEND Guide: Comprehensive Guide for Planning Mass Evacuations in Natural Disasters*, Camp Coordination and Camp Management Cluster, Genf

IDMC (2015), *Global Estimates 2015: People displaced by disasters*, Internal Displacement Monitoring Centre, Genf

Kasimbu, J. (2010), *Pastoralism at the Edge: Effects of drought, climate change and migration on livelihood systems of pastoralist and mobile communities in Kenya*, International Organization for Migration, Nairobi

Laczko, F. und C. Aghazarm (2009), *Migration, Environment and Climate Change: Assessing the evidence*, International Organization for Migration, Genf

Milan, A. und R. Ho (2014), »Livelihood and migration patterns at different altitudes in the Central Highlands of Peru«, *Climate and Development*, 6(1), S. 69–76

Warner, K., T. Afifi, K. Henry, T. Rawe, C. Smith und A. de Sherbinin (2012), *Where the Rain Falls: Climate Change, Food and Livelihood Security, and Migration* (Hg. United Nations University Institute for Environment and Human Security), CARE France und United Nations University, Bonn

S. 40

Rückkehrmigration

Arowolo, O. O. (2000), »Return migration and the problem of reintegration«, *International Migration*, 38(5), S. 59–82

City of New Orleans. (o. J.), *NOLA Local Historic Districts*, aufgerufen unter: https://data.nola.gov/Housing-Land-Use-and-Blight/New-Orleans-National-Register-Historic-Districts-a/4mw7-knsq/data

Elliott, J. R. und J. Pais (2006), »Race, class, and Hurricane Katrina: Social differences in human responses to disaster«, *Social Science Research*, 35(1), S. 295–321

Fussell, E. (2006), »Leaving New Orleans: Social stratification, networks, and hurricane evacuation«, *Understanding Katrina. Perspectives from the Social Sciences*, 11. Juni, aufgerufen unter: http://understandingkatrina.ssrc.org/Fussell

Hasegawa, R. (2013), *Disaster Evacuation from Japan's 2011 Tsunami Disaster and the Fukushima Nuclear Accident*, Study N°05/2013, Institute for Sustainable Development and International Relations, Paris

Hasegawa, R. (2015), »Returning home after Fukushima: Displacement from a nuclear disaster and international guidelines for internally displaced persons«, MECLEP Policy Brief Series, No. 4, International Organization for Migration, Genf

Henry, J. (2013), »Return or relocate? An inductive analysis of decision-making in a disaster«, *Disasters*, 37(2), S. 293–316

IFRC (2012), *World Disasters Report 2012. Focus on Forced Migration and Displacement*, International Federation of the Red Cross and Red Crescent Societies, Genf

IOM (2012), *IOM Iraq Special Report: Water scarcity*, International Organization for Migration, Bagdad

Kohut, M. B. (1997) *Ecological Migrants in Belarus: Returning home after Chernobyl*, International Organization for Migration, Genf

Martinez, P., D. Eads und C. Groskopf (2015), Post-Katrina New Orleans smaller, but population growth rates back on track, NPR, 19. August

METI (o. J.), *Evacuation Areas*, aufgerufen unter der Website des japanischen Ministeriums für Wirtschaft, Handel und Industrie: www.meti.go.jp/english/earthquake/nuclear/roadmap/evacuation_areas.html

Naraha Town, Fukushima Prefecture and Reconstruction Agency (2014), *Resident Opinion Survey Results*, 28. Februar, aufgerufen unter: www.reconstruction.go.jp/topics/main-cat1/sub-cat1-4/ikoucyousa/20140228_02_ikouchousa_sokuhounaraha.pdf

Olshansky, R. B. und L. Johnson (2010), *Clear as Mud: Planning for the rebuilding of New Orleans*, American Planning Association, Washington, DC

Park, H. und A. Tse (2010), »Mapping the recovery of New Orleans«, *New York Times*, 27. August, aufgerufen unter: www.nytimes.com/interactive/2010/08/27/us/20100827-katrina-resettlement.html

Sherwood, A., M. Bradley, L. Rossi, R. Guiam und B. Mellicker (2015), *Resolving Post-Disaster Displacement: Insights from the Philippines after Typhoon Haiyan (Yolanda)*, Brookings Institution, Washington, DC, und International Organization for Migration, Genf

Stringfield, J. (2010), »Higher ground: An exploratory analysis of characteristics affecting returning populations after Hurricane Katrina«, *Population and Environment*, 30(6), S. 247–260

S. 42

Umsiedlung

ADB (o. J.), *Involuntary Resettlement*, aufgerufen unter der ADB-Website: https://www.adb.org/site/safeguards/involuntary-resettlement

Arnall, A., D. S. Thomas, C. Twyman und D. Liverman (2013), »Flooding, resettlement, and change in livelihoods: Evidence from rural Mozambique«, *Disasters*, 37(3), S. 468–488

Bronen, R. und F. S. Chapin (2013), »Adaptative governance and institutional strategies for climate induced community relocations in Alaska«, *Proceedings of the National Academy of Sciences of the United States of America*, 110(23), S. 9320–9325

CERA (2014), *Canterbury Wellbeing Index, June 2014*, Canterbury Earthquake Recovery Authority, Christchurch

Cernea, M. (1999), *The Economics of*

Involuntary Resettlement: Questions and Challenges, Weltbank, Washington, DC

Cernea, M. und H. M. Mathur (2008), *Can Compensation Prevent Impoverishment? Reforming Resettlement through investments and benefit-sharing*, Oxford University Press, Neu-Delhi

Chun, J. M. (2014), *Vulnerability to Environmental Stress: Household Livelihoods, Assets and Mobility in the Mekong Delta, Vietnam*, IOM Migration Research Series, No. 51, International Organization for Migration, Genf

Chun, J. M. (2015), *Planned Relocations in the Mekong Delta, Vietnam: A successful model for climate change adaptation, a cautionary tale, or both?*, Brookings Institution, Washington, DC

Connell, J. (2012), »Population Resettlement in the Pacific: lessons from a hazardous history?« *Australian Geographer*, 43(2), S. 127–142

De Sherbinin, A., M. Castro, F. Gemenne, M. M. Cernea, S. Adamo, P. M. Fearn-side, G. Krieger, S. Lahmani, A. Oliver-Smith, A. Pankhurst, T. Scudder, B. Singer, Y. Tan, G. Wannier, P. Boncour, C. Ehrhart, G. Hugo, B. Pandey und G. Shi (2011), »Preparing for resettlement associated with climate change«, *Science*, 334, S. 456 f.

Displacement Solutions (2015), *One Step at a Time: The relocation process of the Gardi Sugdub Community in Gunayala, Panama*, Displacement Solutions, Genf

Duvat, V. und A. Magnan (2014), *Des catastrophes ... »naturelles«?* [»Natur«-Katastrophen?], Le Pommier-Belin, Paris

Ferris, E. (2011), »Planned relocations, disasters and climate change«, Presentation at the *Sydney, Gilbert + Tobin Centre of Public Law Conference on Climate and Migration in the Asia-Pacific: Legal and Policy Responses*, 10.–11. November, Sydney

Ferris, E. (2012), *Protection and Planned Relocations in the Context of Climate Change*, Legal and Protection Policy Research Series, United Nations High Commissioner for Refugees, Genf

Foresight (2011), *Migration and Global Environmental Change. Final Project Report*, Government Office for Science, London

Hugo, G. (2011), »Lessons from past forced resettlement for climate change migration«, *Migration and Climate Change* (Hg. E. Piguet u. a.), Cambridge University Press, Cambridge

IOM (2013), *Compendium of IOM Activities in Disaster Risk Reduction and Resilience*, International Organization for Migration, Genf

IOM (2015), *Assessing the Evidence: Migration, environment and climate change in Papua New Guinea*, International Organization for Migration, Genf

Municipalidad de la Plata (2013), *Avanza el Plan de Relocalización para 120 Familias Asentadas en los Márgenes del Arroyo del Gato* [Plan zur Umsiedlung von 120 Familien an den Ufern des Flusses El Gato nimmt Gestalt an], Municipalidad de la Plata, La Plata, aufgerufen unter: http://impulsobaires.com.ar/nota.php?id=188918

Petz, D. (2015), *Planned Relocations in the Context of Natural Disasters and Climate Change: A review of the literature*, Brookings Institution, Washington, DC

Room for the River Programme (o. J.), aufgerufen unter: www.ruimtevoorderivier.nl

Schenk, T. E. W. (2009), *Finding the higher ground: Assessing contrasting approaches to planning for climate change induced resettlement*, Master's thesis, Massachusetts Institute of Technology Department of Urban Studies and Planning, Boston

SEDATU (2014), *La Sedatu Entregó Viviendas que Forman Parte del ›Plan Nuevo Guerrero‹* [Ministerium für Landwirtschaft, Land- und Stadtentwicklung (SEDATU) weiht neue Wohnungen als Teil des »Neuen Guerrero-Plans« ein], Secretaría de Desarrollo Agrario, Territorial y Urbano, Mexiko, aufgerufen unter: http://www.gob.mx/sedatu/galerias/la-sedatu-entrego-viviendas-que-forman-parte-del-plan-nuevo-guerrero

Tabucanon, G. M. und B. Opeskin (2011), »The resettlement of Nauruans in Australia: An early case of failed environmental migration«, *Journal of Pacific History*, 46(2)

Vietnam Central Committee for Flood and Storm Control (2009), *Implementation Plan of the National Strategy for Natural Disaster Prevention, response and Mitigation to 2020*, Vietnam Central Committee for Flood and Storm Control, Thang

Yang, H. (2014), »Assessing the evolvements and impacts of environmental migration in Inner Mongolia«, *The State of Environmental Migration 2014: A Review of 2013* (Hg. F. Gemenne, P. Brücker und D. Ionesco), International Organization for Migration, Genf, und Sciences Po, Paris

S. 44

Immobilität

Black, R. und M. Collyer (2014), »Populations ›trapped‹ at times of crisis«, *Forced Migration Review*, 45, S. 52–55

Black, R., N. W. Arnell, W. N. Adger, D. Thomas und A. Geddes (2013), »Migration, immobility and displacement outcomes of extreme events in nature and society«, *Environmental Science and Policy*, 27(1), S. S32–S43

Camus, G. (2014), »Sea level rise raises human mobility and cultural identity concerns«, *IOM Environmental Migration Newsletter*, 4. Juni, aufgerufen unter: https://weblog.iom.int/sea-level-rise-raises-human-mobility-and-cultural-identity-concerns

Carling, J. (2002), »Migration in the age of involuntary immobility: Theoretical reflections and Cape Verdean experiences«, *Journal of Ethnic and Migration Studies*, 28(1), S. 5–42

Foresight (2011), *Migration and Global Environmental Change. Final Project Report*, Government Office for Science, London

Lubkemann, S. (2008), »Involuntary immobility: On a theoretical invisibility in forced migration studies«, *Journal of Refugee Studies*, 21(4), S. 454–475

Ozer, P., C. Zickgraf, F. De Longueville und F. Gemenne (2014), »Environmental changes in developing countries: From moving to trapped populations«, *Young Researchers Overseas' Day – Book of Abstracts* (Hg. Royal Academy for Overseas Sciences), Brüssel

S. 46

Wohlstandsmigration

Beniston, M. (2004), »Issues relating to environmental change and population migrations: A climatologist's perspective«, *Environmental Change and Its Implications for Population Migration* (Hg. J. D. Unruh, M. S. Krol und N. Kliot), Kluwer Academic Publishers, Dordrecht

Borsdorf, A., R. Hidalgo und H. Zunino (2012), »Amenity Migration: A comparative study of the Italian Alps and the Chilean Andes«, *Journal of Sustainability Education*, 3, S. 1–10

Loeffler, R. und E. Steinicke (2007), »Amenity migration in the US Sierra Nevada«, *Geographical Review*, 97(1), S. 67–88

Mashegova, N. (2011), Brosok na yug [Umzug in den Süden], *Nash Krasnoyarsky Krai*, 22. Februar, aufgerufen unter: http://gnkk.ru/articles/brosok-na-yug.html

McIntyre, N. (2009), »Rethinking amenity migration: Integrating mobility, lifestyle and social-ecological systems«, *Erde*, 140(3), S. 229–250

Moss, L. A. G. (2006), *The Amenity Migrants: Seeking and Sustaining Mountains and Their Cultures*, CABI Publishing, Wallingford

Norilsk City Administration (o. J.), *Territorii Krasnoyarskogo kraya naibolee perspektivnye dlya pereseleniya* [Gebiete in der Region Krasnojarsk mit den besten Aussichten für eine Umsiedlung], aufgerufen unter: http://norilsk-city.ru/administration/subdivision/sport/40890/index.shtml

Smith, S. K. und M. House (2006), »Snowbirds, sunbirds and stayers: Seasonal migration of elderly adults in Florida«, *Journal of Gerontology*, 61B(5), S. 232–239

Faktoren der Umweltmigration

S. 48

Einleitung

Beniston, M. (2004), »Issues relating to environmental change and population migrations: A climatologist's perspective«, in: *Environmental Change and Its Implications for Population Migration* (Hg. J. D. Unruh u. a.), Springer, Dordrecht

Brown, L. R. (2011), *World on the Edge: How to Prevent Environmental and Economic Collapse*, Norton, New York

Diamond, J. (1999), *Guns, Germs and Steel: The fates of human societies*, Norton, New York

Dilley, M., R. S. Chen, U. Deichmann, A. L. Lerner-Lam, M. Arnold, J. Agwe, P.Buys, O. Kjekstad, B. Lyon und G. Yetman (2005), *Natural Disaster Hotspots: A Global Risk Analysis*, Disaster Risk Management Series Nr. 5, Weltbank, Washington, DC

Dow, K., und T. E. Downing (2011), *The Atlas of Climate Change*, Earthscan, Brighton

Elsom, D. (1992), *Earth: The making, shaping and workings of a planet*, Wiley, New York

Fagan, B. M. (2008), *The Great Warming: Climate change and the rise and fall of civilizations*, Bloomsbury, New York

Foresight (2011), *Migration and Global Environmental Change. Final Project Report*, Government Office for Science, London

IDMC (2015), *Global Estimates 2015: People displaced by disasters*, Internal Displacement Monitoring Centre, Genf

IOM (2014), *Migration, Environment and Climate Change: Evidence for policy (MECLEP) glossary*, Internationale Organisation für Migration, Genf

IPCC (2013), *Climate Change 2013: The Physical Science Basis. Contribution of Working Group I to the Fifth Assessment Report of the Intergovernmental Panel on Climate Change* (Hg. T. F. Stocker, D. Qin, G.-K. Plattner, M. Tignor, S. K. Allen, J. Boschung, A. Nauels, Y. Xia, V. Bex und P. M. Midgley), Cambridge University Press, Cambridge/GB und New York

IPCC (2014), *Climate Change 2014: Impacts, Adaptation, and Vulnerability. Working Group II Contribution to the Fifth Assessment Report of the Intergovernmental Panel on Climate Change.* (Hg. C. B. Field, V. R. Barros, D. J. Dokken, K. J. Mach, M. D. Mastrandrea, T. E. Bilir, M. Chatterjee, K. L. Ebi, Y. O. Estrada, R. C. Genova, B. Girma, E. S. Kissel, A. N. Levy, S. MacCracken, P. R. Mastrandrea und L. L. White), Cambridge University Press, Cambridge/GB und New York

ISSC und UNESCO (2013), *World Social Science Report 2013, Changing Global Environments*, OECD Publishing und UNESCO Publishing, Paris

Klein, N. (2014), *This Changes Everything: Capitalism vs. The Climate*, Simon and Schuster, New York

Laczko, F., und C. Aghazarm (2009), *Migration, Environment and Climate Change: Assessing the evidence*, International Organisation für Migration, Genf

Renaud, F., J. J. Bogardi, O. Dun, K. Warner und UNU-EHS (2007), »Control, adapt or flee. How to face environmental migration?«, *InterSecTions* Vol. 5, Universität der Vereinten Nationen, Institut für Umwelt und menschliche Sicherheit, Bonn

UNISDR (2009), *Terminology on DRR*, United Nations International Strategy for Disaster Reduction, Genf, aufgerufen unter: www.unisdr.org/we/inform/terminology

S. 56

Geophysikalische Katastrophen

BBC World (2015), »Chile's Calbuco volcano triggers fresh evacuation«, *BBC World*, 29. April, aufgerufen unter: www.bbc.com/news/world-latin-america-32511379

British Red Cross (2005), *Pakistan Earthquake Appeal 2005*, aufgerufen unter: http://www.redcross.org.uk/What-we-do/Emergency-response/Past-emergency-appeals/Pakistan-Earthquake-Appeal-2005

Center for Hazards and Risk Research (CHRR), Columbia University, und Center for International Earth Science Information Network (CIESIN), Columbia University (2005), *Global Earthquak Hazard Frequency and Distribution*, NASA Socioeconomic Data and Applications Center (SEDAC), Palisades/NY, aufgerufen unter: http://sedac.ciesin.columbia.edu/data/set/ndh-earthquake-frequency-distribution

Center for International Earth Science Information Network (CIESIN), Columbia University, und Centro Internacional de Agricultura Tropical (CIAT) (2005), *Gridded Population of the World*, Version 3 (GPWv3): Population Density Grid, NASA Socioeconomic Data and Applications

Center (SEDAC), Palisades/NY, aufgerufen unter: http://sedac.ciesin.columbia.edu/data/set/gpw-v3-population-density

Dilley, M., R. S. Chen, U. Deichmann, A. L. Lerner-Lam, M. Arnold, J. Agwe, P. Buys, O. Kjekstad, B. Lyon und G. Yetman (2005), *Natural Disaster Hotspots: A global risk analysis*. Disaster Risk Management Series Nr. 5, Weltbank, Washington, DC

Foresight (2011), *Migration and Global Environmental Change. Final Project Report*, Government Office for Science, London

Gemenne, F., P. Brücker und D. Ionesco (2012), *The State of Environmental Migration 2013: A review of 2012*, Institut du Développement Durable et des Relations Internationales, Paris

Guha-Sapir, D., R. Below und Ph. Hoyois (2015), *EM-DAT: The CRED/OFDA International Disaster Database*, Université Catholique de Louvain, Brüssel, aufgerufen unter: www.emdat.be/database

Gunnarsson, V. (2010), »Iceland volcano: Hundreds evacuated after eruption«, *The Guardian*, 15. April, aufgerufen unter: www.theguardian.com/world/2010/apr/15/iceland-volcano-eruption-evacuated

Haseeb, M. Xinhailu, A. Bibi, J. Z. Khan, I. Ahmad und R. Malik (2011), »Construction of earthquake resistant buildings and infrastructure implementing seismic design and building code in Northern Pakistan 2005 earthquake affected area«, *International Journal of Business and Social Science* 2(4), S. 168–177

IDMC (2015), *Global Estimates 2015: People displaced by disasters*, Internal Displacement Monitoring Centre, Genf

IOM (2014), *Response to January 12th 2010 Earthquake, Displacement Tracking Matrix (DTM) Haiti, Round 21, December 2014*, Internationale Organisation für Migration, Port-au-Prince

Laczko, F., und E. Collett (2005), »Assessing the tsunami's effects on migration«, *Migration Information Source*, 1. April, aufgerufen unter: www.migrationpolicy.org/article/assessing-tsunamis-effects-migration

Le Monde (2012), »Des dizaines de milliers d'évacués après une forte éruption d'un volcan au Guatemala«, *Le Monde*, 14. September, aufgerufen unter: www.lemonde.fr/ameriques/portfolio/2012/09/14/des-dizaines-de-milliers-d-evacuesapres-une-forte-eruption-d-un-volcanau-guatemala_1760256_3222.html

Le Monde (2014a), »Indonésie: évacuation massive après l'éruption du volcan Kelud«, *Le Monde*, 14. Februar, aufgerufen unter: www.lemonde.fr/asie-pacifique/article/2014/02/14/indonesie-200-000-personnes-evacuees-apres-l-eruption-du-kelud_4366311_3216.html

Le Monde (2014b), »En Papouasie-Nouvelle-Guinée, le mont Tavurvur entre en éruption«, *Le Monde*, 29. August, aufgerufen unter: www.lemonde.fr/planete/article/2014/08/29/en-papouasie-nouvelle-guinee-le-mont-tavurvur-entre-en-eruption_4478720_3244.html

Maertens, L. (2012), *Le Haut Commissariat des Nations Unies pour les Réfugiés (HCR) face aux catastrophes naturelles: ce que le tsunami de 2004 a changé*, L'Harmattan, Paris

UNEP (2012), *République Démocratique du Congo: Évaluation Environnementale Post-Conflict*, United Nations Environment Programme, Nairobi

USAID (2010), *Tsunami Displacement: Lessons for Climate Change Adaptation Programming*, United States Agency for International Development, Washington, DC

Voltaire (1756), *Poème sur le désastre de Lisbonne*, (o. V.) Genf

S. 58

Überschwemmungen, Stürme und Erdrutsche

Al Jazeera (2010), »Guatemala landslides bury hundreds«; 6. September, aufgerufen unter: www.aljazeera.com/news/americas/2010/09/20109504110783907.html

Center for Hazards and Risk Research (CHRR), Columbia University, Center for International Earth Science Information Network (CIESIN), Columbia University, Weltbank und United Nations Environment Programme Global Resource Information Database Geneva (UNEP/GRID-Geneva) (2005), *Global Cyclone Hazard Frequency and Distribution*, NASA Socioeconomic Data and Applications Center (SEDAC), Palisades/NY, aufgerufen unter: http://sedac.ciesin.columbia.edu/data/set/ndh-cyclone-hazard-frequency-distribution

Center for Hazards and Risk Research (CHRR), Columbia University und Center for International Earth Science Information Network (CIESIN), Columbia University (2005), *Global Flood Hazard Frequency and Distribution*, NASA Socioeconomic Data and Applications Center (SEDAC), Palisades/NY, aufgerufen unter: http://sedac.ciesin.columbia.edu/data/set/ndh-flood-hazard-frequency-distribution

Center for Hazards and Risk Research (CHRR), Columbia University, Center for International Earth Science Information Network (CIESIN), Columbia University, und Norwegian Geotechnical Institute (NGI) (2005), *Global Landslide Hazard Distribution*, NASA Socioeconomic Data and Applications Center (SEDAC), Palisades/NY, aufgerufen unter: http://sedac.ciesin.columbia.edu/data/set/ndh-landslide-hazard-distribution

Dhar, S. (2009), »Millions displaced by cyclone in India, Bangladesh«, *Thomas Reuters Foundation*, 27. Mai, aufgerufen unter: www.reuters.com/article/us-cyclone-india-bangladesh-idUSTRE54Q27620090527

Dilley, M., R. S. Chen, U. Deichmann, A. L. Lerner-Lam, M. Arnold, J. Agwe, P. Buys, O. Kjekstad, B. Lyon und G. Yetman (2005), *Natural Disaster Hotspots: A Global Risk Analysis*. Disaster Risk Management Series Nr. 5, Weltbank, Washington/DC

Geaghan, K. A. (2011), *Forced to move: An analysis of Hurricane Katrina Movers 2009 American Housing Survey: New Orleans*, SEHSD Working Paper Nr. 2011 17, United States Census Bureau, Washington, DC

IDMC (2013), *Global Estimates 2012: People displaced by disasters*, Internal Displacement Monitoring Centre, Genf

IDMC (2014), *Global Estimates 2014: People displaced by disasters*, Internal Displacement Monitoring Centre, Genf

IDMC (2015), *Global Estimates 2015: People displaced by disasters*, Internal Displacement Monitoring Centre, Genf

IOM (2009), *Compendium of IOM's activities in Migration, Climate Change and the Environment*, Internationale Organisation für Migration, Genf

IOM, OCHA (2014), *Afghanistan: Overview of natural disasters – Natural disaster incidents as recorded by OCHA Field Offices and IOM from 1 January to 31 December 2014*, aufgerufen unter: http://reliefweb.int/disaster/ff-2014-000060-afg

IRIN (2012), »Papua New Guinea: Rescue effort for landslide survivors continues«, *IRIN News*, 25. Januar, aufgerufen unter: www.irinnews.org/report/94725/papuanew-guinea-rescue-effort-for-landslidesurvivors-continues

Kuo, L. (2010), »Millions displaced as China suffers devastating summer floods«, *Los Angeles Times*, 21. Juli, aufgerufen unter: www.cleveland.com/world/index.ssf/2010/07/millions_displaced_as_china_su.html

Lavell, C., und J. Ginetti (2013), *Technical Paper: The risk of disaster-induced displacement in Central America and the Caribbean*, Internal Displacement Monitoring Centre und Norwegische Flüchtlingshilfe, Genf

Mardiyati, A. (2008), »Indonesian floods displace thousands«, *Thomas Reuters Foundation*, 3. Februar, aufgerufen unter: www.reuters.com/article/us-indonesia-floods-idUSJAK8694620080203

Red Cross Singapur (2010), *Pakistan floods: The deluge of disaster – Facts and figures as of 15 September 2010*, aufgerufen unter: http://reliefweb.int/report/pakistan/pakistan-floodsthe-deluge-disaster-facts-figures-15-september-2010

UNEP/GRID-Geneva (o. J.), PREVIEW Global Risk Data Platform, aufgerufen unter: http://preview.grid.unep.ch/index.php?preview=data&lang=eng

Warner, K., T. Afifi, K. Henry, T. Rawe, C. Smith und A. de Sherbinin (2012), *Where the Rain Falls: Climate Change, Food and Livelihood Security, and Migration.* Global Policy Report of the Where the Rain Falls Project, CARE France und Universität der Vereinten Nationen, Institut für Umwelt und Menschliche Sicherheit, Bonn

Yonetani, M., und L. Yuen (2014), *The Evolving Picture of Displacement in the Wake of Typhoon Haiyan: An Evidence-based Overview*, Internal Displacement Monitoring Centre, Genf

S. 60

Dürren, Extremtemperaturen und Flächenbrände

Dilley, M., R. S. Chen, U. Deichmann, A. L. Lerner-Lam, M. Arnold, J. Agwe, P. Buys, O. Kjekstad, B. Lyon und G. Yetman (2005), *Natural Disaster Hotspots: A Global Risk Analysis.* Disaster Risk Management Series Nr. 5, Weltbank, Washington, DC

Findley, S. E. (1994), »Does drought increase migration?« A study of migration from rural Mali during the 1983–1985 drought, *International Migration Review*, 20(3), S. 539–553

Foresight (2011), *Migration and Global Environmental Change. Final Project Report*, Government Office for Science, London

Ginnetti, J., und T. Franck (2014), *Assessing Drought Displacement Risk for Kenyan, Ethiopian and Somali pastoralists*, Internal Displacement Monitoring Centre, Genf

Gregory, J. (1991), *American Exodus: The Dust Bowl migration and the Okie Culture in California*, Oxford University Press, New York

IDMC (2015), *Disaster-induced Displacement Database*, aufgerufen am 15. September 2015 unter: www.internal-displacement.org/global-figures#natural

IOM (2015), *Papua New Guinea Drought: IOM Preparedness and Response, Situation Report*, 1. November, aufgerufen unter: www.iom.int/sites/default/files/situation_reports/file/IOM-PNGDrought-Preparedness-and-Response-01-November-2015.pdf

IPCC (2014), »Chapter 12: Human Security«. *Climate Change 2014: Impacts, Adaptation, and Vulnerability. Working Group II Contribution to the Fifth Assessment Report of the Intergovernmental Panel on Climate Change.* (Hg. C. B. Field, V. R. Barros, D. J. Dokken, K. J. Mach, M. D. Mastrandrea, T. E. Bilir, M. Chatterjee, K. L. Ebi, Y. O. Estrada, R. C. Genova, B. Girma, E. S. Kissel, A. N. Levy, S. MacCracken, P. R. Mastrandrea und L. L. White), Cambridge University Press, Cambridge/GB und New York

Kovats, S., und S. Hajat (2008), »Heat stress and public health: A critical review«, *Annual Review of Health*, 29, S. 41–55.

Leighton, M. (2009), »Migration and slowonset disasters: Desertification and drought«, *Migration, Environment and Climate Change: Assessing the evidence* (Hg. F. Laczko und C. Aghazarm), Internationale Organisation für Migration, Genf

Mokhnacheva, D. (2011), »Wildfires in Russia«, *The State of Environmental Migration 2010* (Hg. F. Gemenne, P. Brücker und J. Glasser), Paris, Institute du Développement Durable et des Relations Internationales

Mokhnacheva, D., M. Koshi und J. Hart (2013), »Focus on Mongolia: When Dzuds Force Migration«, *IOM Environmental Migration Newsletter*, Nr. 36, 4. Juni, aufgerufen unter: https://weblog.iom.int/focus-mongolia-when-dzuds-force-migration

Mueller, V., C. Gray und K. Kosec (2014), »Heat stress increases long-term human migration in rural Pakistan«, *Nature Climate Change*, 4, S. 182–185

Sayed, A. (2010), *Dzud: A slow natural disaster kills livestock – and livelihoods – in Mongolia* [Weblog auf der Homepage der Weltbank], aufgerufen unter: http://blogs.worldbank.org/eastasiapacific/dzud-a-slow-natural-disaster-killslivestock-and-livelihoods-in-mongolia

Steinbeck, J. (1940), *Früchte des Zorns*, Humanitas, Zürich

Storr, W. (2010), »In the line of fire: One year after the Australian bushfires«, *The Guardian*, 17. Januar, aufgerufen unter: www.theguardian.com/world/2010/jan/17/australia-bushfires-marysville-will-storr

Warner, K., T. Afifi, K. Henry, T. Rawe, C. Smith und A. de Sherbinin (2012), *Where the Rain Falls: Climate Change, Food and Livelihood Security, and Migration. Global Policy Report of the Where the Rain Falls Project*, CARE France und Universität der Vereinten Nationen, Institut für Umwelt und menschliche Sicherheit

S. 64

Zerstörung der Ökosysteme

Alibekov, L. (2008), »Causes and socio-economic consequences of desertification in Central Asia«, *Socioeconomic Causes and Consequences of Desertification in Central Asia* (Hg. R. Behnke), Springer, Dordrecht

Association Noisy Projecte (2014), *Projet Kerkenn'a la pêche! Présentation du contexte du projet*, Association Noisy Projecte, Noisyle-Sec

Camus, G. (2014), »Sea level rise raises human mobility and cultural identity concerns«, *IOM Environmental Migration, Newsletter*, 4 Juni, aufgerufen unter: https://weblog.iom.int/sea-level-rise-raises-human-mobility-and-cultural-identity-concerns

Caspari, T., S. Alexander, B. ten Brink und L. Laestadius (2014), *Review of Global Assessments of Land and Ecosystem Degradation and their Relevance in Achieving the Land-based Aichi Biodiversity Targets*, Tagungsbericht der »Conference of the Parties to the Convention on Biological Diversity«, 29. September – 16. Oktober, Pyeongchang

FAO (2007), *The World's Mangrove 1980–2005*, Food and Agriculture Organization, Rom

FAO (2010), *Global Forest Resources Assessment 2010*, Food and Agriculture Organization, Rom

FAO (2012), *State of the World's Forests*, Food and Agriculture Organization, Rom

FAO (2014), *The State of World Fisheries and Aquaculture*, Food and Agriculture Organization, Rom

Feely, R. A., C. L. Sabine und V. J. Fabry (2006), *Carbon Dioxide and Our Ocean Legacy*, aufgerufen unter: www.pmel.noaa.gov/pubs/PDF/feel2899/feel2899.pdf

Fischer, G., E. Hizsnyik, S. Prieler und D. Wiberg (2011), *Scarcity and Abundance of Land Resources: Competing Uses and Shrinking Land Resource Base. SOLAW Background Thematic Report* – TR0, Food and Agriculture Organization, Rom

Hamilton, S. E., und S. Collins (2013), »Livelihood Responses to Mangrove Deforestation in the Northern Provinces of Ecuador«, *BOSQUE* 34(2), S. 143–153

Hens, L. (o. J.), Regional Sustainable Development Review: Africa, Environmentally Displaced People. *Encyclopedia of Life Support Systems (EOLSS)*, erstellt unter Schirmherrschaft der UNESCO, Eolss Publishers, Paris, aufgerufen unter: www.eolss.net/ebooks/Sample%20Chapters/C16/E1-48-51.pdf

IOM (2008), *Expert Seminar: Migration and the Environment*, International Dialogue on Migration Nr. 10, Internationale Organisation für Migration, Genf

IOM (2009), *Mapping Vulnerability to Natural Hazards in Mondulkiri*, Internationale Organisation für Migration, Phnom Penh

IOM (2012), *IOM Iraq Special Report: Water Scarcity*, Internationale Organisation für Migration, Bagdad

IPCC (2014), *Climate Change 2014: Impacts, Adaptation, and Vulnerability.Working Group II Contribution to the Fifth Assessment Report of the Intergovernmental Panel on Climate Change* (Hg. C. B. Field, V. R. Barros, D. J. Dokken, K. J. Mach, M. D. Mastrandrea, T. E. Bilir, M. Chatterjee, K. L. Ebi, Y. O. Estrada, R. C. Genova, B. Girma, E. S. Kissel, A. N. Levy, S. MacCracken, P. R. Mastrandrea, und L. L. White), Cambridge University Press, Cambridge/GB und New York

Leighton, M. (2006), »Desertification and migration«, *Governing Global Desertification* (Hg. P. M. Johnson u. a.), Ashgate, Aldershot

Leighton-Schwartz, M. und J. Notini (1995), »Preliminary report on desertification and migration case studies and evaluation«, *Desertification and Migrations* (Hg. J. Puigdefábrigas u. a.), Geoforma Ediciones, Logroño

Mangrove Action Project (o. J.), *Mangrove Loss*, aufgerufen unter: http://mangroveactionproject.org/mangrove-loss

Mathis, J. T., S. R. Cooley, N. Lucey, S. Colt, J. Ekstrom, T. Hurst, C. Hauri, W. Evans, J. N. Cross, und R. A. Feely (2015), »Ocean acidification risk assessment for Alaska's fishery sector«, *Progress in Oceanography* 136, S. 71–91

Millennium Ecosystem Assessment (2005), *Ecosystems and Human Well-Being*, Island Press, Washington, DC

Qadir, M., E. Quillérou, V. Nangia, G. Murtaza, M. Singh, R. J. Thomas, P. Drechsel und A. D. Noble (2014), »Economics of salt-induced land degradation and restoration«, *Natural Resources Forum* 38(4), S. 282–295

Rhouma, A., und A. Labidi (2006) *Diagnostic participatif de l'état de la pêche traditionnelle aux îles Kerkennah*, Programme des Nations unies pour le développement, Tunis

Steffen, W. A. Sanderson, P. D. Tyson, J. Jäger, P. A. Matson, B. Moore III, F. Oldfield, K. Richardson, H.-J. Schellnhuber, B. L. Turner II und R. J. Wasson (2005), *Global Change and the Earth System: A planet under pressure*, Springer, Dordrecht

UNCCD (2014), *The Land in Numbers: Livelihoods at a tipping point*, United Nations Convention to Combat Desertification, Bonn

UNEP (2006), *Marine and Coastal Ecosystems and Human Well-Being: A Synthesis Report Based on the Findings of the Millennium Ecosystem Assessment*, United Nations Environment Programme, Nairobi

UNEP (2008), *Vital Water Graphics, 2nd edition*, United Nations Environment Programme, Nairobi

Westing, A. H. (1994), »Population, desertification and migration«, *Environmental Conservation* 21(2), S. 110–114

WHO und UNICEF (2014), *Progress on Drinking Water and Sanitation, Joint Monitoring Programme Update 2014*, Weltgesundheitsorganisation, Genf

WWF (2016), *Living Planet Report 2016*, World Wide Fund for Nature, Gland

S. 68

Anstieg der Meeresspiegel und gefährdete Küstenregionen

Arenstam Gibbons, S. J., und R. J. Nicholls (2006), »Island abandonment and sea-level rise: An historical analog from the Chesapeake Bay, USA«, *Global Environmental Change* 16, S. 40–47

Bronen, R. (2013), *Climate-Induced Displacement of Alaska Native Communities*, Brookings Institution, Washington, DC, und London School of Economics, London

Bronen, R., und F. S. Chapin (2013), »Adaptive governance and institutional strategies for climate induced community relocations in Alaska«, *Proceedings of the National Academy of Sciences of the United States of America* 110(23), S. 9320–9325

Centre for Climate Adaptation (o. J.), *Coastal erosion*: The Netherlands, aufgerufen unter: www.climateadaptation.eu/netherlands/coastal-erosion

Collectif Argos (2009), «Les visages du bouleversement climatique», *Youphil*, 12. März, aufgerufen unter: www.youphil.com/fr/article/066-les-visages-du-bouleversement-climatique?ypcli=ano

Cournil, C., und F. Gemenne (2010), »Les populations insulaires face au changement climatique: Des migrations à anticiper«, *Vertigo – Revue Electronique en Sciences de l'Environnement* 10(3), Montreal

Dasgupta, S., B. Laplante, C. Meisner, D. Wheeler und J. Yan (2007), »The impact of sea level rise on developing countries: A comparative analysis«, *Climatic Change* 93(3), S. 379–388

Duvat, V., und A. Magnan (2014), *»Des catastrophes … ›naturelles‹?«*, Le Pommier-Belin, Paris

Foresight (2011), *Migration and Global Environmental Change. Final Project Report*, Government Office for Science, London

Hallegatte, S., C. Green, R. J. Nicholls und J. Corfee-Morlot (2013), »Future flood losses in major coastal cities«, *Nature Climate Change* 3(9), S. 802–806

Hinkel, J., R. J. Nicholls, R. S. J. Tol, Z. B. Wang, J. B. Hamilton, G. Boot, A. T. Vafeidis, L. McFadden, A. Ganopolski und R. J. T. Klein (2013), »A global analysis of erosion of sandy beaches and sea-level rise: An application of DIVA«, *Global and Planetary Change* 111, S. 150–158

Hinkel, J., D. Lincke, A. T. Vafeidis, M. Perrette, R. J. Nicholls, R. S. J. Tol, B. Marzeion, X. Fettweis, C. Ionesco und A. Levermann (2014), »Coastal flood damage and adaptation costs under 21st century sea-level rise«, *Proceedings of the National Academy of Sciences of the United States of America* 111(9), S. 3292–3297

Hinkel, J., C. Jäger, R. J. Nicholls, J. Lowe, O. Renn und S. Peijun (2015), »Sea-level rise scenarios and coastal risk management«, *Nature Climate Change* 5, S. 188–190

IFEN (2006), »Un quart du littoral recule du fait de l'érosion«, *Le 4 Pages*, Nr. 113, auf der Webseite des Institut français de l'environnement's Observatoire national de la mer et du littoral, aufgerufen unter: www.onml.fr/uploads/media/un_quart_du_littoral_recule_du_fait_de_l_erosion_01.pdf

IOM (2014a), *Pilot Project: Assessment and Strategy Development to Respond to Sea Level Rise on Human Mobility in Abu Qir, Egypt, Technical Report*, Internationale Organisation für Migration, Kairo

IOM (2014b), *»The Tale of One City« – IOM Egypt raises awareness about climate change induced migration in the Nile Delta*, IOM Flash Report Nr. 35, aufgerufen unter: www.iom.int/files/live/sites/iom/files/Country/docs/IOM-Flash-Report-35.pdf

IOM (2015), *Défis, enjeux et politiques: Migrations, environnement et changements climatiques en Haïti*, Internationale Organisation für Migration, Genf

IPCC (2014), *Climate Change 2014: Impacts, Adaptation, and Vulnerability. Working Group II Contribution to the Fifth Assessment Report of the Intergovernmental Panel on Climate Change* (Hg. C. B. Field, V. R. Barros, D. J. Dokken, K. J. Mach, M. D. Mastrandrea, T. E. Bilir, M. Chatterjee, K. L. Ebi, Y. O. Estrada, R. C. Genova, B. Girma, E. S. Kissel, A. N. Levy, S. MacCracken, P. R. Mastrandrea und L. L. White), Cambridge University Press, Cambridge/GB und New York

Nicholls, R. J., S. Hanson, C. Herweijer, N. Patmore, S. Hallegatte, J. Corfee-Morlot, J. Château und R. Muir-Wood (2008), *Ranking Port Cities with High Exposure and Vulnerability to Climate Extremes: Exposure Estimates*, OECD Environment, Working Paper Nr. 1, OECD Publishing, Paris

Rowling, M. (2014), »Solomons town first in Pacific to relocate due to climate change«, *Thomas Reuters Foundation*, 15. August, aufgerufen unter: www.reuters.com/article/2014/08/15/us-foundation-climatechange-solomons-idUSKBN0GF1AB20140815

Siméoni, P., und V. Ballu (2012), »Le mythe des premiers réfugiés climatiques: mouvements de populations et changements environnementaux aux îles Torrès (Vanouatou, Mélanésie)«, *Annales de géographie* 685, S. 219–241.

Singh, B., und M. J. Cohen (2014), *Adaptation au changement climatique: Le cas d'Haïti*, Oxfam Interna-tional, Oxford

Win, T. L. (2014), »Intrepid PNG woman leads relocation of island community hit by climate change«, *Thomas Reuters Foundation*, 8. August, aufgerufen unter: www.trust.org/item/20140807164800-6o7xb

Wöffler, T., H. Schüttrumpf, R. Häussling, H. von Eynatten, A. Arns und J. Jensen (2012), »Development of coastal protection measures for small islands in the Wadden Sea using a risk-based approach«, *Coastal Engineering Proceedings* 1(33)

S. 72

Unfälle in Industrieanlagen

Atlas Obscura (2014), *Picher: The most toxic town in America* [Weblog], aufgerufen unter: www.atlasobscura.com/places/picher

Centemeri, L. (2014), »What kind of knowledge is needed about toxicant-related health issues? Some lessons drawn from the Seveso dioxin case«, *Powerless Science? Science and Politics in a Toxic World* (Hg. S. Boudia und J. Jas), Berghahn Books, Oxford und New York

Cutter, S., und K. Barnes (1982), »Evacuation behaviour and Three Mile Island«, *Disasters* 6(2), S. 116–124

Gemenne F., R. Hasegawa und N. Kanie (Hg.) (2016), *Disaster, Displacement and Democracy. Lessons from the Fukushima Catastrophe*, Edward Elgar, Cheltenham

Hasegawa, R. (2013), *Disaster Evacuation from Japan's 2011 Tsunami Disaster and the Fukushima Nuclear Accident*. Study N°05/2013, Institut du Développement Durable et des Relations Internationales, Paris

Hasegawa, R. (2015), *Returning home after Fukushima: Displacement from a nuclear disaster and international guidelines for internally displaced persons*, MECLEP Policy Brief Series, Nr. 4, Internationale Organisation for Migration, Genf

IFRC (2012), *World Disasters Report 2012. Focus on Forced Migration and Displacement*, Internationale Rotkreuz- und Halbmondbewegung, Genf

Kohut, M. B. (1997), *Ecological Migrants in Belarus: Returning home after Chernobyl*, Internationale Organisation für Migration, Genf

L'OBS (2004), »AZF: Dégâts et bilan«, *Le Nouvel Observateur*, 21. September, aufgerufen unter: http://tempsreel.nouvelobs.com/societe/20040921.OBS7409/azf-degats-et-bilan.html

Rubinkam, M. (2012), »Centralia, Pennsylvania Fire Still Burns Underneath Town, 50 Years On«, *Huffington Post*, 25. Mai, aufgerufen unter: www.huffingtonpost.com/2012/05/25/centralia-pennsylvania-fire_n_1546552.html

Shepherd, D. (2014), »Last residents of Picher, Oklahoma won't give up the ghost (town)«, *NBC News*, 28. April, aufgerufen unter: www.nbcnews.com/news/investigations/last-residents-picher-oklahomawont-give-ghost-town-n89611

Shrivastava, P. (1996), »Long-term recovery from Bhopal crisis«, *The Long Road to Recovery: Community responses to industrial disaster* (Hg. J. K. Mitchell), United Nations University Press, Tokio, New York und Paris

Taylor, A. (2011), »The Ruins of Villa Epecuen«, *The Atlantic*, 20. Juli, aufgerufen unter: www.theatlantic.com/photo/2011/07/the-ruins-of-villa-epecuen/100110

UNDP und UNICEF (2002), *The Human Consequences of the Chernobyl Nuclear Accident: A strategy for recovery*, United Nations Development Programme und United Nations Children's Fund, Minsk

UNHCR (1996), Ecological disasters: the human cost, UNHCR publication for CIS Conference on Displacement in the CIS, aufgerufen unter: www.unhcr.org/3b5584c24.html

United States Nuclear Regulatory Commission (2014), *Backgrounder on the Three Mile Island accident*, aufgerufen unter: www.nrc.gov/reading-rm/doc-collections/fact-sheets/3mile-isle.html

Viglione, A., und M. Rogger (2015), »Flood processes and hazards«, *Hydro-Meteorological Hazards, Risks, and Disasters* (Hg. P. Paron, G. Di Baldassarre und J. F. Shroder Jr.), Elsevier, Amsterdam und Oxford

S. 74

Infrastruktur und Land Grabbing

Asian Development Bank (o. J.), *Project documents*, aufgerufen unter: www.adb.org/projects/documents

Asian Development Bank (o. J.), *Involuntary Resettlement*, aufgerufen unter: http://beta.adb.org/site/safeguards/involuntary-resettlement

Beirne, J. (2014), »Gilgel Gibe III: Dam-induced displacement in Ethiopia and Kenya«, *State of Environmental Migration 2014*: An Overview of 2013 (Hg. F. Gemenne, P. Brücker und D. Ionesco), Internationale Organisation für Migration, Genf, und Sciences Po, Paris

Cernea, M. M., und C. McDowell (2000), *Risks and Reconstruction, Experiences of Resettlers and Refugees*, Berghahn Books, Oxford

COHRE (2007), *Fair Play for Housing Rights: Mega-events, Olympic Games and housing rights*, Centre on Housing Rights and Evictions, Genf

De Sherbinin A., M. Castro, F. Gemenne, M. M. Cernea, S. Adamo, P. M. Fearnside, G. Krieger, S. Lahmani, A. Oliver-Smith, A. Pankhurst, T. Scudder, B. Singer, Y. Tan, G. Wannier, P. Boncour, C. Ehrhart, G. Hugo, B. Pandey und G. Shi (2011), »Preparing for resettlement associated with climate change«, *Science* 334, S. 456–457

EJ Atlas (o. J.), Environmental Justice Atlas, aufgerufen unter: https://ejatlas.org

Ferris, E. (2012), »Chapter 5: Development and displacement: Hidden losers from a forgotten agenda«, *World Disasters Report 2012. Focus on Forced Migration and Displacement* (Hg. IFRC), Internationale Rotkreuz- und Halbmondbewegung, Genf

Human Rights Advocates (2014), *The Right to Housing: Discrimination of low-income and other marginalized communities during mega-events*, aufgerufen unter: www.humanrightsadvocates.org/wp-content/uploads/2014/03/HRC-25-The-Right-to-Housing.pdf

International Rivers (o. J.), *Campaigns*, aufgerufen unter: www.internationalrivers.org

Jelenkovic, N. (2012), »The 2011 South China floods – Drought, Three Gorges Dam and migration«, *The State of Environmental Migration 2011* (Hg. F. Gemenne, P. Brücker und D. Ionesco), Paris, Institut du Développement Durable et des Relations Internationales, Paris, und Internationale Organisation für Migration, Genf

Land Matrix Global Observatory (o. J.), *Dynamics overview*, aufgerufen unter: www.landmatrix.org/en/get-the-idea/dynamics-overview

Leary, M. E., und J. McCarthy (2013), *The Routledge Companion to Urban Regeneration*, Routledge, London und New York

Rew, A., E. Fisher und B. Pandey (2000), *Addressing policy constraints and improving outcomes in development-induced displacement and resettlement projects*, Final Report, Centre for Development Studies, Swansea

Robinson, W. C. (2003), *Risks and Rights: The Causes, Consequences and Challenges of Development-Induced Displacement*, Brookings Institution, Washington, DC

Satiroglu, I., und N. Choi (2015), *Development-Induced Displacement and Resettlement: New perspectives on persisting problems*, Routledge, London

Scudder, T. (2005), *The Future of Large Dams: Dealing with social, environmental, institutional and political costs*, Earthscan, London und Sterling/VA

Terminski, B. (2012), *Mining-induced displacement and resettlement: Social problem and human rights issue*, aufgerufen unter: http://papers.ssrn.com/sol3/papers.cfm?abstract_id=2028490

Vesalon, L., und R. Cretan (2012), »Development-induced displacement in Romania: The case of the Rosia Montana mining project«, *Journal of Urban and Regional Analysis* 4(1), S. 63–75

Vigil, S. (2015), »Displacement as a consequence of climate change mitigation policies«, *Forced Migration Review* 49, S. 43–45

World Commission on Dams (2000), *Dams and Development: A new framework for decision-making*, Earthscan, London

S. 74

Die regionalen Auswirkungen des Klimawandels

Dow, K., und T. E. Downing (2011), *The Atlas of Climate Change*, Earthscan, Brighton

IPCC (2013), *Climate Change 2013: The Physical Science Basis. Contribution of Working Group I to the Fifth Assessment Report of the Intergovernmental Panel on Climate Change* (Hg. T. F. Stocker, D. Qin, G.-K. Plattner, M. Tignor, S. K. Allen, J. Boschung, A. Nauels, Y. Xia, V. Bex und P. M. Midgley), Cambridge University Press, Cambridge/GB und New York

IPCC (2014), *Climate Change 2014: Impacts, Adaptation, and Vulnerability. Working Group II Contribution to the Fifth Assessment Report of the Intergovernmental Panel on Climate Change*, (Hg. C. B. Field, V. R. Barros, D. J. Dokken, K. J. Mach, M. D. Mastrandrea, T. E. Bilir, M. Chatterjee, K. L. Ebi, Y. O. Estrada, R. C. Genova, B. Girma, E. S. Kissel, A. N. Levy, S. MacCracken, P. R. Mastrandrea und L. L. White), Cambridge University Press, Cambridge/GB und New York

Piguet, E., und F. Laczko (2014), *People on the Move in a Changing Climate: The regional impact of environmental change on migration*, Springer, Dordrecht

UNEP (2009), *Climate in Peril: A popular guide to the latest IPCC Reports*, UNEP/GRID-Arendal, Arendal

S. 82

Ein multikausales Phänomen

Afifi, T., R. Govil, P. Sakdapolrak und K. Warner (2012), *Climate change, vulnerability and human mobility: Perspectives of refugees from the East and Horn of Africa. Report Nr. 1*, UNU und UNHCR, Universität der Vereinten Nationen, Institut für Umwelt und menschliche Sicherheit, Bonn

Castles, S., und N. Van Hear (2011), »Root causes«, in: *Global Migration Governance* (Hg. A. Betts), Oxford University Press, Oxford

DARA und das Climate Vulnerable Forum, (2012), *Climate Vulnerability Monitor 2nd Edition: A guide to the cold calculus of a hot planet*, DARA International, Madrid und Genf

De Haas, H. (2011), *The determinants of international migration: Conceptualizing policy, origin and destination effects*, IMI Working Paper Nr. 32, International Migration Institute, Oxford

Foresight (2011), *Migration and Global Environmental Change. Final Project Report*, Government Office for Science, London

Laczko, F., und C. Aghazarm (2009), *Migration, Environment and Climate Change: Assessing the evidence*, Internationale Organisation für Migration, Genf

Van Hear, N., O. Bakewell und K. Long (2012), *Drivers of Migration. Migrating out of Poverty Research Programme Consortium*,

Working Paper Nr. 1, Migrating out of Poverty Consortium and University of Sussex, Brighton

Warner, K., T. Afifi, K. Henry, T. Rawe, C. Smith und A. de Sherbinin (2012), *Where the Rain Falls: Climate Change, Food and Livelihood Security, and Migration. Global Policy Report of the Where the Rain Falls Project*, CARE France und Universität der Vereinten Nationen, Institut für Umwelt und menschliche Sicherheit, Bonn

Yonetani, M. (2012), *Haiti: A humanitarian crisis in need of a development solution*, Internal Displacement Monitoring Centre, Genf

S. 84

Individuelle Faktoren

Afifi, T., R. Govil, P. Sakdapolrak und K. Warner (2012), *Climate change, vulnerability and human mobility: Perspectives of refugees from the East and Horn of Africa. Report No. 1*, UNU und UNHCR, Universität der Vereinten Nationen, Institut für Umwelt und menschliche Sicherheit, Bonn

AXA (2012), *La perception individuelle des risques climatiques*, AXA/IPSOS, Paris

Chun, J. M. (2014), *Vulnerability to Environmental Stress: Household livelihoods, assets and mobility in the Mekong Delta, Vietnam*, IOM Migration Research Series, Nr. 51, Internationale Organisation für Migration, Genf

De Jong, G., and R. Gardner (1981), *Migration Decision Making: Multidisciplinary approaches to microlevel studies in developed and developing countries*, Pergamon Press, Oxford

Esipova, N., J. Ray und A. Pugliese (2011), *Gallup World Poll: The many faces of global migration*. IOM Migration Research Series, Nr. 43, Internationale Organisation für Migration, Genf

Mincer, J. (1978), »Family migration decisions«, *Journal of Political Economy*, 86(5), S. 749–773.

Warner, K., T. Afifi, K. Henry, T. Rawe, C. Smith und A. de Sherbinin (2012), *Where the Rain Falls: Climate Change, Food and Livelihood Security, and Migration. Global Policy Report of the Where the Rain Falls Project*, CARE France and United Nations University Institute for Environment and Human Security, Bonn

Herausforderungen und Chancen

S. 86

Einleitung

Afifi, T. und J. Jäger (2010), *Environment, Forced Migration and Social Vulnerability*, Dordrecht, Springer

Bankoff, G., D. Hilhorst und G. Frerks (2011), *Mapping Vulnerability: Disasters, Development, and People*, Earthscan, London

Bardsley, D. und G. Hugo (2010), »Migration and climate change: Examining thresholds of change to guide effective adaptation decision-making«, *Population and Environment*, 32(2), S. 238–262

Beirat der deutschen Bundesregierung für globale Umweltveränderungen (2007), *Welt im Wandel: Sicherheitsrisiko Klimawandel*, Springer, Berlin und Heidelberg

Bettini, G. (2013), »Climate Barbarians at the Gate? A critique of apocalyptic narratives on ›climate refugees‹«, *Geoforum*, 45, S. 63–72

Black, R., S. R. G. Bennett, S. M. Thomas und J. R. Beddington (2011), »Migration as adaptation«, *Nature*, 478 (27), S. 447 ff.

Foresight (2011), *Migration and Global Environmental Change. Final Project Report*, Government Office for Science, London

GMG (2014), »Climate change, international migration and youth«, *Migration and Youth: Challenges and opportunities* (Hg. Global Migration Group), United Nations Children's Fund, Genf

Hillmann, F., M. Pahl, B. Rafflenbeul und H. Sterly (2015), *Environmental Change, Adaptation and Migration: Bringing in the region*, Palgrave Macmillan, Basingstoke

IOM (2013), *World Migration Report 2013: Migrant Well-being and Development*, International Organization for Migration, Genf

McLeman, R. und L. Hunter (2010), »Migration in the context of vulnerability and adaptation to climate change: Insights from analogues«, *Wiley Interdisciplinary Reviews: Climate Change*, 1(3), S. 450–461

Oliver-Smith, A. und X. Shen (2009), *Linking Environmental Change, Migration and Social Vulnerability*, United Nations University Institute for Environment and Human Security, Bonn

UNDP (2009), *Human Development Report. Overcoming barriers: human mobility and development*, United Nations Development Programme, New York

Van Hear, N. und N. N. Soerensen (2003), *The Migration-Development Nexus*, International Organization for Migration, Genf

S. 88

Das Ende der traditionellen Migration

Afifi, T., R. Govil, P. Sakdapolrak und K. Warner (2012), *Climate Change, Vulnerability and Human Mobility: Perspectives of refugees from the East and Horn of Africa. Report No. 1*, Partnership between UNU and UNHCR, United Nations University Institute for Environment and Human Security, Bonn

Bonneau, P. (2013), Drought and Internal Displacements of Pastoralists in Northern Kenya in 2012: An Assessment. *The State of Environmental Migration 2013: A Review of 2012* (Hg. F. Gemenne, P. Brücker und D. Ionesco), Institute for Sustainable Development and International Relations, Paris, und International Organization for Migration, Genf

Center for International Earth Science Information Network (CIESIN), Columbia University und Centro Internacional de Agricultura Tropical (CIAT) (2005), *Gridded Population of the World*, Version 3 (GPWv3): Population Density Grid. Palisades NY, NASA Socioeconomic Data and Applications Center (SEDAC), aufgerufen unter: http://sedac.ciesin.columbia.edu/data/set/gpw-v3-population-density

Dyson-Hudson, R. und N. Dyson-Hudson (1980), »Nomadic Pastoralism«, *Annual Review of Anthropology*, 9, S. 15–61

Galaty, J. (2002) »Vue sur la violence: les frontières du conflit pastoral au Kenya«, *Anthropologie et Sociétés*, 26(1), S. 107–126

Galvin, K. A., R. S. Reid, R. H. J. Behnke und N. T. Hobbs (2008), *Fragmentation in Semi-Arid and Arid Landscapes: Consequences for Human and Natural Systems*, Springer, Dordrecht

Ginnetti, J. und T. Franck (2014), *Assessing Drought Displacement Risk for Kenyan, Ethiopian and Somali Pastoralists*, Internal Displacement Monitoring Centre, Genf

Kasimbu, J. (2010) *Pastoralism at the Edge: Effects of drought, climate change and migration on livelihood systems of pastoralist and mobile communities in Kenya*, International Organization for Migration, Nairobi

Oba, G. und W.J. Lusigi (1987), »An Overview of Drought Strategies and Land Use in African pastoral Systems«, *Pastoralist Development Network Paper* No. 23a

Pkalya, R., M. Adan und I. Masinde (2003), *Conflict in Northern Kenya: A Focus on the internally displaced conflict victims in Northern Kenya*, Intermediate Technology Development Group Eastern Africa, Nairobi

Schrepfer, N. und M. Caterina (2014), *On the margin: Kenya's pastoralists. From displacement to solutions, a conceptual study on the internal displacement of pastoralists*, Internal Displacement Monitoring Centre and Norwegian Refugee Council, Genf

UNEP (2009), *Kenya: Atlas of Our Changing Environment*, United Nations Environment Programme, Nairobi

UNEP (2010), *Afrique: Atlas de l'Eau*, United Nations Environment Programme, Nairobi

S. 90

Zirkuläre Migration

ADB (2012), *Addressing Climate Change and Migration in Asia and the Pacifc*, Asian Development Bank, Manila

Brickenstein, C. und G. Marvel Tabucanon, (2014), »Circular migration as climate change adaptation: Reconceptualising New Zealand's and Australia's seasonal worker programs«, *PRECEDENTE*, 3, S. 7–34

Constant, A. F., O. Nottmeyer und K. F. Zimmermann (2012), *The Economics of Circular Migration*, Discussion Paper No. 6940, Institute for the Study of Labor (IZA), Bonn

Europäische Kommission (2013), *Commission Staff Working Document. Climate Change, Environmental Degradation, and Migration*, aufgerufen unter: https://ec.europa.eu/europeaid/sites/devco/files/swd-2013-138_en_12.pdf

ILO (2011), *Convention concerning decent work for domestic workers (No. 189) (in Kraft getreten am 5. September 2013)*, aufgerufen unter: www.ilo.org/dyn/normlex/en/f?p=NORMLEXPUB:12100:0::NO::P12100_ILO_CODE:C189

IOM (2009), *Temporary and Circular Labour Migration: Experiences, Challenges and Opportunities*, IOM Series of Research into Migration, No. 2, International Organization for Migration, Bogota

IOM (2012), *Environmental Degradation, Migration, Internal Displacement, and Rural Vulnerabilities in Tajikistan*, International Organization for Migration, Duschanbe

Rinke, T. (2012), »Temporary and circular labor migration between Spain and Colombia«, *The State of Environmental Migration 2011* (Hg. F. Gemenne, P. Brücker und D. Ionesco), Institute for Sustainable Development and International Relations, Paris, und International Organization for Migration, Genf

Skeldon, R. (2010), »Managing migration for development. Is circular migration the answer?«, *Whitehead Journal of Diplomacy and International Relations*, 11(1), S. 21–33

Tacoli, C. (2009), *Crisis or Adaptation? Migration and Climate Change in a Context of High Mobility*, Vortrag bei der Tagung des UNFPA und der International Institute for Environment and Development Expert Group zum Thema Bevölkerungsdynamiken und Klimawandel, 24./25. Juni, London

Warner, K., T. Afifi, K. Henry, T. Rawe, C. Smith und A. de Sherbinin (2012), *Where the Rain Falls: Climate change, food and livelihood security, and migration. Global Policy Report of the Where the Rain Falls Project*, CARE France and United Nations University Institute for Environment and Human Security, Bonn

S. 92

Entwicklung, Adaption und Risikomanagement

Ammassar, S. und R. Black (2001), *Harnessing the potential of migration and return to promote development*, IOM Migration Research Series, No. 5, International Organization for Migration, Genf

ANSD (2013), *Recensement général de la population et de l'habitat, de l'agriculture et de l'élevage. Rapport définitif*, Agence nationale de la statistique et de la démographie, Dakar

BCEAO (2011), *Enquête sur les envois de fonds des migrants*, Banque centrale des États de l'Afrique de l'Ouest, Dakar

Clemens, M. A. und D. McKenzie (2009), »Think again: Brain drain«, *Foreign Policy*, 22. Oktober, aufgerufen unter: http://foreignpolicy.com/2009/10/22/think-again-brain-drain

FAO (o. J.), *Land Degradation Assessment in Drylands (LADA) – Global Land Degradation Information System (GLADIS)*, aufgerufen unter: www.fao.org/nr/lada

IOM (2009), *Migration au Sénégal. Profil national 2009*, International Organization for Migration, Genf

IOM (2015), *Contributions to the United Nations Convention to Combat Desertification (UNCCD)*, International Organization for Migration, Genf

Ionesco, D. (2006), *Engaging Diasporas as Development Partners for Home and Destination Countries, Challenges for Policy Makers*, IOM Migration Research Series, No. 26, International Organization for Migration, Genf

Le De, L., J. C. Gaillard, W. Friesen und F. Matautia Smith (2014), »Remittances in the face of disasters: A case study of rural Samoa«, *Environment, Development and Sustainability*, 6(4), S. 1–20

Le De, L., J. C. Gaillard und W. Friesen (2014), »Poverty and disasters: Do remittances reproduce vulnerability?«, *Journal of Development Studies*, 51(5), S. 538–553

Le De, L., J. C. Gaillard und W. Friesen (2015), »Remittances and disaster: Policy implications for disaster risk management«, MECLEP Policy Brief Series, No. 2. International Organization for Migration, Genf

Naik, A., E. Stigter und F. Laczko (2007), *Migration, Development and Natural Disasters: Insights from the Indian Ocean tsunami*, IOM Migration Research Series, No. 30, International Organization for Migration, Genf

Touré Thiam, M. und J. Crowley (2014), *Impact des changements environnementaux sur les migrations humaines. Etude de cas: Sénégal et Côte d'Ivoire*, UNESCO, Paris

USDA (o. J.), *Natural Resources Conservation Service Maps, Data, Mobile Apps*, aufgerufen unter: www.nrcs.usda.gov/wps/portal/nrcs/detail/national/home/?cid=stelprdb1049255

Van Hear, N. und N. N. Soerensen (2003), *The Migration-Development Nexus*, International Organization for Migration, Genf

S. 94

Demografischer Druck in Risikozonen

BBS (2012a), *Report on Sample Vital Registration System 2011*, Bangladesh Bureau of Statistics, Dhaka

BBS (2012b), *Population and Housing Census 2011*, National Series, District

Series, Community Series, Bangladesh Bureau of Statistics, Dhaka

De Sherbinin, A., M. Levy, S. Adamo, K. MacManus, G. Yetman, V. Mara, L. Razafndrazay, B. Goodrich, T. Srebotnjak, C. Aichele und L. Pistolesi (2012), »Migration and risk: Net migration in marginal ecosystems and hazardous areas«, *Environmental Research Letters* 7(4)

Dilley, M., R.S. Chen, U. Deichmann, A.L. Lerner-Lam, M. Arnold, J. Agwe, P. Buys, O. Kjekstad, B. Lyon und G. Yetman (2005), *Natural Disaster Hotspots: A global risk analysis*, Disaster Risk Management Series No. 5, World Bank, Washington, DC

Foresight (2011), *Migration and Global Environmental Change. Final Project Report*, Government Office for Science, London

IOM (2014), *IOM's Disaster Risk Reduction in North Kivu Update, 1. Oktober 2014*, International Organization for Migration, Kinshasa

Jacobsen, K. (1997), »Refugees' environmental impact: The effect of pattern of settlement«, *Journal of Refugee Studies*, 10(1), S. 19–36

Lazar, A.N., R.J. Nicholls, A. Payo, H. Adams, C. Mortreux, N. Suckall, K. Vincent, H. Sugata, B.A. Amisigo,M. Rahman, A. Haque, N. Adger und C. Hill (2015), »A method to assess migration and adaptation in deltas: A preliminary fast track assessment«, *DECCMA Working Paper, Deltas, Vulnerability and Climate Change: Migration and Adaptation*, IDRC Project Number 107642, aufgerufen unter: www.geodata.soton.ac.uk/deccma/uploads_working_papers/WP 5_Fast_Track_Report_2015-12-08_fnal_20151208_031334.pdf

Naik, A. (2009). »Migration and natural disasters«, *Migration, Environment and Climate Change: Assessing the evidence* (Hg. Laczko, F. und C. Aghazarm), International Organization for Migration, Genf

Rockefeller Foundation (o.J.), *100 Resilient Cities* [website], aufgerufen unter: www.100resilientcities.org

Warner, K., T. Afifi, K. Henry, T. Rawe, C. Smith und A. de Sherbinin (2012), *Where the Rain Falls: Climate change, food and livelihood security, and migration. Global Policy Report of the Where the Rain Falls Project.* CARE France und United Nations University Institute for Environment and Human Security, Bonn

S. 96

Urbanisierung

Aragón-Durand, F. (2007), »Urbanisation and flood vulnerability in the peri-urban interface of Mexico City«, *Disasters*, 31(4), S. 477–494

Aragón-Durand, F. (2011), *Disaster Discourses, Policy Values and Responses: The social construction of urban floods in the peri-urban interface of Mexico City*, Lambert Academic Publishing, Saarbrücken

Bull-Kamanga, L., K. Diagne, A. Lavell, E. Leon, F. Lerise, H. MacGregor und A. Maskrey (2003), »From everyday hazards to disasters: The accumulation of risk in urban areas«, *Environment and Urbanization*, 15(1), S. 193–203

De Sherbinin A., A. Schiller und A. Pulsipher (2007), »The vulnerability of global cities to climate hazards«, *Environment and Urbanization*, 19(1), S.39–64

IOM (2015), *World Migration Report 2015. Migrants and Cities: New partnerships to manage mobility*, International Organization for Migration, Genf

IPCC (2014), »Urban Areas«, *Climate Change 2014: Impacts, Adaptation, and Vulnerability. Working Group II Contribution to the Fifth Assessment Report of the Intergovernmental Panel on Climate Change* (Hg. C.B. Field, V.R. Barros, D.J. Dokken, K.J. Mach, M.D. Mastrandrea, T.E. Bilir, M. Chatterjee, K.L. Ebi, Y.O. Estrada, R.C. Genova, B. Girma, E.S. Kissel, A.N. Levy, S. MacCracken, P.R. Mastrandrea und L.L. White), Cambridge University Press, Cambridge/UK und New York

Rosenzweig, C., W.D. Solecki, S.A. Hammer und S. Mehrotra (2011), *Climate Change and Cities: First Assessment Report of the Urban Climate Change Research Network*, Cambridge University Press, Cambridge

Sherwood, A., M. Bradley, L. Rossi, R. Gitau und B. Mellicker (2014), *Supporting Durable Solutions to Urban, Post-disaster Displacement: Challenges and opportunities in Haiti*, International Organization for Migration, Genf, und Brookings Institution, Washington, DC

UNDESA (2014), *World Urbanization Prospects: The 2014 Revision, Highlights*, United Nations Department of Economic and Social Affairs, Population Division, New York

UN-Habitat (2012), *State of the World's Cities, 2012/2013*, UN-Habitat, Nairobi

UNISDR (2012), *Making Cities Resilient Report 2012*, United Nations International Strategy for Disaster Reduction, Genf

Warn, E. und S. Adamo (2014), »The impact of climate change: Migration and cities in South America«, *World Meteorological Organization Bulletin* 63(2)

WWF (2014) »Why we should care. Healthy communities«, *Living Planet Report 2014*, Kapitel 3, World Wide Fund for Nature, Gland

S. 98

Sicherheit und Konflikt

Beirat der deutschen Bundesregierung für globale Umweltveränderungen (2008), *Welt im Wandel: Sicherheitsrisiko Klimawandel*, Springer, Berlin und Heidelberg

Brzoska, M. und C. Fröhlich (2016), »Climate change, migration and violent conflict: Vulnerabilities, pathways and adaptation strategies«, *Migration and Development* Bd. 5 (2)

Elliott, L. (2010), »Climate migrations and climate migrants: What threat, whose security«, *Climate Change and Displacement* (Hg. J. McAdam), Hart, Oxford

Gladstone, J. (2000), »Demography, environment, and security«, *Environmental Conflict* (Hg. N.P. Gleditsch und P.F. Diehl), Westview Press, Oxford

Hauge, W. und T. Ellingsen (1998), »Beyond environmental scarcity: Causal pathways to conflict«, *Journal of Peace Research, Sonderheft zu Umweltkonflikten* 35(3), S. 299–317

Kelley, C.P., S. Mohtadi, M.A. Cane, R. Seager und Y. Kushnir (2015), »Climate change in the Fertile Crescent and implications of the recent Syrian drought«, *Proceedings of the National Academy of Sciences of the United States of America*, 112, S.3241–3246

Kolmannskog, V.O. (2008), *Future Floods of Refugees – A comment on climate change, conflict and forced migration*, Norwegian Refugee Council, Oslo

Martin, A. (2005), »Environmental conflict between refugee and host communities«, *Journal of Peace Research*, 42(3), S. 329–346

McLeman, R. (2011), *Climate Change, Migration and Critical International Security Considerations*, International Organization for Migration, Genf

IPCC (2014), »Human Security«, *Climate Change 2014: Impacts, Adaptation, and Vulnerability Working Group II Contribution to the Fifth Assessment Report of the Intergovernmental Panel on Climate Change* (Hg. C. B. Field, V. R. Barros, D. J. Dokken, K. J. Mach, M. D. Mastrandrea, T. E. Bilir, M. Chatterjee, K. L. Ebi, Y. O. Estrada, R. C. Genova, B. Girma, E. Kissel, A. N. Levy, S. MacCracken, P. R. Mastrandrea und L. L. White), Cambridge University Press, Cambridge/GB, und New York

Randall, A. (2014), »Why can't academics agree whether climate change causes wars?«, *Climate Home*, 16. November, aufgerufen unter: www.climatechangenews.com/2014/11/05/why-cant-academics-agree-whether-climate-change-causes-wars

Randall, A. (2015), *Infographic: Exploring evidence for the climate change and conflict connection* [Web log post], aufgerufen unter: UK Climate Change and Migration Coalition's website: http://climatemigration.org.uk/infographic-exploring-evidence-for-the-climate-change-and-conflict-connection

UNEP (2007), *Sudan Post-Conflict Environmental Assessment*, United Nations Environment Programme, Nairobi

UNEP (2011) *Livelihood Security: Climate change, migration and conflict in the Sahel*, United Nations Environment Programme and International Organization for Migration, Genf

UN Interagency Framework Team for Preventive Action (2012), *Toolkit and Guidance for Preventing and Managing Land and Natural Resources Conflict*, UN Interagency Framework Team for Preventive Action, New York

S. 100

Massenflucht steuern

Brody, A., J. Demetriades und E. Esplen (2008), *Gender and Climate Change: Mapping the linkages. A scoping study on knowledge and gaps*. BRIDGE, Institute of Development Studies, Brighton

CCCM Cluster (2014), *The MEND Guide: Comprehensive guide for planning mass evacuations in natural disasters*, Camp Coordination and Camp Management Cluster

Corsellis, T. und A. Vitale (2005), *Transitional Settlement: Displaced populations*, Oxfam, Cambridge

IDMC (2015) *Global Estimates 2015: People displaced by disasters*, Internal Displacement Monitoring Centre, Genf

IOM (2013), *Compendium of IOM Activities in Disaster Risk Reduction and Resilience*, International Organization for Migration, Genf

McCarthy, F.X. (2010), *FEMA Disaster Housing: From sheltering to permanent housing*, Congressional Research Service, Washington, DC

Shelter Centre und UN/OCHA (2010), *Shelter after Disaster: Strategies for transitional settlement and reconstruction*, United Nations, Genf

Sherwood, A., M. Bradley, L. Rossi, R. Guiam und B. Mellicker. (2015), *Resolving Post-Disaster Displacement: Insights from the Philippines after Typhoon Haiyan (Yolanda)*, Brookings Institution, Washington, DC, und Internationale Organisation für Migration, Genf

Yonetani, M. und L. Yuen (2014), *The Evolving Picture of Displacement in the Wake of Typhoon Haiyan: An evidence-based overview*, Internal Displacement Monitoring Centre, Genf

Zetter, R. und J. Morrissey (2014), »Environmental stress, displacement and the challenge of rights protection«, *Humanitarian Crises and Migration: Causes, consequences and responses* (Hg. S. Martin, S. Weerasinghe und A. Taylor), Routledge, London

S. 102

Wahrung der Menschenrechte

Agier, M. (2014), *Un monde de camps*, La Découverte, Paris

Barbieri, A. F. und U. Confalonieri (2011), »Climate change, migration and health: Exploring potential scenarios of population vulnerability in Brazil«, *Migration and Climate Change* (Hg. E. Piguet u. a.), Cambridge University Press, Cambridge

ECLAC (1999), *Honduras: Assessment of the damage caused by Hurricane Mitch, 1998: Implications for economic and social development and for the environment*, United Nations Economic Commission for Latin American and the Caribbean, Santiago de Chile

GMG (2014). »Climate change, international migration and youth«, *Migration and Youth: Challenges and opportunities* (Hg. Global Migration Group), United Nations Children's Fund, Genf

HREOC (2008), *Human Rights and Climate Change*, Australian Human Rights and Equal Opportunity Commission, Sydney

International Council on Human Rights Policy (2008), *Climate Change and Human Rights: A rough guide*, International Council on Human Rights Policy, Genf

IOM (2013a), *Compendium of IOM Activities in Disaster Risk Reduction and Resilience*, International Organization for Migration, Genf

IOM (2013b), *World Migration Report 2013: Migrant well-being and development*, International Organization for Migration, Genf

IOM (2014a), *Fatal Journeys: Tracking lives lost during migration*, International Organization for Migration, Genf

IOM (2014b), *Legal Frameworks and Challenges, IOM Outlook on Migration, Environment and Climate Change, Text 4*, International Organization for Migration, Genf

IPCC (2014), »Human security«, *Climate Change 2014: Impacts, adaptation, and vulnerability, Working Group II Contribution to the Fifth Assessment Report of the Intergovernmental Panel on Climate Change* (Hg. C. B. Field, V. R. Barros, D. J. Dokken, K. J. Mach, M. D. Mastrandrea, T. E. Bilir, M. Chatterjee, K. L. Ebi, Y. O. Estrada, R. C. Genova, B. Girma, E. S. Kissel, A. N. Levy, S. MacCracken, P. R. Mastrandrea und L. L. White), Cambridge University Press, Cambridge/GB, und New York

Koivurova, T., H. Tervo und A. Stepien (2008), *Background Paper: Indigenous Peoples in the Arctic*, Arctic Centre, Rovanierni

Laczko, F. und E. Collett (2005), *Assessing the tsunami's effects on migration*, Leitartikel 1. April, aufgerufen unter www.migrationpolicy.org/article/assessing-tsunamis-effects-migration

McAdam, J. und M. Limon (2015), *Human Rights, Climate Change and Cross-border Displacement: The role of the international human rights community in contributing to effective and just solutions*, Universal Rights Group, Versoix

McMichael, C., J. Barnett und A. J. McMichael (2012), »An ill wind? Climate change, migration and health«, *Environmental Health Perspectives*, 120(5), S. 646–654

Messick, M. und C. Bergeron (2014), *Temporary Protected Status in the United States: A grant of humanitarian relief that is less than permanent*, Migration Policy Institute, Washington, DC

Stefansson Arctic Institute (2004), *Arctic Human Development Report*, Stefansson Arctic Institute, Akureyri

UNDP (1994), *Human Development Report 1994*, Oxford University Press, Oxford

UNEP (2011), *Livelihood Security: Climate Change, Migration and Conflict in the Sahel*, United Nations Environment Programme, Genf

Zetter, R. (2009), »The role of legal and normative frameworks for the protection of environmentally displaced people«, *Migration, Environment and Climate Change: Assessing the evidence* (Hg. F. Laczko und C. Aghazarm), International Organization for Migration, Genf

Zetter, R. und J. Morrissey (2014), »Environmental stress, displacement and the challenge of rights protection«, *Humanitarian Crises and Migration: Causes, consequences and responses* (Hg. S. Martin, S. Weerasinghe und A. Taylor), Routledge, London

S. 104

Individuelle Bewältigungsstrategien

Bronfenbrenner, U. (1977), »Toward an experimental ecology of human development«, *American Psychologist*, 32, S. 513–531

Hasegawa, R. (2013), *Disaster Evacuation from Japan's 2011 Tsunami Disaster and the Fukushima Nuclear Accident*, Study N°05/2013 Institute for Sustainable Development and International Relations, Paris

IASC (2007), *IASC Guidelines on Mental Health and Psychosocial Support in Emergency Settings*, Inter Agency Standing Committee, Genf

IOM (2012), *Environmental Degradation, Migration, Internal Displacement und Rural Vulnerabilities in Tajikistan*, International Organization for Migration, Duschanbe

IOM (2013), *World Migration Report 2013: Migrant well-being and development*, International Organization for Migration, Genf

IOM (2014), *Typhoon Haiyan: Portraits of recovery*, International Organization for Migration, City of Makati

Peek, L., B. Morrissey und H. Marlatt (2011), »Disaster hits home: A model of displaced family adjustment after Hurricane Katrina«, *Journal of Family Issues*, 32(10), S. 1371–1396

Schafer, M.J. (2010), »Social costs of displacement in Louisiana after Hurricanes Katrina and Rita«, *Population and Environment*, 31(1), S. 64–86

Schininà, G., M. Aboul Hosn, A. Ataya, K. Dieuveut und M.-A. Salem (2010), »Psychosocial response to the Haiti earthquake: The experiences of IOM«, *Intervention*, 8(2), S. 158–164

S. 106

Geschlecht und Migration

Agarwal, B. (2013), »Gender and environmental change«, *World Social Science Report 2013, Changing Global Environments* (Hg. ISSC and UNESCO, OECD Publishing und UNESCO Publishing), Paris

Angula, M. (2010), *Gender and Climate Change: Namibia case study*, Heinrich-Böll-Stiftung, Kapstadt

Banerjee, S., R. Black, D. Kniveton und M. Kollmair (2014), »The changing Himalayas: Migration and environmental change«, *People on the Move in a Changing Climate: The regional impact of environmental change on migration* (Hg. E. Piguet und F. Laczko, Springer), Dordrecht

Boyles, J. (2015), »Male migration and decision making: Are women finally being included?«, *Migration and Development*, 4(2), S. 200–219

Brody, A., J. Demetriades und E. Esplen (2008), *Gender and Climate Change: Mapping the linkages. A scoping study on knowledge and gaps*, BRIDGE, Institute of Development Studies, Brighton

Falquet, J., H. Hirata, D. Kergoat, B. Labari, N. Le Feuvre und F. Sow (2010), *Le sexe de la mondialisation: genre, classe, race et nouvelle division de travail*, Presses de Sciences Po., Paris

Fischer, S. (2005), *Gender based violence in Sri Lanka in the aftermath of the 2004 tsunami crisis: The role of international organizations and international NGOs in prevention and response to gender based violence*, Dissertation, University of Leeds Institute of Politics and International Studies, Leeds

Hunter, L.M. und E. David (2011), »Displacement, climate change and gender«, *Migration and Climate Change* (Hg. E. Piguet u.a.), Cambridge University Press, Cambridge

IOM (2012), *Environmental Degradation, Migration, Internal Displacement, and Rural Vulnerabilities in Tajikistan*, International Organization for Migration, Duschanbe

IOM (2014), *A Gender Approach to Environmental Migration, IOM Outlook on Migration, Environment and Climate Change*, Text 13, International Organization for Migration, Genf

IUCN (2007a), *Climate Change and Gender in Bangladesh*, World Conservation Union, Dhaka, aufgerufen unter: http://cmsdata.iucn.org/downloads/gender.pdf

IUCN (2007b), *Gender and Climate Change: Women as agents of change*, World Conservation Union, Washington, aufgerufen unter: https://cmsdata.iucn.org/downloads/climate_change_gender.pdf

Jungehülsing, J. (2010), *Women Who Go, Women Who Stay: Reactions to climate change. A case study on migration and gender in Chiapas*, Heinrich-Böll-Stiftung, Mexico City

Nasreen, M. (2012), *Women and Girls: Vulnerable or resilient?*, Shrabon Prokashani, Dhaka

Neumayer, E. und T. Plümper (2007), »The gendered nature of natural disasters: The impact of catastrophic events on the gender gap in life expectancy 1981–2002«, *Annals of the Association of American Geographers*, 97(3), S. 551–566

Röhr, U. (2008), »Gender aspects of climate induced conflict«, *Environment, Conflict and Cooperation*, Newsletter Sonderausgabe, aufgerufen unter: www.ecc-platform.org/images/stories/newsletter/eccgender07.pdf

Warner, K., T. Afifi, K. Henry, T. Rawe, C. Smith und A. de Sherbinin (2012), *Where the Rain Falls: Climate change, food and livelihood security, and migration. Global Policy Report of the Where the Rain Falls Project*, CARE France und United Nations University Institute for Environment and Human Security, Bonn

WHO (2002), *Gender and health in disasters*, Informationsblatt, World Health Organization, Genf

Steuerungsmaß-nahmen und politische Lösungen

S. 108

Einleitung

ADB (2012), *Addressing Climate Change and Migration in Asia and the Pacifc*, Asiatische Entwicklungsbank, Manila

Cournil, C. und B. Mayer (2014), *Les migrations environnementales: Enjeux et gouvernance*, Presses de Sciences Po., Paris

Foresight (2011) *Migration and Global Environmental Change. Final Project Report*, Government Office for Science, London

Gemenne, F. (2006) *Climate Change and Forced Displacements: Towards a global environmental responsibility? The case of the Small Island Developing States (SIDS) in the South Pacifc Ocean*, University of Liège Centre for Ethnic and Migration Studies (CEDEM), Lüttich

Gemenne, F. (2015), »One good reason to speak of ›climate refugees‹«, *Forced Migration Review*, 49, S. 70f.

Humphreys, S. (2010), *Climate Change and Human Rights*, Cambridge University Press, Cambridge

IOM (2014), *IOM Outlook on Migration, Environment and Climate Change*, International Organization for Migration, Genf

Martin, S. (2010), »Climate change, migration, and governance«, *Global Governance: A Review of Multilateralism and International Organizations*, 16(3), S. 397–414

Paavola, J. und W. N. Adger (2006), »Fair adaptation to climate change«, *Ecological Economics*, 56(4), S. 594–609

Stern, N. (2007), *The Economics of Climate Change: The Stern Review*, Cambridge University Press, Cambridge

Warner, K. (2010), »Global environmental change and migration: Governance challenges«, *Global Environmental Change*, 20(3), S. 402–413

S. 112

Die Kosten der Umweltmigration

ADB (2012), *Addressing Climate Change and Migration in Asia and the Pacific*, Asiatische Entwicklungsbank, Manila

Ferris, E. und D. Petz (2012), *The Year That Shook the Rich: A review of natural disasters in 2011*, Brookings Institution, Washington, DC und London School of Economics, London

Guha-Sapir, D., R. Below und Ph. Hoyois (2015), *EM-DAT: The CRED/OFDA International Disaster Database*, Université Catholique de Louvain, Brüssel, aufgerufen unter www.emdat.be/database

IPCC (2012), *Managing the Risks of Extreme Events and Disasters to Advance Climate Change Adaptation: Special Report of the Intergovernmental Panel on Climate Change*, Cambridge University Press, Cambridge

Kellet, J. und A. Caravani (2013), *Financing Disaster Risk Reduction: A 20 year story of international aid*, Overseas Development Institute, London, und Global Facility for Disaster Reduction and Recovery at the World Bank, Washington, DC

MCII, Munich Climate Insurance Initiative (MCII e. V., o. J.), *Innovative Protection for the Vulnerable Against the Impacts of Climate Change. MCII Vision Statement*, aufgerufen unter www.climate-insurance.org/fileadmin/mcii/documents/MCII_mission_statement.pdf

Poole, L., B. Willitts-King, L. Hammond und R. Zetter (2012), »Who pays? Who profts? The costs and impacts of forced migration«, *World Disasters Report 2012. Focus on Forced Migration and Displacement* (Hg. IFRC), International Federation of the Red Cross und Red Crescent Societies, Genf

Stern, N. (2007), *The Economics of Climate Change: The Stern Review*, Cambridge University Press, Cambridge

Weikmans, R. (2012), »Le coût de l'adaptation aux changements climatiques dans les pays en développement«, *Vertigo*, 12(1)

WFP (2012), *Ethiopia: Productive Safety Net Programme*, World Food Programme, Addis Ababa

S. 116

Die Finanzierung von Maßnahmen

Adaptation Watch (2015), *Towards Mutual Accountability: The 2015 Adaptation Finance Transparency Gap Report*, aufgerufen auf der Website von Adaptation Watch unter: www.adaptationwatch.org/s/Toward-Mutual-Accountability-The-2015-Adaptation-Finance-Transparency Gap-Report

ADB (2012), *Addressing Climate Change and Migration in Asia and the Pacific*, Asiatische Entwicklungsbank, Manila

Carty, T. (2013), *Adaptation and the $100 billion commitment*, Oxfam Issue Briefing, aufgerufen auf der Website von Oxfam unter www.oxfam.org/sites/www.oxfam.org/fles/fle_attachments/ib-adaptation-public-fnance-climate-adaptation-181113-en_1_1.pdf

CVF (2015), *Founding Communique: Vulnerable Twenty Group of Ministers of Finance*, aufgerufen auf der Website von CVF unter: www.thecvf.org/v20-founding-communique/

DARA und Climate Vulnerable Forum (2012), *Climate Vulnerability Monitor 2nd Edition: A Guide to the Cold Calculus of a Hot Planet*, DARA International, Madrid und Genf

IOM, *International Development Fun*, aufgerufen auf der Website der IOM unter www.iom.tj/index.php/iom-development-fund

Lamsal, R. P. und B. B. Khadka (2015), »Greenbacks into greenery«, *Kathmandu Post*, 20. September, aufgerufen unter: http://kathmandupost.ekantipur.com/news/2015-09-20/greenbacks-into-greenery.html

Nakhooda, S. (2013), *The effectiveness of international climate finance*, Working Paper No. 371, Overseas Development Institute, London, aufgerufen auf der Webseite des Overseas Development Institute unter: www.odi.org/sites/odi.org.uk/files/odi-assets/publications-opinion-fles/8344.pdf

Nakhooda, S., T. Fransen, T. Kuramochi, A. Caravani, A. Prizzon, N. Shimizu, H. Tilley, A. Halimanjaya und B. Welham (2013), *Mobilising international climate finance: lessons from the fast-start finance period, Fast-Start Finance Project und Programme Data Set v3.0. ODI Annual Reports*, aufgerufen auf der Website des Overseas Development Institute unter: www.odi.org/publications/7987-mobilising-international-climate-finance-lessons-fast-start-finance-period

Nakhooda, S., C. Watson und L. Schalatek (2014), *Architecture du financement climatique mondial. Fondamentaux du fnancement climatique*, Overseas Development Institute, London, und Heinrich-Böll-Stiftung, Washington, aufgerufen unter: www.odi.org/sites/odi.org.uk/files/odi-assets/publications-opinion-fles/9314.pdf

OECD (o. J.), *Development finance statistics*,

aufgerufen auf der Website der OECD unter www.oecd.org/dac/stats

OECD (2015a), *Climate finance in 2013–14 and the USD 100 illion goal.* A report by the Organisation for Economic Co-operation and Development (OECD) in collaboration with Climate Policy Initiative (CPI), aufgerufen unter: www.oecd.org/environment/cc/OECD-CPIClimate-Finance-Report.pdf

OECD (2015b), *Toolkit to enhance access to adaptation finance for developing countries vulnerable to adverse effects of climate change, including LIDCs, SIDS and African States*, Bericht für die G20 Climate Finance Group, verfasst von der Organisation for Economic Co-operation and Development (OECD) in Zusammenarbeit mit dem Globalen Umweltfonds (GEF), aufgerufen unter: www.oecd.org/env/cc/Toolkit%20to%20Enhance%20Access%20to%20Adaptation%20Finance.pdf

Ratha, D. (2005), »Workers' remittances: an important and stable source of external development finance«, *Emittances: Development impact and future prospects* (Hg. S.M. Maimbo und D. Ratha), Weltbank, Washington, DC

Ratha, D. und S. Mohapatra (2011), Migrant Remittances in Africa: An Overview, *Remittance Markets in Africa* (Hg. S. Mohapatra und D. Ratha), Weltbank, Washington

Ratha, D., C. Eigen-Zucchi, S. Plaza, H. Wyss und Y. Soonhwa (2013), »Migration and remittance flows: Recent trends and outlook, 2013–2016«, *Migration and Development Brief*, 21, aufgerufen auf der Website der Weltbank unter: http://siteresources.worldbank.org/INTPROSPECTS/Resources/334934-1288990760745/MigrationandDevelopmentBrief21.pdf

UNDP (2014), *Human Development Report 2014. Sustaining Human Progress: Reducing Vulnerabilities and Building Resilience*, United Nations Development Programme, New York

Van Gameren, V., R. Weikmans und E. Zaccai (2014), *L'adaptation au changement climatique*, Éditions La Découverte, Paris

Weltbank (2013), *Migration and Remittances Data. Bilateral Remittance Matrix 2013*, aufgerufen unter: http://econ.worldbank.org/WBSITE/EXTERNAL/EXTDEC/EXTDECPROSPECTS/0,,contentMDK:22759429~pagePK:64165401~piPK:64165026~theSitePK:476883,00.html

Weltbank (2015a), *Common Principles for Climate Adaptation Finance Tracking*, aufgerufen auf der Website der Weltbank unter: http://pubdocs.worldbank.org/pubdocs/publicdoc/2015/7/222771436376720470/010-gccmdb-idfc-adaptation-common-principles.pdf

Weltbank (2015b), *Action Urged on Climate Change, Growth Slowdown, Leitartikel*, aufgerufen auf der Website der Weltbank unter: www.worldbank.org/en/news/feature/2015/10/10/actionurged-on-climate-change-growth-slowdown

S. 120

Völkerrecht

Cournil, C. (2010), »Les Défis du Droit International pour Protéger les ›Réfugiés Climatiques‹: Réflexions sur les Pistes Actuellement Proposées« [Die Herausforderungen zum Schutz von ›Klimaflüchtlingen‹ unter dem Völkerrecht: Überlegungen zu derzeit vorgeschlagenen Lösungswegen], *Changements Climatiques et Défis du Droit: actes de la journée d'études du 24 mars 2009 / Université Paris Nord 13, Centre d'études et de recherches administratives et politiques (CERAP)*, Bruylant, Brüssel

Fatima, R., A.J. Wadud und S. Coelho (2014), »Human rights, climate change, environmental degradation and migration: A new paradigm«, *Issue in Brief*, International Organization for Migration, Bangkok, und Migration Policy Institute, Washington, DC

IOM (2014), »Brief 4: Legal frameworks and challenges«, *IOM Outlook on Migration, Environment and Climate Change*, International Organization for Migration, Genf

McAdam, J. (2009a), *Environmental migration governance*, University of New South Wales Faculty of Law Research Paper No. 2009-1, aufgerufen unter: http://papers.ssrn.com/sol3/papers.cfm?abstract_id=1412002

McAdam, J. (2009b), »Swimming against the tide: Why a climate change displacement treaty is not the answer«, *International Journal of Refugee Law*, 32(1), S. 2–27

McAdam, J. (2011), *Climate Change Displacement and International Law: Complementary protection standards*, Legal and Protection Policy Research Series, United Nations High Commissioner for Refugees, Genf

McAdam, J. (2014), »No ›climate refugees‹ in New Zealand«, *Planet Policy Blog*, 13. August, aufgerufen unter der Website der Brookings Institution: www.brookings.edu/blogs/planetpolicy/posts/2014/08/13-climate-refugees-new-zealand-mcadam

Perruchoud, R. und K. Tomolova (2007), *Compendium of International Migration Law Instruments*, International Organization for Migration, Genf

Segal, H. (2001), »Environmental refugees: A new world catastrophe«, *The International Aspects of Natural and Industrial Catastrophes* (Hg. C. Leben und D.D. Caron), Brill, Nijhoff

UN (o.J.), *United Nations Treaty Collection* [Website], aufgerufen unter: https://treaties.un.org

Zetter, R. (2009), »The role of legal and normative frameworks for the protection of environmentally displaced people«, *Migration, Environment and Climate Change: Assessing the evidence* (Hg. F. Laczko und C. Aghazarm), International Organization for Migration, Genf

S. 122

Aufbau eines neuen Rechtsrahmens

Biermann, F. und I. Boas (2008), »Protecting climate refugees: The case for a global protocol«, *Environment: Science and Policy for Sustainable Development*, 50(6), S. 8–17

Biermann, F. und I. Boas (2010), »Preparing for a warmer world: Towards a global governance system to protect climate refugees«, *Global Environmental Politics*, 10(1), S. 60–88

Cournil, C. (2010), »Les Défis du Droit International pour Protéger les ›Réfugiés Climatiques‹: Réflexions sur les Pistes Actuellement Proposées« [Die Herausforderungen zum Schutz von ›Klimaflüchtlingen‹ unter dem Völkerrecht: Überlegungen zu derzeit vorgeschlagenen Lösungswegen], *Changements Climatiques et Défis du Droit: actes de la journée d'études du 24 mars 2009 / Université Paris Nord 13, Centre d'études et de recherches administratives et politiques (CERAP)*, Bruylant, Brüssel

Cournil, C. und B. Mayer (2014), *Les migrations environnementales: Enjeux et gouvernance* [Umweltmigration: Zentrale Fragen und Steuerungspolitik], Presses de Sciences Po, Paris

Displacement Solutions (2013), *The Peninsula Principles on Climate Displacement within States*, Displacement Solutions, Genf

Docherty, B. und G. Tyler (2009), »Confronting a rising tide: A proposal for a convention on climate change refugees«, *Harvard Environmental Law Review*, 33(2), S. 349–403

Fatima, R., A. J. Wadud und S. Coelho (2014), »Human rights, climate change, environmental degradation and migration: A new paradigm«, *Issue in Brief*, International Organization for Migration, Bangkok, und Migration Policy Institute, Washington, DC

Gemenne, F. und P. Brücker (2015), »From the Guiding Principles on Internal Displacement to the Nansen Initiative: What the Governance of Environmental Migration Can Learn from the Governance of Internal Displacement« [Online-Beitrag], *International Journal of Refugee Law*, aufgerufen unter: http://ijrl.oxfordjournals.org/content/early/2015/05/10/ijrl.eev021.full

Hodgkinson, D. I., T. Burton, H. Anderson znd L. Young (2010), »›The hour when the ship comes in‹: A convention for persons displaced by climate change«, *Monash University Law Review*, 36(1), S. 69–120

IASC (2011), *IASC Operational Guidelines on the Protection of persons in Situations of Natural Disaster*, Brookings-Bern Project on Internal Displacement, Washington, DC

IOM (2014a), *Migrants in Countries in Crisis Working Group Concept Note*, aufgerufen unter: https://www.iom.int/files/live/sites/iom/files/What-We-Do/docs/MICIC-Concept-Note-Final-2-14-14.pdf und http://micicinitiative.iom.int

IOM (2014b), »Brief 4: Legal Frameworks and Challenges«, *IOM Outlook on Migration, Environment and Climate Change*, International Organization for Migration, Genf

Kälin, W. (2012), »From the Nansen Principles to the Nansen Initiative«, *Forced Migration Review*, 41, S. 48–49

McAdam, J. (2009), *Environmental migration governance*, University of New South Wales Faculty of Law Research Paper No. 2009-1, aufgerufen unter: http://papers.ssrn.com/sol3/papers.cfm?abstract_id=1412002

McAdam, J. (2009b), »Swimming against the tide: Why a climate change displacement treaty is not the answer«, *International Journal of Refugee Law*, 32(1), S. 2–27

McAdam, J. (2011), *Climate Change Displacement and International Law: Complementary protection standards*, Legal and Protection Policy Research Series, United Nations High Commissioner for Refugees, Genf

McAdam, J. (2014), »No ›climate refugees‹ in New Zealand«, *Planet Policy Blog*, 13. August, aufgerufen unter der Website der Brookings Institution: www.brookings.edu/blogs/planetpolicy/posts/2014/08/13-climate-refugees-new-zealand-mcadam

Nansen Initiative (o. J.), *Consultations*, aufgerufen unter: www.nanseninitiative.org

Nansen Initiative (2015), *The Nansen Initiative Global Consultation Conference Report, Geneva 12–13 October*, Nansen Initiative, Genf

Perruchoud, R. und K. Tomolova (2007), *Compendium of International Migration Law Instruments*, International Organization for Migration, Genf

Prieur, M., J.-P. Marguenaud, G. Monédiaire, J. Bétaille, B. Drobenko, J.-J. Gouguet, J.-M. Lavieille, S. Nadaud und D. Roets (2008), »Projet de Convention relative au statut international des déplacés environnementaux« [Entwurf einer Konvention über den internationalen Status von Umweltvertriebenen], *Revue européenne de Droit de l'environnement*, 4, S. 381–393

Savin, P., Y. Martinet und G. J. Gendelman (2014), »COP21 et 5e Rapport du GIEC: Problématique des déplacés environnementaux, il est grand temps d'agir« [COP21 und der 5. Sachstandsbericht des IPCC: Die Frage der Umweltvertrieben, es ist Zeit zu handeln], *Magazine Décideurs – Stratégie Finance Droit*, 29. Juli

Sphere Project (2011), *Sphere Handbook: Humanitarian Charter and Minimum Standards in Disaster Response, 2011 Edition*, Sphere Project, Genf

UN (2005), *Principles on Housing and Property Restitution for Refugees and Displaced Persons (Pinheiro Principles)*, United Nations Sub-Commission on the Promotion and Protection of Human Rights, New York

UNHCHR (1998), *Guiding Principles on Internal Displacement*, United Nations Office of the High Commissioner for Human Rights, New York

S. 124

Regionale Rechtsrahmen

African Union (o. J.), *OAU/AU Treaties, Conventions, Protocols and Charters*, aufgerufen unter: www.au.int/en/treaties

Council of Europe (o. J.), *Treaty Office of the Council of Europe Databases*, aufgerufen unter: www.coe.int/en/web/conventions/home

Cournil, C. (2010), »Les Défis du Droit International pour Protéger les ›Réfugiés Climatiques‹: Réflexions sur les Pistes Actuellement Proposées« [Die Herausforderungen zum Schutz von ›Klimaflüchtlingen‹ unter dem Völkerrecht: Überlegungen zu derzeit vorgeschlagenen Lösungswegen], *Changements Climatiques et Défis du Droit: actes de la journée d'études du 24 mars 2009/Université Paris Nord 13, Centre d'études et de recherches administratives et politiques (CERAP)*, Bruylant, Brüssel

Cournil C. und B. Mayer (2014), *Les migrations environnementales: Enjeux et gouvernance* [Umweltmigration: Zentrale Fragen und Steuerungspolitik], Presses de Sciences Po, Paris

Fatima, R., A. J. Wadud und S. Coelho (2014), »Human rights, climate change, environmental degradation and migration: A new paradigm«, *Issue in Brief*, International Organization for Migration, Bangkok, und Migration Policy Institute, Washington, DC

ICGLR (o. J.), The Pact on Security, Stability and Development in the Great Lakes Region, aufgerufen unter der Website der International Conference on the Great Lakes Region's: www.icglr.org/images/Pact%20ICGLR%20Amended%2020122.pdf

IOM (2014), »Brief 4: Legal Frameworks and Challenges«, *IOM Outlook on Migration, Environment and Climate Change*, International Organization for Migration, Genf

McAdam, J. (2009a), Environmental migration governance, University of New South Wales Faculty of Law Research Paper No. 2009-1, aufgerufen unter: http://papers.ssrn.com/sol3/papers.cfm?abstract_id=1412002

McAdam, J. (2011), *Climate Change Displacement and International Law: Complementary protection standards*, Legal and Protection Policy Research Series, United Nations High Commissioner for Refugees, Genf

OAS (o. J.), *Multilateral Treaties and Bilateral Agreements*, aufgerufen unter der Website der Organization of American States: www.oas.org/en/sla/dil/treaties_agreements.asp

Perruchoud, R. und K. Tomolova (2007), *Compendium of International Migration Law Instruments*, International Organization for Migration, Genf

Popp, K. (2014), »Regional Policy Perspectives«, *People on the Move in a Changing Climate: The regional impact of environ-*

mental change on migration (Hg. E. Piguet und F. Laczko), Springer, Dordrecht

UN (o. J.), *United Nations Treaty Collection* [Website], aufgerufen unter: https://treaties.un.org

Williams, A. (2008), »Turning the Tide: Recognizing Climate Change Refugees in International Law«, *Law and Policy*, 30(4), S. 502–529

Zetter, R. (2009), »The role of legal and normative frameworks for the protection of environmentally displaced people«, *Migration, Environment and Climate Change: Assessing the evidence* (Hg. F. Laczko and C. Aghazarm), International Organization for Migration, Genf

S. 126

An den Schnittstellen internationaler Politik

Biermann, F. und I. Boas (2010), »Preparing for a warmer world: Towards a global governance system to protect climate refugees«, *Global Environmental Politics*, 10(1), S. 60–88

Gemenne, F. (2009), *Environmental changes and migration flows: Normative frameworks and policy responses*, Dissertation, Sciences Po Paris – Université de Liège

Gemenne, F. (2011), »How they became the human face of climate change. Research and policy interactions in the birth of the ›environmental migration‹ concept«, *Migration and Climate Change* (Hg. E. Piguet, A. Pécoud und P. de Guchteneire), Cambridge University Press, Cambridge, UK, und UNESCO, Paris

IASC (o. J.), *Inter-Agency Standing Committee* [Website], aufgerufen unter: https://interagencystandingcommittee.org

IOM (o. J.), *International Organization for Migration* [Website], aufgerufen unter: www.iom.int

IOM (2008), *Expert Seminar: Migration and the Environment*, International Dialogue on Migration No. 10, International Organization for Migration, Genf

IOM (2012), *Climate Change, Environmental Degradation and Migration*, International Dialogue on Migration No. 18, International Organization for Migration, Genf

IOM (2014), *IOM Outlook on Migration, Environment and Climate Change*, International Organization for Migration, Genf

IOM und FOM (2005), *International Agenda for Migration Management*, International Organization for Migration, Genf, und Schweizer Bundesamt für Migration, Bern

Leighton, M. (2006), »Desertification and migration«, *Governing Global Desertification* (Hg. P. M. Johnson u. a.), Ashgate, Aldershot

Martin, S. (2009), »Managing environmentally induced migration«, *Migration, Environment and Climate Change: Assessing the evidence* (Hg. F. Laczko und C. Aghazarm), International Organization for Migration, Genf

Martin, S. (2010), »Climate Change, Migration, and Governance«, *Global Governance: A Review of Multilateralism and International Organizations*, 16(3), S. 397–414

McAdam, J. (2009), *Environmental migration governance*, University of New South Wales Faculty of Law Research Paper No. 2009–1, aufgerufen unter: http://papers.ssrn.com/sol3/papers.cfm?abstract_id=1412002

UNCBD (o. J.), *United Nations Convention on Biological Diversity* [Website], aufgerufen unter: www.cbd.int

UNCCD (o. J.), *United Nations Convention to Combat Desertification* [Website], aufgerufen unter: www.unccd.int

UNDESA (o. J.), *United Nations Department of Economic and Social Affairs* [Website], aufgerufen unter: www.un.org/development/desa/en

UNFCCC (o. J.), *United Nations Frame-work Convention on Climate Change* [Website], aufgerufen unter: http://unfccc.int

UNISDR (o. J.), *United Nations International Strategy for Disaster Reduction* [Website], aufgerufen unter: www.unisdr.org

Warner, K. (2011), *Climate Change Induced Displacement: Adaptation Policy in the Context of the UNFCCC Climate Negotiations*, United Nations High Commissioner for Refugees, Genf

S. 128

Regionale politische Prozesse

CVF. (o. J.), *About the Climate Vulnerable Forum*, aufgerufen unter: www.thecvf.org

Hansen, R. (2010), *An Assessment of Principal Regional Consultative Processes on Migration*, IOM Migration Research Series, No. 38, International Organization for Migration, Genf

Harns, C. (2013), *Regional Inter-State Consultation Mechanisms on Migration: Approaches, recent activities and implications for global governance of migration*, IOM Migration Research Series, No. 45, International Organization for Migration, Genf,

IOM (2013), *Fourth Global Meeting of Chairs and Secretariats of Regional Consultative Processes on Migration (RCPs): ›Defining the Place of RCPs in a Changing International Migration Landscape‹, Summary Report*, International Organization for Migration, Genf

IOM (2015), *Regional consultative processes on migration (RCPs)*, Infosheet, Interna-tional Organization for Migration, Genf

IPCC (2014), »Chapter 14: Regional Development and Cooperation«, *Climate Change 2014: Impacts, Adaptation, and Vulnerability: Working Group II Contribution to the Fifth Assessment Report of the Intergovernmental Panel on Climate Change* (Hg. C. B. Field, V. R. Barros, D. J. Dokken, K. J. Mach, M. D. Mastrandrea, T. E. Bilir, M. Chatterjee, K. L. Ebi, Y. O. Estrada, R. C. Genova, B. Girma, E. S. Kissel, A. N. Levy, S. MacCracken, P. R. Mastrandrea und L. L. White), Cambridge University Press, Cambridge/UK, und New York

Klekowski von Koppenfels, A. (2001), »Informal but effective: Regional consultative processes as a tool in managing migration«, *International Migration*, 39(6), S. 61–64

Popp, K. (2014a), »People on the move in a changing climate: What role for a regional policy?«, *Migration Policy Practice*, 3(6), S. 14–17

Popp, K. (2014b), »Regional policy perspectives«, *People on the Move in a Changing Climate: The regional impact of environmental change on migration* (Hg. E. Piguet und F. Laczko), Springer, Dordrecht

Sgro, A. (2015), »L'Union européenne et la gestion des migrations environnementales« [Die Europäische Union und die Lenkung der Umweltmigration], *Mobilité humaine et environnement: du global au local* (Hg. C. Cournil und C. Vlassopoulos), Editions Quae, Versailles

Thouez, C. und F. Channac (2006), »Shaping international migration policy: The role of regional consultative processes«, *West European Politics*, 29(2), S. 370–387

S. 130

Internationale Organisationen

CCCM (o. J.), *Global CCCM Cluster*, aufgerufen unter: www.globalcccmcluster.org

IASC (2006), *Protecting Persons Affected by Natural Disasters: IASC Operational Guidelines on Human Rights and Natural Disasters*, Inter Agency Standing Committee, Genf

IASC (2011), *IASC Operational Guidelines on the Protection of persons in Situations of Natural Disaster*, Brookings-Bern Project on Internal Displacement, Washington/DC

IOM (o. J.), *Research Database*, aufgerufen unter: http://environmentalmigration.iom.int/research-database

IOM (2009), *Compendium of IOM's activities in Migration, Climate Change and the Environment*, Internationale Organisation für Migration, Genf

IOM (2013), *Compendium of IOM Activities in Disaster Risk Reduction and Resilience*, Internationale Organisation für Migration, Genf

Ionesco, D. (2015), »L'OIM et la gouvernance des migrations environnementales«, *Mobilité humaine et environnement: du global au local* (Hg. C. Cournil und C. Vlassopoulos), Editions Quae, Versailles

OCHA (o. J.), »What is the cluster approach?«, aufgerufen unter: www.humanitarianresponse.info/en/coordination/clusters/what-cluster-approach

Rosenow-Williams, K., und F. Gemenne (2016), *Organizational Perspectives on Environmental Migration*, Routledge, London

Simonelli, A. C. (2015), *Governing Climate Induced Migration and Displacement: IGO expansion and global policy implications*, Palgrave Macmillan, Basingstoke

S. 132

Migration und nationale Anpassungsmaßnahmen

IOM (o. J.), *Migration, Environment and Climate Change: Evidence for Policy*, aufgerufen unter: http://environmental-migration.iom.int/migration-environment-and-climate-change-evidence-policy-meclep

IOM (2014), *Capacity-building Activities on Migration, Environment and Climate Change*, Internationale Organisation für Migration, Genf

Mach, E., und M. Traore Chazalnoel (2015), *Ahead of COP21 Intended Nationally Determined Contributions Take Stock of Human Mobility Questions* [Weblog], aufgerufen unter: https://weblog.iom.int/ahead-cop21-intended-nationally-determined-contributions-take-stock-human-mobility-questions#sthash.FtUGvqeL.dpuf

Martin, S. (2009), »Managing environmentally induced migration«, *Migration, Environment and Climate Change: Assessing the evidence* (Hg. F. Laczko und C. Aghazarm), Internationale Organisation für Migration, Genf

UNFCCC (o. J.), *Bei der UN eingereichte NAPAs*, aufgerufen unter: http://unfccc.int/adaptation/workstreams/national_adaptation_programmes_of_action/items/4585.php

Warner, K., W. Kälin, S. Martin, Y. Nassef, S. Lee, S. Melde, H. Entwisle Chapuisat, M. Franck und T. Afifi (2014), *Integrating Human Mobility Issues within National Adaptation Plans*, Policy Brief Nr. 9, Universität der Vereinten Nationen, Institut für Umwelt und Menschliche Sicherheit, Bonn

S. 134

Die Verbindung von Mobilität und Katastrophenmanagement

Arnold, M., R. Mearns, K. Oshima und V. Prasad (2014), *Climate and Disaster Resilience: The role for community driver development*, Weltbank, Washington, DC

Brookings Institution (o. J.), *Index of Laws and Policies*, aufgerufen unter: www.brookings.edu/about/projects/idp/resources

Duvat, V., und A. Magnan (2014), *Des catastrophes ... ›naturelles‹?*, Le Pommier-Belin, Paris

IOM (2009), *Compendium of IOM's activities in Migration, Climate Change and the Environment*, Internationale Organisation für Migration, Genf

IOM (2012), *Protecting Migrants during Times of Crisis: Immediate responses and sustainable strategies*, International Dialogue on Migration Nr. 21, Internationale Organisation für Migration, Genf

IOM (2013), *Compendium of IOM Activities in Disaster Risk Reduction and Resilience*, Internationale Organisation für Migration, Genf

IPCC (2012), *Managing the Risks of Extreme Events and Disasters to Advance Climate Change Adaptation: Special Report of the Intergovernmental Panel on Climate Change*, Cambridge University Press, Cambridge

Laczko, F., und C. Aghazarm (2009), *Migration, Environment and Climate Change: Assessing the evidence*, Internationale Organisation für Migration, Genf

Le De, L., J. C. Gaillard und W. Friesen (2015), *Remittances and Disaster: Policy Implications for Disaster Risk Management*, MECLEP Policy Brief Series Nr. 2, Internationale Organisation für Migration, Genf

Naik, A., E. Stigter und F. Laczko (2007), *Migration, Development and Natural Disasters: Insights from the Indian Ocean tsunami*, IOM Migration Research Series Nr. 30, Internationale Organisation für Migration, Genf

Shaw, R., J. M. Pulhin und J. J. Pereira (2010), *Climate Change Adaptation and Disaster Risk Reduction: Issues and challenges. Community, environment and disaster risk management, Vol. 4*, Emerald Books, Bingley

UNISDR (2012), *Making Cities Resilient Report 2012*, United Nations International Strategy for Disaster Reduction, Genf

Weltbank (2008), *The Caribbean catastrophe risk insurance facility: providing immediate funding after natural disasters, Operational Innovations in Latin America and the Caribbean* (2)1, Weltbank, Washington, DC

S. 136

Migration, Anpassung und Entwicklung

ADB (2012), *Addressing Climate Change and Migration in Asia and the Pacific*, Asian Development Bank, Manila

Arowolo, O. O. (2000), »Return migration and the problem of reintegration«, *International Migration* 38(5), S. 59–82

Duvat, V., und A. Magnan (2014), *Des catastrophes ... ›naturelles‹?*, Le Pommier-Belin, Paris

Foresight (2011), *Migration and Global Environmental Change. Final Project Report*, Government Office for Science, London

Gemenne, F., D. Reckien und J. Hill (2012), *Policy options to support climate-induced migration in Asia and the Pacific*, aufgerufen unter: www.migrationeducation.org

/56.1.html?&trid=209&cHash=67e1a722e6cf2672bc89e7137c6d15e5

IOM (o.J.), *Projects*, aufgerufen unter: http://environmentalmigration.iom.int/projects

IOM (2009a), *Compendium of IOM's activities in Migration, Climate Change and the Environment*, Internationale Organisation für Migration, Genf

IOM (2009b), *Temporary and Circular Labour Migration: Experiences, challenges and opportunities*, IOM Series of Research into Migration Nr. 2, Internationale Organisation für Migration, Bogota

IOM (2012), *Climate Change, Environmental Degradation and Migration*, International Dialogue on Migration Nr. 18, Internationale Organisation für Migration, Genf

IOM (2013), *Compendium of IOM Activities in Disaster Risk Reduction and Resilience*, Internationale Organisation für Migration, Genf

IOM (2014), *IOM Outlook on Migration, Environment and Climate Change*, Internationale Organisation für Migration, Genf

Maclellan, N. (2012), *Kiribati's policy for »migration with dignity«*, [Weblog], aufgerufen unter: http://devpolicy.org/kiribati_migration_climate_change20120112

Martin, S. (2009), »Managing environmentally induced migration«, *Migration, Environment and Climate Change: Assessing the evidence* (Hg. F. Laczko and C. Aghazarm), Internationale Organisation für Migration, Genf

Mohamoud, A., A. Kaloga and S. Kreft (2014), *Climate change, development and migration: an African Diaspora perspective*, Diskussionsvorlage, Germanwatch, Bonn

Naik, A., E. Stigter und F. Laczko (2007), *Migration, Development and Natural Disasters: Insights from the Indian Ocean Tsunami*, IOM Migration Research Series Nr. 30, Internationale Organisation für Migration, Genf

Schrepfer, N., und M. Caterina (2014), *On the margin: Kenya's pastoralists. From displacement to solutions, a conceptual study on the internal displacement of pastoralists*, Internal Displacement Monitoring Centre und Norwegische Flüchtlingshilfe, Genf

Dank

Der *Atlas der Umweltmigration* ist in Zusammenarbeit der Internationalen Organisation für Migration (IOM), dem Institut d'études politiques de Paris (Sciences Po Paris), der Universität von Versailles Saint-Quentin-en-Yvelines (UVSQ) und dank der großzügigen Unterstützung ihrer Förderer entstanden.

Besonders danken möchten wir folgenden Partnern für ihre regelmäßigen Zuwendungen: der Bernheim-Stiftung, COST Action IS1101 für Klimawandel und Migration der Europäischen Union, der ghanaischen Umweltschutzbehörde EPA, der Europäischen Kommission, der Stiftung für Bevölkerung, Migration und Umwelt (BMU), der Heinrich-Böll-Stiftung – Europäische Union, dem ISDT Wernaers Fund, der Italian Development Cooperation, der National Research Foundation (Belgien), der Nippon-Stiftung, dem Sekretariat der UN-Wüstenkonvention und dem UN-Entwicklungsprogramm UNDP.

Die Autoren möchten allen Mitwirkenden, Kollegen und staatlichen, institutionellen und wissenschaftlichen Partnern, die dieses Werk unterstützt haben, ihre höchste Dankbarkeit aussprechen.

Besonderen Dank schulden wir William Lacy Swing, Laura Thompson, Ovais Sarmad, Gervais Appave, Shahidul Haque, Jill Helke, Bernd Hemingway und Sara Abbas von der IOM.

Eigens danken möchten wir auch Emma Proust und Melissa Tui für ihre Hilfe bei den Recherchen sowie Jo De Backer, Barbara Bendandi, Alessia Castelfranco, Sabira Coelho, Clara Crimella, Alex Flavell, Lorenzo Guadagno, Valerie Hagger, Kerstin Lau, Sieun Lee, Eva Mach, Muhammad Rizki, Alice Sironi, Mariam Traore Chazalnoel, Elizabeth Warn und Lorelle Yuen von der IOM für ihre anhaltende Unterstützung des Projekts.

Außerdem danken wir folgenden Mitarbeitern der IOM für ihre jeweiligen Beiträge: Mazen Aboulhosn, Baptiste Amieux, Rudolf Anich, Jean-Philippe Antolin, Amal Ataya, Joseph Ashmore, Leena Azzam, Lorena Bacci, Eliana Barragan, Tara Brian, Angel Camino, Jean-Philippe Chauzy, Ricardo Cordero, Abdel Diop, Mohamed Elaraki, Patrizio Fanti, Rabab Fatima, Monique Frison, Ethel Gandia, Elsa Garcia, Salvador Gutierrez, Shintaro Higashiyama, Agi Hoire, Michele Klein-Solomon, Frank Laczko, Gael Leloup, Ray Leyesa, Bernardo Mariano, Kerry Maze, Fernando Medina, Susanne Melde, Chiara Milano, Marie Stella Ndiaye, Serena Odianose, Nuno Nunes, Kelly O'Connor, Sarah Oliai, Guénolé Oudry, Jorge Peraza, Karoline Popp, Patrice Quesada, Daniel Salmon, Guglielmo Schinina, Wonesai Sithole, Emily Skovran, Dario Tedesco, Monique Van Hoof, Lalini Veerassamy, Rachel Velasco, Maryna Vyrvykhvost, Kristy Warren, Sanjula Weerasinghe und allen anderen Kollegen in der Hauptgeschäftsstelle sowie den regionalen und nationalen Büros, die an diesem Projekt mitgewirkt haben.

Äußerst dankbar sind wir dem Redaktionsteam bei Routledge, die dieses Unternehmen von Beginn an unterstützt und mit viel Geduld begleitet haben, insbesondere Helen Bell, Hannah Champney, Louisa Earls, Margaret Farrelly, Edward Gibbons, Annabelle Harris und Bethany Wright sowie Martin Barr, unserem Korrektor. Unser Dank geht auch an Alexander Bramble für seine wertvolle Hilfe und seinen Rat im gesamten Verlauf des Projekts und die Übersetzung von Teilen dieses Buchs sowie an unseren Layouter Alain Chevallier für seine engagierte Arbeit und die kreativen Lösungen für viele Probleme.

Unser aufrichtigster Dank gilt auch allen Experten, ohne deren Forschungsarbeit, deren Beiträge, Ratschläge und Ermutigungen dieses Projekt nicht denkbar gewesen wäre, sowie der jungen, dynamischen Wissenschaftsgemeinde, die mittlerweile in der Umweltmigrationsforschung herangewachsen ist. Mit diesem Atlas wird vor allem ihre unschätzbare Arbeit anerkannt, die tagtäglich allen aufgrund von Umweltveränderungen wandernden Menschen zugutekommt, zur Verwirklichung ihrer Rechte und zur Verbesserung ihrer Lebensbedingungen beiträgt. Besonderer Dank geht an die Studenten der Abteilung »Umwelt und Migration« an der École des Affaires internationales bei Sciences Po Paris für die zahlreichen Fallstudien, die sie seit 2010 durchgeführt haben.

Schließlich wäre dieses Werk auch nicht zustande gekommen ohne die hingebungsvolle Arbeit und Kreativität der begabten Kartografen und Grafikdesigner, die viel Energie und Expertise in dieses Projekt gesteckt haben und denen wir besonderen Dank schulden: Marie-Françoise Durand, Patrice Mitrano, Thomas Ansart, Antoine Rio und Benoît Martin vom Atelier de Cartographie von Sciences Po Paris; den freischaffenden Kartografen Aurélie Boissière, Agnès Stienne und Philippe Rekacewicz; sowie Otto Simonett, Emmanuelle Bournay, Matthias Beilstein und Carolyne Daniel vom Zoï Environment Network.

Über die Autoren

Dina Ionesco ist Leiterin der Abteilung für Migration, Umwelt und Klimawandel bei der IOM. In dieser Funktion betreut sie migrationsbezogene Maßnahmen und Programme zum Nexus Migration, Umwelt und Klimawandel und koordiniert die Beteiligung der IOM an politischen Prozessen wie den Klimaschutzverhandlungen und der Nansen-Initiative. Sie ist Autorin mehrerer Veröffentlichungen und hat zahlreiche Programme entwickelt, unter anderem auch zum Kapazitätsaufbau bei Entscheidungsträgern. Vor ihrer Tätigkeit bei der IOM sammelte sie Erfahrungen bei Nichtregierungsorganisationen, im Wissenschaftsbereich und bei der OECD, wo sie vorwiegend zum Thema lokale Entwicklung arbeitete. Sie hat Abschlüsse an der Sciences Po, an der University of Sussex und an der London School of Economics gemacht.

Daria Mokhnacheva ist Mitarbeiterin der Abteilung Migration, Umwelt und Klimawandel bei der IOM und Expertin für die Auswirkungen von Katastrophen und Umweltveränderungen auf Gesellschaften, Migration und Entwicklung. Sie ist unterstützend bei der Ausarbeitung relevanter Programme und Projekte tätig. Vor ihrem Eintritt in die IOM leitete sie beim UN-Entwicklungsprogramm in Russland Umweltprojekte und war am DEVAST-Fukushima-Projekt beim Institut du Développement Durable et des Relations Internales in Paris beteiligt. Sie ist Autorin und Koautorin verschiedener Artikel, Forschungsberichte und Buchbeiträge zum Thema Migration, Umwelt und Klimawandel. Sie hat an der University of Cambridge mit dem Bachelor abgeschlossen und studierte bei Sciences Po Paris und an der Columbia University im Masterstudiengang.

François Gemenne ist Experte für Umwelt-Geopolitik und Migration. Er ist wissenschaftlicher Mitarbeiter an der Universität Lüttich (FNRS – Hugo Observatory) und geschäftsführender Direktor des Programms »Politiques de la terre à l'épreuve de l'Anthropocène«. Außerdem hält er Seminare über Umwelt- und Migrationspolitik an verschiedenen Universitäten wie Sciences Po und der Freien Universität Brüssel. Schwerpunkte seiner Forschungstätigkeit sind Umweltmigration und Vertreibung, die sozialen Dimensionen des Klimawandels und Anpassungsmaßnahmen. Zu diesen Themen hat er eine Vielzahl von Artikeln und Büchern veröffentlicht.

Liste der konsultierten Experten

Adams, Helen
Wissenschaftliche Mitarbeiterin, Geografin am College of Life and Environmental Sciences der University of Exeter

Adger, Neil
Professor für Humangeografie an der University of Exeter

Ahmed, Dilruba
Direktorin der sozioökonomischen Abteilung des Center for Environmental and Geographic Information Services (CEGIS)

Aragón-Durand, Fernando
Forscher, internationaler Berater (ehemals Mitarbeiter des Inter-American Institute for Global Change Research und des Overseas Development Institute, London)

Baker, Louise
Koordinatorin für Außenbeziehungen, Politik und Interessenvertretung, United Nations Convention to Combat Desertification (UNCCD, UN-Wüstenkonvention)

Balamaci, Aida-Bianca
Expertin für Wissensmanagement, UN-Entwicklungsprogramm

Barbut, Monique
Geschäftsführerin der United Nations Convention to Combat Desertification (UNCCD, UN-Wüstenkonvention)

Bintanja, Richard
Leitender Klimawissenschaftler am Königlich-Niederländischen Meteorologischen Institut

Birkeland, Nina
Chefberaterin beim Disasters and Climate Change Partnerships and Policy Department im norwegischen Flüchtlingsrat

Black, Richard
Prodirektor (Forschung und Unternehmensentwicklung) der School of Oriental and African Studies an der University of London

Bower, Erica
Beraterin zu den Themen Katastrophen und Flucht beim Internal Displacement Monitoring Centre in Genf

Brimblecombe, Simon
Projektkoordinator Analyse und Forschung zur sozialen Sicherheitspolitik bei der Internationalen Vereinigung für Soziale Sicherheit (*ISSA*)

Bronen, Robin
Geschäftsführender Direktor am Alaska Institute for Justice, Wissenschaftlicher Mitarbeiter am Institute of Arctic Biology der University of Alaska

Brown, Sophie
Umweltkooperation für Friedenskonsolidierung des UN-Umweltprogramms

Bruch, Carl
Leitender Anwalt, Kodirektor für International Programs am Environmental Law Institute

Brugger, Silvia
Referentin des Klima- und Energieprogramms im Brüsseler Büro der Heinrich-Böll-Stiftung

Chenevat, Laurène
Mirova

Chun, Jane
freie Beraterin und Forscherin

Couture, Jean-Louis
Berater der United Nations Convention to Combat Desertification (UNCCD, UN-Wüstenkonvention)

Crowley, John
Chef der Sektion Forschung, Politik und Perspektiven bei der UNESCO-Generaldirektion für Sozial- und Humanwissenschaften

De Sherbinin, Alex
Stellvertretender Direktor für angewandte Wissenschaft beim Center for International Earth Science Information Network der Columbia University

Diniz, Alexandre M.A.
Koordinator Doktorandenprogramm Geografie, Pontifícia Universidade Católica de Minas Gerais

Duvat, Virginie
Wissenschaftliche Mitarbeiterin, Universität La Rochelle

El Raey, Mohamed
Professor für Umweltphysik, Universität Alexandria

El-Labbane, Chirine
Sekretariat der Nansen-Initiative, Beauftragte für Kommunikation

Entwisle, Chapuisat Hannah
Sekretariat der Nansen-Initiative, Beauftragte für Forschung und Partnerschaften

Esipova, Neli
Forschungsdirektorin Globale Migration und Regionaldirektorin für die ehemalige Sowjetunion und Osteuropa bei Gallup World Poll

Fernandes, Duval
Professor für Geografie an der Pontifícia Universidade Católica de Minas Gerais

Franck, Marine
Beauftragte für Klimawandel beim UN-Hochkommissariat für Flüchtlinge

Gaillard, JC
Außerordentlicher Professor der Umweltfakultät an der University of Auckland

Ginetti, Justin
Leiter der Abteilung für Statistik und Analyse beim Internal Displacement Monitoring Centre in Genf

Gourion-Retore, Mathilde
Abteilung Forschung, Politik und Prävention beim Sektor für Sozial- und Humanwissenschaften der UNESCO

Grassani, Alessandro
Fotograf und freier Journalist

Griffiths, Emma
Pressebeauftragte des Office for Science and Technology der britischen Regierung

Guélat, Jérémie
Doktorand, Lehrassistent, Institut für Geografie, Universität Neuchâtel, Schweiz

Hanson, Susan
Wissenschaftliche Mitarbeiterin für Technik und Umwelt an der University of Southampton

Hasegawa, Reiko
Wissenschaftlicher Mitarbeiter beim Programm »Politique de la Terre« bei Médialab, Sciences Po, und Doktorand an der Universität Lüttich (The Hugo Observatory for Environmental Migration)

Henry, Kevin
Berater, Analytiker und Projektkoordinator »Climate Smart Smallholder Agriculture«, Food Security for All, ehemals Direktor von CARE France

Henry, Sabine
Professorin, Geografische Fakultät, Université de Namur, Belgien

Hinkel, Jochen
Forschungsleiter, Global Climate Forum

Hulot, Nicolas
Von 2013 bis 2016 Sonderbeauftragter des französischen Präsidenten für den Schutz des Planeten

Islam, K.M. Nabiul
Wissenschaftlicher Mitarbeiter beim Institute for Development Studies in Bangladesch

Jaervinen, Petra
UN-Entwicklungsprogramm, zuständig für Partnerschaften, Lösungen für Vertreibung und Wiedereingliederung

Jensen, David
Leiter der Umweltkooperation für Friedenskonsolidierung beim UN-Entwicklungsprogramm

Kaenzig, Raoul
Lehrassistent (Doktorand) am Institut für Geografie der Universität Neuchâtel

Le De, Loic
Studienrat, Umweltfakultät, University of Auckland

Lincke, Daniel
Forscher, Global Climate Forum, Potsdam-Institut für Klimafolgenforschung

Lux, Stéphanie
Beraterin für Nicolas Hulot, 2013–2016 Sonderbeauftragter des französischen Präsidenten für den Schutz des Planeten

Magnan, Alexandre
Wissenschaftlicher Mitarbeiter am Institut de Développement Durable et des Relations Internationales

Mauelshagen, Franz
Senior Fellow am Institute for Advanced Sustainability Studies (IASS) in Potsdam

McKinnon, Matthew
Experte, Unterstützung des Climate Vulnerable Forum im UN-Umweltprogramm

Meneghetti, Luisa
Wissenschaftliche Mitarbeiterin beim Internal Displacement Monitoring Centre

Milan, Andrea
Programmanalytikerin bei UN Women, ehemals wissenschaftliche Mitarbeiterin am Institut für Umwelt und menschliche Sicherheit der Universität der Vereinten Nationen in Bonn

Müller, Valerie
Wissenschaftliche Mitarbeiterin am International Food Policy Research Institute

Nicholls, Robert J.
Professor für Küsteningenieurwesen, University of Southampton

O'Hara, Molly
Institut d'études politiques, Sciences Po, Paris

Pagnotta, Antonio
Fotograf und freier Journalist

Perrin, Nathalie
Max-Planck-Institut für Internationales, Europäisches und regulatorisches Verfahrensrecht, ehemals Migrationsforscherin bei CEDEM, Universität Lüttich

Piguet, Etienne
Professor für Geografie an der Universität Neuchâtel, Vizepräsident der Eidgenössischen Migrationskommission

Pinto, Al
Leitender Mediendesigner am Center for International Earth Science der Columbia University

Pirard, Romain
Wissenschaftlicher Mitarbeiter für Wälder, Artenvielfalt, Landwirtschaft am Center for International Forestry Research

Pires Ramos, Erika
Gründerin von RESAMA, dem Südamerikanischen Netzwerk für Umweltmigration

Pugliese, Anita
Chefberaterin bei der Gallup Organization

Ramet, Philippe
Berater für Umwelt, Transport und COP21, Ständige Vertretung Frankreichs beim UN-Büro und anderen internationalen Organisationen in Genf

Randall, Alex
Koordinator beim Climate Outreach Information Network

Simonett, Otto
Direktor des Zoï Environment Network

Tachie-Obeng, Emmanuel
Programmbeauftragter bei der ghanaischen Umweltbehörde

Tomas, Alice
Beauftragte des Climate Displacement Program, Refugees International

Venturini, Tommaso
Lehrbeauftragter und Koordinator bei Médialab Research, Dozent für Sciences Po am Digital Humanities Department, King's College

Vigil, Sara
Research Fellow F.R.S.-FNRS, Universität Lüttich (Hugo Observatory), Dozentin bei Sciences Po

Warner, Koko
Leiterin der Fakultät Environmental Migration, Social Vulnerability and Adaption des United Nations University Institute for Environment and Human Security, Universität der Vereinten Nationen

Watter, Urs
Wissenschaftlicher Mitarbeiter bei der Foundation for Population, Migration and the Environment

Weber, Walter J.
Master of Law, Anwalt, Mitglied der Anwaltsvereinigung New York, Partner im Weber Law Office, Vorstandsvorsitzender der Stiftung Population, Migration and the Environment

Weikmans, Romain
Habilitand an der Fakultät für Umwelt und Gesellschaft der Brown University

Yonetani, Michelle
Strategieberater für katastrophenbedingte Flucht beim Internal Displacement Monitoring Centre

Zaccai, Edwin
Professor am Centre of Studies for Sustainable Development, an der Université libre de Bruxelles und Sciences Po

Zickgraf, Caroline
Migrationsforscherin, Universität Lüttich (The Hugo Observatory) und Dozentin bei Sciences Po

Fotonachweise

S. 20
Eine lange Geschichte
»Lissabon in Ruinen«, Stich/Radierung von Johan Andreas Steißlinger, 2. Hälfte des 18. Jh., mit freundlicher Genehmigung Museum von Lissabon

S. 23
Eine politische Frage
Bella Center, Kopenhagen, Dänemark, 2009, ©Greenpeace Finnland 2009

S. 30
Zahlen und Prognosen
Bamako, Mali, 2015, ©IOM 2015

S. 35
Erzwungen oder freiwillig?
Kenia, 2011, ©IOM/Brendon Bannon 2011

S. 38
Zeiträume
Haiti, 2012, ©IOM 2012

S. 45
Immobilität
Distrikt Satkhira, Bangladesch, 2012, ©Alessandro Grassani 2012

S. 47
Wohlstandsmigration
Fort Lauderdale, Florida, 2013, ©Donnamper auf Wikicommons 2013

Ergaki Nationalpark, Krasnojarsk, Russland, 2012, ©Larisa-K auf Pixabay 2012

S. 61
Dürren, Extremtemperaturen und Flächenbrände
Provinz Arkhangai, Mongolei, 2011, ©Alessandro Grassani 2011

S. 65
Zerstörung der Ökosysteme
Haiti, 2015, ©IOM 2015 (Alessandro Grassani)

S. 70–71
Anstieg der Meeresspiegel und gefährdete Küstenregionen
Village des Rapatriés, Cité Soleil, Port-au-Prince, Haiti, 2015, ©Alessandro Grassani 2015

Suterkhali, Bangladesch, 2015, ©Sabira Coelho 2015

S. 79, 81
Die regionalen Auswirkungen des Klimawandels
Süd-Tarawa, Republik Kiribati, 2005, ©Regierung von Kiribati auf WikiCommons, 2013

Kenia, 2011, ©IOM 2011

S. 85
Individuelle Faktoren
Vinh Tri, Vietnam, 2014, ©Jane Chun 2014

S. 94
Demografischer Druck in Risikozonen
Die Stadt Goma, DRK, 2013

S. 100
Massenflucht steuern
Barangay Tagpuro, Philippinen, 2014, ©IOM 2014 - MPH1143

Baker, LA, USA, 2005, ©FEMA/Win Henderson 2005

S. 104
Individuelle Bewältigungsstrategien
Suetsugi, Präfektur Fukushima, Japan, 2011, ©Antonio Pagnotta 2011

S. 106
Geschlecht und Migration
Philippinen, 2014, ©IOM/Alan Motus 2014

S. 111
Steuerungsmaßnahmen und politische Lösungen
Straße von Sizilien, Mittelmeer, 2015, ©IOM/Francesco Malavolta 2015

S. 114
Die Kosten der Umweltmigration
Pilar, Capiz, Philippinen, 2013, ©IOM/Alan Motus 2014

Korail, Bangladesch, 2014, ©Huraera Jabeen 2014

S. 121
Völkerrecht
Vaitupu Atoll, Tuvalu, ©UNU-EHS/Andrea Milan

S. 131
Internationale Organisationen
Guatemala, 2010, ©IOM 2010